MEIGUO CHIXUXING DAILIQUAN
HE CHENGNIANREN JIANHU ZHIDU
LIFA JI FALÜ SHIYONG

美国持续性代理权和成年人监护制度立法及法律适用

主编／王竹青　　　副主编／田野

知识产权出版社
全国百佳图书出版单位

图书在版编目（CIP）数据

美国持续性代理权和成年人监护制度立法及法律适用/王竹青主编. —北京：知识产权出版社，2016.7

ISBN 978-7-5130-4146-1

Ⅰ.①美… Ⅱ.①王… Ⅲ.①老年人—代理（法律）—研究—美国②老年人—监护制—研究—美国 Ⅳ.①D971.23

中国版本图书馆 CIP 数据核字（2016）第 067271 号

责任编辑：石红华　　　　　　　　　　责任校对：董志英
封面设计：张　冀　　　　　　　　　　责任出版：刘译文

美国持续性代理权和成年人监护制度立法及法律适用

王竹青　主　编

田　野　副主编

出版发行：知识产权出版社 有限责任公司	网　　址：http：//www.ipph.cn
社　　址：北京市海淀区西外太平庄 55 号	邮　　编：100081
责编电话：010-82000860 转 8130	责编邮箱：shihonghua@sina.com
发行电话：010-82000860 转 8101/8102	发行传真：010-82000893/82005070/82000270
印　　刷：三河市国英印务有限公司	经　　销：各大网上书店、新华书店及相关专业书店
开　　本：787mm×1092mm　1/16	印　　张：24
版　　次：2016 年 7 月第 1 版	印　　次：2016 年 7 月第 1 次印刷
字　　数：435 千字	定　　价：68.00 元

ISBN 978-7-5130-4146-1

序

竹青是我很好的朋友，她在保障老年人的学术研究上的真诚和坚持是值得钦佩的。我是研究老年学和老年社会工作的专家，我的老年学研究包括从健康至体弱老年人的身体、心理、家庭、社会需要和老年服务的设计以及全方位的支援。据预测，到21世纪中期，中国老年人口将超过4亿，超过总人口的30%。在众多的老年人口中，85岁以上的体弱老年人增长最快，因此，工竹青教授编辑这本书是非常及时和非常重要的。在法律上，老年人持续性代理权和成年人监护制度的立法，代表着社会的进步，也代表着我们在道德基础上更加尽心尽力。在法律上保护老年人，是保护你的父母、祖父母，是保护你朋友的父母、祖父母，也是保护将来的你和我。

老年人跟孩子一样，都有被保护、被尊重的权利。他们有生存的权利，有安全的权利，有接受充分照顾的权利。子女或其他照顾者有责任建立一个保护和爱的生活环境和社区，让老年人得到充分保障，使他们能够生活、学习、贡献余热，安享晚年。事实上，即使美国有持续性代理权和成年人监护法律制度，也仍然有失智、失能和体弱老人没有得到充分的保护。许多人每天都要面对虐待、忽视、剥削、排斥和/或歧视。

面对人口老龄化，在思考持续性代理权和成年人监护法律制度之外，要同时注重传播关爱文化。教育所有年龄的人尊重和爱护老年人是非常重要的，要教育所有的成年子女和孙子女以及护理人员爱护老年人，"没有他们，哪有我们"。在银色头发里和皱纹之间，我们看到老人对家庭和社会所作的贡献，以及他们一生在生命战场上的英勇战迹。这一代老人大部分都经历过战争或生命的创伤，没有他们的坚持和刻苦，就没有今天的社会。他们是应该被尊敬、被保护的，我盼望我们想到老人的时候都会联想到他们对家庭和社会所作的贡献和牺牲。作为父母，他们的牺牲，十月怀胎、为奴为婢、供书教学、无微不至、24小时服务，没有假期、没有工资，很多父母更是帮成年子女买房子、资助结婚、照顾孙辈、鞠躬尽瘁，至死不移。很多年长的老师们也是无条件地支持着年轻一代。

老年人不是问题，不关爱老人的文化、歧视老年人、对老人的偏见及对老化过程的误解和无知才是现时社会的大问题。盼望老年人社会政策和服务系统能够继续尝试、发挥创新服务模式，对健康至体弱老年人都能提供友好的服务以及与时并进的法律保障。

梅陈玉婵教授

哥伦比亚大学社会工作研究院

2015 年 12 月 14 日

前　　言

随着老年人口的不断增长，对老年人的保护成为很多国家立法特别关注的问题，成年人监护的主要调整对象也从精神病人转变为老年人。以美国为代表的普通法系国家创设的持续性代理权制度，以日本为代表的大陆法系国家创设的意定监护制度，均是对传统成年人监护制度的改革与创新，目的是保护逐渐丧失行为能力的老年人的自主决定权及活用其残存能力。

本资料汇编以美国《统一代理权法》和《统一监护及保护程序法》为研究对象。在资料的选择上，编者从浩瀚的文献中选取了有代表性、说明性的文章，包括美国统一法律委员会、美国参议院老年特别委员会等专业机构的报告，也包括学者的研究文章，较为系统地介绍了美国相关法律的现状、发展及改革。

研究发现，尽管持续性代理权制度和成年人监护制度同样适用于身体残疾或精神障碍的成年人，但其立法基点是保护老年人，特别是逐渐丧失行为能力的老年人。由此可见，成年人保护的重点不再是精神障碍者，而是老年人。英国、德国、日本的法律改革体现了同样的特点，反映了国际社会对老年人权利保护的高度重视及应对老龄社会的积极努力。

老年人面临的问题具有普适性，不因国别、种族、地域等差异而不同，但与贫富差异有一定关系。发达国家的老年人普遍面临的财产管理、居住场所选择、维持生命的治疗等问题，在经济不发达的国家可能表现得并不明显。但随着社会发展与经济进步，这些问题迟早会成为所有国家老年人面临的问题。对于经济快速发展的我国来说，这些问题已经越来越多地出现在我们的生活中，例如在老人丧失行为能力的情况下，子女侵占老人的房产和存款、违背老人意愿强行将其送入养老院、几个子女争夺老人的财产或者无子女的老人面临无人照管的局面等，亟须立法予以规范和解决。

美国持续性代理权制度和成年人监护制度为解决上述问题作了有益的尝试。

由美国统一州法全国委员会起草并通过的《统一代理权法》于 2006 年替代了同样由其起草并通过的《统一持续性代理权法》，法律改革的动因是弥补《统一持续性代理权法》的漏洞，适应社会生活的需要。虽然新法在标题中取消了"持续性"的字眼，但其第 104 条明确规定，该法中的代理权是持续性的；除非特别规定，否则代理权不因委托人丧失行为能力而终止。因此，《统一代理权法》主要调整的依然是持续性代理权问题，体现了对《统一持续性代理权法》的继承和发展。

持续性代理权是指委托人在有行为能力时，为自己选择代理人，授权其管理自己的人身和财产事务，且该授权不因委托人丧失行为能力而终止。与传统代理权以委托人有行为能力为前提不同，持续性代理权主要用于委托人丧失行为能力后的代理行为，以使逐渐丧失行为能力的老年人对自己未来的生活和财产提前作出安排，保障自己有尊严地度过晚年生活。因此，持续性代理权是对传统代理权的突破。

持续性代理权的出现是为了解决成年人监护制度的刻板、昂贵、费时、不保护隐私、不人道等缺陷。传统成年人监护制度是对无行为能力人的保护措施，一旦某人被宣告为无行为能力，则其一切权利均被剥夺，而且需要在法院公开登记。这些特点显然不适用于行为能力逐渐丧失的老年人。基于人的自然生理发展，人的老化、衰退、功能丧失是个渐进的过程，在此过程中完全剥夺其权利是不人道、不科学的。而持续性代理权则体现出廉价、灵活、私密、活用残存能力、尊重自主决定权等特点。

美国成年人监护制度在现代社会也进行了重大改革。如法院必须将设立监护的申请送达被申请人本人、对可能成为监护人的人进行背景调查、职业监护人应取得国家资质、确定监护人的职责范围、强调被监护人的权利、细化监护监督的措施和方法、对监护人进行培训、明确监护人和法院的道德标准、推广监护替代机制、加强纠纷调解等，均体现了对旧制度的改革与完善。

作为保护老年人的两大主要法律，明确持续性代理权和监护的不同作用及相互关系是立法技术层面必须关注的问题。原则上，持续性代理权适用于提前作规划的老年人，未提前作规划的老年人丧失行为能力后适用监护制度保护。同时，对于申请监护的当事人，如果法庭认为持续性代理权可以替代监护，则应推荐当事人选择持续性代理权。细节上的操作在资料汇编中有具体体现。

我国已快速进入老龄社会，对老年人的保护立法远远滞后于社会现实。西方国家用于保护老年人权利的主要制度即成年人监护制度（包括意定监护制度）和持续性代理权制度，在我国均未有立法体现。我国成年人监护制度还停留在对精神病人的保护层面，对老年人的保护尚未进入立法视野。面对严峻的社会现实，为老年人权利保护早日立法成为迫切需求。在此前提下，考察国外的相关立法及法律适用情况，发现法律问题及社会各界对法律适用的意见和建议，可以让我们少走弯路，而且可以让我们在前人的基础上，站得更高，看得更远。

感谢版权人对作品的授权。鉴于译者水平所限，翻译不准确之处在所难免，由此产生的责任由译者承担，敬请读者批评指正。

目　　录

第一部分

《统一代理权法》及其法律适用

统一代理权法
UNIFORM POWER OF ATTORNEY ACT

翻译：王丽平[*]　王竹青[**]

由美国统一州法全国委员会起草
第 115 次年会通过并推荐各州执行
希尔顿·海德岛，南卡罗来纳州
2006 年 7 月 7 日至 14 日

附引言及评注
版权为美国统一州法全国委员会所有
2008 年 5 月 7 日

---

[*]　王丽平，北京科技大学法学硕士。

[**]　王竹青，北京科技大学文法学院副教授，美国哥伦比亚大学 2010—2011 年度访问学者。

美国统一州法全国委员会

美国统一州法全国委员会（NCCUSL）起源于美国 19 世纪末的法律统一运动，于 1892 年"促进美国法律统一性的各州委员会会议"上成立。致力于为各州提供无党派且精心构思并起草的立法以确保国家制定法中关键领域的规范性和稳定性。

NCCUSL 的成员必须是有资格从事法律工作的专业人士，即执业律师、法官、立法者、立法机关成员以及法学教授。他们由州政府、哥伦比亚区、波多黎各及美国维京群岛任命而从事研究，起草并设法通过统一标准法案，供各州选用，或按此制定相应的法律。

NCCUSL 通过州际一致性与多样性并存的规则和程序巩固了联邦制度。

NCCUSL 的法规反映各州司法经验，因为该组织是由各州政府任命的代表组成。

NCCUSL 通过及时处理重要法律问题以保持州法律的现代性。

NCCUSL 降低了企业和个人在州际交往中适用不同法律的需求。

NCCUSL 不仅促进了经济发展，而且为外国法人与美国公民和企业进行交易提供了一个法律平台。

NCCUSL 的委员每年为公共利益提供数千工时的法律起草专业服务，且没有任何报酬或者补偿。

NCCUSL 审慎且公开的起草程序不仅有赖于委员们的专业知识，而且还借鉴了代表其他法律组织以及各州利益的法律专家、顾问和观察员的意见。

NCCUSL 是代表各州根本利益并提供大多数州不能以其他任何方式获得的服务的州立组织。

《统一代理权法》起草委员会

该起草委员会代表美国统一州法全国委员会并由其任命，主要由以下成员组成。

约翰·P. 伯顿（JOHN P. BURTON），1357 邮箱，德佩拉尔塔步行街 315 号，圣菲，新墨西哥州（New Mexico）邮编 87501，主席。

肯尼斯·W. 艾略特（KENNETH W. ELLIOTT），都市办公大楼，罗宾逊北大道 204 号，2200 室，俄克拉何马城，俄克拉荷马州（Oklahoma）邮编 73102。

大卫·M. 英（DAVID M. ENGLISH），密苏里 – 哥伦比亚大学法学院，密苏里大街与康利大道，哥伦比亚，密苏里州（Missouri）邮编 65211。

托马斯·L. 琼斯（THOMAS L. JONES），亚拉巴马大学法学院，大学站，邮政信箱 865557，塔斯卡卢萨，亚卡巴马州（Alabama）邮编 35486 – 0050。

玛莎·T. 斯达克（MARTHA T. STARKEY），默里迪恩南街 30 号，850 室，印第安纳波利斯，印第安纳州（Indiana）邮编 46204。

纳撒尼尔·斯特林（NATHANIEL STERLING），法律修订委员会，D – 1 室，米德尔菲尔德路 4000 号，帕洛阿尔托，加利福尼亚州（California）邮编 94303。

史蒂夫·威尔伯（STEVE WILBORN），塔尔街 306 号，谢尔比维尔，肯塔基州（Kentucky）邮编 40065。

琳达·S. 惠顿（LINDA S. WHITTON），瓦尔帕莱索大学法学院，韦泽曼大楼，格林威治南街 656 号，瓦尔帕莱索，印第安纳州（Indiana）邮编 46383，记者。

当然委员

霍华德·J. 斯维拜尔（HOWARD J. SWIBEL），滨江广场南 120 号，1200 室，芝加哥，伊利诺伊州（Illinois），邮编 60606，主席。

杰克·戴维斯（JACK DAVIES），伍德里奇街道 687 号，门多塔高地，明尼苏达州（Minnesota）邮编 55118，分部主席。

美国律师协会顾问

威廉·P. 阿尔宾纳（WILLIAM P. LAPIANA），纽约法学院，沃斯街 57 号，纽约，纽约州（New York）邮编 10013，顾问。

阿比盖尔 G. 卡普曼（ABIGAIL G. KAMPMANN），树线 153 号，320 室，圣安东尼奥，德克萨斯州（Texas）邮编 78209 – 1880，房地产，遗嘱及信托法顾问。

查尔斯·P. 萨博迪诺（CHARLES P. SABATINO），美国律师协会老年人法委员会，第十五街 740 号，华盛顿特区邮编 20005，美国律协老年人法委员会顾问。

执行董事

威廉·H. 亨宁（WILLIAM H. HENNING），亚拉巴马大学法学院，

870382 邮箱，塔斯卡卢萨，亚卡巴马州（Alabama）邮编 35486 - 0050，执行董事。

引　言

《统一代理权法》的制定起源于对各州代理权法的全国性审查。该审查显示各州对代理权法律适用的分歧日益扩大。原《统一持续性代理权法》（原代理权法）于 1987 年进行了最后一次修订，且只被部分州选用。尽管原代理权法维护了法律的统一，但也存在一些法律空白。审查发现，多数州已经对此颁布了各自的法规以解决原代理权法未明确规定的法律问题。争议要点如下：（1）多个代理权；（2）后任命的受托人或者监护人的代理权；（3）解除或者废除代理人与被代理人婚姻的影响；（4）潜在权力的生效；（5）赠与的权利；（6）代理人行为和责任标准。除此之外，对于继任代理人、执行规定、可转移性、对不履行授权委托书的处罚以及对委托人财产存在潜在风险的代理权限制等问题，各州已进行规定且无争议。

为了探知各州代理权法之间是存在事实上的规则争议还是缺乏详尽的统一模板，统一信托与财产法联合编委会（JEB）进行了一项全国调查，各州律师协会的遗嘱与老年人法委员会成员，美国信托与财产律师协会会员，美国律协不动产、遗嘱、信托委员会，全国老年人法律师学会，美国律师协会老年人法委员会参与了此项调查。反馈回来的 371 项调查报告覆盖了 44 个司法管辖区。

调查结果表明，超过 70% 的意见一致认为代理权法应当：

（1）对附条件代理权生效的确认进行规定；

（2）解除或者废除婚姻关系后宣布配偶对委托人的代理权无效；

（3）包括可转移性条款；

（4）规定赠与权应在授权时予以明确；

（5）规定受托人义务的法定表现形式；

（6）允许委托人更改默认的受托人；

（7）规定当代理人不愿或者不能继续履行职责时应通知委托人；

（8）包括防止代理人滥用权力的相关规定；

（9）包括对代理人滥用代理权的补救及处罚措施的规定；

（10）保护其他人对代理权的合理信赖；

（11）包括其他人拒绝尊重代理权的补救及惩罚措施。

由审查和调查结果可知，美国信托与财产律师协会，美国律协不动产、遗嘱、信托法委员会，美国律协老年人法委员会，统一信托与财产法联合编委会，律师和公司受托人全国大会，美国银行家协会，美国退休人员协会，其他专业团体以及许多律师和公司法律顾问也参与了大会的起草过程。因此，该法不仅集思广益、顺应了国家法律统一化的趋势，而且在维持代理权灵活性、便捷性与预防代理权滥用之间保持了平衡。

本法不仅规定了对无行为能力委托人的权利保护，而且主要是一套维护委托人自由选择代理权范围和代理行为原则的默认规则体系。律师在起草具体的授权委托书以及选用第三章规定的法定格式时可参照适用第二章中代理权的法律定义，这正是本法起草灵活性的特征之一。本法更新了1988年《统一法定授权书法》中列举的一些权利的法律定义。全国审查发现有18个司法管辖区已经采用了一些法定代理权类型。而且，公众对法定代理权的使用需求急剧增加，因此法定代理权被纳入《统一代理权法》的规则体系中。

本法第119条和120条涉及拒绝履行代理权的当事人。第119条规定了对当事人善意履行公认的代理权的保护。第120条规定了对拒绝履行公认的代理权的行为的惩罚措施，除非拒绝履行属于法定的特殊例外情形。另一可选的第120条为希望限制惩罚措施的州选用。

作为强制接受代理权的交换条件，本法并未规定相对人可以对代理人或者代理行为进行调查。相反，第201条第1款对委托人财产存在潜在风险的代理权规定了更为严苛的授予条件，第114条和第117条明确了代理人的职责和法律责任，第116条详述了有资格请求法院对代理人的行为进行司法审查的各类主体。下文为《统一代理权法》的简要概述。

《统一代理权法》概述

本法包括四章。第一章和第二章为本法的主体内容，第三章提供了可选择的法定授权委托书的模板，第四章涉及法律适用和旧法废除等各种规定。

第一章　总则和释义条款

第102条列举了用于解释本法的各种法律定义。其中一项特别的注释就是对取代原法"残疾"的"无行为能力"这一法律术语的定义。"无行为能力"的定义与 1997 年修订的《统一监护和保护程序法》第 401 条中监护人指定的标准是一致的。原法专业术语中另一重大的变化则是"代理人"取代了"事实律师"。"代理人"也用在《统一法定授权书法》中，旨在使外界的一般公众明确其含义，避免误解。第 103 条规定了本法将普遍适用于除医疗代理和表决代理等专门代理以外的所有代理。

另一大创新在于第 104 条默认规则的设置，即除非有明确的相反规定，否则代理权是持续性的。这一变化反映了多数委托人希望代理权是持续性的以避免监护的适用。尽管原代理权法未提及委托书的履行要求，但新法第 105 条规定委托人的签署以及被认可的签署推定为合法有效。第 106 条承认军事代理权、在其他州或国家被严格履行的代理权以及在本法生效实施前在制定本法的州被严格履行的代理权的效力。第 107 条规定了对于决定代理权意义和效力的法律的选择规则。

第 108 条明确了代理人与后被法院指定的受托人之间的关系。当委托人丧失行为能力时，原代理权法赋予监护人或者其他后被法院指定的受托人以相同的代理权来撤销或者修改之前存在的代理权。相反，本法规定法院保留此项权力，之前的代理权继续有效，直至法院宣布限制、中止或者终止。这一做法反映了对上文提及的委托人意愿的尊重，而且与国家法律统一的立法趋势相一致。

第 109 条规定了授权委托书生效的默认规则。除非委托人明确授权委托书在未来的一个具体日期届至、事件或者意外发生时生效，否则在代理人为代理行为时，其代理权基于授权委托书的授权而生效。第 109 条允许委托人指定有权确定潜在权力（Contingent Power）生效的人员。如果因委托人无行为能力导致潜在权力生效，本法第 109 条规定被指定有资格确定潜在权力生效的人有权根据《医疗保险可转移和责任法》的规定作为委托人的个人代表了解委托人的医疗信息并与医疗服务提供方进行沟通。但是此项规定并未赋予被指定人员为委托人做医疗决定的权力。在由于委托人丧失行为能力导致潜在权力生效的情况下，如果委托人尚未指定任何人做医疗决定或者有权做决定的人不能或者不愿做决定，该决定可以由确定其管理财产或商务能力受损的医师或者有执照的心理学家做出，也可以由确定委托人失踪、被扣押或者无法返回美国的律师、法官或者有关政府职员做出。

第 110 条规定了代理权的终止。为了回应联合编委会调查中的关注，本法以默认规则的形式规定了夫妻在合法分居、婚姻解除或者废止程序启动之时，委托人配偶享有的代理权终止。

第 111 条规定了代理人，主要包括共同代理人和继任代理人；第 112 条规定了偿付与赔偿；第 113 条规定了代理人接受委任书；第 114 条规定了代理人的义务；第 115 条规定了委托人可以在符合不正当行为责任的最低限度的前提下，降低对代理人基于不正当动机或者无视代理目的或委托人最佳利益而为代理行为的责任标准。第 116 条详细列举了有资格请求法院对代理人的行为进行司法审查的各类主体。第 117 条规定了代理人责任。第 119 条规定了代理人可以根据下文的通知程序要求解除代理关系。

第 119 条和第 120 条主要处理拒绝接受代理权的相关人员的常见问题。第 119 条是对不知道代理权已被撤销、终止、被宣告无效或者代理人超越代理权或者不当行使代理权而善意接受公认的代理权的相关人员的保护条款。基于法定例外情形，可选的第 120 条对拒绝接受代理的行为施以责任。第 1 款规定对拒绝公认的代理权的行为进行处罚；第 2 款规定只对拒绝公认的代理权的行为进行处罚。

第 121 条至第 123 条明确了本法与其他法律的关系。第 121 条阐明了本法以普通法和衡平法的基本原则为补充并且其具体条款不得与基本原则相抵触。第 122 条进一步明确了本法不取代金融机构等适用的法律。第 123 条规定的救济措施不是排他性的，并不废除该地可适用法律中的其他法律权利或者司法救济。

第二章　代理权限

本法规定律师可以自己草拟授权委托书也可以使用法定格式的授权委托书。《统一法定授权书法》中第 204 条至 217 条规定了"不动产""退休计划"以及"纳税"等问题中的代理权，根据本法第 202 条的规定，委托人可以将其中的术语阐释或者相关法条纳入草拟的授权委托书中。第 202 条进一步规定了委托人可以修改授权委托书中援引的权限规定。同时第二章也明确了第三章中法定格式代理权中列举的各项代理权的定义。第 203 条进一步细化了权限的解释规则，适用于所有的代理权以及一般权限的授予。

第 201 条第 1 款列举了只能由委托书明确授权而无法通过一般权限授予的代理权分类。第二章规定了对委托人财产存在潜在风险的代理权进行限制。第 201 条第 2 款规定了一个默认规则，即禁止非委托人的长辈亲属、配偶或者晚辈亲属的代理人以赠与、生存者取得权、受益人指定、放弃权利声明或者其他方式为代理人或代理人对其负有法定扶养义务的个人在委托人的财产中创设利益。

第三章 法定格式

第三章中的授权委托书为律师和非专业人士选用。本章明确了对委托人和代理人的指示，对代理人和继任代理人的指定以及一般权限和特殊权限的授予进行逐步提示。对于一般权限，委托人应当用名字的首字母草签委托人想要授予代理人的事项。对于特别权限，第 201 条第 1 款列举了特别权限目录，并在目录之前提请委托人注意授予代理人此种权限的潜在风险。同时提示委托人草签其想要授予代理人特别权限的具体范畴。第三章也包括了一个代理人证明书模板。

第四章 其他规定

第四章的杂项条款明确了本法与其他法律和之前存在的代理权法之间的关系。规定应当废止现行的代理权法律，包括《统一持续性代理权法》、《统一法定授权书法》以及《统一遗嘱认证法典》第五章的第五部分。

第一章 总则和释义条款

概 述

《统一代理权法》取代了《统一持续性代理权法》、《统一法定授权书法》以及《统一遗嘱认证法典》的第五章第五部分。之前的《统一持续性代理权法》旨在对进行低成本、缺乏法律救济的财产委托管理的个人在丧失行为能力的情况下予以保护。《统一持续性代理权法》提出了两个重要概念：（1）持续性代理权的成立，该代理在被代理人丧失行为能力时产生并存续；（2）代理人不知道被代理人死亡的，代理行为有效。《统一持续性代理权法》的成功体现在持续性代理权在各个司法辖区的广泛适用，不但在行为人丧失行为能力时适用，而且对具有行为能力时的权益保障也颇有助益。但是，《统一持续性代理权法》的局限性在于很多州为处理《统一持续性代理权法》大量尚未规定的事项而补充修订州法。这些法律空白涉及代理权的设立与行使以及对被代理人、代理人以及被要求接受代理的个人的指引。《统一代理权法》第一章总则和释义条款将解决上述问题。

本法比《统一持续性代理权法》的规定更为详细，而且改变了其中的两项假定：（1）除非法律明确规定代理权是持续性的，否则代理权不具有持续性；（2）法院为委托人指定的受托人有权解除或者修改已经存在的代理权。

本章第104条规定除非法律明文规定代理权因被代理人丧失行为能力而终止，否则代理权是持续性的，从而推翻了代理权并非持续性的假定。第108条尊重委托人对代理人的选择，规定如果法院指定代理人管理委托人的全部或者部分财产，除非代理权被法院宣布限制、中止或者终止，否则代理权继续有效。

尽管本法主要是一部默认法规，第一章也包含了规制所有遵守本法的代理权的规定，如第114条第1款规定了已经接受委托的代理人的最低诚信义务；第116条对于有资格请求对代理权进行司法解释以及审查代理人行为的人员的认定；第119条规定了对于已经接受公认的授权委托书但并不知道代理权或者代理人的权限尚未生效、无效、终止或者代理人超越代理权或者不正当行使代理权的行为人的保护。与第一章一般适用规则相反的是，默认规则通过"除非授权委托书另有规定"予以明确。这些表达方式是起草人意识到要设置扩大或者限制该法的默认条款，如第一章的默认条款规定除非授权委托书另有规定，否则授权委托书立即生效（第109条），共同代理人可以分别行使代理权（第111条），代理人有权支付因行使代理权产生的合理费用并获得相应的合理报酬（第112条）。

第101条 简　称

本法被引用时应被称为《统一代理权法》。

注　释

本法取代了《统一持续性代理权法》，标题中不包括"持续性"字眼。根据第104条，依据本法设立的代理权是持续性的，除非授权委托书中规定因被代理人丧失行为能力而终止代理权。

第102条 定　义

（1）"代理人"指的是根据授权委托书的授权为委托人的利益从事代理行为、被称之为代理人、事实律师或者其他称呼的人。这一专业术语包括原代理人、共同代理人、继任代理人和被授予代理权的人。

（2）"持续性"代理权指该代理权不因委托人丧失行为能力而终止。

（3）"电子的"指与电气科学、数字、磁性、无线、光学、电磁或者类似科技元素相关的。

（4）"诚实守信"是指客观上诚实守信。

（5）"无行为能力"是指自然人由于以下原因丧失管理财产或者从事商务活动的能力：

① 即使借助科技手段也无法接受并评估信息或者做出决定；

② 失踪；被扣留，包括被刑事羁押；在美国境外且不能返回。

（6）"人"指的是自然人、商业信托、房地产、企业联合、合伙组织、有限责任公司、协会、合资公司、政府或者政府分支机构、派出机构或部门以及其他法律或商业实体。

（7）"授权委托书"是指授予代理人代理权而为委托人的利益从事代理行为的书面文件或者记录，无论是否使用这一术语。

（8）对受限于财产指定权的财产或者财产利益行使的现行有效的一般指定权是指能够在某一可商榷的时间授予给被代理人、被代理人的财产、被代理人的债权人或被代理人财产的债权人绝对所有权的权力。此术语包括直到特定事件发生、可确定标准的成就、特定事件发生或者可确定标准成就后经过特定时间以及经过特定时间后方可行使的指定财产受益权。此法律术语不包括委托人以受托人身份行使的或者只通过遗嘱确定的指定权。

（9）"委托人"是指在授权委托书中授权给代理人的自然人。

（10）"财产"是所有权的客体，无论是普通法上的还是衡平法上的，权利的还是利益的。

（11）"记录"是指有形媒介上注记或者储存在电子设备或其他媒介上并且可以检索到的信息。

（12）"签名"指为证实或者采纳某一记录时书写有形的标识、电子声音、符号或者流程。

（13）"国"是指由华盛顿哥伦比亚特区、50个州、波多黎各自由邦和维京岛等众多海外领土组成的美利坚合众国。

（14）"股票和债券"是指股票、债券、共同基金和其他类型的证券和金融工具，不论是直接持有、间接持有还是以其他任何方式持有。该术语不包括商品期货合约和看涨或看跌的股票或股票指数的期权。

立法注释：立法机关应审查其保护程序法规和修订，如有必要保持一致性，还须审查无行为能力的定义。

注　　释

尽管第102条中的大部分定义是不言自明的，但还有一些专业术语需要进一步注解。

"agent"（代理人）取代了《统一持续性代理权法》中的"attorney in fact"（事实律师）旨在避免外行人混淆术语的含义以及代理人与律师的不同。"agent"也曾用于本法所取代的《统一法定授权书法》。

"incapacity"（无行为能力）取代了《统一持续性代理权法》中的"disability"（残疾），因为"残疾"并不必然导致行为人丧失经营管理个人财产的能力。"无行为能力"的定义强调了残疾的行为后果，使其丧失经营管理个人财产的能力，而不是残疾本身。本法"无行为能力"的定义与 1997 年修订的《统一监护与保护程序法》第 401 条中监护人的指定标准是一致的。

"授权委托书"的定义阐明了这一术语适用于被代理人对代理人的书面或者其他形式的授权。代理权来自授权委托书的授予，不论是否在授权过程中使用这一术语。

"现行的一般授权"的定义明确了本法中所出现的该术语不包括委托人以受托人身份行使的以及只通过遗嘱确定的授权。参见 Restatement（Third）of Property（Wills and Don. Trans.）§ 19. 8cmt. d（TentativeDraft-No. 5，approved 2006）中"除非现行代理权的授予人表明相反意图，否则默认为授予人同意代理人为受赠人的利益行使代理权"。授权委托书中被代理人行使现行的一般授权的权限与赋予代理人全面权限管理被代理人的财产和财务事宜的目标是一致的。该术语在第 211 条（不动产、信托及其他利益）第 2 款第 3 项中被代理人为其利益行使现行的一般授权的权限部分以及第 217 条（赠与）被代理人为其他人的利益行使现行的一般授权的权限部分出现。此外，在第 301 条关于"不动产、信托及其他利益"或者"赠与"权限授予的法定格式处也有涉及。如果被代理人希望授权他人行使其以受托人身份行使的权利，第 201 条第 1 款第 7 项规定授权委托书应包括此种明确授权。只有被代理人有权进行授权而且代理人的权限依法受到必要的限制，被代理人才能以受托人身份进行相应的授权。

第 103 条 适用性

本法适用于除以下各项外的所有代理权：

（1）在一定程度上与权利主体利益相关的代理权，包括在债权债务关系中被赋予债权人的代理权或者为其利益的代理权；

（2）做医疗决定的代理权；

（3）行使选举权或者对有关实体的管理权的代表权或者其他代理权；

（4）基于政府意志由政府或者政府分支机构、派出机构或部门创设的代理权。

注　释

《统一代理权法》旨在对个人财产及财产利益的委托事宜进行全面规定，不但在行为人丧失行为能力时适用，而且对具有行为能力时的权益保障也颇有助益。考虑到在被代理人不能监督代理人行为时，代理人很可能随时行使代理权，本法明确了代理人的最低注意义务以及对被代理人权益的保护条款。然而，这些规定并非对所有代理权的授予都适用。第 103 条列举了该法排除适用的委托情形，因为委托事项、委托目的、代理人职责或者前述所有事项组合使得适用本法此项规定是不适当的。

第 1 款排除了在一定程度上与权利主体利益相关的代理权。由于代理人与之存在利害关系，可能不会以被代理人的利益行使代理权。参见 Restatement（Third）of Agency §3. 12（2006）and M. T. Brunner, Annotation, *What Constitutes Power Coupled with Interest within Rule as to Termination of Agency*，28 A. L. R. 2d 1243（1953）。与权利主体利益相关的代理权包括赋予债权人完善或者保护其抵押权利或者转让抵押物的权利。第 1 款强调了授予信贷交易的债权人的权力或者为其利益而行使的代理权，这并不意味着排除第 1 款其他有利害关系的代理权的法律适用，如保险人代表被保险人进行和解或者认可判决，参见 *Hayes v. Gessner*，52 N. E. 2d 968（Mass. 1944）。

第 2 款排除了为被代理人做医疗决定的代理权。相关法律已对此项委托代理进行了明确规定。但是，本法确认财务管理事宜与医疗决策通常是彼此独立的，从而在第 114 条第 2 款第 5 项规定了一条规则，即本法代理人应当与委托人的医疗决策者协作。

同样地，第 3 款排除了行使选举权或者对有关实体的管理权的代表权或者其他代理权。尽管本法已排除此项代理权的适用，但是第 209 条仍规定了授予代理人的有关实体经营的代理权"亲自或者通过代理……行使被代理人作为股票及债券持有者所拥有或者请求拥有的权利、权力、特权、期权……"（参见第 209 条第 5 款）。

因此，根据实体表决法享有代理权的个人不会受到本法的约束，被第 209 条赋予代理权的代理人才受到约束，是因为被代理人被赋予比单纯表决代表权更大的权限。事实上，标准的实体法律规定了代理人可以为被代理人的利益指定代表人，参见 Model Bus. Corp. Act §7. 22（2002）；Unif. Ltd. Partnership Act §118（2001）；and Unif. Ltd. LiabilityCo. Act §404（e）（1996）。

第 4 款排除了基于政府意志由政府或者政府分支机构、派出机构或部门创设的代理权。与第 2 款和第 4 款被排除的代理权一样，此项代理权在其他基于特定目的的单行法中也有相关规定。虽然此项代理权被排除，但是本法在第 203 条第 7 款明确规定了赋予代理人的代理权包括根据法律或者政府规章准备、行使及归档与标的物相关的记录、报告及其他文件从而保护并完善被代理人的权益。第 203 条第 8 款进一步明确了代理人有权为被代理人利益与政府或者政府分支机构、派出机构或部门的代表或者员工进行沟通。这些规定的目的在于使代理人依本法被赋予代理权的任何事项对于特定政府权力的需求最小化。

第 104 条 持续性代理权

本法中的代理权是持续有效的，除非明确规定因委托人丧失行为能力而终止代理权。

注 释

第 104 条规定了依本法创设的代理权是持续有效的，除非授权委托书中另有规定。

此规则与《统一持续性代理权法》的规定相反，因为大部分被代理人考虑到监护问题更倾向于代理权是持续性的，参见第 107 条的注释（包括持续性规则在内的创设代理权的各个司法管辖区法律默认规则中均有涉及代理权含义和效力的规定）。

第 105 条 授权委托书的签署

授权委托书必须由委托人或者委托人指定的人按照委托人的意愿在授权委托书上签署委托人的名字。如果委托人在公证人或者法律授权的其他个人面前承认其签名，授权委托书上的签字则被认定为真实有效的。

注 释

尽管委托人对签名进行公证以创设有效的代理权并未被明文规定，但是该条极大地鼓励行为人对授权委托书签名进行公证以此推定权利生效。并且，第 119 条（对被认可的授权委托书的认同）以及可选用的第 120 条（A—拒绝接受被认可的授权委托书的法律责任；B 拒绝接受被认可的法定格式授权委托书的法律责任）并不适用于未被认可的代理权，所以对于未被认可的授权委托书，行为人可能会不愿接受。司法实践中，如果代理人为被代理人的利益需要将授权委托书备案以及执行不动产文件，被认可的签名是非常必要的，参见 R. P. D., Annotation, Recording Laws as Applied to Power of Attorney under which Deed or Mortgage is Executed, 114 A. L. R. 660（1938）。

该条规定了授权委托书应当由被代理人签署或者被代理人直接指定的其他人签署其名字。如果其他人被指定代替被代理人签名，签名应当在被代理人神志清醒时进行。1990 年《美国统一遗嘱认证法典修正案》规定了遗嘱执行时对意识状态进行测试，一般要求指定他人代为签署的个人在签名时视觉和听觉应当处于足以辨识签署行为的状态，参见 Unif. Probate Code § 2 – 502 cmt. (2003)。对于指定他人代为签署的个人对其签名的认可，参见 R. L. M. , Annotation, Formal Acknowledgment of Instrument by One Whose Name is Signed thereto by Another as an Adoption of the Signature, 57 A. L. R. 525 (1928)。

第 106 条　代理权的效力

（1）如果授权委托书的签名盖印使该法律文件生效且符合本法第 105 条的规定，则此代理权立即生效；

（2）如果其签署之时符合本国现行法律的相关规定，则代理权签署之时立即生效；

（3）非在本州签署的授权委托书，符合下列条件时在本州有效：

① 与本法第 107 条确定代理权的含义与作用的法律相一致；

② 符合军事代理权的必要条件。

（4）授权委托书的复印件或者传真件与原件具有同等的法律效力。

立法注释：此条中的（a）和（b）中的括号表示立法机关可以在其插入本法的实际生效日期。

注　　释

《统一代理权法》的立法目的之一是提升授权委托书的可移植性及适用。第 106 条明确了本法并不影响在先代理权、在其他州有效的代理权、军事代理权的法律效力。尽管本法确认其他法律中创设的代理权的效力，但并不废止影响代理权效力的伪造、欺诈或者不当影响的传统法律依据。

该条也规定了除非其他司法管辖区的法律另有规定，授权委托书的原件、复印件或者电子版本与原件具有同等法律效力。其他法律中要求提交原始的授权委托书的一个例子是司法登记法案，参见 e. g. , Restatement (Third) of Property (Wills & Don. Trans.) § 6. 3 cmt. e (2003)（为记录一个行为，"一些州规定应当对转让文件进行签字、盖章、公证以记录法律行为"）。

第107条　代理权的意义和作用

代理权的意义和作用由授权委托书中代理范围规定；如果没有代理范围等权限规定，则由行使代理权的司法管辖区的法律加以规定。

注　释

该条承认外国的代理权或者在《统一代理权法》生效之前已执行的代理权可能已经依其他默认规则被创设。第107条规定创设代理权的以上法律确认其意义和效力。其他司法管辖区的法律可对有关代理权持续性（第104条）、共同代理的权限（第111条）或者如赠与等特定的权限范围（第217条）的不同默认规则予以规定。第107条明确了被代理人的授权在不同的司法管辖区既不会被扩大也不会被缩小。针对不同的司法管辖区之间行使代理权可能会出现的问题参见 Linda S Whitton，Crossing State Lines with Durable Powers，Prob. & Prop.，Sept./Oct. 2003，at 28。

该条还确立了一种客观方式来适用被代理人用以规制代理权意义和效力的法律。授权委托书中所确定的司法管辖区的法律是广义的，包括委托书中涉及被代理人选择适用法律的陈述或者参考。明示管辖的例证有在授权委托书正文或者标题中包含司法管辖区的名称，对于特定司法管辖区法律的援引，代理权创设或者行使所依据的特定司法管辖区的法律。第107条规定如果授权委托书中没有司法管辖区的相关表述，则应适用执行代理权的司法管辖区的法律。"授权委托书中表述的司法管辖区的法律"与"执行代理权的司法管辖区的法律"是不同的。财产所有权在多个司法管辖区的情况使被代理人在一个司法管辖区履行依多个司法管辖区法律创设并进行解释的代理权的可能性大大增加。因此，明确表述规制代理权意义和效力的管辖法律是非常必要的，参见第301条（法定格式的授权委托书标题明示了司法管辖的名称）。

第108条　管理人或者监护人的任命；代理人与法院指定的受托人的关系

（1）委托人可以在授权委托书中写明为其财产指定管理人或者为本人指定监护人，如果委托人签署授权委托书之后监护程序启动，法院可以为其指定监护人。【除正当理由或者被剥夺资格之外，法院应当根据委托人新近提名的人选进行指定。】

（2）委托人签署授权委托书之后，如果法院为委托人的财产指定管理人或者其他受托人，代理人对受托人和委托人负有责任。【代理权并未终止，除非被法院限制、中止或者终止，否则继续有效。】

立法注释：本条中的方括号表明立法部门应当参考各保护程序规定，如有必要为保持一致应修改括号内语言的专有名词及内容。

注　释

《统一持续性代理权法》赋予法院指定的受托人与委托人未丧失行为能力时相同的撤销或者修改授权委托书的权利，而第 108 条第 2 款的规定与之相反，参见 Unif. Durable Power of Atty. Act §3（a）（1987）。该条尊重被代理人对于代理人的选择。虽然法院后来指定了受托人，但是，除非法院限制或者终止代理人的权限，否则代理人的权利仍继续存在。该推定方式表明法院后来指定受托人的权限应当是补充规定，并非阻却代理人的权限。但是，如果因代理人未能全面履行或者违反代理职责导致再委托的，法院在指定程序中权衡利弊后，可以在指定受托人的同时限制或者终止代理人的权限。第 108 条第 2 款不同于《统一持续性代理权法》，与州立法趋势是一致的，参见 755 Ill. Comp. Stat. Ann. 45/2 - 10（West 1992）；Ind. Code Ann. §30 - 5 - 3 - 4（West 1994）；Kan. Stat. Ann. §58 - 662（2005）；Mo. Ann. Stat. §404. 727（West 2001）；N. J. Stat. Ann. §46：2B - 8. 4（West 2003）；N. M. Stat. Ann. §45 - 5 - 503A（LexisNexis 2004）；Utah Code Ann. §75 - 5 - 501（Supp. 2006）；Vt. Stat. Ann. tit. 14，§3509（a）（2002）；Va. Code Ann. §11 - 9. 1B（2006）。第 108 条第 2 款与 1993 年《统一医疗决定法》中的相关规定是一脉相承的，即除非法院明确授权监护人为特定行为，否则监护人不得撤销被监护人先行的医疗指示。此外，该条与《统一监护与保护程序法》也是一致的，即监护人或者管理人在未经法院明确授权的情况下不得撤销被监护人或者被保护人对于医疗或者财产管理的授权委托书，参见 Unif. Guardianship & Protective Proc. Act §316（c）（guardianship），§411（d）（protective proceedings）。

除非代理人的代理权被法院限制或者终止否则继续有效，法院应根据被代理人最近提名指定受托人，这些推定充分地体现了立法对被代理人的自主选择权的尊重。通常，被代理人会提名授权委托书中的代理人作为监护人或者管理人。与监护人的选择相关的大多数法律一致（参见 Unif. Guardianship & Protective Proc. Act §310（a）（2）（1997）。尊重被代理人对代理人及监护人、管理人的选择，阻却了单纯为控制弱势的被代理人、妨碍代理人行使权利而提出的监护申请，参见 Unif. Guardianship & Protective Proc. Act §310 cmt.（1997）以及 Linda S. Ershow – Levenberg, When Guardianship Actions Violate the Constitutionally – Protected Right of Privacy, NAELA News, Apr. 2005, at 1（生效的授权委托书规定了侵害欠缺行为能力人的隐私权及结社权时监护人的指定）。

第109条 代理权的生效

（1）授权委托书一经签署即具法律效力，除非委托人在授权委托书中规定在将来某一时间或者未来某一事件或者意外情形发生时生效。

（2）如果授权委托书基于未来某一事件或者意外情形发生而生效，委托人可以在授权委托书中授权一个或者若干人在法律文件或者记录中对事件和意外情形的发生进行确认。

（3）如果代理权基于委托人丧失行为能力而生效，而委托人没有授权他人确定委托人是否丧失行为能力，或者被授权的人不能或者不愿意做出决定，那么代理权基于法律文件或者其他记录中以下人员的确认而生效：

① 医生或者持有执照的心理学家；

② 执业律师、法官、政府官员。

（4）被委托人在委托书中授权对其无行为能力进行确认的人根据《医疗保险可转移和责任法》以及《社会保障法》第1171到1179条以及其他法律规定可以作为委托人的私人代表获得查看委托人医疗信息的许可，并且可以与医疗服务提供者进行沟通。

立法注释：本条第3款第1项中"持有执照的心理学家"处标示此处立法部门应插入有资格做出行为能力判断的心理学专家或者学者的姓名。立法部门还应当审查各保护程序规定，如须保持一致性还应修改无行为能力的定义。

注 释

本条默认规则规定了代理权一经签署即生效。如果被代理人选择创设在将来某一时间或者基于未来某一事件或者意外事件的发生而生效的复代理或者共同代理，被代理人可以授权代理人或者其他人提供书面证据证明特定时间或者意外情形已经发生（第2款）。由于被授权确认被代理人丧失行为能力的个人很可能需要了解被代理人的医疗信息，第4款准予其根据《医疗保险可转移和责任法》以被代理人个人代表的身份为法律行为。参见 45 C. F. R. § 164. 502（g）（1）–（2）（2006）（规定在公开个人受保护的医疗信息时，有关单位必须将被代理人的私人代表视同其本人对待）。但是，第 109 条并未授权代理人为被代理人进行医疗决策的权利。参见第 103 条及其注释（规定了本法进行医疗决策代理权的例外情形）。

　　默认规则反映了"最优方式"理论，即为被代理人利益行使代理权的代理人应当是非常值得信赖的。但是，调查显示大多数被代理人不希望有替代的决策者，仍愿意通过附条件生效的代理权以保护隐私不受侵犯，参见 Linda S. Whitton, National Durable Power of Attorney Survey Results and Analysis, National Conference of Commissioners on Uniform State Laws, 6 – 7（2002）, http：//www. law. upenn. edu/bll/ulc/dpoaa/surveyoct2002. htm（报告称受访的律师中有 23% 发现他们的客户更倾向于附条件生效的代理权，61% 称倾向当即生效的代理权，16% 不置可否；然而，89% 的律师认为代理权法应当认可附条件生效的代理权。）

　　如果被代理人丧失行为能力使得附条件的代理权生效而被代理人未授权他人代为决策，或者被授权的个人不能或者不愿意做出决策，那么该条即规定了代理权生效的默认机制。对于因身体伤残所致的行为能力欠缺，第 3 款第 1 项的医师或者执业心理学家可以确认；对于因被代理人失踪、被扣留或者不能归国导致暂时欠缺行为能力可由第 3 款第 2 项规定的代理律师、法官或者有关的政府公务人员进行确认。确认第 102 条第 5 款第 2 项规定的丧失行为能力人的适格的政府公务人员包括美国政府官员、公务员或者宣誓过的联邦或者州的执法人员。代理权的默认生效机制只在无须确认丧失行为能力时适用。质疑被代理人指定的个人作出的决定不适用该条规定。

第 110 条　授权委托书或者代理权的终止

（1）有下列情形之一的，委托代理终止：

① 被代理人死亡；

② 如果代理权非持续有效，被代理人丧失民事行为能力；

③ 被代理人取消委托；

④ 授权委托书规定代理权终止；

⑤ 代理事务完成；

⑥ 被代理人终止代理权或者代理人死亡、丧失行为能力或者辞去委

托，并且授权委托书并没有规定其他代理人继续从事代理行为。

（2）有下列情形之一的，代理权终止：

① 被代理人取消代理权；

② 代理人死亡，丧失行为能力或者辞去委托；

③ 除非授权委托书另有规定，代理人与被代理人的婚姻解除、法定注销或者合法分居；

④ 授权委托书终止。

（3）除非授权委托书另有规定，否则直至第 2 款中代理权终止的情形出现，代理权都具有法律约束力。

（4）善意代理人或者其他人不知道授权委托书或者代理权的终止，而根据授权委托书的规定进行代理行为，终止对其不发生法律效力。除非另有无效或不可执行的情形，代理行为对被代理人和与被代理人有利害关系的继承人均具有法律约束力。

（5）授权委托书中的被代理人暂时丧失行为能力并不必然导致善意代理人或者其他人的代理权的撤销或者终止。除非另有无效或不可执行的情形，代理行为对被代理人和与被代理人有利害关系的继承人均具有法律约束力。

（6）除非之后的授权委托书明文规定废止之前授予的代理权或者废止其他所有的代理权，否则新代理权的行使并不导致先前的代理权失效。

立法注释：第 2 款第 3 项方括号中的"离婚"表明立法当局应在此处添加各司法管辖区域划了离婚或者婚姻关系解除的专业术语。

注　　释

该条列举了代理权或者代理权限的终止情形。第 1 款和第 2 款首先列举了终止情形，而后在第 3 款和第 6 款规定了并不导致代理权无效的情形，第 4 款和第 5 款中规定了根据授权委托书而为代理行为并不终止代理权的情形。

第 3 款规定了本法所称代理权不会失去时效。除非授权委托书规定代理权基于特定日期届至、特定时间经过或者履行特定时段，与授权委托书效力无关，须援引《统一持续性代理权法》中的概念，参见 Unif. Durable Power of Atty. Act §1（as amended in 1987）。同样，第 6 款明确了其后发生的代理权不会单纯因不一致性而撤销在先的代理权。除非之后的授权委托书明文规定废止之前授予的代理权或者废止其他所有的代理权，否则代理权的行使并不导致先前代理权的失效。当被代理人打算限制另一代理人重叠的代理权限时，明文规定撤销的要求有利于防止偶然的撤销行为。比如，授予一个代理人有关不动产的一般权限的被代理人可能希望授予另一代理人市外不动产交易的特别权利。

第 4 款和第 5 款强调对于不知道终止情形发生的善意代理人或者其他人根据授权委托书的规定为代理行为，代理权终止对其不发生法律效力。如第 1 款第 1 条规定被代理人死亡则委托代理终止，但是根据授权委托书的规定进行代理的善意代理人不知被代理人死亡，其代理行为对与被代理人有利害关系的继承人具有法律效力（参见第 4 款）。如果代理人明知被代理人死亡，但接受代理人为表见代理的人并不知道被代理人死亡的事实，其结果同上，参见 Restatement（Third）of Agency §3.11（2006）（实际代理权的终止并不自动终止代理人的表见代理权）以及第 119 条第 3 款（接受公认的授权委托书的善意个人不知道代理权终止可根据授权委托书的规定行事，与代理权仍有效一样）。以上观点在《统一持续性代理权法》中也有相应的规定，参见 Unif. Durable Power Atty. Act §4（1987）。

终止情形中需要特别注意的是第 2 款第 3 项，即如代理人与被代理人婚姻关系解除或者法定分居，其配偶的代理权依法撤销。虽然婚姻关系解除可能导致被代理人的权益易受配偶代理人自利行为的侵害，但是第 2 款第 3 项的规定并不是强制性的，很可能被授权委托书的规定推翻。诸如灾难性疾病发生或者出于公共利益的考量等特殊状况，会促使被代理人决定尽管婚姻关系解除或者法定分居，代理权仍继续存在。

第 111 条　共同代理和继受代理

（1）委托人可以指定两个以上共同代理人。除非授权委托书另有规定，各代理人可独立行使职权。

（2）如果代理人辞去委托、死亡、丧失行为能力、无代理资格或者拒绝委托，委托人可以指定一个以上继受代理人。委托人可以授权代理人或者依姓名、办公场所或者职责而指定其他人去指定一个以上的继受代理人。除非授权委托书另有规定，继受代理人：

① 与原代理人具有相同的代理权限；

② 原代理人已经辞去委托、死亡、丧失行为能力、无代理资格或者拒绝委托时，继受代理人方可进行代理。

（3）除授权委托书中另有规定以及第 4 款规定，包括原代理人在内的其他代理人违反代理职责，代理人未参与或者未予隐瞒的，则不对其他代理人的行为承担法律责任。

（4）明知其他代理人有违反或者即将违反信托义务的代理人应通知委托人；如果委托人无行为能力，该代理人应当采取必要的合理措施以保护委托人的最佳利益。未通知委托人或者未采取本款所规定的必要保护措施的代理人应当对委托人本可避免的可预见的损失承担法律责任。

注　释

该条规定了若干值得被代理人仔细斟酌的默认规则。第 1 款规定了如果被代理人指定共同代理人，除非授权委托书另有规定，各共同代理人可独立行使职权。本法之所以这样规定是为了阻止对各代理人有利的共同一般代理权的行使，促进相对人接受两个以上代理权人之一进行的交易行为。但是，该规定并不意味着鼓励指定共同代理人。对于有能力对代理人进行监督的被代理人，指定共同代理人增加了被代理人的监督责任而且极大地增加了对被代理人财产采取不同措施的风险。对于丧失行为能力的被代理人，共同代理人利用代理权争夺对被代理人及其财产控制的风险更大。尽管被代理人可以通过规定共同代理人在达成多数或者一致共识的基础上进行代理以推翻默认规则，但是这样的规定阻碍了代理权的适用，尤其是在身体素质或者心理素质不同的代理人之间。一个更加审慎的做法是指定一个最初的代理人以及一个以上继受代理人。如有必要，被代理人可以授予最初的代理人在其不能履行代理职责时指定继受代理人的权利（参见第 201 条第 1 款第 5 项）。

第 2 款规定了除非授权委托书另有规定，继受代理人与最初代理人享有相同的代理权限。尽管该默认条款确保最初代理人的代理权限能够由继受代理人享有，但是被代理人可权衡继受代理人是否是行使最初代理人的代理权限的合适人选。如，配偶代理人可享有赠与、创设、修改或者撤销生前信托，创设或改变生者对死者名下财产的享有权以及受益人指定的权限（参见第 201 条第 1 款），但是继受代理人的成年子女不得享有以上代理权。

第 3 款规定了一个默认规则，即除非代理人参与或者隐瞒其他代理人违反受托人义务的行为，否则代理人对其他代理人的行为不承担法律责任。因此，如果授权委托书中没有相反的规定，代理人没有监督其他代理人的义务。但是，第 4 款特别规定了明知违反或者即将违反信托义务的代理人应当通知被代理人，如果被代理人不具有行为能力，则应采取合理措施保护被代理人的最佳利益。第 4 款规定如果代理人未能通知被代理人或者未能采取合理措施保护被代理人的最佳利益，则其应对可预见的本可避免的损失承担责任。

第 112 条　代理的费用和报酬

除非授权委托书另有规定，代理人在代表委托人进行代理行为时有权支付合理费用及获得报酬。

注　　释

该条规定了一个默认规则，即代理人在代表被代理人进行代理行为时有权支付由此产生的合理费用及获得报酬。尽管被代理人不可能修改有关开支的默认规则，但是可以在授权委托书中对代理人可以花费的开支明细予以限制；同样，被代理人可以规定报酬条款而不是由合理标准确定。尽管很多家庭成员代理人不收取任何报酬，但是在被代理人为了满足公共利益的限制性条件需要降低收入或者资源的情况下，支付给代理人报酬对被代理人是有益的。

第 113 条　代理的接受

除授权委托书另有规定，任何人以代理人身份行使职权、履行代理职责或者有接受代理的声明或行为，即视为接受任命。

注　　释

该条规定了关于接受代理的默认规则。除非授权委托书中规定了其他方式，否则当事人行使代理权、履行代理职责或者有接受代理的声明或行为，即视为接受代理。接受代理是代理关系开始以及承担代理职责负担的重要临界点（参见第 114 条第 1 款）。

由于可能没有意识到被代理人已经在授权委托书中指定其为代理人，所以代理关系开始的确定对于被代理人与代理人的权益保护是非常必要的，参见 Karen E. Boxx, The Durable Power of Attorney's Place in the Family of Fiduciary Relationships, 36 Ga. L. Rev. 1, 41（2001）（规定了只有在委托律师确知其职责，能够接受委托且欣然接受的情况下，方可赋予其代理职责）。本法也规定了终止代理关系（参见第 110 条第 2 款第 2 项）的代理人请辞方式（参见第 118 条）。

第 114 条 代理人的职责

（1）尽管授权委托书中有相应的规定，已接受任命的代理人应当：

① 根据被代理人的合理预期，如果已知，否则根据被代理人的最佳利益从事代理行为；

② 诚实信用地进行代理；

③ 在授权委托书授予的职权范围内进行代理。

（2）除非授权委托书另有规定，接受任命的代理人应当：

① 为维护委托人的利益尽忠实勤勉义务；

② 避免损害代理人能力与为委托人最佳利益进行公正代理之间的利益冲突；

③ 符合相似情况下代理人进行代理的忠实勤勉标准；

④ 记录所有为委托人利益而为的代理行为的收支明细和交易事项；

⑤ 与有权为委托人利益做出医疗决定的个人通力协作以实现代理人已知的委托人的合理预期，或者以其他方式，为委托人的最佳利益而为代理行为；

⑥ 如果保持委托人的财产计划与基于以下相关因素的委托人最佳利益是一致的，代理人应在其已知的范围内尝试保持委托人的财产计划。

a. 委托人财产的价值和性质；

b. 委托人可预见的维护责任和需求；

c. 税收的最低估算，包括所得税、房产税、遗产税、隔代转移和赠与税等；

d. 依法享有某种好处以及获得某个项目或者援助的资格。

（3）根据诚实信用原则进行代理行为的代理人如未能保持财产计划，对委托人的财产计划的受益人不承担任何法律责任。

（4）忠实勤勉地为维护委托人的最佳利益而进行代理行为的代理人不因其从中受益或者与委托人财产等事宜存在个人利益或者利益冲突而承担责任。

（5）如果委托人因代理人具有特殊技能或者专业知识，或者代理人声称其具有特殊技能或者专业知识而确定代理人，在此种情形下，在认定代理人是否依其能力审慎勤勉地履行职责时，其特殊技能或者专业知识应当予以考虑。

（6）代理人如未违反代理职责，在委托人财产贬值时不承担法律责任。

（7）代理人将委托人授予的代理权委托于其他人或者使其他人参与代理行为，如果其在进行选择和监督时审慎勤勉地履行职责，则其对代理行为、判断失误或者默认不承担法律责任。

（8）除非授权委托书有相反规定，否则代理人无须透露代表委托人进行的交易事宜以及收支情况，除非法院命令或者委托人、监护人、管理人、其他受托人、有权保护委托人利益的政府机构以及在委托人死亡时委托人的私人代表或者与其财产有利害关系的继承人提出要求。如果法院命令或者他人要求，代理人则应在 30 日之内提交，不能在 30 日内完成的，应当提供书面文件或者其他需要额外时间的证据，并在延长的 30 日内提交。

注　释

尽管授权委托书中的代理人即受托人，但在各州代理权法中对其定义尚不明晰，参见 generally Karen E. Boxx, The Durable Power of Attorney's Place in the Family of Fiduciary Relationships, 36 Ga. L. Rev. 1 （2001）; Carolyn L. Dessin, Acting as Agent under a Financial Durable Power of Attorney: An Unscripted Role, 75 Neb. L. Rev. 574 （1996）。各州关于代理职责的规定，对代理人注意义务的要求差别很大（参见 755 Ill. Comp. Stat. Ann. 45/2 – 7 （West 1992）; Ind. Code Ann. § 30 – 5 – 6 – 2 （West 1994）) to a trustee – type standard （see, e. g., Fla. Stat. Ann. § 709. 08 （8）（West 2000 & Supp. 2006）; Mo. Ann. Stat. § 404. 714 （West 2001））。第 114 条第 1 款明确规定了代理人的最低强制义务，第 2 款规定了代理人有权修改或者删除默认规则，由此明确了代理人的职责。

授权委托书中的强制性义务——如可知，须根据被代理人的合理预期，否则为被代理人的最佳利益；诚实信用地；在代理权限范围内履行——不得修改。按照被代理人对代理人行为的指引确定被代理人的合理预期与对于最佳利益的替代决策的偏好是一致的，以此保护无行为能力人的自主决定权。参见 Wingspan – The Second National Guardianship Conference, Recommendations, 31 Stetson L. Rev. 595, 603 （2002）以及 Unif. Guardianship & Protective Proc. Act § 314 （a）（1997）。

本法没有规定且无惯例表明被代理人应在授权委托书中声明其预期或者目标。实际上，代理权较之信托或者监护的优点之一是其适应性和随意性，代理人可以根据变化的客观情况行使其代理权。但是，在被代理人的主观预期与其客观的最佳利益标准可能不一致的情况下，最好以书面可采信的方式记录这些预期以防日后代理人的行为可能带来的风险（参见第116条）。

如果被代理人的预期可能与本法默认义务相冲突，那么最好在授权委托书中阐明这些预期，为适用这些预期改变默认规则，或者二者兼而有之。例如，被代理人为改善代理人和其家庭的经济状况可能想投资家庭成员的企业，该家庭成员系代理人。被代理人未明确表示其目的，由被代理人财产的代理人投资至代理人的企业就可能被看作是违反为被代理人的利益忠诚为代理行为的默认义务（第2款第1项），或者违反代理人应避免损害被代理人的最佳利益而进行公正代理的利益冲突的默认义务（第2款第2项）。

本条中两项默认义务保护被代理人之前表达的意愿。与有权为被代理人作出医疗决策的个人合作（第2款第5项）以及保持被代理人的财产计划（第2款第6条）的义务。但是，代理人只在其已知且保持财产计划有利于被代理人的最佳利益的情况下才有保持被代理人财产计划的义务。保持财产计划是否与被代理人的最佳利益一致的决定因素包括被代理人财产的价值、被代理人对于维护的需求、税收的最低估算以及符合社会公共利益。如果代理人已经忠诚地履行代理行为，代理人则免予承担未能保持财产计划的责任。

第4款规定为被代理人的最佳利益审慎勤勉地进行代理活动的代理人不会因为其从代理行为中受益或者存在利益冲突而承担法律责任。该规定违背了普通法中的忠诚义务，即代理人应仅为被代理人的利益行事，参见 Restatement（Second）of Agency §387（1958）；Unif. Trust Code §802（a）（2003）（规定受托人仅仅为受益人的利益行事）。规定了代理人对被代理人忠诚义务的州可以在与代理人的附带利益一致之后，效仿本条款，参见 Cal. Prob. Code §4232（b）（West Supp. 2006）；755 Ill. Comp. Stat. Ann. 45/2 – 7（West 1992）；Ind. Code Ann. §30 – 5 – 9 – 2（West 1994 & Supp. 2005）。The Restatement（Third）of Agency §8.01（2006）也考虑到对被代理人的忠诚义务可能同时对代理人有益（通讯记录第1项），参见 John H. Langbein, Questioning the Trust Law Duty of Loyalty：Sole Interest or Best Interest? 114 Yale L. J. 929，943（2005）（最佳利益测试应当取代单独忠诚义务测试）。支持最佳利益作为代理人忠诚基准的公共政策是符合现实情况的。代理关系中的大多数代理人系家庭成员，与被代理人基于共同财产所有权或者继承预期存在着固有的利益冲突。

第5款对选择具有特殊技能或者专业知识代理人的被代理人提供了额

外的法律保护，即在评估代理人行为时应当考虑其特殊技能或者专业知识。如果被代理人选择指定家庭成员或者亲密朋友作为代理人，但不打算因其具有特殊技能或者专业知识而提出更高标准，那么被代理人应当在授权委托书的免责条款中予以注明（参见第 115 条注释）。

第 6 款和第 7 款规定了与适用受托人权限范围相似的代理人的保护。第 7 款认为代理人将委托人授予的代理权委托于其他人或者使其他人为被代理人的利益参与代理行为，如果其在选择和监督时尽到了审慎勤勉的义务，代理人对其他人的行为不承担责任（cf. Unif. Trust Code § 807（c）（2003）。第 6 款认为如果代理人未违反代理职责，其对被代理人的财产贬值不承担责任（cf. Unif. Trust Code § 1003（b）（2003））。

第 8 款规定了被代理人应当予以考虑的代理人的普通法责任（参见 Restatement（Third）of Agency § 8.12（2006）；Restatement（First）of Agency § 382（1933））。第 8 款规定了除非法院命令或者被代理人、代表被代理人的受托人或者有权保护被代理人利益的政府机构提出要求，代理人无须透露收据、支出或者交易，非创设周期性核算的积极作为义务。如果被代理人死亡，被代理人的私人代表或者与财产有利害关系的继承人可以要求代理人报账。除非法院命令或者上述人员之一要求，否则代理人没有报账的作为义务。尽管如此，第 2 款第 4 项创设了一项默认义务，即代理人应记录所有代表委托人利益而为的代理行为的收支明细和交易事项。

具有行为能力的被代理人应当控制财务交易信息公开对象，可要求代理人报账的相关人员范围狭窄与这一前提条件是契合的。如果被代理人丧失行为能力或者死亡，被代理人的受托人或者私人代表可以继而承担监督职责。可请求代理人报账的相关人员中涉及政府机构（如成年人保护公共服务机构）是顺应国家立法趋势的必然，同时也反映了国家对于弱势人群财产权保护的日益关注，参见 755 Ill. Comp. Stat. Ann. 45/2 – 7.5（West Supp. 2006 & 2006 Ill. Legis. Serv. 1754）；20 Pa. Cons. Stat. Ann. § 5604（d）（West 2005）；Vt. Stat. Ann. tit. 14，§ 3510（b）（2002 & 2006 – 3 Vt. Adv. Legis. Serv. 228）. generally Donna J. Rabiner，David Brown & Janet O' Keeffe，Financial Exploitation of Older Persons：Policy Issues and Recommendations for Addressing Them，16 J. Elder Abuse & Neglect 65（2004）。本法规定了对于代理人行为进行司法审查的广义条款，以此规避可请求代理人报账的相关人员范围狭窄的问题，参见第 116 条及其注释。

第 115 条　代理人的免责

除下列情形，授权委托书中对违反职责的代理人的免责条款对被代理人和与被代理人有利害关系的继承人同样具有法律约束力。

（1）代理人不诚实、基于不当动机或者无视授权委托书的目的或者委托人的最大利益而违反代理职责；

（2）代理人滥用与被代理人之间的保密关系或者信托关系。

注　　释

本条允许被代理人免除违反代理职责的代理人的责任，但是禁止免除不诚实、基于不当动机、无视授权委托书的目的或者委托人的最佳利益而违反代理职责的代理人的法律责任。对代理人行为要求的最低标准等同于对于受托人行为要求的诚实信用标准。受托人未能遵守这一标准则不能在信托文件中被免责，参见 Unif. Trust Code § 1008 cmt. (2003)（"受托人必须依诚实信用原则，信托目的以及受益人利益履行信托义务"）。第 115 条规定由于滥用与被代理人的保密或者信托关系达成的免责条款不具有法律约束力，以此作为对被代理人保护的附加措施。尽管免责条款一般是例外情形而非规则，但是授权委托书中涵盖免责条款可能在实现被代理人的特定目的时有用。例如，如果被代理人考虑到为获得对被代理人财产的控制而引发争执的家庭成员会抨击代理人的行为，免责条款可以阻止此种情况的发生，或者将否定代理人行为的可能性降至最低。

第 116 条　司法救济

（1）下列人员可以请求法院解释授权委托书或者审查代理人的行为并采取适当的救济措施：

① 被代理人或者代理人；

② 监护人、财产管理人或者其他受托人；

③ 有权为被代理人做出医疗决定的人；

④ 被代理人的配偶、父母或者后代；

⑤ 有资格作为被代理人的推定继承人的人；

⑥ 被代理人死亡后接受其任何财产、利益或者合同权利的受益人或者与被代理人财产有利害关系由被代理人创设的或者为其利益而创设的信托受益人；

⑦ 有权保护被代理人福利的政府机构；

⑧ 被代理人的看护人或者证明对被代理人的福利有足够关心的个人；

⑨ 被要求接受代理权的人。

（2）除非法院发现被代理人无行为能力而废除代理权或者授权委托书，否则法院应当根据被代理人意愿驳回诉讼请求。

注　释

该条旨在保护弱势或者丧失行为能力的被代理人的财产不受侵犯。第 1 款提出了有资格请求法院解释授权委托书或者审查代理人行为的相关人员的种类，包括列表中第 8 项的"证明对被代理人的福利有足够关心的个人"。允许任何对被代理人有足够关心的个人请求法院在大多数州法中均有相应规定，参见 Cal. Prob. Code §4540（West Supp. 2006）；Colo. Rev. Stat. Ann. §15 - 14 - 609（West 2005）；755 Ill. Comp. Stat. Ann. 45/2 - 10（West 1992）；Ind. Code Ann. §30 - 5 - 3 - 5（West 1994）；Kan. Stat. Ann. §58 - 662（2005）；Mo. Ann. Stat. §404. 727（West 2001）；N. H. Rev. Stat. Ann. §506：7（LexisNexis 1997& Supp. 2005）；Wash. Rev. Code Ann. §11. 94. 100（Supp. 2006）；Wis. Stat. Ann. §243. 07（6r）（West 2001）。但是 cf. 20 Pa. Cons. Stat. Ann. §5604（West 2005）（根据《老年人保护服务法案》限制机构起诉权）；Vt. Stat. Ann. tit. 14，§3510（b）（2002 & 2006 - 3 Vt. Adv. Legis. Serv. 228）（限制残疾、年老、独立生活委托人的起诉权）。

该条不仅提供了审定方式，限制了代理人滥用财产，而且保护被代理人的自主决定权。第 2 款规定除非法院发现被代理人无行为能力而废除代理权或者授权委托书，否则法院必须根据被代理人的意愿驳回诉讼请求。与第 116 条相反，第 114 条第 8 款严格限制可以请求代理人对为被代理人利益进行交易报账的相关人员的范围。严格限制请求代理人报账人员范围的基本原理是保护被代理人的财产隐私权，参见第 114 条注释。第 116 条是在第 114 条第 8 款的限缩规定上加以平衡，是多数情况下发现并阻止代理人虐待丧失行为能力的被代理人的唯一方式。

第 117 条　代理人的责任

违反本法的代理人应当对被代理人或者被代理人的继承人承担如下法律责任：

（1）恢复被代理人财产的原有价值；

（2）补偿被代理人或者有利害关系的被代理人的继承人为维护被代理人利益所支付的律师费和诉讼费用。

注　　释

该条规定了违反本法的代理人应当承担恢复被代理人财产的原有价值的费用以及为维护被代理人利益从其财产中支出的律师费和诉讼费用。但是，该条并没有限制代理人披露这些费用。根据第123条，本法的救济措施并不是排他性的。如果各司法管辖区已经制定了各自的成文法来处理侵犯财产的行为，那么代理人会面临额外的民事或者刑事责任。关于州法对侵犯财产权行为规制的讨论，参见 Carolyn L. Dessin，Financial Abuse of the Elderly：Is the Solution a Problem？，34 McGeorge L. Rev. 267（2003）。

第118条　代理人辞去委托；通知义务

除非授权委托书规定了代理人辞去委托的其他办法，代理人可以通过通知被代理人而辞去委托事宜。如果被代理人丧失行为能力，则：

（1）代理人可以通知被代理人的监护人或者财产管理人、共同代理人或者继受代理人；

（2）如果没有第1款规定的上述人员，可以通知：

① 被代理人的看护人；

② 代理人认为对被代理人的福利有足够关心的其他人；

③ 有职责保护被代理人福利的政府机构。

立法注释：本条中的括号内容表示立法当局应审查其各自的监护、管理或者其他保护程序法规和修正案，如有必要保持一致性应校正相应的表达。

注　　释

第118条规定了代理人辞去代理的默认程序。不希望继续代理的代理人应当正式辞职以便明确终止代理关系，从而使其后的代理人在接受代理前代理职责变动不大。如果代理人辞职时被代理人仍有行为能力，该条仅规定了代理人应通知被代理人。但是，如果被代理人丧失行为能力，代理人除了通知被代理人，还应当通知第1款及第2款中的相关人员。

第1款规定代理人须通知受托人（如被指定）以及共同代理人或者继受代理人（如有）。如果被代理人没有指定受托人而且授权委托书中也没有任命共同代理人或者继受代理人，则代理人可以在第2款的相关人员中进行选择。第2款允许请辞的代理人通知被代理人的看护者、被认为对被代理人的福利有足够关心的个人或者有职责保护被代理人的福利的政府机构。代理人有权选择辞去代理时的通知对象，此规定对其他代理人同样适用，参见第114条第1款（规定代理人应当根据被代理人的合理预期，如果已知，否则根据被代理人的最佳利益从事代理行为）。

第119条　对公认的授权委托书的接受和信赖

（1）对本条和第120条而言，"公认的"意味着授权委托书经公证人或者其他有权进行认定的个人所确认。

（2）不知道公认的授权委托书的签章不实而善意接受的个人可依据第105条的相关规定进行推定。

（3）不知道授权委托书无效、失效或者终止，不知道代理人超越代理权或者不正当行使代理权而善意地接受授权委托书的人可以信赖此授权委托书，即认为授权委托书、代理权是真实有效的以及代理人并未超越或不当行使代理权。

（4）被要求接受公认的授权委托书的个人未经进一步的调查核实可以请求得到和信赖如下内容：

① 关于被代理人、代理人或者代理权的事实问题作伪证的处罚证明；

② 授权委托书的英文译本，如果授权委托书全部或者部分包含英语之外的其他语言；

③ 针对授权委托书中法律问题的法律意见书，如果提出请求的个人以书面或者其他形式记录提供请求的原因；

（5）本条中规定的英文译本或者法律意见书应当由被代理人提供，除非接受授权委托书后超过7个工作日后才提出申请。

（6）对于本条和第120条而言，如果进行涉及授权委托书的相关交易的雇员不知道事实，那么通过雇员进行活动的个人被视为不知道与代理权、被代理人或者代理人相关的事实。

注　　释

本条规定意在保护善意接受公认的授权委托书的个人权益。第119条不适用于非公认的授权委托书，参见第105条（规定授权委托书如经确认，其签章即被认定为真实有效）。本条第1款和第120条中"公认的"

指的是据称在有权进行公认的个人面前经确认。此定义旨在保护不知道授权委托书伪造签章或者存在潜在缺陷的善意相对人，参见 e. g. , Cal. Prob. Code §4303 （ a ） （ 2 ） （ West Supp. 2006）；755 Ill. Comp. Stat. Ann. 45/2 － 8 （Supp. 2006）；Ind. Code Ann. §30 － 5 － 8 － 2 （West 1994）；N. C. Gen. Stat. §32A － 40 （2005）。本法规定由被代理人承担授权委托书无效的风险而不是由善意接受授权委托书的代理人承担风险，从而推动对授权委托书的认可。作为可替代监护制度的选择，这对其效力的认定是必不可少的。统一信托与财产法联合编委会（JEB）发起的一项全国调查（参见引言）发现多数调查对象难以得到授权委托书的承认。63% 的调查对象反映对此偶尔遇到困难，17% 的人反映经常遇到困难，参见 Linda S. Whitton,《全国持续性代理权调查结果及分析》，统一州法全国委员会 12 － 13 （2002）http：//www. law. upenn. edu/bll/ulc/dpoaa/surveyoct2002. htm。

第 119 条允许个人善意地信赖授权委托书的效力，代理权的效力以及代理人行使代理权的正当性，除非个人明知有相反情况（第 3 款）。尽管个人无须调查授权委托书是否有效，但代理人行使代理权是否正当，可依第 4 款允许其请求代理人就事实问题提供证明以及法律意见书。如果授权委托书全部或者部分包括英语之外的其他语言，个人可请求英文译本。第 6 款进一步保护通过雇员进行活动的个人的权益。第 6 款规定就第 119 条和第 120 条而言，如果进行交易的雇员不知情，则推定通过雇员进行活动的当事人也不知道相关事实。

第 120 条 A 拒绝接受公认的授权委托书的责任

（1）除非第 2 款另有规定，否则：

① 在提请接受授权委托书后 7 个工作日内，接受公认的授权委托书或者请求第 119 条第 4 款规定的证明、译本或者法律意见书；

② 如果请求第 119 条第 4 款规定的证明、译本或者法律意见书，其应在收到证明、译本或者法律意见书后 5 个工作日内接受授权委托书；

③ 当事人不得请求授权委托书中附加条件或者请求不同形式的委托书。

（2）有下列情形之一的，当事人不被要求接受公认的授权委托书：

① 在相同情形下不会被要求与被代理人交易的；

② 在相同情形下与代理人或者被代理人交易将与联邦法律相抵触的；

③ 行使代理权前明知代理权或者授权委托书终止的；

④ 请求第 119 条第 4 款规定的证明、译本或者法律意见书遭拒绝的;

⑤ 无论是否要求第 119 条第 4 款规定的证明、译本或者法律意见书,善意相对人认为代理权无效或者代理人没有相应请求权的;

⑥ 当事人向【本地成年人保障服务机构】报告或者知道有其他人报告,认为被代理人可能受到代理人对其身体或经济上虐待、忽视、剥削或者遗弃的。

(3) 当事人违反本条规定拒绝接受公认的授权委托书应承担如下法律责任:

① 根据法院判令接受授权委托书;

② 承担确认授权委托书效力以及指令其接受授权委托书法定程序中产生的合理的律师费和诉讼费用。

立法注释:第 120 条列举了合法拒绝授权委托书的基本原则以及对于违反本法拒绝授权委托书的处罚措施。第 120 条 B 只适用于公认的法定格式的授权委托书而第 120 条 A 适用于所有的授权委托书。除此之外,二者的规定基本是一致的。

在这两种选择中,方括号中的【本地成年人保障服务机构】表明此处立法当局应添加相应的政府监管机构的任命以保护委托人的合法权益。

注释 A

作为对第 119 条的补充,第 120 条列举了合法拒绝授权委托书的情形以及对违反本法规定的不利后果。同第 119 条一样,第 120 条并不适用于未被认可的授权委托书。第 120 条为各司法管辖区提供了两个选择。备选 B 只适用于公认的法定格式的授权委托书而备选 A 适用于所有的公认的授权委托书,除此之外,二者的规定基本是一致的。

备选 A 第 2 款规定了可以拒绝公认的授权委托书而无须承担法律责任的情形。

如果善意相对人认为被代理人可能遭受代理人或者与代理人配合的其他人的虐待,第 2 款第 6 项允许拒绝接受不符合有效条件的公认的授权委托书。

如果当事人向有权保护被代理人福利的政府部门报告相关情况或者知道其他人已反映类似情况,那么第 6 款规定的拒绝情形受法律保护。宾夕法尼亚州有类似规定,参见 20 Pa. Cons. Stat. Ann. § 5608 (a) (West 2005)。

除非存在第 2 款可拒绝接受公认的授权委托书的情形，第 1 款规定在提请接受授权委托书后的 7 个工作日内，当事人应当接受授权委托书或者请求第 119 条规定的证明、译本或者法律意见书。如果第 119 条的请求得以满足，当事人应当在收到所需文件后 5 个工作日内决定接受或者拒绝授权委托书（第 1 款第 2 项）。如果不存在可拒绝授权委托书的情形，第 1 款第 3 项禁止当事人请求授权委托书中附加条件或者请求不同形式的委托书。

备选 A 中的第 3 款规定违反第 120 条规定拒绝接受公认的授权委托书的当事人应当根据法院判令接受以及承担确认授权委托书效力或者强制其接受程序中产生的合理律师费和诉讼费用。对于不合理拒绝委托书给予法定责任正是顺应国家立法趋势的规定，参见 Alaska Stat. §13. 26. 353（c）（2004）；Cal. Prob. Code §4306（a）（West Supp. 2006）；Fla. Stat. Ann. §709. 08（11）（West 2000 & Supp. 2006）；755 Ill. Comp. Stat. Ann. 45/ 2 – 8（West 1992）；Ind. Code Ann. §30 5 – 9 – 9（West Supp. 2005）；Minn. Stat. Ann. §523. 20（West 2006）；N. Y. Gen. Oblig. Law §5 – 1504（McKinney 2001）；N. C. Gen. Stat. §32A –41（2005）；20 Pa. Cons. Stat. Ann. §5608（West 2005）；S. C. Code Ann. §62 –5 –501（F）（1）（Supp. 2005）。

第 120 条 B　拒绝接受公认的法定格式授权委托书的责任

（1）在本条中，"授权委托书的法定格式"指的是本法第 301 条规定的授权委托书法定格式或者符合《美国法典》第 1044 条第 2 款军事授权委托书构成要件的形式。

（2）除非第 3 款另有规定，则：

① 在提请接受授权委托书后 7 个工作日内，接受公认的授权委托书或者请求第 119 条第 4 款规定的证明、译本或者法律意见书；

② 如果当事人请求第 119 条第 4 款项下的证明、译本或者法律意见书，当事人应于收到证明、译本或者法律意见书后 5 个工作日内接受法定格式的授权委托书；

③ 当事人不得请求授权委托书中附加条件或者请求不同形式的委托书。

（3）有下列情形之一，当事人不被要求接受公认的法定格式的授权委托书：

① 在相同情形下不会被要求与被代理人进行交易的；

② 在相同情形下与代理人或者被代理人交易将与联邦法律相抵触的；

③ 在行使权力前明知代理权或者授权委托书终止的；

④ 请求第119条第4款规定的证明、译本或者法律意见书被拒绝的；

⑤ 无论是否请求得到第119条第4款中规定的证明、译本或者法律意见书，善意相对人认为代理权无效或者代理人没有相应请求权的；

⑥ 当事人向（本地成年人保障服务机构）报告或者知道有其他人报告相关事宜认为被代理人可能受到代理人等对其身体或经济上虐待、忽视、剥削或遗弃的。

（4）当事人违反本条规定拒绝接受公认的授权委托书应承担如下法律责任：

① 根据法院判令接受授权委托书；

② 承担确认授权委托书效力以及指令其接受授权委托书法定程序中产生的合理的律师费和诉讼费用。

立法注释：第120条列举了合法拒绝授权委托书的基本原则以及对于违反本法拒绝授权委托书的处罚措施。第120条B只适用于公认的法定格式的授权委托书而第120条A适用于所有的授权委托书。除此之外，二者的规定基本是一致的。

在这两种选择中，方括号中的【本地成年人保障服务机构】表明此处立法当局应添加相应的政府监管机构的任命以保护委托人的合法权益。

注释B

作为第119条的补充，第120条列举了合法拒绝授权委托书的情形，同时也规定了违反本法的不利后果。同第119条一样，第120条不适用于未经认可的授权委托书。第120条为各司法管辖区提供了两种选择。备选B只适用于公认的法定格式的授权委托书而备选A适用于所有的公认的授权委托书，除此之外，二者的规定是基本一致的。

备选B第1款中的"授权委托书的法定格式"指的是本法第301条规定的授权委托书法定格式或者符合军事授权委托书构成要件的形式。备选B的第3款规定了公认的法定格式的授权委托书可以被拒绝而无须承担相应法律责任的情形。如果善意相对人认为被代理人可能遭受代理人或者与代理人配合的其他人的虐待，第2款第6项允许拒绝接受不符合其他拒绝情形的其他有效的公认的法定格式的授权委托书。如果当事人向有权保护被代理人福利的政府部门报告相关情况或者知道其他人已反映类似情况，第6款规定的拒绝情形受法律保护。宾夕法尼亚州有类似规定，参见20

Pa. Cons. Stat. Ann. §5608（a）（West 2005）。

除非存在第 3 款可拒绝接受公认的授权委托书的情形，第 2 款规定在提请接受授权委托书后的 7 个工作日内，当事人应当接受授权委托书或者请求第 119 条规定的证明、译本或者法律意见书。如果第 119 条的请求得以满足，当事人应当在收到所需文件后 5 个工作日内决定接受或者拒绝授权委托书（第 2 款第 2 项）。如果不存在可拒绝授权委托书的情形，第 2 款第 3 项禁止当事人请求授权委托书中附加的或者不同形式的委托书。

备选 B 中的第 4 款规定违反第 120 条规定拒绝接受公认的授权委托书的当事人应当根据法院判令接受以及承担确认授权委托书效力或者强制其接受程序中产生的合理律师费和诉讼费用。对于不合理拒绝委托书给予法定责任正是顺应国家立法趋势的规定，参见 Alaska Stat. §13.26.353（c）（2004）；Cal. Prob. Code §4306（a）（West Supp. 2006）；Fla. Stat. Ann. §709.08（11）（West 2000 & Supp. 2006）；755 Ill. Comp. Stat. Ann. 45/2 – 8（West 1992）；Ind. Code Ann. §30 – 5 – 9 – 9（West Supp. 2005）；Minn. Stat. Ann. §523.20（West 2006）；N. Y. Gen. Oblig. Law §5 – 1504（McKinney 2001）；N. C. Gen. Stat. §32A – 41（2005）；20 Pa. Cons. Stat. Ann. §5608（West 2005）；S. C. Code Ann. §62 – 5 – 501（F）（1）（Supp. 2005）。

第 121 条　普通法和衡平法原则

普通法与衡平法原则为本法的必要补充，除非本法明确规定将其取代。

注　释

普通法对本法进行必要的补充，包括代理行为法，本法规定并不取代相关的普通法原则。代理行为法在《美国代理法重述》中被明确规定，包括法院为顺应瞬息万变的新形势在行使职权适用法律时制定的当代及演变的裁决规则。普通法也规定了法院传统广义的衡平法意义上的管辖权，本法不得予以限制。

《统一代理权法》法定文本也通过注释进行增补，如统一法的注释，可作为法律解释的指南，参见 Acierno v. Worthy Bros. Pipeline Corp.，656 A. 2d 1085，1090（Del. 1995）（解释《统一商法》）；Yale University v. Blumenthal，621 A. 2d 1304，1307（Conn. 1993）（解释《统一机构基金管理法》）；2B Norman Singer，Southerland Statutory Construction §52.5

(6th ed. 2000)。

第 122 条　适用于金融机构及实体的法律

本法并不取代适用于金融机构或其他实体的法律，如果与本法规定不一致，则优先适用其他法律。

注　　释

银行保险业的代表担心规制这类实体的规定可能与本法规定相冲突，本条即对此问题予以明确。尽管起草过程中没有遇到具体的冲突，但第122条仍规定如果适用于金融机构或者其他实体的法律与本法规定不一致，其他法律将在不一致的范围内代替本法加以适用。对于与其他法律规定不一致的关注在第120条本质上早已涉及，第120条相关表述为"如果相同情形下当事人无须与被代理人交易或者相同情形下与代理人或者被代理人交易会与联邦法律规定不一致，那么其无须接受授权委托书"。

第 123 条 其他法律救济措施

本法规定的司法救济措施不排斥也不废除本州其他法律中的权利或者救济措施。

注　　释

本法规定的救济措施并不排斥涉及授权委托书的行为原因。本法可适用于个人和单位，其可能作为代理人或者被要求接受授权委托书的人（参见第102条第6款对"个人"的定义）。同样，本法也适用于很多领域（参见第二章），被代理人可以授权给代理人。除了本法规定的救济措施，受害方还应当考虑其他法律中约束上述人员以及领域的救济措施，参见第117条注释。

第二章　代理权限

概　　述

第二章部分依据 1988 年通过的《统一法定授权书法》，其规定了对授权委托书中赋予代理权的默认法律解释。第 204 条至第 217 条规定了有关各种标的的代理权。第 301 条可选的法定格式或者个人起草的授权委托书可以参考此规定。可参考对主题的描述性术语或者引用第 202 条对权限的描述。可以修改援引的权限规定（第 202 条第 3 款）。除非授权委托书中另有规定，否则第 203 条对一般术语的规定适用于所有代理权，以补充第 204 条至第 217 条。

第二章第 204 条至 216 条大部分内容直接源自《统一法定授权书法》。对于有必要反映现代司法惯例之处进行了相应修订。相关条文注释对显著变化做了说明。一般来说，本法与《统一法定授权书法》有两点重要区别。其一，本法第 217 条规定了赠与代理权限的默认规则。其二，本法第 201 条第 1 款列举了只能通过授权委托书进行明确授权的具体行为，由于上述行为会危及被代理人的财产及财产计划，所以需要明确授权。第 201 条第 1 款的目的在于明确这些代理权不能从一般授权中推定获得。

第 201 条　一般授权与特别授权

（1）在授权委托书中有明确授权且行使代理权不与其他协议或者法律文书相抵触的情况下，代理人可代表被代理人或者为被代理人的财产为如下代理行为：

① 制定、修改、取消或者终止生前信托；

② 赠与；

③ 创设或者改变生存者取得权；

④ 创设或者改变受益人指定；

⑤ 根据授权委托书的规定进行相应的授权；

⑥ 放弃被代理人作为共同养老金受益人的权利，包括退休计划中的遗属抚恤金；

⑦ 行使被代理人有授予权的受益者权利；

⑧ 否认财产权，包括否认财产处分权。

（2）尽管存在第 1 款中规定的授权，但除非授权委托书另有规定，否则非被代理人长辈、配偶或者晚辈的代理人不得通过赠与、生存者对共有财产中死者权利部分的享有权、受益人指定、否认或者其他方式行使本授权委托书中的代理权为代理人或者代理人负有法定扶养义务的个人创设被代理人财产中的利益。

（3）根据第 1、2、4、5 款的规定，如果授权委托书赋予代理人所有被代理人可为的行为的权利，代理人则享有第 204 条到 216 条规定的一般代理权。

（4）除非授权委托书另有规定，赠与权的授予应当遵守第 217 条的规定。

（5）根据第 1、2、4 款的规定，如果授权委托书中授予的权利相似或者部分重叠，则采纳最大范围的解释。

（6）无论财产所在地是否在本州境内，无论代理权是否在本州行使，无论授权委托书是否在本州履行，代理权在授权委托书生效后则对被代理人的财产具有执行力。

（7）根据授权委托书的规定，代理人以被代理人名义进行的代理行为对被代理人以及与被代理人有利害关系的继承人具有同等法律效力。

立法注释：如果根据具体司法管辖区的法律规定受托人有权放弃财产权益而且也不想限制《统一代理权法》中的权限规定，那么第 1 款方括号中的"或放弃财产权，包括指定权"应当被删除。请参阅《统一财产权放弃法》第 5 条第 2 款的规定（除非受托人的放弃财产权被本国制定法或者建立信托法律关系的法律文书明确限制，否则受托人可以全部或者部分放弃财产权益，包括财产指定处理权）以及第 301 条的立法注释。

注　　释

本条区分了应当在授权委托书中进行明文规定的特别权利的授予与一般权利的授予。第 201 条第 1 款列举了应当明文规定特别权利授予而非通过一般权利授予推定的具体行为。各州明文规定有关赠与、创设或者撤销信托以及采用生存者共有财产享有权和受益人指定这些其他非遗嘱财产计划的特别权限，此规定正是顺应了的这一发展趋势，参见 Cal. Prob. Code §4264（West Supp. 2006）；Kan. Stat. Ann. §58 – 654（f）（2005）；Mo. Ann. Stat. §404. 710（West 2001）；Wash. Rev. Code Ann. §11. 94. 050（West Supp. 2006）。进行第 1 款所列行为的特别权利授予须明文规定的基本原理在于防范对被代理人财产和财产计划的风险。尽管存在风险，但是这些权限对于进行被代理人财产管理以及实现财产计划目的是必要的。最理想的是，被代理人在授予代理人这些权限之前应当寻求对于此类问题的法律建议。

除赠与之外，本法并不包括对第 1 款所列其他行为的法律解释（参见第 217 条）。因为被代理人财产的赠与会减少被代理人财产，本法与多数州成文法一样，对每个受赠人设置了赠与数量的默认限制，参见 N. Y. Gen. Oblig. Law §5 – 1502M（McKinney 2001）；20 Pa. Cons. Stat. Ann. §5603（a）（2）（ii）（West 2005）。但是，对于授权委托书中的代理权限，被代理人可以扩大或者限制本法设定的默认参数。

对于第 201 条第 1 款列举的其他行为，本法考虑到被代理人会在授权委托书中特别说明来进一步明确或者限制代理权限。例如，如果被代理人授予权限创设或者改变第 1 款第 3 项生存者取得权或者第 1 款第 4 项受益人指定，被代理人可以选择限制对财产利益、账目或者合同的权限。被代理人应当慎重考虑是否授权代理人进行第 201 条第 1 款所列行为及是否限制这些行为的范围。

第 2 款规定了对被代理人的附加保护。本款确立了一个默认规则，即非被代理人长辈、配偶或者晚辈的代理人不得行使代理权为代理人或者其负有法定扶养义务的个人创设被代理人财产中的利益。如，未经被代理人在授权委托书中明确授权，有赠与权的无利害关系的代理人不得赠与代理人本人或者代理人的受扶养者。相反，有明确赠与权限的配偶代理人无须通过授权委托书的另外授权即可进行每年家庭性质的赠与以实现被代理人的预期。

尽管代理人有权进行第 1 款所列行为，但其仍受到第 114 条第 1 款规定的强制性代理义务以及被代理人未加修改的默认义务的约束。对于默认规则，参见第 301 条注释。如果被代理人对代理行为的预期可能与上述职责冲突，那么可以阐明被代理人的预期，修改默认职责或者二者同步进行。

除了第 201 条第 1 款所列行为之外的其他行为及事项可通过援引第

202 条赋予权限。如果被代理人希望赋予全面的一般代理权，则可以授权代理人进行被代理人能力所及的全部行为。本法第 204 条至 216 条规定的全部事项及权限对进行广义的一般权限授予进行解释（参见第 3 款）。

第 202 条　代理权的合并

（1）如果授权委托书授予代理人第 204 条至 217 条中各项一般权限或者引用本法规定的代理权，那么代理人即享有本法规定的代理权。

（2）授权委托书参考关于第 204 条至 217 条各项的一般权限或者引用上述条款意味着授权委托书包含了其全部条款。

（3）委托人有权修改引用的代理权限。

注　　释

本条规定了将本法各项权限并入授权委托书的两种方法。授权委托书引用第 204 条至 217 条对特定事项的描述性术语或者法条编号则意味着其引用该法条的全部内容。第 3 款规定了被代理人可以修改其引用的代理权限。第 301 条规定了可选的法定格式的授权委托书援引第 204 条至 217 条中的描述性术语，还设置了被代理人可以修改引用权限的"特别说明"条款。

第 203 条　一般权限的法律释义

除非授权委托书另有规定，通过引用本法第 204 至 217 条所述事项的授权委托书或者第 201 条第 3 款授权代理人进行被代理人能力所及的一切行为的授权委托书，被代理人可以委托代理人进行如下行为：

（1）通过诉讼或者其他方式请求、接收及取得金钱或者其他被代理人享有、可能享有或者主张享有所有权的有价物，并加以保护、投资、处分或者使用；

（2）为实现交易目的与他人以任何方式就被代理人同意的条款签订合同，履行、撤回、取消、终止、改革、重述、解除或者修改被代理人签订的合同，或代表被代理人签订其他合同；

（3）执行、承认、盖章、递交、提出或者记录任何代理人认为有利于实现交易目的的法律文书或者通讯记录，包括随时创建一览表列举被代理人部分或者全部财产并在授权委托书上附上该文件；

（4）发起、参与、提交至替代性纠纷解决机制，处理、反对、提议或接受关于支持或者反对被代理人的和解，或者介入与此有关的诉讼；

（5）为进行授权委托书中授权的代理行为代表被代理人寻求法院或者其他政府机构的协助；

（6）聘用、补偿与解雇律师、会计师、全权投资经理人、专家证人或者其他顾问；

（7）为维护或者增加被代理人依法享有的权益起草、执行及提交记录、报告或者其他法律文书；

（8）代表被代理人与政府、政府分支机构、代理机构或者执行机构的代表人或职员进行沟通；

（9）了解与被代理人有关的通讯内容或者代表被代理人通过电子邮件、电子传输、电话或者其他方式进行沟通；

（10）进行一切与代理事项及相应财产有关的合法行为。

注　　释

本条基于《统一法定授权书法》的第 3 条。本条规定了可附加于第 204 条至 217 条授予代理人所有代理权的权利类型，除非授权委托书修改附加权利。第 203 条授权的行为对于行使或者履行第 204 条至 217 条规定事项的代理权限是非常必要的，参见《统一法定授权书法》序言（1988）。第 10 款规定了代理人有权进行一切与代理事项及相应财产有关的合法行为，意在强调一般授权力求全面，除非本法或者授权委托书另外加以限制。本条增加第 8 款和第 9 款以明确此项综合权限包括有权代表被代理人与政府职员进行沟通，获知与被代理人有关的通讯内容以及代表被代理人借助现代通信工具进行沟通。

第 204 条　不动产

除非授权委托书另有规定，授权委托书对不动产一般授权的规定赋予代理人如下权利：

（1）作为赠品或者延期付款担保请求、购买、出租、接收、接受或者以其他方式获得、拒绝不动产利益或者附属于不动产的权利。

（2）出售、交换无论是否存在契约、促使另一方订约的陈述或者特约条款进行让与、弃权、解除、保留抵押权利、阻碍、分割、同意分割、遵守地役权规定或者契约、细分、请求区域划分或者其他政府许可、测绘或者同意测绘、开发、授予选择权、出租、转租、促成此实体与彼实体利益交换或者以其他方式授予或者处置不动产利益或者附属于不动产的权利。

（3）用不动产利益或者附属于不动产的权利做抵押担保借款或者支付、续借或者延长被代理人所欠债务或者被代理人担保债务的偿还期限。

（4）通过诉讼或者其他方式解除、转让、满足或者强制执行房屋抵押贷款、信托契约、附条件买卖合同，留置权、抵押权或者对不动产的其他请求。

（5）管理或者保护不动产利益或者被代理人所有或者其声称所有的附属权利，包括：

① 为责任、伤亡或者其他损失投保；

② 通过诉讼或者其他方式获得、恢复占有或者保护权利或者利益；

③ 支付、评估、和解或者质疑税费，为征税对财产所做的估价或者申请并接收与之相关的退款；

④ 购买物资、雇佣劳动力以及修缮改造不动产。

（6）使用、开发、改变、更换、移动、建造或者安装被代理人享有或者声称享有的权益或者附属权益的不动产的构筑物或者其他改进。

（7）参与有关享有不动产权益或者附属权益的不动产或者实体的重组，接收、持有及操作有关股票债券或者重组计划中其他财产，包括：

① 出售或者以其他方式转让；

② 行使或者出售期权、变更权或者与之相似的权利；

③ 本人行使投票权或者委托投票。

（8）改变不动产权益或者附属权益的权利形式。

（9）有偿或者无偿致力于公共事业、地役权或者被代理人享有或者声称享有利益的其他不动产。

第205条　有形动产

除非委托书另有规定，授权委托书中对有形动产一般授权的规定赋予代理人如下权利：

（1）作为赠品或者延期付款担保请求、购买、接收、接受或者以其他方式获得或者拒绝拥有或者占有有形动产或者其中利益。

（2）出售、交换、无论是否存在契约、促使另一方订约的陈述或者特约条款进行让与、弃权、解除、让渡、创设抵押物权、赋予期权、出租、转租或者以其他方式转让有形动产或者其中利益。

（3）授予有形动产担保物权或者有形动产权益作为抵押进行借款、支付、续借或者延长被代理人所欠债务或者担保债务的偿还期限。

（4）通过诉讼或者其他方式解除、转让、满足或者强制执行有关有形动产或者其中利益的抵押权、留置权或者其他代表被代理人的请求。

（5）代表被代理人管理或者保护有形动产或者动产利益，包括：

①为责任、伤亡或者其他损失投保；

②通过诉讼或者其他方式获得、恢复占有或者保护财产或者利益；

③支付、评估、和解或者质疑税费或者为征税对财产所做的估价或者申请并接收与之相关的退款；

④将动产从一地移动到另一地；

⑤有偿或者无偿保管有形动产。

（6）使用、维修、改变或者改良该动产。

（7）改变有形动产权益的权利形式。

第 206 条　股票和债券

除非授权委托书另有规定，授权委托书中对股票和债券一般授权的规定赋予代理人如下权利：

（1）购买、出售及交换股票和债券；

（2）建立、继续、修改或者终止与股票及债券相关的账目；

（3）用股票债券抵押作为担保进行借款、支付、续借或者延长被代理人债务的偿还期限；

（4）接收与股票债券相关的证书或者其他产权证明；

（5）本人行使与股票债券相关的表决权或者委托投票，缔结表决权信托以及同意限制表决权。

注　　释

本条内容与《统一法定授权书法》第 6 条大致相同，只是措辞有所变化以反映本法"股票债券"目前是定义明确的法律术语，参见第 102 条第 14 款。

第 207 条　商品和期货

除非授权委托书另有规定，授权委托书中对商品和期货一般授权的规定授予代理人如下权利：

（1）购买、出售、分配、转让、履行商品期货合同以及在规范化期权交易所交易的看涨或者看跌股票或者股票指数；

（2）建立、继续、修改或者终止期权账户。

第208条　银行和其他金融机构

除非授权委托书另有规定，授权委托书中有关银行和其他金融机构一般授权的规定授予代理人如下权利：

（1）继续、修改及终止被代理人设置或者代表被代理人设置的账户或者其他银行议定书；

（2）建立、修改及终止与银行、信托公司、储蓄贷款协会、信用合作社、储蓄公司、经纪公司或者代理人选定的其他金融机构达成的账单或者其他银行细则；

（3）与金融机构订立服务合同，包括租用地下室的保险箱或者空间；

（4）用支票、订单、电子资金转账或者其他方式提取被代理人存留在金融机构的现金或者财产；

（5）接收金融机构的账单、付款凭单、通知函以及相似文档并对之进行相应的处理；

（6）打开保险箱或者储纳空间提取或者增加财物；

（7）借款并以被代理人等值动产作为抵押，续借或者延长被代理人债务或者被代理人担保债务的偿还期限；

（8）制作、转让、签发、背书、贴现、保证以及议付本票、支票、汇票以及其他被代理人的或者支付给被代理人的可转让或者不可转让的文件或者被代理人的订单，转账、接收现金或者这些交易的其他实收款项，接受由代表被代理人的其他人签发的汇票并到期即付；

（9）代表被代理人接收即期汇票、仓单或者其他有形的或者电子的所有权凭证，或者其他可转让的或者不可转让的票据并根据其从事代理行为；

（10）申请、接收或者使用金融机构的信用证、信用卡、借记卡、电子交易授权书以及旅行支票并给予补偿或者缔结有关信用证的其他协议；

（11）同意延长有关商业票据或者与金融机构的金融交易的付款期限。

第209条　组织或者业务的运营

根据有关组织或者组织产权的文件或者协议的条款，除非授权委托书另有规定，授权委托书中有关组织或者商业经营一般授权的规定授予代理人如下权利：

（1）经营、购买、销售、扩大、缩小或者终止所有权权益。

（2）履行职责或者免除责任以及本人行使或者通过代理行使被代理人所享有的、可享有的或者声称其享有的权利、权力、特权或者选择权。

（3）执行产权协议条款。

（4）启动、参加、提交至替代性纠纷解决机制、处理、反对或者提议或接受被代理人因所有权纠纷为一方诉讼当事人的和解。

（5）本人行使或者通过代理行使或者通过诉讼或者其他方式执行被代理人享有或者其声称其为股票债券的持有人所有的权利、权力、特权或者选择权。

（6）启动、参加、提交至替代性争议纠纷解决机制、处理、反对或者提议或者接受被代理人为有关股票债券的一方诉讼当事人的和解。

（7）有关被代理人单独所有的组织或者业务：

① 在履行授权委托书之前，继续履行、修改、重新协商、延长及终止由被代理人签署或者代表被代理人签署的有关实体或者经营的合同；

② 决定：

a. 履行地；

b. 经营性质和范围；

c. 生产、销售、采购、融资、财会以及运营中的推广模式；

d. 保额及险种；

e. 员工、会计师、律师或者其他顾问的聘用方式、待遇；

③ 改变与他人签订的接管组织或者经营的全部或者部分产权协议中机构的名称或者方式；

④ 要求并接收到期账款或者被代理人要求或者在组织或者业务的运营中代表被代理人要求的账款，并对其进行管理和分配。

（8）对与被代理人有利害关系的组织或者业务追加资本。

（9）参与组织或者业务的重组、合并、转换、国产化或者兼并计划。

（10）将组织或者业务的全部或者部分进行销售或者折现。

（11）根据被代理人为一方当事人的全面收购协议确定组织或者业务的价值。

（12）起草、签署、提交并发布报告、信息汇编、申报表或者其他有关实体或者业务的书面文件并进行相应的付款。

（13）缴纳、以折中方式解决或者质疑税款、估价、罚款或者处罚并进行其他行为来避免被代理人负担有关组织或者业务的非法或者不必要的税款、估价、罚款或者处罚，包括以法律允许的任何方式试图重新获得在履行授权委托书之前或者之后已付的金钱。

注　　释

本条援引自《统一法定授权书法》第 9 条，其内容保持不变。但是，措辞进行了相应的调整以涵盖所有现代商业及组织形式，包括有限责任公司，有限责任合伙以及非盈利组织。

第 210 条　保险和养老金

除非授权委托书另有规定，授权委托书中有关保险及养老金一般授权的规定授予代理人如下权利：

（1）继续履行、支付保险费或者捐赠、修改、交换、解除、让与或者终止由被代理人签署或者代表被代理人签署的为被代理人或者其他人投保或者提供养老金的合同，无论被代理人是否为该合同的受益人；

（2）为被代理人及其配偶、子女或者其他家属签署新的、不同的附属保险及养老金合同，并确定保险或者养老金的数量、类型以及支付方式；

（3）支付保险费或者捐赠、修改、交换、解除、让与或者终止代理人签署的保险或者养老金合同；

（4）申请及接收保险或者养老金合同担保的贷款；

（5）放弃并接收保险合同或者养老金合同的退保解约金；

（6）进行选任；

（7）行使保险或者养老金合同项下的投资权；

（8）改变保险或者养老金合同中支付保险费的方式；

（9）改变或者转化有关本条被代理人享有或者主张享有代理权的保险类型或者养老金类型；

（10）根据法律规定申请及获得利益或者援助以保证或者支付被代理人的人寿保险合同项下的保险金；

（11）收集、出售、分配、担保、借用或者抵押被代理人保险或者养老金合同中的利益；

（12）选择保险或者养老金合同收益的支付方式及时间；

（13）对有关税务机关征收的关于保险或者养老金合同的税金或者评税的退款或是有关由税金或评税产生收益或负债的退款从实收款项中或以其他方式进行支付，和解或者提起争议并进行申请。

注　释

本条与《统一法定授权书法》第10条有显著区别。《统一法定授权书法》的默认规则允许代理人指定保险合同的受益人，参见1988年《统一法定授权书法》第10条第4款。然而，根据本法第210条，代理人无权"设定或者改变受益人指定"，除非根据第201条第1款该权限被明确授予给代理人。第210条第2款授予的代理权更加受限，只允许代理人"为被代理人及其配偶、子女或者其他家属签署新的、不同的附属保险及养老金合同"。因此，根据第210条进行授权的被代理人应当审慎考虑是否有必要明确授权代理人创设或者改变受益人指定。

第211条　财产、信托和其他实益权益

（1）本条中，"财产、信托或者其他实益权益"指的是信托、遗嘱认证财产、监护、接管、第三方托管或者保管来自被代理人有权、可能有权或者主张权利的股份或者报酬的基金。

（2）除非授权委托书另有规定，授权委托书中有关财产、信托或者其他实益权益的一般授权授予代理人如下权利：

① 接受、接收、出具收据、出售、分配、抵押或者交换财产、信托或者其他实益权益中的股份或者报酬；

② 通过诉讼或者其他方式要求或者获得由于财产、信托或者其他实益权益被代理人所有、可能所有或者主张所有的金钱或者有价物；

③ 为被代理人利益行使被代理人享有的现行有效的一般授权；

④ 启动、参与、提交至替代性纠纷解决机制、处理、反对或者提议或者接受对有关确定行为、遗嘱、信托声明或者其他影响被代理人利益的票据或者交易的意义、效力或者诉讼的和解；

⑤ 启动、参与、提交至替代性争议解决机制、处理、反对或者提议或者接受有关卅除、代替或者追加受托人责任的诉讼的和解；

⑥ 基于法定原因保护、投资、支付或者使用接收的任何物；

⑦ 转让被代理人在不动产、股票债券、金融机构或者证券中介机构的账单、保险、养老金的利益以及被代理人作为信托人创设的可撤销信托的受托人的其他财产；

⑧ 拒绝、放弃、否认、让与或者同意财产、信托或者其他实益权益股份或者报酬的减少或者修改。

立法注释：第 2 款第 8 项方括号中规定授予代理人"拒绝、放弃、否认或者让与"的权利，如果司法管辖区法律选择第 201 条第 1 款第 8 项规定的只要在授权委托书中进行明确规定，代理人可放弃财产，包括财产指定权，则此条中相应规定应当忽略。但是，如果司法管辖区的州法免责规定等其他法律规定甚至无须特别授权即可授权代理人放弃财产利益或者权力而且并不想限制一般权限，司法管辖区不应适用第 201 条第 1 款第 8 项而应适用第 211 条第 2 款第 8 项的规定，参见 2006 年《统一放弃财产权益法案》第 5 条第 2 款规定（"除非州法或者成立信托关系的法律文书明确规定限制受托人拒绝的权利，否则受托人可以全部或者部分财产指定权在内的拒绝财产利益或者权力……"）。

注　释

本条规定与《统一法定授权书法》第 11 条规定是一致的，已被修改明确了代理人权限包括为被代理人利益行使被代理人享有的现行有效的一般财产指定权（参见第 2 款第 3 项）。本法第 102 条第 8 款对"现行有效的一般财产指定权"进行了法律界定。

第 212 条　请求和诉讼

除非授权委托书另有规定，授权委托书中有关请求与诉讼的一般授权授予代理人如下权利：

（1）主张并坚持索赔、救济请求、起诉、反诉、抵销、求偿或者辩护，包括恢复财产或者其他有价物、取得被代理人应获赔偿、消除或者改正纳税责任的相应行为或者请求禁止令、强制执行或者其他救济；

（2）提起异议，作为与案件有关的第三人为保护个人权利介入诉讼或者以其他方式参与诉讼；

（3）请求查封财产、扣押、逮捕或者其他预先的、临时的或者期中的救济以及适用相应程序影响或者执行判决、法令或者决定；

（4）制作或者接受裁判文书、事实认定、对达成一致的事实陈述提起异议、同意审查以及诉讼中约束被代理人；

（5）提交至替代性争议解决机制、处理并提议或者接受和解；

（6）接受或者拒收传票、出庭辩护、指定相关人员、代表被代理人签署或者履行相关协议、认证、上诉、提供担保、签署协议并支付材料费、接收、履行、达成和解、弃权、解除、承认判决、履行判决、通知、协议或者其他有关指控、和解或者诉讼或者辩护的法律文书；

（7）为被代理人从事有关破产或者资不抵债，无论主动的还是被动的，重组、破产管理或者申请影响被代理人财产或者其他有价物利益的接管人或者托管人的任命等代理行为；

（8）履行有关请求或者诉讼产生的裁判文书中确定的被代理人责任；

（9）接收和解或是诉讼产生的金钱或者其他有价物。

第213条 个人及亲属扶养费

除非授权委托书另有规定，授权委托书中有关个人及亲属扶养费一般授权授予代理人如下权利：

（1）进行必要的代理行为以维持被代理人、被代理人的配偶以及以下个人的一般生活水准，无论上述人员在履行授权委托书时是否健在或者之后出生：

① 被代理人的子女；

② 其他被代理人的法定被扶养人；

③ 被代理人通常扶养或者表明扶养意愿的个人。

（2）定期支付法院或者政府机构要求的或者被代理人受协议约定的子女抚养费及亲属扶养费；

（3）通过如下方式为第1款所述人员提供住所：

① 购买、租赁或者其他协议；

② 为被代理人所有的住所或者为上述人员占有使用的场所支付生产费用，包括利息、分期款项、维修费、装修费及税金。

（4）为第1款所述人员提供一般的家政服务、度假差旅费用以及住所、衣食、包括高等及职业教育在内的适当教育以及其他当前的生活费用。

（5）代表第1款所述个人支付必要的医疗看护费用。

（6）根据《医疗保险可转移及责任法》《社会保障法》第1171条至第1179条、《美国法典》第42卷第1320条第4款以及可适用的法规，作为被代理人的私人代表决定支付被代理人同意或者州法授权其代表被代理人同意的过去、现在或者将来产生的医疗费用。

（7）为第1款所述人员继续提供被代理人置备的机动车或者其他交通服务，包括登记、许可、保险以及置换。

（8）为方便第 1 款所述人员使用维护信用卡及借记卡账户并开设新账户。

（9）支付被代理人加入宗教组织、俱乐部、社团、修道会或者其他组织的会费或赞助费或者继续对其进行捐赠。

（10）有关个人及亲属扶养费的代理权既不依赖也不为本法代理人有关赠与代理权限的限制。

注　释

本条以《统一法定授权书法》第 13 条为基础，其变化有三。

其一，第 1 款第 1 项明确了个人及亲属扶养费的受益主体，包括被代理人的子女及其他法定被扶养人，被代理人通常扶养或者表明扶养意愿的个人，无论其在履行授权委托书时健在或者其后出生。此定义是广义的，如果被代理人有扶养意愿，包括一般情况下父母与（外）孙子女在内的家庭扶养人。

其二，第 1 款第 6 项授权代理人可作为《医疗保险可转移及责任法》中被代理人的私人代表与医疗服务提供者进行沟通以支付医疗账单，参见 2006 年《联邦法典》第 45 卷 164.502（g）（1）-（2）（规定为公开个人受保护的医疗信息，"相关组织应……将其私人代表视同其本人"）。但是，第 213 条并未授予代理人为被代理人进行医疗决定的权利，参见第 103 条及其注释（探讨了进行医疗决定权利的除外情形）。

其三，第 2 款规定了第 213 条项下的代理权限既不依赖也不为代理人有关赠与权利所限制。尽管对第 213 条受益主体的支付实际上须缴纳赠与税，但第 2 款明确代理人支付个人及亲属扶养费权利来源于本条规定而非第 217 条。这是一个重要区别，由于本法第 201 条第 1 款规定赠与须特别授权，而且第 217 条的默认规定对赠与数量进行了限制。本条支付权限不为上述规定所限制。

第 214 条　政府福利或者民兵役

（1）本条中"政府项目或者民兵役的利益"指的是包括社会保障、医疗保险及医疗补助在内的依法所得的任何利益或者援助。

（2）除非授权委托书另有规定，授权委托书中有关政府项目或者民兵役的利益一般授权的规定赋予代理人如下权利：

· 54 ·

① 以被代理人的名义使用美国政府、外国政府、州或者州以下行政单位支付给被代理人的津贴及赔偿的现金凭单，包括第 213 条第 1 款第 1 项所述人员的交通费及货运费津贴和补助；

② 占有并指令对被代理人财产进行拆除及装运，自邮局、仓库、航空站、码头或者其他官方或私人的存储或者保管处，行使及交付免责书、凭单、收据、提货单、运货单、合格证或者其他相关文书；

③ 代表被代理人参加、申请、选择、拒绝、变更、修改或者中止利益或者援助；

④ 根据法律法规起草、提交并坚持被代理人有权享有的对金钱或者其他形式的利益或者援助的主张；

⑤ 启动、参与、提交至替代性争议解决机制、解决、反对有关被代理人依法享有的利益或者援助的诉讼或者提议或接受和解；

⑥ 接受第 4 项主张的现金收益并合法保存、投资、支出或者使用。

第 215 条　退休计划

（1）本条中，"退休计划"是指由雇员、被代理人或者其他个人制定的计划或者创建的账户用以提供被代理人为参与者、受益者或者所有者的退休福利或者递延补偿金，包括《国内税收法典》下列条款的计划或者账户：

① 根据《国内税收法典》第 408 条、《美国法典》第 26 卷第 408 条的个人退休金账户；

② 根据《国内税收法典》第 408 条第 1 款、《美国法典》第 26 卷第 408 条第 1 款的罗斯个人退休账户；

③ 根据《国内税收法典》第 408 条第 17 款、《美国法典》第 26 卷第 408 条第 17 款的应然的个人退休账户；

④《国内税收法典》第 403 条第 2 款，《美国法典》第 26 卷第 403 条第 2 款的年金或者共有基金保管账户；

⑤《国内税收法典》第 401 条第 1 款、《美国法典》第 26 卷第 401 条第 1 款的养老金、利润分配、股票红利或者其他符合规定的退休计划；

⑥ 根据《国内税收法典》第 457 条第 2 款、《美国法典》第 26 卷第 457 条第 2 款的计划；

⑦ 根据《国内税收法典》第 409 条第 1 款、《美国法典》第 26 卷第 409 条第 1 款的不符合条件的递延补偿计划。

（2）除非授权委托书另有规定，授权委托书中有关退休计划的一般授权授予代理人如下权利：

① 选择退休计划中的支付方式及时间以及从计划中得益；

② 进行自一个退休计划至另一计划的延期付款，包括直接的托管人到托管人的延期付款；

③ 以被代理人的名义制定一退休计划；

④ 捐助退休计划；

⑤ 行使退休计划项下的投资权利；

⑥ 根据退休计划借用、出售或者购买资产。

注　释

本条在《统一法定授权书法》第 15 条规定的基础上已进行了大幅度的更新以反映规制退休计划法律的变化。与《统一法定授权书法》的不同之处在于删除了代理人的默认权利，即放弃被代理人成为共同的或者（财产共享者中的）生者年金的受益者的权利（参见 1988 年的《统一法定授权书法》第 15 条）。根据本法规定，放弃被代理人成为共同的或者生者年金的受益者的权利应当根据第 201 条第 1 款规定进行特别授权。

第 216 条　税　　金

除非授权委托书另有规定，授权委托书中关于税收的一般授权授予代理人如下权利：

（1）起草、签署并提交联邦、州、地方及外汇收入、赠与、工资单、财产、《联邦保险捐助条例》及其他纳税申报单、要求退款、请求延期、就税收事项申诉以及其他涉税文件，包括收据、要约、豁免、《国内税收法典》第 2032 条第 1 款、《美国法典》第 26 卷第 2032 条第 1 款【经修订】的同意书及协议、结案协议以及美国国税局或者其他税务机关规定的诉讼时效尚未超过一个纳税年度以及其后的 25 个纳税年度的授权委托书；

（2）缴纳到期应付税款、收集税款、发布债券、接收机密信息以及对美国国税局或者其他税务机关规定的不足之处提出抗辩；

（3）根据联邦、州、地方或者外国税法规定行使被代理人享有的选择权；

（4）为被代理人进行美国国税局或者其他税务机关规定的所有涉税事项的代理行为。

第 217 条 赠　　与

（1）本条中，赠与他人的礼品包括信托赠与以及《向未成年转移财产统一法案》中的账户，《国内税收法典》第 529 条、《美国法典》第 26 卷第 529 条【已修订】中规定的学费储蓄账户或者预付学费计划。

（2）除非授权委托书另有规定，授权委托书中关于赠与的一般授权授予代理人如下权利：

① 进行被代理人财产的赠与，包括通过行使被代理人享有的现行有效的一般财产处理权，《国内税收法典》第 2503 条第 2 款以及《美国法典》第 2503 条第 2 款（经修订）规定的每个受赠人受赠数量不得超过联邦赠与税除外责任每年的额度限制，无论联邦赠与税除外责任是否适用于这一赠与，或者如果根据《国内税收法典》第 2513 条与《美国法典》第 26 卷第 2513 条（经修订）规定被代理人的配偶同意拆分赠品，每个受赠人受赠的数量不得超过联邦赠与税除外责任限制的两倍。

② 根据《国内税收法典》第 2513 条以及《美国法典》第 26 卷第 2513 条（经修订）同意被代理人的配偶分割赠与且夫妻双方受赠数量不超过总共的赠与税除外责任的每年额度限制。

（3）代理人可以对被代理人财产进行赠与。如果代理人明知被代理人意愿，其决定应与被代理人意愿一致；如果代理人不知被代理人意愿，其决定应综合以下相关因素与被代理人的最佳利益一致：

① 被代理人财产的价值与性质；

② 被代理人的可预见的责任与维护需求；

③ 最低税款，包括收入、房地产、遗产、代际财产转移以及赠与税；

④ 有资格获得法定利益、项目或者援助；

⑤ 被代理人进行或者参与赠与的历史。

注　　释

本条规定了对代理人进行被代理人财产赠与权限的默认限制。授权委托书中赠与须特别授权（参见第 210 条第 1 款第 2 项以及第 301 条）。但是，赠与权授予并非授予代理人无限制的权利。除非授权委托书明确修改以扩大或者进一步限制代理权，否则其应根据本条规定。未经修改，本条所述代理权对受赠数量进行一定的限制，不得超过联邦赠与税除外责任的每年额度限制，或者如果被代理人及其配偶同意分割赠与不得超过上述的两倍。

本条第 1 款澄清了一个事实问题，即赠品不但包括即时的赠与还包括给予他人利益的赠与。第 1 款列举了给予他人利益的赠与的实例，但这些例子并非排他性的。

第 3 款强调了赠与代理权的行使，与授权委托书中的所有代理权行使一样，应当与被代理人的主观目的一致。如果代理人不知情，基于相关因素综合考量赠与须与被代理人的最佳利益一致。第 3 款规定了确定有关被代理人最佳利益的相关因素，但是这些因素是说明性的而非排他性的。

在某种程度上被代理人关于赠与权的主观目的可能与本法代理人的默认义务存在潜在的冲突，被代理人应当慎重考虑在授权委托书中进行表述或者改变默认规则从而与这些目的协调一致或者对二者一并进行调整，参见第 114 条注释。

第三章　法定格式

立法注释：颁布法律的司法管辖区应审查其各自对见证和文件记录的法定要求，并在必要时为符合这些要求，修改第 301 条和 302 条提供的法定格式。

概　　述

除了授权委托书的法定格式，第三章还规定了代理人关于授权委托书的事实认定的备选形式（第 302 条）。根据第 119 条，个人可以请求代理人确认有关被代理人、代理人或者授权委托书的事实问题。第 302 条规定的形式旨在促进代理人遵守这些规定。该表格列举了个人通常请求认定的事项（例如被代理人健在以及尚未撤销授权委托或者代理人权限）并提供了对于附加的事实说明认定的区域。授权委托书的法定格式以及代理人认证表可依个人客观情况及主观意愿进行相应调整。

第三章提供了一个根据本法创设简明的授权委托书的法定格式（第 301 条）。随着授权委托书形式在公共领域的不断发展，规定法定格式有利于促进授权委托实践的统一性。在诸如伊利诺伊州和纽约州等地州法规定的法定格式已经存在多年并被广泛应用。对法定格式的熟稔和共识有利于接受授权委托书。本法施行 20 年间，规定法定格式的州已经从几个增加至 18 个。

第 301 条　法定授权委托书

按照下述法定格式的授权委托书符合本法的规定并具有法律效力。

【填写司法管辖区的名称】

法定授权委托书

重要提示

本授权委托书授权他人（代理人）为您（委托人）做出与委托人财产相关的决定。无论委托人是否有行为能力，代理人均可就委托人的财产（包括现金）做出相关决定并行使相关权利。本表格所列的权利名称的具体含义参见《统一代理权法》【插入引文】。

本授权委托书并未授予代理人为委托人作出健康护理方面决定的权利。

委托人应选择其所信任的人作为代理人。通常情况下，在委托人死亡或撤销委托，或者代理人辞职或无法代理时，代理人的权利终止，委托人指定有代理期限的除外。

代理人有权获得合理报酬，委托人在特殊说明中另有声明的除外。

本表格只能指定一位代理人。如需指定多个代理人，委托人可在特殊说明中指定一位共同代理人。所有共同代理人无需共同行使代理权，委托人在特殊说明中有明确要求的除外。

如果代理人不能或不愿代理，授权委托即终止，委托人指定有继任代理人的除外。委托人还可指定第二顺位继任代理人。

除特殊说明中另有规定外，本授权委托书签署后立即生效。

注：对授权委托书或委托的权利有任何疑问，请在签署本表之前征求相关法律意见。

代理人的指定

本人，（委托人姓名）指定下列人员作为本人的代理人：

代理人姓名：

代理人地址：

代理人电话：

继受代理人的指定（可选）

如果代理人不能或不愿代理，本人指定下述人员作为我的继受代理人：

继受代理人姓名：

继受代理人地址：

继受代理人电话：

如果继受代理人不能或不愿代理，本人指定下述人员作为第二顺位继受代理人：

第二继受代理人姓名：

第二继受代理人地址：

第二继受代理人电话：

一般授权

根据《统一代理权法》的规定【插入引文】，本人授权代理人和继受代理人以本人的名义行使与下列事项相关的权利：

（勾选委托给代理人的事项。如就所有事项进行一般授权，可选择"前述所有事项"，而无需在每个项目前勾选）

（＿＿＿）房地产

（＿＿＿）有形个人财产

（＿＿＿）股票和债券

（＿＿＿）期货和期权

（＿＿＿）银行和其他金融机构

（＿＿＿）公司或企业的经营

（＿＿＿）保险和养老金

（＿＿＿）地产、信托和其他实益权益

（＿＿＿）索赔和诉讼

（＿＿＿）个人及家庭的赡养费

（＿＿＿）政府项目或民事或军事服务的福利

（＿＿＿）退休计划

（＿＿＿）税费

（＿＿＿）前述所有事项

特别授权（可选）

下列特别权利，除本人选择以外，代理人不得行使相关权利：

（注意：下列任何权利的授予将使代理人有权实施可能使财产明显减少或者遗产发生变化的行为。勾选将授权给代理人的特别权利）

（＿＿＿）建立、修改、撤销或终止生前信托

（＿＿＿）赠与，受《统一代理权法》（插入本法第217条）和本授权委托书中任何特殊说明的制约

（＿＿＿）建立或变更生存者取得权

（＿＿＿）建立或变更受益人的指定

（＿＿＿）授权他人行使该授权委托书上所述的权利

（＿＿＿）放弃委托人与联合生存年金受益人相关的权利

（＿＿＿）行使委托人有转委托权的相关权利

【（＿＿＿）声明或放弃财产权益，包括财产指定权】

代理权限的限制

若代理人不是本人的父母、配偶或子女，则其不能用我的财产获得利

益或使代理人有扶养义务的其他人获得利益，除非本人在特殊说明中有明确的授权。

特殊说明（可选）

可在此处做出特殊说明：

生效时间

除特殊说明中另有规定外，该授权委托书签署后立即生效。

【财产管理者或监护人】的指定（可选）

如果法院认为需要为本人财产指定【财产管理者或监护人】或者为本人指定人身监护人时，本人提名下列人员作为候选人：

财产【财产管理者或监护人】的候选人姓名：

候选人地址：

候选人电话：

人身监护人的候选人姓名：

候选人地址：

候选人电话：

本授权委托书的可信赖性

任何人包括代理人均可信赖本委托书及其副本的效力，明知委托书已经终止或无效的除外。

签字和见证

签名：＿＿＿ 日期：

打印体姓名：

地址：

电话：

州：

县：

兹证明，（委托人姓名）于＿＿＿年＿＿＿月＿＿＿日签署了上述文件。

公证员签字（盖章）

公证员任期至

【文件起草人：＿＿＿＿＿＿＿＿＿＿＿＿＿＿＿＿＿＿＿＿＿＿＿＿＿】

关于代理人的重要规定

代理人的职责

在代理人接受本授权委托书的授权时，代理人与委托人之间就建立了一种特殊的法律关系。代理人基于这种法律关系的法律责任将一直持续到代理人辞职或授权委托书终止或撤销。代理人必须：

（1）依照委托人的合理期望行使代理权，确实不知的，则按照委托人利益最大化行为；

（2）诚实守信；

（3）不得超出本授权委托书的授权范围行使权利；

（4）当代理人有必要为委托人手写或打印委托人姓名时，代理人须公开其代理身份，并以如下方式签署：

（委托人姓名）由（代理人签名）作为代理人代为签署。

除本授权委托书中的特殊说明另有规定外，代理人还应：

（1）忠于委托人的利益；

（2）避免损害其能力的冲突，以免使其无法实现委托人的最佳利益；

（3）以谨慎、称职和勤奋为其行事原则；

（4）保留所有以委托人名义做出的收据、支出和交易的记录；

（5）依照委托人的合理期望，配合有权为委托人做出健康护理决定的人行使代理权，确实不知的，则按照委托人利益最大化行为；

（6）若代理人知道委托人有财产计划，且该计划的保留与委托人的利益相符时，代理人应尽力将该计划保留下来。

代理权的终止

如果代理人知道任何导致本授权委托书或其代理权终止的情形发生，代理人应立即停止以委托人的名义行使权力。有下列情形之一的，授权委托书或其代理权终止：

（1）委托人死亡；

（2）委托人撤销授权委托书或代理人的代理权；

（3）授权委托书所列的终止事件发生；

（4）授权委托书的目的已经完全实现；或者

（5）若代理人是委托人的配偶，任何一方向法院提起诉讼结束婚姻关系或实现合法分居；授权委托书的特殊说明规定该行为不会导致代理人权利终止的除外。

代理人的法律责任

代理权的含义参见《统一代理权法》【插入引文】。如果代理人违反《统一代理权法》【插入引文】的规定或实施超越代理权的行为，代理人应对由此造成的一切损失承担法律责任。

注：对该文件或代理人职责有任何疑问，请寻求相关法律意见。

立法注释："*法定授权委托书*"*之前的方括号表示颁布法律的司法管*

辖区应填写其名称。授权委托书中显示司法管辖区是非常重要的，可用于确认哪些法律提供有默认规则，以及代理权法定含义的解释（见第107条及其评论）。同样，"重要信息"的第一段中的方括号表示司法管辖区应在此处插入其编纂后的《统一代理权法》的相关条文。

在"特别授权"部分，如果根据司法管辖区的法律规定，受托人有权放弃财产权益或权利，而司法管辖区并不希望该权利受到《统一代理权法》的限制，可将方括号包含的"声明或放弃财产权益，包括财产指定权"条款删除。参见《统一放弃财产利益法》（2006）第5（b）条（"除非受托人的放弃权受到其他法律规定或建立受托关系的文书的明确限制，否则受托人可以全部或部分地放弃任何财产利益或权利，包括财产指定权……"）。参见第201条的立法说明。

"财产管理人或监护人的指定"中的方括号表示司法管辖区应审查其各自的监护、保护或其他保护程序的法律规定，并在必要时为符合这些法律要求，修改方括号中的术语或内容。

"签名和见证"部分结尾处的"文件起草人"可根据需要省略或修改，以符合司法管辖区对见证和文件记录的法定要求。

注　释

本条提供了创设授权委托书的备选形式。与第301条大体一致的授权委托书是符合本法规定的意义及效力的法定格式的授权委托书。

授权委托书以对被代理人的"重要提示"开始，在尾部设置"关于代理人的重要规定"，规定代理人义务、代理权终止情形以及代理责任。该法定格式旨在指导被代理人指定代理人、继受代理人、选择授权事项等。除此之外，如果法院认为有必要指定受托人，该部分还包含了对于财产管理者或者监护人的指定。

授权委托书中关于授权的条款分为两部分：对第204条至216条规定的代理事项的一般授权以及第201条第1款规定的需要在授权委托书中进行明确规定的特别授权。本法第2章规定了须进行一般授权的代理事项以及特别授权部分列举的赠与权限。被代理人可以通过"特殊说明"修改授权。例如，赠与的权限范围由第217条默认规定予以确认，除非被代理人扩大或者缩小特别说明中的权限。

特别授权部分的警示性语言提请被代理人防范与日俱增的风险以免被代理人财产明显减少或者其财产计划被改变。被代理人可提起有关特别授权的诉讼。第 201 条第 1 款所述授权旨在强调被代理人进行特别授权的重要性并将授权中的风险降至最低。

许多被代理人希望授予代理人对于日常事务的全面权限。如果是这种情况，被代理人可选择"前述所有事项"。或者，被代理人可勾选愿意委托给代理人的事项。

该法定格式根据本法的默认规则进行起草但并不排除对其变更或者本法规定的其他变动。例如，如未通过特别说明进行变更，法定格式授权委托书的默认规则包括：

（1）代理权是可持续的（第 104 条）；

（2）已行使的代理权是有效的（第 109 条）；

（3）配偶代理权因婚姻关系解除、法定注销或者合法分居而终止（第 110 条第 2 款第 3 项）；

（4）时效终止并不影响代理权限（第 110 条第 3 款）；

（5）继受代理人具有与原代理人相同的权限（第 111 条第 2 款）；

（6）直到所有前任代理人辞去委托、死亡、丧失民事行为能力、无代理资格或者拒绝委托，继受代理人方可进行代理行为（第 111 条第 2 款）；

（7）代理人有权获得合理费用（第 112 条）；

（8）代理人有权获得合理报酬（第 112 条）；

（9）任何人以代理人身份行使职权或者履行代理职责或者通过表明接受的声明或者行为即视为接受任命（第 113 条）；

（10）接受任命的代理人应当：为维护委托人的利益尽忠实勤勉义务；避免损害代理人能力与为委托人最佳利益进行公正代理之间的利益冲突；符合相似情况下代理人进行代理的忠实勤勉标准；记录所有的代表委托人利益而为的代理行为的收支明细和交易事项；与有权为委托人利益做出医疗决定的个人通力协作去实现代理人已知的委托人合理预期，或者以其他方式，为委托人的最佳利益而从事代理行为；如果保持委托人的财产计划与基于以下相关因素的委托人最佳利益是一致的，代理人应在其已知的范围内尝试保持委托人的财产计划（第 114 条）。

（11）代理人在辞去委托时应尽通知义务（第 118 条）；

（12）非被代理人长辈、配偶或者晚辈的代理人不得通过赠与、生存者对共有财产中死者权利部分的享有权、受益人指定、否认或者其他方式行使本授权委托书中的代理权为代理人或者具有法定扶养义务的个人创设被代理人财产中的利益（第 201 条第 2 款）。

尽管该法定格式并未包括对于前述默认规则明确的提示性语言，但是一定的偏差可在特别说明中予以表明或者增补。

第302条 代理人证明

以下表格可供代理人用于证明与授权委托书相关的事实。

授权委托书及代理人权利的有效性证明

_____州

【_____县】

本人，_____（代理人姓名），根据伪证罪的规定，证明_____（委托人姓名）于____年____月____日签署的授权委托书中授权我作为其代理人或继受代理人。

通过进一步证明，我了解：

（1）委托人仍在世且尚未撤销授权委托书及其对我的授权，且该授权委托书及其对我的授权尚未终止；

（2）若授权委托书在某事件或意外的发生时生效，则该事件或意外已经发生；

（3）若我被任命为继任代理人，前代理人不再能够或者愿意行使代理权；且

（4）_____

（填写其他相关要求）

签字和见证

代理人签名：____　日期：____

代理人打印体姓名：

代理人地址：

代理人电话：

兹证明，（代理人姓名）于____年____月____日签署了上述文件。

公证员签字（盖章）

公证员任期至

文件起草人：

立法注释：本部分中"证明"一词是表示颁布法律的司法管辖区应审查其各自对见证和文件记录的法定要求，并在必要时为符合这些要求，可作适当修改。同样，代理人证明结尾处的"文件起草人"可根据需要省略或修改，以符合司法管辖区对见证和文件记录的法定要求。

注 释

本条为代理人提供了一个备选表格以证明与授权委托书相关的事实。尽管该表包括通常被请求认定的事实陈述，但其他的事实判断可根据第119条规定予以增加。

第四章 其他规定

第401条 统一适用和解释

适用和解释本法时，采纳本法的州必须对关于本法主旨的法律统一予以考虑。

第402条 与《国际国内商务电子签名法》的关系

本法修正、限制并取代《国际国内商务电子签名法》（《美国法典》第15章第7001条以下的条款），但是并未修正、限制并取代该法的第101（c）条（《美国法典》第15章第7001（c）条）或批准该法第103（b）条（《美国法典》第15章第7003（b）条）所规定的任何通知的电子交付。

第403条 现有代理权的效力

除本法另有规定外，自本法生效之日起：
（1）本法适用于生效日之前及之后建立的代理权；
（2）本法适用于本法生效时或生效后开始的与代理权相关的司法程序；
（3）本法适用于本法生效前开始的与代理权相关的法律程序。如果法院认为本法律规定的使用会对司法程序的有效进行造成实质性的影响或对任何一方的权利造成实质性的损害，则仍可适用旧法；以及
（4）本法对生效日之前已经完成的行为没有溯及力。

第404条 废　　止

以下法律和法律部分条文被废止：
《统一持续性代理权法》

《统一法定授权书法》

《统一遗嘱认证法典》第 5 部分第 5 条

第 405 条 生效日期

本法自____年____月____日起生效。

可以替代监护的持续性代理权：
我们学到的经验[*]

Linda S. Whitton[**]

翻译：田　野[***]

校对：王竹青[****]

【摘要】超过 30 年的持续性代理权的经验已经证明，其优点是可以代替监护，但也伴随着危险。惠顿（Whitton）教授总结了当立法试图平衡委托人、代理人和与代理人交易的第三人之间的利益时持续性代理权使用中的经验，包括关键政策的紧张关系。她分析了通过怎样的规划策略和立法改革可以加强代理权的运用，同时，也给所有受到代理权影响的人提供了一种保护方法。她的讨论包括对州立法的概述以及新的统一代理权法案。

一、导　　言

持续性代理权被广泛应用于每一个司法管辖区中，[❶] 是一种法律认可

---

* Durable Powers as an Alternative to Guardianship: Lessons We Have Learned, 37 STETSON L. REV. 7 (2007).

** 琳达·惠顿（Linda S. Whitton），瓦尔帕莱索大学法学院教授，统一代理权法报告人。

*** 田野：中国人民大学法学院博士研究生。

**** 王竹青：北京科技大学文法学院副教授，美国哥伦比亚大学 2010—2011 年度访问学者。

❶ 每一个司法管辖区都有关于代理权的规定。阿拉巴马的法典 26 - 1 - 2—到 2.1 部分（Lexis 1992 年出版，2006 年补遗）；阿拉斯加的法规 13.26.332 到 358 部分（Lexis 2004 年出版）；亚利桑那的修订注释法规 14 - 5501 到 5507 部分（West 2005 年出版）；阿肯色的注释法典 28 到 68 - 101 到 419（Lexis 2004 年出版）；加州的注释遗嘱认证法典 4000 - 4034，4050 - 4054，4100 - 4102，4120 - 4130，4150 - 4155，4200 - 4207，4230 - 4238，4260 - 4266，4300 - 4310，4400 - 4409，4450 - 4465 部分（West 2004 年出版，2006 年补遗）；科罗拉多州的修订注释法规 15 - 1 - 1301 到 1320 部分，15 - 14 - 501 到 509 部分，15 - 14 - 601 到 611 部分（West 2005 年出版）。

康涅狄格的一般注释法规 1 - 42 到 56 部分，1 - 56a 到 r 部分（West 2000 年出版，2006 年补遗）；康涅狄格的一般注释法规 45a - 562 部分（West 2004 年出版）；特拉华的注释法典 12 标题，4901 到 4905 部分（Lexis 2001 年出版）；华盛顿特区的法典 21 - 2081 到 2085 部分，2101 （转下页）

的工具，通过设立代理关系保护无行为能力的委托人。❷《统一遗嘱认证法典》在 1969 年第一次规定了持续性代理权，提供了一个廉价的代理决策途径。❸虽然最初是为了推动那些不能适用于无行为能力前的信托计划或无

（接上页）到2118 部分（West 2001 年出版）；佛罗里达的注释法规709.08 部分（West 2006 年补遗）；格鲁吉亚的注释法典10－6－1 到39 部分（2000 年）；夏威夷的修订注释法规551D－1 到7 部分（Lexis 2006 年出版）；爱达荷的注释法典15－5－501 到507 部分（Lexis 2001 年出版）；755 册伊利诺伊州的合集注释法规45/1－1，45/2－1 到45/2－11，45/3－1 到45/3－4 部分（West 1992 年出版，2006 年补遗）；印第安纳注释法典30－5－1－1 到30－5－10－4 部分（West 1994 年出版，2005 年补遗）；爱澳华注释法典633B.1 到.2 部分（West 2006 年补遗）。

堪萨斯的注释法规58－650 到655 部分（2005 年）；肯塔基州的修订注释法规386.093 部分（West 2005 年出版）；路易斯安那的民注释法典2985 到3032 条（2005 年）；18－A 册缅因的修订注释法规5－501 到510 部分（1998 年和2005 年补遗）；马里兰的遗产和信托注释法典13－601 到602 部分（2001 年）；马萨诸塞州的注释法律201B 章1 到7 部分（Lexis 1994 年出版，2006 年补遗）；密歇根的集合注释法律700.5501 到.5520 部分（West 2002 年出版，2006 年补遗）；明尼苏达的注释法规523.01 到24 部分（West 2006 年出版）；密西西比的注释法典87－3－101 到113 部分（West 1999 年出版）；密苏里的修订注释法规404.700 到404.737 部分（West 2001 年出版）。

蒙大拿的注释法典72－5－501，72－5－502，72－31－201 到238 部分（2005 年）；内布拉斯加的修订法规30－2664 到2672 部分（1995 年）；内布拉斯家的修订法规49－1501 到1561 部分（2004 年）；内华达的修订注释法规111.450 到.470 部分（Lexis 2004 年出版）；新罕布什尔的修订注释法规506：5 到7 部分（Lexis 1997 年出版，2005 年补遗）；新泽西的注释法规46：2B－8.1 到19 部分（West 2003 年出版，2006 年补遗）；新墨西哥的注释法规45－5A－101 到403 部分（Lexis 2007 年出版的先进立法法典）；纽约的一般义务法律5－1501 到1506 部分（McKinney 的纽约综合法律附加说明2001 年和2006 年补遗）；北卡罗来纳的一般法规32A－1 到3 部分，32A－8 到14.12 部分，32A－40 到43 部分（Lexis 2005 年出版）；北达科他州的世纪法典30.1－30－01 到06 部分（1996 年）；俄亥俄的修订注释法典1337.01 到1337.10 部分（Lexis 2002 年出版，2006 年补遗）。

俄克拉荷马州的注释法规58 标题，1071 到1077 和1081 部分（West 1995 年出版，2006 年补遗），俄克拉荷马州的注释法规15 标题，1001 到1021 部分（West 2006 年补遗）；俄勒冈的修订法规127.005 到127.045 部分（2005 年）；20 册宾夕法尼亚州的综合注释法规5601 到5611 部分（West 2005 年出版）；罗德岛的一般法律32－22－6 到7 部分（1995 年、2005 年补遗）；南卡罗来纳州的注释法典62－5－501 到505 部分（1987 年、2005 年补遗）；南达科他州的编纂法律59－7－1 到8 部分，59－7－1 到9 部分（2004 年）；田纳西州的注释法典34－6－101 到111 部分（Lexis 2001 年出版，2005 年补遗）。

德州的遗嘱认证注释法典481 到506 部分（2003 年）；犹他州的注释法典75－5－501 到504 部分（Lexis 1993 年出版，2006 年补遗）；佛蒙特州的注释法规14 标题，3501 到3516 部分（2002 年、2005 年补遗）；弗吉尼亚州的注释法典11－9.1 到9.7 部分（Lexis 2006 年出版）；华盛顿州的修订注释法典11.94.010 到11.94.150 部分（West1998 出版和2006 年补遗）；西弗吉尼亚的注释法典39－4－1 到7 部分（Lexis 2004 年出版）；威斯康星的注释法规243.07 和243.10 部分（West 2001 年出版，2005 年补遗）；怀俄明的注释法规3－5－101 到103 部分（2005 年）。

❷ 参见《统一遗嘱认证法典》第5 章第5 条，前言（2006），（注意法定持续性代理权的目的在普通法的变化，其在委托人丧失行为能力时终止代理人的权利）。

❸ 同上注，（注意唯一比联邦遗嘱认证法典对持续性代理权早立法的是弗吉亚州）。

行为能力后的监护计划的当事人的利益，[4] 但目前的持续性代理权已经被富有和非富有的当事人作为安排未来无行为能力的廉价的工具。[5]

经过对持续性代理权超过 30 年的使用，我们获得了共同的经验，最好的实践以及立法趋势告诉我们持续性代理权可以替代监护。本文总结了经验，提炼出了重要经验，其不仅对持续性代理权有用，也对立法改革有用，以推动其作为代理财产管理的有效工具。

二、学到的经验

任何对财产管理的代理——不论信托、监护或是持续性代理权——应该为无行为能力的委托人提供以下帮助：（1）对委托人监督能力缺失的补充；（2）完成委托人无法执行的委托事项；（3）做出代理人知道的与委托人价值和目标一致范围内的决策。[6] 这些标准构成了下文，讨论我们从持续性代理权得到的经验以及如何通过更好的决策和立法改革以促进法律进步的分析框架。

（一）经验 1：代理权只有在代理人可靠时有保护性

理论上讲，监护制度比信托和持续性代理权更具有优越性在于法庭监督监护人。[7] 但是这一额外的措施对于无行为能力人来讲显得虚幻而不真实，特别是当监护报告的要求很少，或法庭对监护人监督的资源不足时。[8] 信托不要求对受托人进行一般的法庭监督；但是受托人一般受到信托规则的限制，信托受益人如果发现受托人违反信托规则或信托责任，可以质疑

---

❹ 同上注.（解释了统一遗嘱认证法典包括持续性代理权，提供了一种廉价的"养老保险"，像信托一样）。

❺ 参见凯伦·E. 博克斯（Karen E. Boxx）：《持续性代理权在家庭信托关系中的地位》（36 GA. L. REV. 1, 12, 2001.）36 册格鲁吉亚的法律评论第 1 页和 12 页（持续性代理权的适用增多了）；凯伦·L. 德森（Carolyn L. Dessin）：《财产持续性代理权下代理人的行为：不用准备的角色》（75 NEB. L. REV. 574, 584, 1996）75 册内布拉斯加州的法律刊物第 574 页和第 584 页（结论是实用、灵活和低成本的持续性代理权已经成为一种普遍的替代监护和信托的方式）。

❻ 参见德森，前注 5，第 589—600 页（比较了在持续性代理权下的代理人角色与受托人和监护人的角色）。

❼ 参见上注，第 591 页（注意法庭监督是极昂贵的）。

❽ 参见艾利卡·F. 伍德（Erica F. Wood）：《在十字路口的监护改革——15 经验》第 12 页，（Winter 2005）（认为法庭继续对监护人执行最低限度的监督，有一部分原因是很多法庭缺少足够的监督经费）；萨利·巴尔克·胡尔梅和艾利卡·伍德（SallyBalchHurme&EricaWood）：《监护责任的过去和现在：对一个法庭活动角色的描绘》，31STETSONL. REV. 867（2002）（讨论了通过法庭监督的监护责任的必要因素，包括监护报告和法庭检查与资金）。

受托人的行为。❾ 与监护和信托不同，代理的法律对监督一般没有规定，甚至理论上也没有，除了委托人对代理人的监督外，没有其他人的监督。❿ 代理人与委托人的关系是一种有意的私密行为，在法律雷达屏幕下运行，远离可能从委托人财产中获益的直接检查。⓫

持续性代理权不被监督这一性质的判断前提是，具有行为能力的人可以选择信任的人作为代理人。⓬ 一直存在的监护困境是如何保护行为能力减弱的人，在其还有能力时不完全剥夺其法律权利。⓭ 非正式的代理权可以避免这种困境，因为这里没有对无行为能力委托人的判断，代理人只要

---

❾　博克斯，同前注5，第44页；德森，前注5，第596—599页。

❿　参见博克斯，前注5，第40—46页（说明因为持续性代理权缺少规范的监督，明确委托授权范围是保护代理人和委托人所需要的）。

代理权法中主动监督机制的例子是很少的，其中包括阿肯色州，规定了各种类型的代理权，要求通过遗嘱法院通过并记录备案。

阿肯色州继承法典．§§28-68-304，28-68-307（Lexis1987&Supp. 2006）．委托人的财产数额和收入可能成为代理事项，也受到严格限制，同前注，§28-68-303（规定，代理的财产不能超过2万美元，不包括宅地，年收入的资金价值和金钱形式的年收入不超过6000美元）。但是实际代理人可能在没有法庭批准的情况下行使代理权，除非代理人提出要求。同前注．§28-68-306．北卡罗来纳州要求当委托人成为无行为能力人时，代理权必须注册，代理人必须向法庭提交详细清单和年度报告。北卡罗来纳州法，§§32A-9（b），32A-11。但是，提交清单和报告的要求可以通过委托人在授权委托书中放弃。北卡罗来纳州法，§32A-11（b）。相反，人多数州不要求代理人报告或防御代理人行为，除非是根据授权委托书的要求。参见后注140-53和附属文章（讨论了要求代理人报告或法定检查代理人行为的规定）。

有些州规定，虽然没有监督机制，但是通过要求对确定行为的通知来加强代理人的责任。例如，南卡罗来纳州要求所有的授权委托书被记录。南卡罗来纳州§62-5-501（C）。犹他州规定如果代理人决定委托人变为无行为能力人或残疾人，代理人必须通知与代理人身份有利益的人，提供给他们代理人的名字和住址，对于书写要求，提供给任何有利益的人"授权委托书的复本"和"每年的财产报告"。犹他州法典§75-5-501（2）。但是，授权委托书特别指出代理人不被要求提供年度财产报告。同前注，§75-5-501（2）（c）。然而，博克斯教授最近注意到，"如果没有亲近的朋友或亲戚可以成为监督人，并对实际代理人的表现提出质疑，即使法律中有监督机制，实际代理人也可以自主行事"。博克斯，前注5，第46页。

⓫　参见博克斯，前注5，第46页（通过监督程序，将从根本上破坏代理权的作用，因为费用增加了，这种侵扰将把它变成事实上的监护）。

⓬　参见琳达·S. 惠顿，尔首-莱温伯格（LindaS. Ershow-Levenberg）：《当监护行为侵犯了宪法保护的个人权利》，12NAT'LACAD. ELDER 12册国家老年学院。

⓭　参见劳伦斯·A. 弗里克（Lawrence A. Frolik）：《提高法庭的认可和有限监护的使用》，（31STETSONL. REV. 735，748-749）31册斯特森法评论第735页，第748—749页（2002）（主张有限监护作为一种保障，以保护老年人在不牺牲权利的情况下得到帮助）。

假设委托人需要代理的标准即可。❶ 考虑到一个值得信赖的代理人是对无行为能力的委托人保障的基石，所以应该怎样做才能防止和纠正代理权滥用呢？

在回答上述问题前，我们必须首先考虑代理权滥用的程度和这种潜在的危害是否削弱了其廉价、灵活、私密的管理财产的意义。不幸的是现在没有国家机制去跟踪或评估总体上经济剥削的普遍性，因此单纯强调代理权滥用导致的剥削是挑剔的。❶ 然而，最近的研究也表明，经济剥削，包括盗窃、伪造、欺诈、不正当影响、胁迫以及违反诚信义务，❶ 是广泛存在的。❶

法律委员会对滥用代理权的全国性调查，得到了非常相似的结果。❶ 在每个州，当被问到代理权滥用时，大部分的律师受访者认为发生率很低。❶ 一个需要研究的重要问题是，代理权滥用发生的概率是否在没有律师的代理中比在有律师的代理中更高。

---

❶ 参见，米歇尔·B. 卡帕（Marshall B. Kapp）：《谁是父母？家庭对老人自治的影响》，(41EMORYL. J. 773，792) 41 册 Emory 的法律刊物第 773 页和第 792 页（1992）（指出"过度依赖法庭指定代理决策者的缺点包括大量支出的时间、金钱、管理和各方的情绪紊乱，往往对个人福利没有太多实际的利益"）参见博克斯，前注5，第52—54 页（丧失能力往往是一个渐进的过程，"代理权的执行不影响委托人行使他或她处理自己事物的权利……）；参见德森，前注5，第601—602 页（注意虽然很多内容都是关于怎样起草和适用代理权的，但也要稍微强调委托人与代理人讨论对代理人角色期望的重要性）。

❶ 唐娜·J. 罗宾（Donna J. Rabiner），戴维·布朗和珍妮·基夫（David Brown &Janet O'Keeffe）：《对老人的经济剥削：政策问题和解决建议》，16（1），老年人虐待与遗弃杂志，第65、72 页（2004）；同时参见约翰·F. 沃斯（John F. Wasik）：《敲诈美国老人》，(39CONSUMERSDIG.) 39 册用户报摘第77、78 页（Mar. /Apr. 2000）（注意到监护滥用很少被报道以及被联邦犯罪数据追踪）。

❶ 罗宾，同前注15，第69 页；参见凯伦·德森：《对老人的经济剥削：解决方法的问题?》，34MCGEORGEL. REV. 267（2003）（定义了经济剥削是滥用和侵吞一个人的财产）。

❶ 罗宾，同前注15，第67 页（强调了国家对老人虐待发生几率的研究结果，不同州的研究和国家委员会进行的研究）。

❶ 比较惠顿：《国家持续性代理权调查结果和分析》，12—13（2002）http：//www. law. upenn. edu/bll/ulc/dpoaa/surveyoct2002. htm（回答了关于代理权滥用几率问题）。戴维·英格丽和金伯利·沃夫（David M. English&Kimberly K. Wolff）：《调查结果：持续性代理》10PROB. &PROP. 33（1996），和 E. 托马斯·希林（Thomas Schilling）：《关于老年人法律协会调查持续性代理权滥用可能性的报告》，21AM. COLLEGE TRUST&EST. COUNSELNN. 247（Winter 1995）。21 册美国大学信托和遗产顾问脚注 247（Winter，1995 年）。

❶ 惠顿，同前注18，第12 页（报告称53%的受访者遇到过不到5 起代理权滥用事件）；英格丽和沃夫，同前注18，第33—34 页（报告称62%的受访者认为在他们准备代理或了解代理时，只有1%或更少的情况出现滥用）；希林，同前注18，第247—248 页（报告称只有32%受访者亲自了解代理权滥用和最常被引用的只有一到两个实例；68%称不知道代理权滥用）。

即使进一步的研究证明，代理权滥用的机率低于诚信履行代理权的数量，传闻报道仍会继续表现出代理权滥用对委托人的破坏性后果。[20] 生活、存款和家庭的损失以及健康的危机是普遍的后果。[21] 鉴于对老人经济剥削的报道增多，促使国会在 2000 年重新批准美国老年法时下令进行全国性的调查。[22] 调查表明，对老年人的金融犯罪水平难以评估，因为受害者往往不予报告，与他们打交道的专业人士一般没有经过训练去发现经济剥削的痕迹。[23] 报告认为在发展有效的反制措施前，有很多地方需要系统地研究，包括受害的危险因素、犯罪人的动机和方法、经济剥削发生的概率与普遍性。[24]

虽然对经济剥削需要进行全面的研究，但许多危险因素被普遍提及，其可能加大委托人陷入权力虐待的可能性。这些因素包括认知障碍、对犯罪人的情绪或身体上的依赖性和孤立。[25] 数据也表明大部分的施虐人是与受害人接近的人——通常是家庭成员或护理人。[26] 本地化研究和轶事证据表明经济虐待是比滥用代理权或任何形式的信托犯罪更严重的问题。擅自使用委托人的信用卡和银行卡、建立联名账户、胁迫委托人以及转移社会保险金和退休金，这不过是家庭成员、照护人或孤独的受害者"最好的朋

---

[20] 参见，吉姆·爱德沃兹（Jim Edwards）：《律师杂志，寡妇和吉普赛人》，175 N. J. L. J. 729（Mar. 1，2004）（讲述了一个律师精心策划骗取一个寡妇其一生积蓄的故事）；利布莱特·马克斯（Kibret Marcos）：《女仆滥用代理权》，REC.（BergenCo.，N. J.）L1（Mar. 30，2004）（讨论了一个女仆使用代理权将雇主的几千美元转到自己账户的案例）；朱迪斯·斯科拉（Judith B. Sklar）：《对老年人和需要赡养人的诈骗：对犯罪人和他们罪行的真实案例介绍样本》，12（1）J. ELDERABUSE&NEGLECT19（2000）（很多滥用代理权报告的细节）；沃思科，同前注 15（检查了代理权滥用，讨论了代理权滥用是如何进行的）。

[21] 参见，埃德沃兹，前注 20，第 729 页（描述了两位老年受害人如何被骗取了家宅和一生的积蓄；一个人在肮脏的公寓里忍受饥饿）；斯科拉，前注 20（分析了在这种情况下，一个成年的女儿抵押了她父母的房子和挪用社会保险金为自己的需要提供资金）。

[22] 42 U. S. C. §§3001－3058（2000）；罗宾，同前注 15，第 67 页。《美国法典》42 册。

[23] 罗宾，同前注 15，第 70—72 页.

[24] 同前注，第 74—76 页。

[25] 同前注，第 69—71 页；沃思科，同前注 15，第 81 页。

[26] 托迪·古特那（Toddi Gutner）：《"盗窃执照"：从他们选择信任的人那里怎样保护老人》，3987 BUS. WK. 1243 987 册商业周刊第 124 页（June 5，2006）（注意到几年前报道的 80000 起经济诈骗案中，"超过三分之二的受害人是被身边亲近的人所骗"）；沃思科，同前注 15，第 78 页；参见萨克森（Sacks）：《预防经济剥削，聚焦布鲁克戴尔老年研究机构》，AGING86，88 老龄化第 86 和 88 页（Spring 1996）（报告称调查了 200 个代理机构、医疗机构、老年中心和各种老年住所）。

友"取走委托人的财产甚至不需要表面上的信托关系的几个例子。❷

对不加监管的经济虐待带来的不利后果的恐惧导致了立法改革的动意，其中一些将使代理权的性质发生巨大变化。凯伦·德森（Carolyn Dessin）教授，首批检查经济虐待的法律复杂性的人员之一，建议制定更好的"虐待"的法律定义，以此来加强补救。❷ 她注意到许多定义只关注"人们应该为自己的利益而保有财产的想法"❷ 并没有充分尊重支持他人的道德义务或者真正捐赠意图的决策自由。❸ 她建议定义的焦点从"为他人利益"转向"不当使用委托人财产或缺少本人同意"。❸ 她的分析也对经济虐待定义中的非年龄构成提供了有意义的视角，从年龄转变为易受伤害性。❸

除了立法概念上的变化，德森教授建议增加对代理人的监督。❸ 她建议代理人要在法庭登记，一旦委托人变为无行为能力人，代理人应定期向法庭做报告，在委托人死后要提交最终报告。❸ 但这些建议，没有分析适用于代理的可能的不利效果，❸ 即委托人的私密利益，❸ 或是已经很紧张的法庭资源。❸

一个定期向法庭报告的难题是，在缺少委托人财产的全部最初清单的情况下，法庭没有能力有效地评估代理人的活动。❸ 完全清单不仅侵犯了委托人的隐私，还会涉及委托人的成本。在现行实践中，委托人不需要向代理人透漏其财产范围，但是考虑到之后有丧失行为能力的可能性，应该为

---

❷ 参见罗宾，前注 15（注意到老年人被经济剥削的不同方式）；萨克森，前注 26（老年人受害程度难以确定，因为它很少被报告）；斯科拉，前注 20（确定了欺骗老人的四个主要群体）；沃思科，前注 15（引用了照顾有害老人的可能性）。

❷ 参见德森，前注 16（讨论了模糊的经济剥削定义和提出了更有效定义的问题）。

❷ 同前注，第 275 页。

❸ 同前注，第 275—276 页。

❸ 同前注，第 278 页。

❸ 同前注，第 292—311 页。

❸ 同前注，第 316—318 页。

❸ 同前注，第 317 页。

❸ 参见博克斯，前注 5，第 46 页（注意到监督持续性代理权的成本将大于其优点）。

❸ 参见尔首－莱文伯格，前注 12（认为在已经有代理人的情况下指定监护人，可能损害委托人的隐私权）。

❸ 参见伍德，前注 8，第 16 页（注意到财政削减对法院监督监护的影响）。

❸ 北卡罗来纳州对于代理权的立法，要求代理人向法院提交清单和定期报告（除非代理权被撤销），规定代理人必须提交"在他手中的委托人财产的清单"。北卡罗来纳州法，§32A－11（b）（强调增加）。但是要考虑防止滥用代理权人不提交或低报委托人财产。参见前注 10 和附属文章（讨论了执行监督代理的实际困难）。

了自己的最佳利益而向代理人透漏，❸ 但同透漏给法庭是完全不同的情况。

启动对无行为能力委托人的定期报告责任，也会引起对委托人的一系列关注。这个要求在很多情况下，会引起代理所要避免的判定无行为能力的司法程序。委托人给予代理人立刻生效的代理权，是否知道代理人只有在委托人需要的时间和程度上才能使用？对于无行为能力的委托人，要求代理人登记和定期报告，将削弱这项制度所要保护的隐私利益。❹ 此外，如果没有一个接近委托人的人告诉法庭注意代理人没有登记或报告的情况，登记和报告制度也不足以阻止代理人的权利滥用。❺

在彻底改革代理运行的私密基础之前，我们必须首先要对代理权滥用的普遍性有一个更好的掌握，以及改革是否真正可以带来想要的好处。即使改革的好处可以被证实，它们仍然要被分析可能存在的危害。我们不能无视这样一个事实，即代理是一种廉价、灵活、私密的替代监护的制度，而且即使监护有监督系统也没有阻止对被监护人的经济虐待。❻

劳伦斯·弗里克（Lawrence Frolik）教授清楚地提到在监护中过早创新改革的危险性。

不能将传闻可怕的故事作为将来改革（是否要扩大或减少监护的限制）的基础……在缺乏"硬"数据的情况下，改革者和反对改革者都有自由通过指出委托人的可怕故事来号召支持他们的观点。虽然感情真实，但是这些个案不能加入到政策争论中。没有哪个监护系统能够无缺点地运行且能提供负担得起的审判。没有特别的结果（甚至是糟糕的结果）能够自动被解释为系统存在问题的证据。与其他依赖行为的系统一样，大量行为者的判断和决定显示监护系统总是会出现个案错误的。不论有多少改革或反对改革的意见被提出，也不论监护系统有多少被修改，都没有如天堂一般完美的情况。❼

相似地，在代理权改革中关于经济虐待的讨论，英格丽（English）和沃夫（Wolff）总结道：任何修改活动，特别是立法活动，不能只专注于代理本身，而且要在更宽泛的范围内讨论。对代理的修改应该很谨慎。因为

---

❸ 参见后注67—70和附属文章（注意到披露的好处）。

❹ 参见博克斯，前注5，第52页（注意到无行为能力人经常是逐渐变化的，对委托人事物的负责是需要谨慎处理的事情）。

❺ 同前注，第46页。

❻ 胡尔梅和伍德，前注8，第870—872页。

❼ 劳伦斯·弗里克（Lawrence A. Frolik）：《监护改革：最好对手是好人》（9 STAN. L. &POL' YREV. 347，351，1998），史丹佛：《法律和政策》第347、351页。

一般民众广泛地使用代理，任何对此的改革必须是有消费者意识的。没有任何阻碍代理适用的规则能被接受。公众只会选择其他可能造成更大虐待机会或低效的和更昂贵的措施。事实是，规则不能保证品质。除非完全禁止代理，我们必须接受一定程度的失败。❹

虽然，建立一个完美的防止代理权滥用的系统是不现实的，但是代理权的经验表明，确定规划策略和立法改革能够增强代理权的质量，而不丧失其灵活、私密和廉价的优点。

1. 规划策略

（1）代理人的选择和监督

处理最显而易见的规划策略——谨慎地选择可靠的代理人❺——委托人要将保护措施吸收到代理中。❻例如，委托人可以指定共同代理人，要求他们按多数或达成共识来作出决定。❼委托人也可以给予第三人代理权，要求代理人报告、取消代理人代理权或指定继任代理人。❽

当然，要有平衡保护机制。任何需要共同决策的安排本质上都是比较烦琐的。❾共同代理人可能会使重要的决定陷入僵局，加速申请监护人能打破僵局。❺❶在没有共同代理人对未决交易达成一致的证明时，第三人可能拒绝接受作为公共代理人的代理权。❺❶虽然第三方监督具有理论上的诉求，但实践中，大多数委托人指定一个可靠的代理人是困难的，更不用说代表委托人的监督人了。似乎委托人选择作为监督人的人也是作为代理人的首选。

（2）代理权的范围

除了对代理人选择和监督的策略，委托人应该仔细考虑给予代理人代

---

❹　英格丽和沃夫，前注18，第35页。

❺　参见《法律顾问》，《能力丧失：通过提前计划保持控制》，http：//www.uaelderlaw.org/powers.html（2008年2月8日浏览）（注意客户"选择代理人是很重要的……他是无可挑剔的诚实，具有良好的"判断"，和对自己的喜好敏感"）"法律顾问的意见"。

❻　参见理查德·文森特（Richard B. Vincent）：《经济剥削包括代理权下的代理人，老人和无能力人受害者》，第3页，（2000年5月、6月）（提供了阻止剥削的选择）。

❼　同前注，第3页；参见《法律顾问》，前注45（注意指明多于一个代理人的缺点）。

❽　文森特，前注46，第3页。

❾　参见《统一代理权法》§111cmt.，8A U. L. A. 252（2006）（注意到指定共同代理人可能增加监督的责任和不一致行为的风险）；参见法律顾问，前注45（不鼓励实践中指定多个代理人）。

❺❶　参见法律顾问，前注45，（注意到当共同代理人不能达成一致时的争议解决机制）。

❺❶　《统一代理权法》§111cmt；《法律顾问》，前注45。

理权的范围，特别是可能导致委托人财产潜在消失或改变委托人财产计划的权利。这种权利包括以下内容：①创建、修改或撤销生前信托；②赠与；③创建或更改生存者的权利；④指定或变更受益人；⑤放弃委托人成为联合和生存者年金受益人的权利；⑥放弃财产。❺❷ 如果上述权利交与代理人，委托人应该考虑代理人是否可能为其本人或为其有法律义务的人行使这些权利。❺❸

在给代理人多少权利的问题上，存在不可避免的紧张关系。如果代理权的范围不够广，那么委托人在日后无行为能力时仍然需要监护。但代理权越广，被滥用的可能性越大。比如，删除赠与权是为了减少滥用的可能，❺❹ 但是这种策略可能导致客户的损失，例如委托人财产的减少，可以满足日后医疗保障的需要，或者对于富有的客户来说，有利于减少财产税。❺❺

委托人还应该考虑给原来代理人的代理权对继任代理人是否合适。一个常见的代理策略，对已婚夫妇来说是指定配偶作为原始代理人，指定一个或多个成年子女作为继任代理人。❺❻ 对适合配偶的代理权，比如不受限制的赠与权和指定受益人的权利，对成年子女是不适合的。❺❼

（3）立即生效或有条件生效的代理权

谨慎的规划不仅要求考虑对最初和继任代理人的代理权范围，也要考虑代理权是立即生效或在之后生效，如委托人无行为能力时生效。因情况而变，或"有条件"的生效，律师推荐这种代理权，有些客户也喜欢，因为代理人介入委托人财产的时间被推迟了，直到委托人的财产因为其无行为能力而需要管理，而这可能永不发生。❺❽ 乍看，一般会认为这一方法有吸引力——没有进入王国的钥匙，就不能接触财宝。但是，短期的舒适可

---

❺❷　《统一代理权法》§201cmt。

❺❸　参见前注（建议委托人考虑是否限制代理授权的范围）。

❺❹　参见文森特，前注46，第3页（注意即使清晰的禁止赠与的规定也不能阻止滥用权利的代理人转移委托人的财产）。

❺❺　参见杰佛瑞．米歇尔（Jeffrey A. Marshall）：《代理权——老年人照料计划的关键问题》，74PA. B. ASS' NQ. 160，162—164（2003）74册滨州的大律师公会季刊第160页，第162—164页（2003年）（讨论了限制代理人做出赠与授权的效果）。

❺❻　布鲁斯·梅芬（Bruce Methven）：《遗嘱、信托和持续性代理权》，（2007年6月）http：//ezinearticles. com/？Wills，– Trusts – and – Durable – Power – of – Attorney&id = 589433。

❺❼　统一代理权法案§111评注。

❺❽　文森特，前注46，第3—4页；参见罗素·哈德尔顿（Russell E. Haddleton）：《持续性代理权：一种改革工具》，PROB. &PROP. 59，60（2000年5月、6月）。

能带来更重要的长期代价。

如果委托人希望代理人依据其价值、喜好和目的而做出决定，那这些希望要告诉代理人。❺❾沟通对于委托人和代理人讨论他们的期望是很重要的，但没有证据表明，这种沟通经常发生。❻⓪事实上，一些人启动代理权，从来不告诉他们打算委托的代理人。❻①这种"秘密"的情况提升了需要代理人时的危险，代理人将没有能力或没有意愿进行服务。即使代理人愿意服务，代理人好意的执行也不能实现委托人未表明的期望。

这里有一个对于弹性代理权的基本反问。如果委托人足够信任代理人，给予代理人权利，那么一旦委托人失去监督代理人活动的能力，难道代理人不应该如委托人相信的那样，就像委托人仍然知道如何以及在什么情况下行使代理权吗？❻②如果对这个疑问的回答是否定的，委托人应该重新考虑代理人的人选。

对于客户偏好弹性代理权还是立即生效代理权，统一信托和财产法联合编委会的调查（JEB Survey）显示，60%的受访者喜欢立即生效代理权，❻③23%的受访者偏好弹性代理权，16%的受访者表示没有倾向性。❻④当被问及是否应在代理法案中规定弹性代理权时，89%的受访者表示同意。❻⑤

虽然委托人会被推荐使用弹性代理权，但是委托人应该考虑立即生效代理权的好处。委托人需要代理人替代做出决策，可能发生在偶然的临时情况下，比如短暂的疾病、身体残疾或者没有能力完成交易，这都达不到无行为能力的程度。如果委托人患有某种疾病，导致能力逐渐下降，代理人则可以开始按需要承担责任，不需要等到符合条件的无行为能力情况的出现。❻⑥

可能对于适用立即生效的代理权最值得信服的原因是，其提供了一个委托人尚可以与代理人交流的机会，可以分享做出决策。这就允许委托人评估代理人是否有意愿和有能力以委托人期望的方式进行财产管理。如果

---

❺❾　参见《法律顾问》，前注45（建议和家庭成员讨论期望和喜好，应该包括为什么选择指定的代理人，这样任何的关注和异议都可以在委托人仍有能力时提出）。

❻⓪　德森，前注5，第602页。

❻①　参见哈德尔顿，前注58，第60页（讨论了实践中由第三人保管的授权委托书，知道委托人无行为能力，代理人才能获得权利）。

❻②　参见前注。

❻③　惠顿，前注18，第6页。

❻④　同前注。

❻⑤　同前注，第7页。

❻⑥　前注14和附属文章。

委托人对代理人的表现不满意，他还可以选择其他代理人。

　　米歇尔·卡帕（Marshall Kapp）教授研究了家庭中与那些既不是完全无能力做出决策，也不是完全独立的老年亲属分享决策制订的家庭动态。❻对于财务决策，他给出了一个例子，受家庭约束的委托人虽然其身体上不能进行完全的经济活动，如去银行、写字和查看邮件，但是其仍然有能力做出合适的财务决策。❻卡帕教授承认不道德的家庭成员会滥用分享做出决策的权利，但是建议"对于公共政策的挑战是防止对不经常发生现象的官僚介入，在大多数情况下其是过度的和适得其反的"。❻有些人认为分享决策是对老人意思自治的侵害，但是卡帕教授认为有以下好处。

　　分享决策的过程，发生在委托人尚有决策能力的情况下，通过老人和家庭成员之间坦诚的具体的讨论，对于之后因为委托人智力下降而使代理成为现实时，可以产生更好、更准确的替代性决策。分享决策制订提供了一个继续对话的机会，从而使未来的代理人更全面地了解委托人的价值和对未来决定的偏好。❼

　　不论委托人选择弹性的或是立即生效的代理权，起草律师应该强调与代理人交流委托人期望的重要性，应该更加注意对代理人的教育。起草律师可能不会在代理权启动之前或启动之时与指定的代理人接触，当发生接触时，委托人的律师可以认为这是一个道德问题，去建议代理人——而不是客户——关于代理人的义务和代理权之下的潜在责任。❼不同于代理人，通常对委托人提供照护的家庭成员，将成为独立的法定代理人。也许最好的解决方法是对委托人和代理人的公共教育。❼这可以通过国家和地方律师协会或国家成人保护服务机构进行，并可以通过小册子、公共访问的网站和社区服务来实现。❼公共教育还可以减少对易受伤害的委托人的虐待。

---

❻　卡帕，前注 14，第 777 页。

❻　同前注，第 791 页。

❻　同前注，第 793 页。

❼　同前注，第 785 页。

❼　参见哈德尔顿，前注 58，第 61 页（在给与无行为能力人的代理人建议时可能引起的利益冲突的细节化）。

❼　参见文森特，前注 46，第 4 页（表示"通过教育代理人认识到他们的责任……经济管理不善和无意的滥用，对没有经验的代理人来说是可以避免的"）。

❼　参见前注（注意到科罗拉多州律师协会曾经出版过讨论责任的册子）。这种模式被成功地用于健康照料的预先指定教育，包括照顾被代理人和代理的责任。参见惠顿，临终照顾计划——国家调查结果，PROB. &PROP. 38，38 - 39（描述了美国律师协会不动产、遗嘱和信托法部门 5 年教育计划期间，州和当地律师协会提供的关于健康照料提前指示和器官组织捐赠的活动）。

对于代理人的选定、代理权的大小、代理的开始以及第三人是否应该被提名为代理人的监督人，取决于具体的情况，需要根据各方的表现。为了所有委托人的利益，一个独立的问题是在代理权立法中应该建立何种保护。接下来的部分讨论关于立法保护的趋势。

2. 立法改革

除专门处理对易受伤害的成年人的经济剥削的刑事制裁和民事处罚的法律外，[❼] 国家已有反对代理权滥用的法律规定，包括以下内容：①定义代理人对不端行为的责任和义务；[❻] ②要求代理人报告或法庭检查代理人行为的固定规定；[❼] ③对浪费委托人财产或改变财产计划的授权的具体要求。[❼]

（1）定义代理人对不端行为的责任和义务

对代理权之下的代理人是受托人没有争议，但是此处受托人的意思还远不够清晰。[❼] 附属于1969年《统一遗嘱认证法典》的代理权规定，以及独立的1979年通过、1987年修改的《统一持续性代理法》，都没有讨论代理人的责任。由于缺少对代理人责任的具体规定，普通法中的代理被推定适用。[❼]

一个代理人基于普通法的受托人责任，在代理重述（二）——代理人部分做了以下描述："在委托人与代理人联系的所有事务中，除非存在其他约定，代理人对委托人有责任仅为了委托人的利益行动。"[❽] 但是，在重述（三）——代理人部分，规定的责任有所不同，即"在所有与代理人联系的事务中忠实履行委托人利益的受托责任"[❽]，报告摘要解释了这一术语的变化"是为了澄清，代理人忠实地对委托人服务，可能同时也对自己有益"。[❽] 在重述（三）的其他部分也规定"代理人要承担责任……在委托

---

❼ 参见德森，前注16，第280—290页（讨论了不同州立法对经济剥削的规定）。

❻ 后注78—138和附属文章。

❼ 后注139—153和附属文章。

❼ 后注154—173和附属文章。

❼ 进一步讨论，参见博克斯，前注5和德森，前注5。

❼ 参见约翰·朗本（John H. Langbein）：《质疑忠诚的信托法责任：单独利益还是最佳利益？》114 YALE L. J. 929，943（2005）（认为统一持续性代理权法案没有规定代理人的受托责任；这些责任受代理法管辖）。

❽ 《代理重述（二）》§387（1958）（强调加入）。

❽ 《代理重述（三）》§8.01（2006）（强调加入）。

❽ 《代理重述（三）》§8.01 rptr. n. a。

人同意时不承担责任……"❽

应用于持续性代理权中，这个有细微差别的受托人的普通法定义是有问题的，因为其不足以在所有情况下，引导和保护具有固有利益冲突的家庭成员代理人，例如由继承或共有财产所有权而产生的代理人。虽然普通法的标准足以保护被提前授予代理权的代理人❽同时同意，❽ 或随后批准的互利的交易行为，❽ 但是对于现在没有能力同意或批准的无行为能力人的代理人只小部分适用。在这种情况下，只有法定保护才足够。

今天，少于一半的州具体规定了代理人责任，在这些州中，规定的方式有很多种。❽ 在范围的一端，代理人仅仅是被看作一个受托人，而没有进一步的具体责任；❽ 而在另一端，规定了广泛的责任。❽ 代理人的法定注意义务也发生了变化，从应有注意❽转变为依据授权委托书授权范围的标准。❽

合理地区别代理人的注意义务，是 JEB 调查得出的结论。❽ 受访者被要求从以下选项中选择，作为法定代理人默认的注意义务：①与信托中受

---

❽ 《代理重述（三）》§8.06。

❽ 参见《代理重述（二）》§387（要求代理人："除非有其他约定，只为了委托人的利益行动"）。

❽ 参见《代理重述（三）》§8.01rptr. n. a（承认"委托人统一代理人，可能构成违反代理人受托责任的行为"）；参见，例如，Inre Est. of Cummin, 671N. W. 2d165, 169（Mich. App. 2003）（认为"普通法的代理原则，适用于代理，在委托人同意并完全披露交易细节后允许代理人亲自与被代理人交易"（引文省略）。

❽ 参见 Colarossiv. Faber, 518A. 2d1224, 1228 - 1229（Pa. Super. 1986）滨州的上级法院报告1986 年（认为代理人执行没有授权的行为需要得到委托人的批准）。

❽ 参见统一州法全国委员会 RS ONUNIF. ST. LS. , 2003 年 4 月起草，对持续性代理权法案的修改第 5 条评注（2003），http://www. law. upenn. edu/bll/ulc/dpoaa/April2003draft. htm（概述了定义代理人注意的受托标准的立法规定）。

❽ 参见阿肯色洲法典，§28 - 68 - 308（b）（2004）（列举了具体的归因于委托人的信托责任）；OKLA. STAT. ANN. tit. 58, §1081（相同）；S. C. CODEANN. §62 - 5 - 501（A）（相同）；俄克拉荷马的注释法规58 标题1081 部分（相同）。南卡罗来纳的注释法典。

❽ 参见 VT. STAT. ANN. tit. 14, §3505（具体列举了12 项代理人对委托人的信托责任）。佛蒙特的注释法规14 标题。

❽ 755ILL. COMP. STAT. ANN. §45/2 - 7；IND. CODE ANN. §30 - 5 - 6 - 2.755 册伊利诺伊州的综合注释法规45/2 到 7 部分；印第安纳的注释法典30 - 5 - 6 - 2.755 部分。

❽ 参见 FLA. STAT. ANN. §709.08（8）（要求事实上的代理人"保持受托人适用的注意标准"）；MO. STAT. REV. ANN. §404.714（规定事实上的代理人与受托人有相同的信托责任）。佛罗里达的注释法规709.08（8）部分；密苏里州的修订注释法规404.714 部分。

❽ 参见惠顿，前注18，第9—10 页（注意到对于立法如何要求代理人的义务，受访者具有不同的意见）。

托人一样的受托义务；②诚信；③应有的注意。[93] 大多数人，有63%，选择了受托人标准，其他受访者差不多分别选择了诚信和应有的注意——19%和18%。[94] 令人震惊的是，有84%的受访者赞成法律明确规定，代理人不应因为仅仅从代理行为中获利而承担责任。[95]

约翰·朗本（John Langbein）教授曾经为了解决传统的适用于善意受托人的"单独利益"标准与允许互利交易的最佳利益标准之间的紧张关系而努力。[96] 他指出，在单独利益方案中，"没有进一步询问"规则使交易行为无效，当受托人在其中具有"利益冲突和重叠"时，没有考虑交易的潜在价值。[97] 他有力地论证了即使在信托中，传统的忠实责任的"单独利益"标准也应该被最佳利益标准所取代，因为"交易谨慎地推动了受益人的最佳利益而最大程度上满足了忠实责任的目的，即使受托人也因此获益"[98]。

凯伦·博克斯（Karen Boxx）教授研究了在代理权下代理人行为的信托属性，强调清晰的代理指导是必需的。[99] 她指出，当委托人失去行为能力，代理人与监护人或者受托人相比是"特别没有方向的"，监护人可以从法庭得到指示，而受托人可以由信托项目指引。[100] 博克斯教授认为清晰的代理规则应该取代在委托人失去行为能力时会失去的监督功能。[101] 澄清代理人的职责不仅对委托人有益，而且对因没有清晰指示而容易承担责任的代理人也有益。[102] 注意到法律惩罚虐待的提高，博克斯教授警告，"在没有一致的委托责任被明确时，对于虐待的改革压力将使代理变得丧失被使用的吸引力，我们将退回到20世纪60年代早期的情况，那时没有法律程序可以有效地解决丧失能力人的规划问题"[103]。

在说明代理人的受托责任时，立法应该考虑的是，大多数的代理人是

---

[93] 同前注⑧，第9页。
[94] 同前注。
[95] 同前注。
[96] 罗宾，前注79。
[97] 同前注，第931—932页。
[98] 同前注，第932页。
[99] 博克斯，前注5.
[100] 同前注，第44页。
[101] 同前注，第44—46页。
[102] 同前注，第55—56页。
[103] 同前注，第61页。

没有报酬的家庭成员。⓴ 寻找合适的、应对社会上增加的无行为能力人的代理人变得困难，⓵ 对于代理人的受托规则应该与现实相称，现实是多数代理人是诚实的、善意的家庭成员，他们不像商业信托人那样老于世故。一些州的立法承认代理人在委托人财产、照顾或事务中具有利益冲突的情况下，仍然可以为了委托人利益施以应有的注意行动。⓶ 新的统一代理权法案（UPOAA）接受了这一建议。⓷ 这种类型规定的优点在于，它消除了普通法限制的那种尽管代理人有利益冲突，但是对委托人有益的交易。⓸

除了清楚地规定了存在利益冲突的交易，统一代理权法案对于代理人的责任，在代理人行为的强制和默认规则上提供了灵活性规定。⓹ 强制性规则把委托人的合理期待作为代理人行动的最高指导。⓺ 如果代理人确实不知道委托人的期望，那么代理人以委托人的最佳利益而行动。⓻ 这种规定与这种思想相一致，"替代判断"比"最佳利益"更适合作为委托人做出决策的标准，因为它更好地满足了无行为能力人的自我决定的利益。⓼ 根据统一代理权法案，对于代理人行为的另一个强制责任是在代理权范围内的诚信行为。⓽ 综上所述，强制性规则确定了代理人行为不能触犯的基本底线。

除了强制的代理人责任，统一代理权法案中的默认规则在授权委托书

⓴ 同前注，第 36 页；参见惠顿：《照顾无行为能力人——一个在 21 世纪非营利的替代决策的案例》（64U. CIN. L. REV.，879，882n. 17，1996）（注意到代理人大部分都是家庭成员）。

⓵ 参见惠顿，前注 104，第 881—882 页（讨论了替代决策者需求的增长）。

⓶ 例如 CAL. PROB. CODEANN. §4232（b）；755ILL. COMP. STAT. ANN. 45/2 – 7；IND. CODEANN. §30 – 5 – 9 – 2. 加州的遗嘱认证注释法典 4243（b）部分；755 册伊利诺伊州的综合注释法规 45/2 到 7 部分；印第安纳州的注释法典 30 – 5 – 9 – 2 部分。

⓷ 《统一代理权法》§114（d）（规定"当代理人从代理行为中获益，或者与委托人的财产或事务有利益冲突"时，如果代理人尽到了注意、效率和勤奋义务，为委托人的最佳利益服务，则不需承担责任。）

⓸ 参见前注§78—98 和附属文章（讨论了代理中代理人按普通法忠实地适用单独利益标准的问题）。

⓹ 《统一代理权法》§114 cmt.

⓺ 《统一代理权法》§114（a）（1）.

⓻ 同前注。

⓼ 《统一代理权法》§114cmt.；参见 Wingspan 第二次全国监护会见建议，31STETSONL. REV. 595，603（2002）（建议"监护人在为失去行为能力人的利益做决策时，使用替代判断标准"，"如果他们有能力，需要确定能力减少的人能决定什么"）；《统一监护和保护程序法案》§314（a）（1997）（规定"监护人在做决定时，应该考虑其了解的被监护人的愿望和个人价值"。统一监护和保护程序法案§314 的评注建议，替代规则和最佳利益规则不是独立运行的。Id. §314cmt. 被监护人的最佳利益要求，在为被监护人利益做决定时，监护人应努力实现被监护人的个人价值和愿望。

⓽ 《统一代理权法》§114（a）（2）—（3）.

没有涵盖时适用。❶ 默认规则包括传统的通过立法修改的普通法受托责任（例如，为了委托人利益而忠诚行为，❺ 勤奋、努力、注意的行为责任，❻ 以及记录的责任❼和在要求时向委托人报告的责任❽），以及代理领域的两个具体责任，即与委托人的健康决策人合作，❽ 以及维护委托人的财产计划。❿

维护委托人财产计划的责任在代理人实际知道计划的程度和委托人的最佳利益方面受到限制。❷ 这一责任需要限制，因为委托人没有明确的向代理人披露财产和财产计划信息的义务。❷ 即使代理人知道计划，无行为能力人的需要也可以使代理人支出本应在委托人死后才能使用的资源。❷ 在决定财产计划是否应得到维护时考虑的相关因素是，为委托人的最佳利益，包括委托人财产的范围、委托人经济需要、减税的需要和委托人有权获得政府帮助的需要。❷ 统一代理权法案明确规定，如果代理人是诚信的，其不必为没有维护财产计划而对受益人承担任何责任。❷

考虑到大多数代理人是家庭成员，统一代理权法案的责任标准较之立法中坚持的受托人责任标准或普通法上的"单独利益"忠诚规则，能更好地适应典型的代理与被代理的关系。统一代理权法案也允许被代理人使用免责条款，免除代理人法律规定的除"不诚实履行，具有不良目的或漠视代理权目的或委托人最佳利益以外的责任"。❷ 根据条文，代理已经被贴上

---

❶ 《统一代理权法》§114（b）（1）—（6），（h）。

❺ 《统一代理权法》§114（b）（1）。

❻ 《统一代理权法》§114（b）（3）。

❼ 《统一代理权法》§114（b）（4）。

❽ 《统一代理权法》§114（h）。

❽ 《统一代理权法》§114（b）（5）。

❿ 《统一代理权法》§114（b）（6）。伊利诺伊州代理权法规定了相似的责任。参见755ILL. COMP. STAT. ANN. 45/2 – 9（要求代理人尝试去保持委托人的财产计划）。伊利诺伊州的综合注释法规45/2 – 9。

❷ 《统一代理权法》§114（b）（6）。

❷ 同前注。

❷ 参见米歇尔，前注55，第162—163页（注意当准备授权时讨论这些问题的重要性）。

❷ 《统一代理权法》§114（b）（6）（A）—（D）。

❷ 《统一代理权法》§114（c）.

❷ 《统一代理权法》§115. 这里没有其他关于免责的规定。例如 IND. CODE ANN. §30 – 5 – 9 – 5；MO. REV. STAT. ANN. §404. 717（4），参见《统一信托法典》§1008（2005）（提供了对受托人相似的规定）。

了"有执照盗窃"的标签。[128] 有人可能会对免责条款的审慎有疑问。但是，根据情况，免责条款既保护委托人，同样也保护代理人。[129]

考虑到存在冲突的家庭情况，如果委托人失去裁决争端的能力，委托人可能害怕代理人面临其他家庭成员的挑衅或诉讼。[129] 把代理人的注意义务标准从应有的注意降到诚信，可以阻止草率的诉讼，至少，降低诉讼的可能性。[130] 对于有争端家庭成员的委托人，找到代理人是困难的——亲属或非亲属——无人愿意在没有保证的情况下成为代理人，除非可以免除非草率或不诚实行为时的法律责任。[131]

与有很多家庭成员争夺代理人的角色不同，[132] 贫弱的委托人没有或很少有人愿意担任代理人。[133] 这样的人可能是值得信任的邻居或是同意提供帮助的教友。注意孤独的无行为能力人可能会被漏掉，当代理人不能再提供服务时，就要考虑通知代理人辞职的强制要求。[134] 困难当然是一旦委托人丧失行为能力，如何送达有效的通知。早于统一代理权法案，加利福尼亚法律给予代理人以下四个选项进行有效的辞职：①向有能力的委托人通知；②向被指定的保护人通知；③获得继任代理人的书面同意；④通过法庭命令。[136]

不同的是，统一代理权法案规定了以下等级的人，代理人在委托人无行为能力时可给予其通知：①保护人或监护人和共同代理人或继任代理人；②如果没有，给予委托人的照顾人，代理人合理相信的与委托人救济金有足够利益的人或拥有对委托人救济金保护代权的政府代理机构。[137] 统一代理权法案比加利福尼亚规定好的地方在于，代理人在没有合适的人

---

[128] 参见古特那，前注26；米瑞·王（Mirry M. Hwang）：《持续性代理权：经济计划手段还是有执照的盗窃？》15J. 长期家庭护理，第13页（Spring 1996）；汉斯·拉宾（Hans A. Lapping）：《有执照的盗窃：暗含的赠与授权和代理》，4ELDERL. J. 143（1996）；沃思科，前注15，第82页。

[129] 参见惠顿：《持续性代理权是对监护的防范：是否法定代理人要接受指定成为实际代理人？》2ELDERL. J. 39，第59—60页（认为代理人没有责任接受指定及讨论授权委托书起草事宜）。

[129] 同前注。

[130] 同前注，第60页（注意限制的责任标准会降低可接受水平的风险）。

[131] 参见约翰·巴德（John J. Lombard）：《在持续性代理权下的财产管理——对监护和保护的理想解决方案》，9PROB. NOTES189，202（1983）（建议在语言上将代理人责任限制在"行为不端或欺诈"）。

[132] 参见后注235—255和附属文章（讨论了家庭权利斗争的问题）。

[133] 参见惠顿，前注104，882n. 18（注意到合适的亲属作为代替决策者的倾向）。

[134] 参见惠顿，前注18，第10页（报告称75%受访者认为应该要求代理人做出辞职的通知）；参见博克斯，前注5，第54页（观察到普通法要求适当地通知以结束代理，但是对无行为能力人意味着没有符合法定程序的辞职）。

[135] 参见博克斯，前注5，第54页（认为对无行为能力人缺乏有效的手段）。

[136] CAL. PROB. CODEANN. §4207。

[137] 《统一代理权法》§118。

给予辞职通知时，不必经过花钱和迟延得到法庭允许，就可通知拥有对委托人救济金保护代理权的政府机构。⑱

（2）要求代理人报告或法庭检查代理人行为的固定规定

规定代理人责任的必然结果是需要一种评价代理人表现的机制。只要委托人有能力，就假定委托人将监督代理人的行为，其做什么行为都可能是合适的，包括撤销代理权。⑲ 但是，如果委托人变成了无行为能力人，就需要一个替代的监督机制。

虽然统一持续性代理法案没有明确包含代理人的报告责任，但这种责任在代理的普通法中是固有的⑳，隐含在法庭之后为委托人指定受托人的规定中。在这种指定中，法案表述为"代理人事实上对受托人和委托人负有责任"。㉑ 各州已经将代理人报告的责任规定为，经委托人要求、为委托人的信托行为，或者如果委托人死亡，由委托人的个人代表或继承人提出。㉒ 如果法庭命令，代理人必须报告。㉓ 最近加入名单的是拥有对委托人救济金保护代理权的政府机构。㉔ 其他的修改包括当要求报告时，代理人要遵守的时间限制。㉕

---

⑱ 同前注。

⑲ 参见博克斯，前注5，第42页（注意到传统代理权与持续性代理权的不同）。

⑳ 参见代理重述（一）§382（1933）（"除非有其他合意，代理人有责任保持和归还金钱，或为委托人利益而收取或支出"）。

㉑ 《统一持续性代理权法》§3。

㉒ 参见加利福尼亚继承法典，§4236（b）（实际代理人是没有提供报告的责任的，除非委托人、管理人、个人代表、有利益的继承人要求或法庭命令）；印第安纳法典，§30－5－6－4（规定了法定代理人的义务，按委托人、受托人、代表人或者有利益的继承人要求的报告）；参见 MO. REV. STAT. ANN. 密苏里州的修订注释法规§404.727（1）（另外规定，如果委托人残疾、无行为能力或死亡，委托人的成年家属或任何对委托人福利有利益的人可以申请一份报告）；犹他法典，§75－5－201（2）（c）（2006）（要求无行为能力人的代理人依据书面要求向利害关系人提供报告，除非授权委托书中放弃了这项权利）。

㉓ 参见加利福尼亚继承法典，§4236（b）（要求代理人在法庭命令时报告）；印第安纳法典，§30－5－6－4（相同）；MO. REV. STAT. ANN，密苏里州的修订注释法规§404.727（1）（相同）。

㉔ 参见755ILL. COMP. STAT. ANN。伊利诺伊州的综合注释法规45/2－7.5（b）（允许代理机构、长期照料办公室专员或人民服务部门的检查办公室的代表提出报告要求）；20PA. CONSOL. STAT. ANN 滨州的整顿注释法规，§5604（d）（允许机构按照老年保护服务法案提出申请）；VT. STAT. ANN. tit. 14，§3510（b）（允许残疾人、老年人和独立生活人协会提出申请）；《统一代理权法》§114（h）（授权保护委托人福利的政府机构提出申请）。

㉕ 参见755ILL. COMP. STAT. ANN. 45/2－7.5（c）（允许申请法庭的命令，如果代理人在21天内不遵守代理协议）；IND. CODEANN. §30－5－6－4（要求符合60天规定）；《统一代理权法》§114（h）（要求符合30天内规定，允许额外的30天，如果书面证明需要额外时间的原因）。

代理人被要求报告的人的类别，被认为对于保护委托人隐私和阻止争议过于狭窄。如果代理人最终剥削了无行为能力的被代理人，保护委托人的隐私也许有益于保护其财产。89%的JEB调查的受访者支持一项固定的规定，当委托人丧失行为能力时，应允许确定的利害关系人申请法院检查代理人的行为。❹ 一个例子是《统一代理权法》第116条（a），其规定以下人可以向法庭申请：

① 委托人或代理人；

② 监护人、保护人或其他委托人的受托人；

③ 为委托人做出健康决定的人；

④ 委托人的配偶、父母或后裔；

⑤ 有资格被推定为委托人继承人的人；

⑥ 一个由于委托人死亡可以获得任何财产、利益或依据合同权利的受益人或是由委托人设立或为委托人设立的信托，对委托人财产有经济利益的受益人；

⑦ 拥有对委托人救济金保护代理权的政府机构；

⑧ 委托人的照护人或是其他证明对委托人救济金有足够利益的人；

⑨ 被要求接受代理权的人。❹

有行为能力的委托人可以依据第116条拒绝上述人员的申请，法庭必须接受委托人的拒绝，"除非法庭发现委托人缺少废除代理人或代理权的能力"❹。

在12个讨论法庭检查固定申请的州中，有1个已经通过了统一代理权法案的规定❹，5个有相似于统一代理权法案的规定，包括任何对委托人救济金有利益的合格的人的类别。❹ 剩余的4个州规定"有利益的人"可以

---

❹ 惠顿，前注18，第13页。

❹ 《统一代理权法》§116（a）。

❹ 《统一代理权法》116（b）。

❹ N. M. STAT. ANN. §45－5A－116，新墨西哥的注释法规45－5A－116部分。

❹ CAL. PROB. CODEANN. §4540（k）；KAN. STAT. ANN. §58－662（a）；MO. REV. STAT. §404.727（1）；N. H. REV. STAT. ANN. §506：7（Ⅱ）；WASH. REV. CODEANN. §11.94.100（1）（e）；参见 CAL. PROB. CODEANN. §4503（a）（1）（允许委托人排除本来可以申请的人，以降低骚扰诉讼的可能性）；WASH. REV. CODE ANN. §11.94.100（2）（相同）。

加州的遗嘱认证注释法典4540（k）部分；堪萨斯的注释法规58－662（a）部分；密苏里的修订法规404.727（1）部分；新罕布什尔的修订注释法规506：7（Ⅱ）部分；华盛顿的修订注释法典11.94.100（1）（e）部分；加州的遗嘱认证注释法典4503（a）（1）部分；华盛顿的修订注释法典11.94.100（2）部分。

申请，但是没有定义有利益的人。❺ 只有宾夕法尼亚州和佛蒙特州限制对委托人和政府机构或官方的固定报告。❻

扩大启动司法审查人选的规定，是基于对受害的委托人处于社会或个人隔离状态的认识的提高。❼ 允许关心委托人救济金的任何人提出司法审查，可能是唯一有效阻止秘密虐待的途径。

（3）对可能浪费委托人财产或改变其财产计划的授权的特别要求

持续性代理权制度 30 年的发展经验表明，谨慎地规定代理权内容的重要性，以及谨慎地限制或扩大代理权范围的重要性。最初，大多数的持续性代理权的立法都不包括对于定义或范围的规定，因为作为样板的统一持续性代理法案对此问题保持了沉默。❽ 对代理的法定概念和默认限制的规定直到 20 世纪 80 年代随着《法定格式授权书法》的出现而出现。随着一些州带头规定了法定格式，统一法定格式授权书法被起草，作为不同领域的代理权定义的模版。❾ 今天，有 11 个州官方采纳了《统一法定格式授权书法》，❿ 但是还有相当数量的州在立法中确立了法定的简明格式，其中包含了对某些权利的定义。⓫

最近的现象是，由对代理虐待的担心引起的，对于可能浪费委托人的财产或改变其财产计划的特殊权利做出特别规定。第一个适用重要法定方法的领域是做出赠与的代理权。作为一个整体，关于赠与代理权的默认情况展示了两个竞争的政策目标——之一是通过默认暗含的做出赠与的代理权，为了减税；⓬ 另一个是通过明确给予代理人做出赠与的代理权以及非

---

❺　COLO. REV. STAT. ANN. § 15 – 14 – 609（1）；755ILL. COMP. STAT. ANN. 45/2 – 10；IND. CODEANN. § 30 – 5 – 3 – 5；WIS. STAT. ANN. § 243. 07（6r）. 科罗拉多的修订注释法规 15 – 14 – 609（1）部分；755 册伊利诺伊州的综合注释法规 45/2 到 10 部分；印第安纳的注释法典 30 – 5 – 3 – 5 部分；威斯康辛的注释法规 243. 07（6r）部分。

❻　20PA. CONSOL. STAT. ANN. § 5604（d）；VT. STAT. ANN. tit. 14，§ 3510（b）. 20 册滨州的整顿注释法规 5604（d）部分；佛蒙特州的注释法规 14 标题，3510（b）部分。

❼　参见前注 25 和附属文章（认为孤立是造成虐待的一个危险因素）。

❽　《统一持续性代理权法》。

❾　《统一联邦授权形式法》，前言。

❿　参见统一州法全国委员会关于统一州法立法事项，立法事实页。http：//www. nccusl. org/Update/uniformact_ factsheets/uniformacts – fs – usfpaa. asp（2008 年 2 月 12 日浏览）。

⓫　例如，755ILL. COMP. STAT. ANN. 45/1 – 1，45/2 – 1 – 45/2 – 11，45/3 – 1 – 45/3 – 4；MINN. STAT. ANN. § § 523. 01 – 523. 24；N. Y. GEN. OBLIG. LAW § § 5 – 1501 – 1506. 755 册伊利诺伊州的综合注释法规 45/1 – 1，45/2 – 1 到 45/2 – 11 部分，45/3 – 1 到 45/3 – 4；明尼苏达的注释法规 523. 01 到 523. 24 部分；纽约的一般义务法律 5 – 1501 到 1506 部分。

⓬　参见后注 161—162 和附属文章（提供了承认暗示的赠与权的案例和立法）。

常狭窄的表示默认的代理权，来保护无行为能力的委托人。[159]

一般情况下，法庭会严格解释授权委托书的语言，拒绝代理权的范围"超越直接给予的或代理权有效时的需要"。[160] 但是，有些法庭从对"事实和情况"的分析中发现暗含的赠与代理权。如税务局声称，代理人做出赠与的财产价值应该包含在死者遗产中，因为委托人没有明确做出赠与代理权，赠与是可撤销的。[161] 作为对上述税务计划的回应，一些州修改了代理权立法，作为默认的情况，概括性授权包括做出赠与的代理权。[162] 其他州则选择了相反的规定——如果在授权委托书中没有明确的文字表达，就没有做出赠与的权利。[163] 另外，一些州设定了对赠与的默认的数额限制（通常以每一年联邦赠与税排除数额为基础）。[164] 同样对谁可以接受赠与也有默认限制（通常以对委托人的亲属级别为基础）。[165]

出于不断增强的对代理权滥用的担心，很多州都加强了立法对权利的

---

[159]　参见后注 163—165 和附属文章（提供了要求赠予授权表达和执行授权的默认限制的案例）。

[160]　Est. of Swansonv. U. S. , 46Fed. Cl. 388, 392（2000）（引用了 Jayv. Dollarhide, 3 Cal. App. 3d 1001, 1020（Cal. App. 5th Dist. 1970））. Swanson 的资产与美国政府，《联邦索赔报告》第 46 册，第 388 页、第 392 页（2000 年）（引用了 Jay 与 Dollarhide，《加州上诉报告》（三）第 46 册第 1001 页，第 1020 页加州的上诉法院第五区 1970 年）。

[161]　参见 Est. of Pruitv. Comm'r, 80T. C. M.（CCH）348, 354（2000）（推定赠与的效力符合死者的意愿）；LeCrawv. LeCraw, 401S. E. 2d697, 701（Ga. 1991）（肯定了确认判决，实际代理人可以做出赠与）。Pruitt 的资产与内部收入专员的案件，第 80 册税务法院的判决备忘录（电子商务结算所）第 348 页，第 354 页（2000 年）；LeCraw 与 LeCraw 的案件，第 401 册东南报告书二版第 697 页，第 699 页（1991 年）。

[162]　E. g. ALA. CODE § 26 - 1 - 2.1；TENN. CODEANN. § 34 - 6 - 110；VA. CODEANN. § 11 - 9. 5. 比如亚拉巴马州的法典 26 - 1 - 2.1 部分；田纳西州的注释法典 34 - 6 - 110 部分；弗吉尼亚州的注释法典 11 - 9.5 部分。

[163]　E. g. CAL. PROB. CODEANN. § 4264；KAN. STAT. ANN. § 58 - 654（f）；KY. REV. STAT. ANN. § 386.093；MO. REV. STAT. ANN. § 404.710；20PA. CONSOL. STAT. ANN. § 5601.2；VT. STAT. ANN. tit. 14, § 3504；WASH. REV. CODEANN. § 11.94.050. 比如加州的遗嘱认证注释法典 4264 部分；堪萨斯的注释法规 58 - 654（f）部分；肯塔基的修订注释法规 386.093 部分；密苏里州的修订注释法规 404.710 部分；20 册滨州的整顿注释法规 5601.2 部分；付蒙特的注释法规 14 标题，3504 部分；华盛顿的修订注释法典 11.94.050 部分。

[164]　参见 N. Y. GEN. OBLIG. LAW § 5 - 1502M；20PA. CONSOL. STAT. ANN. § 5603（a）（2）（ii）. 纽约的一般义务法律 5 - 1502M；滨州的整顿注释法规 5603（a）（2）（ii）部分。

[165]　参见，N. Y. GEN. OBLIG. LAW § 5 - 1502M 纽约的一般义务法律 5 - 1502M（限制对委托人配偶、子女和其他继承人和父母的赠与）；20PA. CONSOL. STAT. ANN. § 5603（a）（2）（i）（限制对委托人的配偶、子女和子女的配偶的赠与）。一些州也规定了对与代理人和其他代理人负有法律责任的人的赠与的默认限制。参见 IND. CODEANN. § 30 - 5 - 5 - 9（a）（2）（年度赠与总计不能超过联邦赠与税的排除数额）；MINN. STAT. ANN. § 523.24（8）（2）（相同）。

审查。除了做出不当的生前赠与，代理人还可以通过创造、修改或者废除信托，以及使用其他不适当的财产计划，例如指定生存者利益和受益人来剥削委托人。承认这些对无行为能力的委托人的潜在危险，使得一些州要求对代理人的这些权利做出明确文字上的表述。⑯ 统一代理权法案遵循了这一要求。⑯

统一代理权法案也要求对下列内容进行明确授权：①委任代理人的代理权限；②委托人授权给代理人的信托权利；③放弃委托人作为共同或生者养老金受益人的权利；④否认或拒绝财产利益。⑯ 统一代理权法进一步规定，除非授权委托书有相反规定，代理人如果不是委托人的"长辈、配偶、晚辈，或者代理人对其负有法定义务的人，或者是委托人财产的利害关系人，不能创设代理权，不论是赠与、维持生命的权利、指定受益人、免责声明或其他"。⑯ 所有代理人，无论亲属关系的远近或没有亲属关系，都应该秉持受托人的责任，防止以对代理人或与之接近的人有利而执行权利。⑯ 这种责任包括，在代理人知道委托人期望时，按照其期望行使权利，或者按照委托人的最佳利益行使权利。⑯

为什么代理人的经济虐待难于发现和制止，原因在于剥削交易往往是在代理人有事实代理权的情况下完成的。虐待或是不披露交易的目的，或对委托人的财产以违背委托人期望或最佳利益的方式使用。⑯ 例如，委托人可以给予代理人赠与财产的权利，包括赠与代理人，以这种期望，代理人可以继续每年以相同的份额赠与所有的子女或孙子女。但是，一旦委托人陷入无行为能力，代理人会选择关心他自己的家庭而不是他的兄弟姐妹。

另一个例子是，为他的四个孩子的生存利益，代理人设立了平等的共同租赁账户，并期望其代理人，即大孩子，只有在市场或家庭条件证明新的账户安排合理（例如，在其他机构出现更好的利率或委托人先于其中一

---

⑯　CAL. PROB. CODEANN. § 4264；KAN. STAT. ANN. § 58 - 654 （f）；MO. REV. STAT. ANN. § 404. 710；WASH. REV. CODEANN. § 11. 94. 050.

⑯　《统一代理权法》§ 201 （a）。

⑯　同前注。

⑯　《统一代理权法》§ 201 （b）。

⑯　《统一代理权法》109—120 和附属文章（讨论了在法案中强制和默认的信托责任）。

⑯　《统一代理权法》§ 114 （a）（1）。

⑯　参见 InreEst. ofKurrelmeyer, 895A. 2d207, 215 （Vt. 2006）（发现授权委托书授权实际代理人为委托人利益创设信托的权利，并可为信托增加投资，但以实际代理人不违反其信托责任为限）。

个孩子死亡）的情况下，行使设立、改变生存关系或指定受益人的代理权。但是，在委托人陷入无行为能力时，作为代理人的大孩子取消了一个与其有争执的兄弟姐妹的生存利益。

要求以明确的文字授予代理权，是对浪费委托人财产或改变其财产计划行为设定的安全阀，起草律师和委托人应该考虑，这种代理权是否是可取或必需的，如果是，是否要加以限制。一般规则下这些权利不能被授予。虽然在虐待或疏忽的代理人手中，这些权利是相当危险的，但其可能是执行税务计划或利益资格策略所必需的。❶

（二）经验2：代理权只有在第三方愿意接受时有效

不论是关注委托人选择代理人还是划定代理范围，代理作为替代监护的选择，如果第三方拒绝接受，将是无效的。JEB 的受访者被问道，他们是否有很难得到第三方接受代理的经验，63% 选择回答"是，偶尔会，" 17% 选择"是，经常会"，20% 选择"不会"。❶ 在后续问题中，74% 的受访者赞同立法讨论对不合理拒绝接受代理的补救和制裁措施。❶ 有趣的是，在超过 20 次的统一代理权法起草专业会议上，得到了对有效代理的无理由拒绝问题的回应。❶

尽管，大部分律师报告了关于银行、经济行和保险公司在接受代理上的困难，但是决定这个问题的典型例证还是缺少的。❶ 实践者报告，如果委托人还有能力，快捷和低成本的方式是以第三方愿意接受的方式行使代理权。❶ 如果委托人已经无行为能力——经常发生的情况——实践者通常认为寻求监护关系比起诉拒绝代理更有帮助。❶

1. 规划策略

从概述中可以推断出，避免任意拒绝的最好策略是委托人按照每一个

---

❶ 米歇尔，前注55，第170页。

❶ 惠顿，前注18，第10页。

❶ 同前注。

❶ 从 2004 年 1 月到 2006 年 5 月，作者作为代理权法案的报告人，多次会见了统一信托和遗产法案联合述评委员会，国家律师会议和公司受托人，信托和财产律师的美国大学委员会，美国律师协会不动产、遗产和信托法部门的领导人会议。她也参加了国家关于老年人代理法律的学术项目，纽约州律师协会信托和财产法部分，以及华盛顿律师协会信托和财产部分。惠顿《备忘录》统一代理权法案、会议和展示，2004 年 1 月到 2006 年 12 月（斯泰森法律评论附件）。

❶ 参见 Maenhoudtv. StanleyBank，115P. 3d157，161（Kan. App. 2005）（认为真正的问题是银行不尊重代理权以及推翻了下级法院的简易判决）。

❶ 参见前注 176（描述了参加会议所做的声明）。

❶ 同前注。

机构认可的方式授予复合代理权，而为了委托人的利益或者根据各州的法律，代理人将处理委托人现在或将来可能与这些机构发生的交易行为。不需要考虑太久，这种策略的限制和缺点显而易见。⑱ 在一个委托人经常迁移、机构经常通过合并和收购变换的社会中，保持财产和明确授权的更新是非常困难的。

这并不是说，当客户在某机构拥有重大财产的情况下要求明确的授权是不谨慎的。同样，一个经常在两个或三个州分别居住的客户可能从代理中获益，授权委托书的起草应该遵守每一个州的法律。但是，复合代理权不能完整地保护应急的改变，是否由委托人或第三方机构启动代理以解决交易问题。进一步，委托人可能需要代理人启动代理行为，其既不是财产也不是具体实物，例如经营委托人的商业、进行委托人的诉讼和索赔、提供委托人和家庭的赡养费或者做出赠与。为第三方实体准备的代理权形式不能符合所有委托人失去行为能力时对替代决策的需要。

2. 立法改革

下文的论述将证明，立法解决无理由拒绝问题需要三部分。第一，立法必须为诚信地接受或拒绝代理提供足够的保护；⑱ 第二，立法必须规定无理由拒绝代理的结果；⑱ 第三，立法需承认根据其他管辖权法律设立或执行的有效代理。⑱ 这一部分概述了各州对这些内容的规定以及由各种立法经验综合而成的统一代理权法案的发展。

（1）保护诚信的接受或拒绝

统一持续性代理法案没有讨论无理由拒绝代理的问题，但是它使第三人相信"委托人死亡不消除和终止事实上的代理或其他不知道委托人死亡，按代理权要求诚信行动的人的行为"⑱。立法接着规定，"所有这样的行为，除非无效或不可执行，在对委托人有利的情况下约束继承人"⑱。第三人也可相信，他们可以诚实地信赖事实上代理人的证明，作为令人信服的证据，证明代理权没有撤销或终止。⑱ 虽然这些规定足以

---

⑱ 参见惠顿：《跨越州界的代理权》，PROB. &PROP. 28，30 – 31（Sept. /Oct. 2003）（讨论了对移动的客户使用持续性代理权的挑战和指导意见）。

⑱ 参见后注184—217和附属文章（解释了保护诚实的接受或拒绝代理权的重要性）。

⑱ 参见后注218—228和附属文章（讨论了无理由拒绝代理权的责任）。

⑱ 参见后注229—234和附属文章（讨论了代理权立法中转移条款的重要性）。

⑱ 《统一持续代理法》4（a）。

⑱ 同前注。

⑱ 《统一代理权法》§5。

解决撤销或终止问题，但它没有讨论由于不适当接受或拒绝代理而产生的责任。

在构建对接受代理的人的保护时，最先要回答的问题是，"谁应该承担代理权无效的风险？"把风险置于委托人，加强了接受的可能性，也强化了对无理由拒绝制裁的判断。可以辩称减轻第三人证明代理权效力的义务打开了一扇虐待代理的门，代理人可以像虐待有效代理权那样简单地虐待无效代理权。

然而，在戴维斯诉花旗银行财产纠纷（*Estate of Davis v. Citicorp Savings*）案中，伊利诺伊上诉法院将接受无效代理权的风险置于有权利的第三人，而不是委托人。法庭肯定了下级法院对花旗银行相信伪造代理权的判决，由银行客户戴维斯女士（Mrs. Davis）代理的，有利于她的侄子的代理行为。当戴维斯的监护人发现其侄子已经取走了她的所有财产时，她起诉了银行。花旗银行依赖伊利诺伊州代理权决案的规定，"任何人诚实地信任代理机构义件，将得到全面的保护并且在信赖的相同程度上视作直接与完全能力的委托人交易"。但是法庭认为花旗银行的信赖是没有道理的，因为"要主张对代理机构文件的诚实信赖，根据法案的定义，代理必须存在"。伊利诺伊已经修改了它的法案，规定"任何人诚实地信任声称已经成立代理的文件，将得到全面的保护……"

在12个认为无理由拒绝属于非法行为的州中，伊利诺伊州、印第安纳州、新墨西哥州，以及北卡罗来纳州使用"声称"或"像是"来澄清对代

---

⑱ 参见《统一代理权法》§119 cmt.。

⑱ 参见前注15—44，158—173和附属文章（讨论代理权滥用和救济方式）。

⑲ 632 N. E. 2d 64（Ill. App. 1st Dist. 1994）. 632 册东北的第二报告第64页（伊利诺伊州的上诉法院第一区）。

⑲ 同前注。

⑲ 同前注。

⑲ 同前注，第65页。

⑲ 同前注，第66页（citingILL. REV. STAT. ch. 110 1/2，par. 802－8（1991））。

⑲ 同前注，第66页。

⑲ 755ILL. COMP. STAT. ANN. 45/2－8；参见 alsoDanielA. Wentworth，持续性代理权：从金融管辖的角度考虑，17PROB. &PROP.37，39（从金融机构的角度讨论花旗银行的案例，并对处理代理人和委托人的金融机构之间的关系提供建议）。伊利诺伊州的综合注释法规45/2－8部分。

理权诚实的信赖，只有在不知道代理权没有被有效行使的时候，才被保护。⁂ 加利福尼亚也保护对"表面上有效的"代理权的信赖。⁂ 此外，科罗拉多州、伊利诺伊州、印第安纳州、北卡罗来纳州和南卡罗来纳州规定，接受代理权的人对代理人违反受托责任或错用委托人财产不负责任。⁂ 这种立法与大部分报告的案例判决一致，第三人可以依靠授权委托书中的明确授权，对监督和使用委托人财产不负责任。⁂

　　在其余承认拒绝代理权责任的州中，阿拉斯加和纽约州限制拒绝"适当执行"。⁂ 两个州都保护第三人信赖法定形式权利的"适当执行"，⁂ 这引起了对于接受事实上伪造但被正确执行的代理权所要承担责任的担忧。类似潜在的责任可能存在于南卡罗来纳州。第三人在南卡罗来纳州不得拒绝接受"有效的代理权"，如果它包含无害的规定⁂，并且第三人被保护不承担责任，"除非第三人接到代理权撤销或终止的书面通知"。⁂ 在佛罗里达州、明尼苏达州和宾夕法尼亚州三个承认无理由拒绝责任的州立法中，对信

⁂　755ILL. COMP. STAT. ANN. 45/2 – 8；IND. CODEANN. § 30 – 5 – 8 – 2；N. M. STAT. ANN. § 45 – 5A – 119（A）；N. C. GEN. STAT. § 32A – 40. 755 册伊利诺伊州的综合注释法规 45/2 – 8 部分；印第安纳的注释法典 30 – 5 – 8 – 2 部分；新墨西哥的注释法规 45 – 5A – 119（A）部分；北卡罗来纳的一般法规 32A – 40. 755 部分。

⁂　CAL. PROB. CODE ANN. § 4303（a）（2）. 加州的遗嘱认证注释法典 4303（a）（2）部分。科罗拉多州规定第三人"在不确实知道的情况下，可以推测"。COLO. REV. STAT. ANN. § 15 – 14 – 607（1）（b）（I）（A）. 科罗拉多的修订注释法规 15 – 14 – 607（1）（b）（I）（A）部分。

⁂　COLO. REV. STAT. ANN. § 15 – 14 – 607（1）（b）（II）；755ILL. COMP. STAT. ANN. 45/2 – 8；IND. CODEANN. § § 30 – 5 – 8 – 4，30 – 5 – 8 – 7；N. C. GEN. STAT. § 32A – 40；S. C. CODEANN. § 62 – 5 – 501（F）（2）. 科罗拉多的修订注释法规 15 – 14 – 607（1）（b）（II）部分；755 册伊利诺伊州的综合注释法规 45/2 – 8 部分；印第安纳的注释法典 30 – 5 – 8 – 4 部分，30 – 5 – 8 – 7 部分；北卡罗来纳的一般法规 32A – 40 部分；南卡罗来纳的注释法典 62 – 5 – 501（F）（2）部分。

⁂　参见 Milner v. Milner, 395 S. E. 2d 517，21（Va. 1990）Milner 与 Milner，395 册东南第二报告第 517 页，第 21 页（弗吉尼亚 1990）（发现"当处理宽泛的代理权时，第三人没有义务执行"）（引文省略）；Parr v. Reiner, 143 A. D. 2d 427，429（N. Y. App. Div. 2d Dept. 1988）（被告有权利依赖授权委托书中写明的内容）；Rheinberger ex rel. Est. of Adams v. First Natl. Bank, 150 N. W. 2d 37，42（Minn. 1967）Rhineberger 关于 Adams 的资产与第一国家银行，150 册西北第二报告书第 37 页，第 42 页（明尼苏达 1967）（没有证据表明银行应该知道代理人的转移是为了非法目的，没有义务保证代理人不滥用基金）；Houck v. Feller Living Trust, 79 P. 3d 1140（Or. Ct. App. 2003）（自我交易使银行负有询问代理人的义务，因为代理人可能超越了授权范围）。

⁂　阿拉斯加州法，§ 13. 26. 353（c）；纽约州一般义务法 § 5 – 1504（2）。

⁂　阿拉斯加州法，§ 13. 26. 353（b）；纽约州一般义务法 § 5 – 1504（4）。

⁂　S. C. CODEANN. § 62 – 5 – 501（F）（1）. 南卡罗来纳注释法典。

⁂　S. C. CODEANN. § 62 – 5 – 501（F）（2）（增加强调）。

赖是保护"有效的",还是也保护"像是有效的"代理没有规定。❿

在承认拒绝代理要承担责任的州,合法拒绝的基础是多变的,在一些州,并没有下定义。例如,在佛罗里达和伊利诺伊,代理可以被合理地拒绝,但是两个州都没有定义什么是合理的。⓭ 在宾夕法尼亚,立法注意到合理原因包括,但不限于,"第三方诚实地向当地保护服务代理机构做出了关于虐待、忽视、剥削或遗弃的报告……"⓮ 在纽约,第三方可以拒绝代理权,如果代理权没有被适当执行,或有撤销或终止的书面通知。❼ 撤销或终止的书面通知,在南卡罗来纳州也是拒绝的理由。❽ 据推测,在南卡罗来纳州第三方可以同样拒绝一个无效的代理,或是没有包含无害执行表述的代理权。❾ 除了撤销的实际通知或委托人死亡通知,在明尼苏达州,代理项目的失效时间是拒绝的基础之一。❿ 加利福尼亚州和印第安纳州法定拒绝理由包括诚实地相信代理人正尝试突破或不适当地执行代理权。⓫

统一代理权法案也包括保护诚信接受和拒绝代理的内容。某人在接受一个被承认的代理时受保护(定义为在公证人或其他见证人面前被证实有效),规定:某人不知道签名是不真实的,或者委托书是无效的、作废的或终止的;声称的代理人的代理权是无效的、作废的或终止的;超越代理权或不当行使代理权。⓬ 此外,某人可以要求和依赖任何有关委托人、代理人或授权委托书的证书;委托书的英文翻译,如果它使用的语言不是英语;以及有关代理法律事务的律师意见。⓭

拒绝代理权的法定理由包括:

① 在同样的情况下,不会被要求参加与委托人的交易;

---

❿ FLA. STAT. ANN. §709.08(4);MINN. STAT. ANN. §523.19;20PA. CONSOL. STAT. ANN. §5608(b). 佛罗里达注释法规709.08(4)部分;明尼苏达的注释法规523.19部分;20 册滨州的整顿注释法规5608(b)部分

⓭ FLA. STAT. ANN. §709.08(11);755 ILL. COMP. STAT. ANN. 45/2 - 8. 佛罗里达注释法规709.08(11)部分;755 册伊利诺伊州的综合注释法规45/2 - 8部分。

⓮ 20PA. CONSOL. STAT. ANN. §5608(a). 20 册滨州的整顿注释法规5608(a)部分。

❼ N. Y. GEN. OBLIG. LAW §5 - 1504. 纽约的一般义务法律5 - 1504部分。

❽ S. C. CODEANN. §62 - 5 - 501(F)(1). 南卡罗来纳注释法典62 - 5 - 501(F)(1)部分。

❾ 同前注。

❿ 《明尼苏达州法》 §523.20。

⓫ 《加利福尼亚遗嘱认证法典》 §4306;《印第安纳州法典》 §30 - 5 - 9 - 9。

⓬ 《统一代理权法》 §119。

⓭ 《统一代理权法》 §119(d)。

② 在同样的情况下，参与与代理人或委托人的交易与联邦法律相抵触；

③ 在执行代理权前，实际知道代理权已终止；

④ 根据第119（d）条要求的证书、翻译或律师意见被拒绝；

⑤ 不论根据119（d）条要求的证书、翻译或律师意见被要求或被提供与否，诚实地相信，代理权无效或代理人没有代理权，或者

⑥ 做出了，或知道其他人向［当地成人保护服务办公室］提交了报告，诚实地相信委托人可能遭受了代理人，或为代理人工作的人，或和代理人共同行为的人的身体或经济上的虐待、忽视、剥削或遗弃。●

上述法定方法的原理是，明确对接受代理权的保护，同时明确划定有理由拒绝的安全港，这将减少任意拒绝。●

特别注意在统一代理权法案中拒绝代理权的安全港方法，即让第三人相信委托人可能遭到了代理人或其行为合作人一定方式的虐待。● 这一规定与宾夕法尼亚的立法相似，● 可能是唯一有效的方法去阻止一个有权代理人的交易行为，因为不符合委托人的期望或最佳利益。虽然对不合理拒绝制裁的立法不要求第三人调查交易完成的原因或委托人财产的使用方法，但安全港条款允许第三人在怀疑代理人"做对的事"是有问题时有权拒绝有效的代理，而没有加重不合理的负担去如"看门狗"那样监控代理人所有的交易行为。

（2）不合理拒绝的后果

保护第三人不对诚实接受或合理拒绝代理承担责任，在理论上足够减少不合理拒绝，但是经验告诉我们，阻止代理权的有害后果可能会延后出现。● 74%的JEB调查受访者支持对无理由拒绝的补救或制裁的规定。● 在这些受访者中，87%的人支持支付律师费或其他因此而产生的费用。● 在

● 《统一代理权法》包括可替代的条款120。引注语言出现在第120条（b）款（替代A）以及第120条（c）款（替代B），前注，§120（b）（6）（Alt. A）；前注§120（c）（6）（Alt. B）。

● 参见前注，§120cmt.（注意清晰的法律规定对拒绝代理权而不承担责任的重要性）。

● 同前注，§120（b）（6）（Alt. A），§120（c）（6）（Alt. B）。

● 20PA. CONSOL. STAT. ANN. §5608（a）20册滨州的整顿注释法规5608（a）部分。

● 参见前注187—217和附属文章（讨论了为保持持续性代理权作为替代监护的有效性，保护诚实接受和诚实拒绝代理权的重要性）。

● 惠顿，前注18，第10页。

● 同前注。

12 个承认不合理拒绝要承担责任的州中，7 个允许补偿律师费，[⑰] 5 个允许补偿花费的费用。[⑱] 除了实际损失，有些州可能把无理由拒绝视为不法行为，阿拉斯加州规定了 1000 美元的民事罚款，[⑲] 印第安纳规定了 3 倍的损害赔偿以及判决前实际损失的利息。[⑳]

统一代理权法案给各州提供了两个可选择的责任规定。一个是拒绝接受被承认的代理权的责任；[㉑] 另一个是拒绝承认法定形式代理权的有限责任。[㉒] 每一个都包含与法定拒绝相同的安全港。[㉓] 对于违反规定拒绝代理权的人：

① 法庭命令指定接受代理权；

② 承担合理的律师费以及为确定代理权产生的任何费用，或指定接受代理权产生的费用。[㉔]

（3）其他管辖区的代理权转移

没有立法鼓励第三人在没有承认代理权转移的情况下，接受在其他管辖区法律设立的持续性代理权。97% 的 JEB 调查受访者支持在代理权立法中包括承认条款。[㉕] 有趣的是，在统一代理权法案起草委员会开始工作的时候，只有 12 个州承认条款。[㉖] 多数规定都简单地承认，有效执行的管辖区之外的代理权的有效性。[㉗]

㉕ 阿拉斯加州法 . §13.26.353（c）；加利福尼亚继承法典，§4306（a）；科罗拉多州法 §15 - 14 - 607（2）；佛罗里达州法 §709.08（11）；印第安纳州法 §30 - 5 - 9 - 9（a）（2）；N. M. STAT. ANN. §45 - 5A - 120（D）（2）；N. C. GEN. STAT. §32A - 41（a）（1）。

㉖ ALASKASTAT. §13.26.353（c）；COLO. REV. STAT. ANN. §15 - 14 - 607（2）；FLA. STAT. ANN. §709.08（11）；N. M. STAT. ANN. §45 - 5A - 120（D）（2）；N. C. GEN. STAT. §32A - 41（a）（1）. 阿拉斯加的法规 13.26.353（c）部分；科罗拉多的修订注释法规 15 - 14 - 607（2）部分；佛罗里达的注释法规 709.08（11）部分；新墨西哥的注释法规 45 - 5A - 120（D）（2）部分；北卡罗来纳的一般法规 32A - 41（a）（1）部分。

㉗ ALASKASTAT. §13.26.353（c）. 阿拉斯加的法规 13.26.353（c）部分。

㉘ ALASKASTAT. §13.26.353（c）；COLO. REV. STAT. ANN. §15 - 14 - 607（2）；FLA. STAT. ANN. §709.08（11）；N. M. STAT. ANN. §45 - 5A - 120（D）（2）；N. C. GEN. STAT. §32A - 41（a）（1）. 阿拉斯加的法规 13.26.353（c）部分；科罗拉多的修订注释法规 15 - 14 - 607（2）部分；新墨西哥的注释法规 45 - 5A - 120（D）（2）部分；北卡罗来纳的一般法规32A - 41（a）（1）部分。

㉙ 《统一代理权法》§120（Alt. A）。

㉚ 《统一代理权法》§120（Alt. B）。

㉛ 《统一代理权法》§§120（b）（Alt. A），120（c）（Alt. B）。

㉜ 《统一代理权法》§§120（c）（Alt. A），120（d）（Alt. B）。

㉝ 惠顿，前注 18，第 12 页。

㉞ 统一州法全国委员会 2003 年 4 月起草，前注 87，第 205 条评注。

㉟ 同前注。

在讨论承认问题时，统一代理权法案起草委员会考虑到日益增多的现实状况，即移动的客户在一个州执行的代理权，是按照另一个州的法律起草的。例如，一个印第安纳居民，虽然居住在印第安纳，但对于在佛罗里达的财产要适用佛罗里达的代理权。因此，承认包括两个问题：①为决定代理权的实际意义和效果而承认其他管辖区的法律；②为决定代理权是否被有效执行而承认其他管辖区的法律。

为转移的目的而不是为考虑执行地的目的，统一代理权法案关注的是法律中"决定代理权的意义和效力"[432]，法案把这种法律定义为"指明了代理权的管辖的法律，如果没有指明管辖权，代理权按照签发地法执行"。[433]因为对于各种权利的默认规则，诸如公共代理人的代理权和赠与代理权，在各州是不同的，重要的是承认在管辖区之外的不需要委托人改变最初打算的授权范围内的代理有效。[434]

（三）经验三：代理和监护都没能阻止家庭权力对委托人及其财产的争抢

国家公共广播最近播放了标题为"父母监护权的法律争夺"的谈话节目，其中讨论了日益增多的在成年子女和老年父母及其财产之间艰苦的监护诉讼的现象。[435]在节目中，一位受访者把监护看作"父母活着时的意愿战斗"[436]。艾莉森·巴恩斯（Alison Barnes）教授首先在一篇文章中指出了这种现象，考察了监护关系中的争议与意愿竞争之间的相似性。[437]在比较了监护意愿竞争的案例判决后，她断定，对经济期望与年轻一代对老年人自主选择和遗嘱意愿的请求之间存在相似的社会偏好。[438]她指出：

老年人可能因为传统的社会原因而承担责任，如果他们选择适用他们财产的方式对他们的受益人不利或其他一些社会认可的原因，他们的目的既不违反法律，也不应被其他年龄的人批评或限制。[439]

---

[432] 同前注，§107。

[433] 同前注，§107。

[434] 参见惠顿，前注180（讨论由跨州适用授权引起的对立法起草的挑战）。

[435] 国家公共广播，法律事务：父母监护的法律争夺，http://www.npr.org/templates/story/story.php? storyId = 5697280（2008 年 2 月 12 日浏览）国家政策讨论的网络广播 2006 年 8 月 23 日）。

[436] 同前注。

[437] 艾莉森·巴恩斯（Alison Barnes）：《老人的自由和财产：监护与遗嘱在同一诉讼中的竞争》，11 ELDERL. J. 1（2003）.

[438] 同前注，第33—36页。

[439] 同前注，第29页。

近几年的案例表明，不仅家庭成员会与老年人及其财产有争议，[40] 而且司法管辖实际上为争夺对一个无行为能力的富有的被监护人的控制，而完全不顾被监护人之前的指示。[41] 事实上新的《统一成年人监护和保护程序法案》[42] 的起草针对了这些问题以及更多的日常问题，如监护人需要处理位于监护司法管辖权外的财产，以及需要将受保护人搬离本州。[43]

代理的一个优点是，可以通过足够的事前计划来避免监护和州际财产管理问题。委托人表面上有权利，在有能力时，选择一个合适的代理人，并决定代理范围，设定期望以指导代理人的行为。理论上，州的法律要保证有效设立的代理权在其他管辖区也能适用。[44] 但是，就像国家公共广播报道指出的，代理是不能和家庭统治相比的。

对于使用监护剥夺代理权的现象，多数州的代理权立法允许委托人表达谁可以优先作为监护人，如果之后需要一个监护程序的话。[45] 监护立法的趋势是给予委托人在继承人中优先指定代理人的权利。[46] 但实际上，挑战者往往占优势——至少在一审法庭上。[47]

虽然统一持续性代理法案允许委托人提名一个候选人作为监护人，法庭指定的受托人"如果没有残疾或无行为能力，同样有撤销或修改委托人已经做出的代理的权利"。[48] 由于广泛地采纳了持续性代理法案，这一规定

---

[40] 最近两次引人注目的家族斗争是伊莲·格拉瑟的跨州斗争，分别为她在得克萨斯州的女儿和她在新泽西州的儿子；另一个则是父亲和儿子之间在纽约为布鲁克·阿斯特——104 岁母亲祖母的照料"发动战争"。雷切尔·艾玛·西佛曼（Rachel Emma Silverman），《新的监护权争夺：谁能得到妈妈》，WALL ST. J.，at D1（Aug. 17，2006）。

[41] 参见伍德，前注 8，第 15 页（讨论了 Mollie Orshansky 的案子，特区上诉法院推翻了遗嘱法庭指定特区律师作为 Orshansky 的律师的决定，尽管事实是，在她失去行为能力之前，已经启动了同意她住在纽约的侄女作为健康护理代理人，把 Orshansky 所有的财产设立信托，和她妹妹为共同受托人。Orshansky，804 A. 2d 1077（D. C. Cir. 2002））。

[42] 《统一成年人监护和保护程序法》（2007）。

[43] 参见伍德，前注 8，第 16 页（注意由州际监护管辖而造成的问题）。

[44] 参见前注 229—234 和附属文章（讨论承认在适用和解释代理权中的角色）。

[45] 《统一持续性代理权法》3（b）。45 个司法管辖区已经通过了法案，在大多数州的代理权法案中有这个规定，参见全国统一法律委员会，统一州法，对统一法律和模式的指导 11（2003 - 2004）。

[46] 参见〈统一监护和保护程序法〉§§310（a）（2），310 cmt.，8A U. L. A. 362 - 363。

[47] 参见 Hartwig，656 N. W. 2d 268，280（Neb. App. 2003）（推翻了县法院指定挑战者作为其祖母的财产监护人的判决）；史密斯监护关系，684 N. E. 2d 613，620（Mass. App. 1997）（推翻了并非由被监护人提名，而被指定为监护人的判决）；In re Sylvester，598 A. 2d 76，84（Pa. Super. 1991）（推翻了指定独立方作为监护人的命令，在审理法庭不能考虑指定实际代理人时）。

[48] 《统一持续性代理权法》3（a）。

被多数州立法所体现。❹ 当这一规定被制定时，没有想到的是，如撤销代理权的权利落入争斗的家庭成员手中，其会变成破坏委托人先前计划的有力武器。如果根据有效的授权委托书已经产生了合适的代理人，并授予有争议的家庭成员申请监护的权利，或者给予监护人撤销代理的权利，则不仅违反了委托人的意思自治，而且也违反了宪法保护的隐私权和结社权。❺

1. 规划策略

虽然没有应对家庭权利斗争的灵丹妙药，但是委托人应该考虑潜在的家庭不和睦并以此选择代理人。委托人越清晰地表达和记录自己的喜好和目标，有争议的家庭成员就越难修改之前的历史。除了谨慎地挑选代理人，委托人应该记录特别的期望，尤其是这些期望可能与事后评估代理人行为是否符合"最佳利益"标准不符时。❺ 委托人也要想到在授权委托书中包括免除条款，作为对代理人实施草率行为的威慑。❺ 最后委托人应该考虑提名监护候选人的机会，应提名代理人作为监护候选人。

2. 立法改革

在撤销无行为能力委托人的代理权问题上，统一代理权法案背离了统一持续性代理法案的方法，遵循了一些州采取的向法院保留限制或终止代理权的方法，❺ 既可以是直接行使，也可以是代理法庭指定的受托人来行使。❺ 这一方法既保护了委托人先前的自治选择，也促进了司法经济。如果由于代理人的不佳表现或违反受托责任，受托人的指定是必要的，指定受托人的证据要求与撤销代理人的要求一样。同样，如果因为代理人的代理不够全面，法庭必须检查代理权而做出是否需要指定受托人的决定。

---

❹ 参见前注 245（讨论了大多数对统一代理权法案的继承）。

❺ 进一步讨论，参见莱温伯格，前注 12，第 7 页、第 9—10 页。

❺ 参见前注 78—125 以及附带的文章（对普通法和统一代理权法对代理人信托责任的规定）。

❺ 参见前注 126—131 以及附带的文章（讨论免责规定以及对委托人和代理人的保护）。

❺ 《统一代理权法》§108（b），108cmt。

❺ 755ILL. COMP. STAT. ANN. 45/2 – 10（a）；IND. CODEANN. §30 – 5 – 3 – 4（b）；KAN. STAT. ANN. §58 – 662（f）；MO. REV. STAT. ANN. §404.727（6）；N. J. STAT. ANN. §46：2B – 8.4（c）；N. M. STAT. ANN. §45 – 5 – 503（A）；UTAHCODEANN. §75 – 5 – 501（5）；VT. STAT. ANN. tit. 14，§3509（a）；VA. CODE ANN. §11 – 9.1B. 755 册伊利诺伊州的综合注释法规 45/2 到 10（a）部分；印第安纳州的注释法典 30 – 5 – 3 到 4（b）部分；堪萨斯州的注释法规 58 – 662（f）部分；密苏里州的修订注释法规 404.727（6）部分；新泽西的注释法规 46：2B 到 8.4（c）部分；新墨西哥中的注释法规 45 – 5 – 503（A）部分；犹他的注释法典 75 – 5 到 501（5）部分；付蒙特的注释法规 14 标题 3509（a）部分；弗吉尼亚的注释法典 11 到 9.1B 部分。

米歇尔·卡帕教授注意到，寻求控制易受伤害的家庭成员的动机是复杂的。

寻求孝顺统治的家庭成员，其中老人会受到威胁被要求按照家庭成员的希望去做，通常是基于一种信念，即他们确实知道什么对他们的亲属最有利。这是可能的，虽然缺少高尚的理由，例如有机会执掌一个有悠久历史的家族。[455]

考虑到家庭斗争不光彩的名称，尊重委托人最初的选择的法律方法可能是无行为能力委托人唯一可以抵御的防线。

三、结 论

对代理的判例和立法趋势的考察表明，代理仍然提供了低成本、灵活和私密的优点以替代监护。然而，这些优点也伴随着危险。代理人的诚信、第二人是否愿意接受代理以及无行为能力委托人的家属的合作是代理成功与否的关键。积累的经验也表明，确定的规划策略和立法改革能够加强代理的使用，同时提供对委托人、代理人和与之交易的第三人的保护。只要代理仍然是可行的替代监护的方式，保持这种微妙的平衡就必须成为立法者和实践者继续追求的目标。

---

[455] 米歇尔·卡帕，前注 14，第 784—785 页。

统一代理权法：在自主决定权与保护之间寻找平衡*

Linda S. Whitton**

翻译：王竹青***

一、概　　述

新的《统一代理权法》（法案）❶替代了《统一持续性代理权法》❷，意在为受代理关系影响的各方当事人提供一个明确的指导：当事人、代理人和代理人的代理权指向的第三人。❸为了在有行为能力的当事人的自主决定权与无行为能力的当事人受保护的需要之间寻找一个平衡，以对抗代理人的肆无忌惮的代理行为，法律起草委员会审阅了各州代理权立法、国家层面对代理权法律改革的调查结果❹以及大量的律师协会和职业团体的反馈意见。❺作为法案的报告人，本人发表了数篇论文以检视法案的基本特征；❻法案对当事人、代理人和第三人的平衡保护中的政策；❼以及持续

---

* THE UNIFORM POWER OF ATTORNEY ACT: STRIKING A BALANCE BETWEEN AUTONOMY AND PROTECTION, Elder Law: Economic Planning for the Golden Year Symposium Issue Article, Phoenix Law Review 2008.

** Linda S. Whitton，瓦尔帕莱索大学法学院教授，统一代理权法报告人。

*** 王竹青：北京科技大学文法学院副教授，美国哥伦比亚大学 2010—2011 年度访问学者。

❶ 《统一代理权法》，统一注释法典 8B 部分，第 22 条（2007）。

❷ 《统一持续性代理权法》（1987 年修订），统一注释法典 8A 部分，第 234 条（2003）。

❸ 《统一代理权法》前言。

❹ 如前注；同时参见琳达·S. 惠顿：统一州法全国委员会，全国持续性代理权调查结果及分析（2002），http://www. law. upenn. edu/bll/ulc/dpoaa/surveyoct2002. htm.

❺ 《统一代理权法》前言。

❻ 琳达·S. 惠顿：统一代理权法案导引，《全国老年人律师协会杂志》第 3 期，第 1 页（2007）。（下简称"惠顿，导引"）。

❼ 琳达·S. 惠顿：《新统一代理权法案：对委托人、代理人和第三人的平衡保护》，海克林研究所第 41 届年会论文集，财产安排 9 – 1（马修本德，2007）（下简称"惠顿，平衡"）。

性代理权作为监护权的替代性选择的经验教训。[8] 本文主要集中探讨法案中的一部分即黄金年代的经济安排，即本研讨会的主题。具体来说，本文着重探讨法案的特征，即促进当事人自主决定权的实现以及对那些后来变成无行为能力的当事人的保护。

法案的两个目标即保证创设委托代理关系的自主决定权以及保护无行为能力的当事人，在法案起草过程中一直存在争议，[9] 而且在州法律研究委员会内部考虑适用该法案时持续地引发争议。[10] 财产安排执业者、老年人保护倡导者以及银行、信托、保险公司的代表都参与了这场论争。[11] 争论者通常认为自主决定权和保护是相互对立的目标，但仔细审视法案可以发现某种程度的保护可以实际扩大法律为当事人创设持续性代理权的范围。本文的核心即分析这种微妙的平衡。

本文的第一部分是法案关于促进当事人选择代理制度的执行和目标条款。这些条款的基本目标概括如下：（1）弹性规定以适应委托代理关系；[12]（2）对代理人的行为做出指导；[13]（3）对当事人做出的代理决定给予保护。[14] 本文的第二部分探讨如何防治经济虐待，以下条款与经济虐待的基本类型有关：（1）超过授权范围的交易；[15]（2）自我交易；[16]（3）违背当事人期望的交易行为。[17] 基于前面的分析，本文的最后一部分对持续性代

---

[8] 琳达·S. 惠顿：《可以替代监护的持续性代理权：我们学到的经验》（简称《经验》），斯特森法律评注第 37 册，第 7 页（2007）。

[9] 从 2004 年 1 月到 2006 年 12 月，作者作为《统一代理权法》的报告人，多次会见了统一信托和财产法联合述评委员会、国家律师和公司法律顾问会议、美国信托和财产顾问人学委员会、美国律师协会不动产委员会及其领导人、纽约州律师协会信托和财产法委员会、哥伦比亚特区律师协会信托和财产法委员会。琳达·S. 惠顿，《统一代理权法》报告人：备忘录，会议发言，2004 年 1 月至 2006 年 12 月（下简称《备忘录》）。

从 2003 年到 2006 年，法案起草委员会召开了七次会议，与会者包括起草委员会的成员、美国律师协会的顾问、来自不同机构的观察员（包括美国银行协会、美国退休人员协会、美国律师协会老年法委员会）。资料汇编，草案及最终法案，全国统一州法委员会，统一代理权法案，http:// www. law. upenn. edu/bll/archives/ulc/ulc. htm（访问日期 2008 年 1 月 3 日）（"统一代理权"链接之后）（下简称《资料汇编》）。

[10] 作为法案的报告人，作者的评论基于与七个州的法律研究会的沟通（爱德华州、俄亥俄州、缅因州、马里兰州、密歇根州、威斯康星州和弗吉尼亚州）。爱德华州最近采纳了法案。

[11] 备忘录和资料汇编，同前注 9。

[12] 参见后注 21—37 及附带文章。

[13] 参见后注 38—44 及附带文章。

[14] 参见后注 45—66 及附带文章。

[15] 参见后注 68—79 及附带文章。

[16] 参见后注 80—90 及附带文章。

[17] 参见后注 91—101 及附带文章。

理权在黄金年代的经济安排中的角色进行了深入分析。

二、促进自主决定权

理论上讲，持续性代理权比监护或信托更适合于财产管理。[18] 在监护制度中，被监护人的财产和监护人的行为都在法院的监督之下，而代理是当事人和代理人之间的一种私人安排。[19] 在信托制度中，托管财产者需要将财产所有权转移给受托人，而代理则允许当事人保留其对财产的所有合法权利，当事人只是给代理人一个特定范围的授权。代理对财产管理的成功与否依赖于委托授权范围的清晰有效程度、代理人对实现委托人愿望的忠诚程度以及第三人和代理人对委托人的尊重程度。[20] 下文将讨论法案是如何促进弹性地创设代理权，为代理人的行为提供明确的指导，以及保护当事人做出的代理计划，阻止代理权的不忠行为以及随意拒绝代理权的行为。

（一）创设弹性的代理权

统一持续性代理权法案并未就委托人给代理人的授权范围做出法律上的界定，[21] 与之相反，统一代理权法案通过对事实问题的引用或者对相关条款的引用，包含了可能被当事人的委托代理协议所采纳的详细内容。[22]

---

[18] 参见惠顿：《经验》，前注 8，第 10—11 页（比较监护和信托与持续性代理决定权的不同贡献）。

[19] 同前注。

[20] 参见前注，（通过持续性代理权替代监护权的社会实践经验，得出这些结论）。

[21] 《统一持续性代理权法》于 1979 年由统一州法全国委员会通过，替代了《统一遗嘱认证法典》第 5 章第 5 条。约翰·H. 朗本和劳伦斯·W. 瓦格纳，统一信托和财产法 300（2004—2005）。《统一持续性代理权法》由五部分组成，与《统一遗嘱认证法典》第 5 章 501—505 条完全相同。《统一持续性代理权法》的五个部分：（1）允许委托人创设代理权并且在委托人变成无行为能力人后持续有效；（2）实际代理人的权利不因时间的经过而失效，实际代理人的行为不受委托人无行为能力的影响；（3）实际代理人与之后法庭任命的受托人的关系说明；（4）代理权的撤销或终止仅在实际发生撤销或终止事由时生效；（5）实际代理人需签署宣誓书声明在行使代理权时不知道存在代理权终止的事由，且有充分证据证明非终止事由的存在。《统一持续性代理权法》(1987 年修正)，《统一注释法典》8A 部分，第 234 条（2003）。

[22] 参见《统一代理权法》第 204—217 条，《统一注释法典》8B 部分，第 51 条（2007）（对不同领域的权力提供法律用语，如"不动产""有形个人动产""股票和债券"）法案第 202（a）和（b）规定：（a）如果授权委托书引用第 204—217 条规定的概括性授权，或者引用法案所规定的权力，那么代理人则拥有本法案所规定的权力；（b）如果授权委托书引用了第 204 条至第 217 条的规定，或者引用的条款涵盖了第 204 条至第 217 条的规定，则构成概括性授权。

委托代理的范围可以通过具体的表述进行扩大或缩小。❷ 这种弹性的规定允许当事人选择适用法定的内容或者当事人约定的内容。❷

　　法案中的很多法律定义来自《统一法定授权书法》，❷ 一些语言为适应现代社会的需要进行了更新。❷ 来自《统一法定授权书法》的改革确定了必须向代理人明确授权的范围。❷ 对代理人的下列授权必须明确：

- 设立、修改、撤销或终止一项生者之间的信托；
- 赠与；
- 设立或变更生存权；
- 设立或变更指定受益人；
- 代理人将代理权转给他人；
- 放弃当事人成为联合养老金和生存养老金福利人的权利；
- 行使当事人授予信托人的权利；
- 放弃或拒绝一项财产利益；❷

　　法案明确规定概括性授权（例如"我授权我的代理人从事所有我有能力时所从事的行为"）不包括对上述事项的授权。❷

　　被起草委员会非正式地称为"热权"的那些权利被挑选出来做特殊处理，因为这些权利潜在地会浪费当事人的财产并且会改变当事人的财产计划。❸ 尽管法案列举的"热权"比法案起草时各州的法律更为复杂，但一些州对于赠与权、设立或撤销信托以及使用其他非遗嘱计划如指定受益人和生存利益等方面，在立法上做了类似的规定。❸ 那些没有明确做出这些

---

❷ 同前注，第202（c）（委托人可以通过附件修改代理权）。
❷ 参见前注第301条（法定格式包括第204—217条规定的代理事项）。
❷ 《统一法定授权书法》（1988），统一注释法典8B部分，第191条（2001）。
❷ 统一代理权法第2条评注。
❷ 同前注，第201条评注。
❷ 同前注，第201（a）条。
❷ 同前注，第201（c）条。
❸ 同前注，第201条评注。
❸ 《加利福尼亚州遗嘱认证法典》第4264条（Deering 2004年）；《佛罗里达州注释法规》第709.08（7）（b）（5）条（LexisNexis出版社补充资料，2007年）；《堪萨斯州注释法规》第58—654（f）条（2006年）；《肯塔基州修订注释法规》第386.093条（LexisNexis出版社2007年）；《密苏里州注释法规》第404.710条（West 2001年出版）；《宾夕法尼亚州综合注释法规》第20册第5601.2条（West 2005年出版）；《佛蒙特州注释法规》第14标题第3504条（2002年）；《华盛顿修订注释法典》第11.94.050条（LexisNexis出版社2007年）。

规定的州，判例法根据这些权利是否被包括在概括性授权中做了区分。[32] 对这些"热权"要求特殊的授权，不仅能够保护委托人免受潜在的危险权力的威胁，而且能够使委托人明确是否确实需要将这些事务授权给代理人。

法案起草过程中，少数人认为某些"热权"也许不应该被代理以避免潜在的虐待。[33] 该观点的支持者认为，如果做出最终遗嘱的权力是不可委托的，那么为什么设立或撤销信托、设立或改变生存利益以及指定受益人的权力可以允许委托？的确，使用这些遗嘱替代方式可以完成当事人的财产计划，如果这些行为被禁止委托，生者之间的目标将无法实现，[34] 例如为捐赠目的的交易行为，税款的合理减少，当事人接受公共福利的资格等。[35]

出于保护当事人的目的，"热权"应该被谨慎地授予，除了赠与行为外，法案对这些权力设立了默认义务。正如法案的评注所言，"法案认真考虑了当事人在授权委托书中对特殊问题的特殊指示，以进一步明确或限制所授予的权力。"[36] 对于赠与权，法案采纳了州的立法，规定可以在授权委托书中通过文字扩大或排除对任何一个受赠人接受赠与的数量的限制。[37]

（二）对代理行为的明确指南

除了允许代理范围有很大的弹性外，法案将委托人的期望置于代理行为指南的最高地位。[38] 尽管法案的大部分条款可以通过委托协议被修改，但是以下三个法定义务对所有代理人均有约束力。[39] 代理人的行为必须：(1) 如果知道的话，符合委托人的合理期望，否则应该符合委托人的最佳

---

[32] 参见《普鲁特诉委员会财产案件》，第 80 册税务法院的判决备忘录（电子商务结算所）第 348 页，第 354 页（2000 年）（暗指赠与权以达到被告的意图）；《李克劳诉李克劳案件》，第 401 册，《东南报告书》第二版第 697 页，第 699 页（格鲁吉亚州 1991 年）（证实了实际代理人有赠与代理权的判决）。

[33] 参见《备忘录》，同前注 9（在一些会议上的发言）。

[34] 杰佛瑞·A. 马苏，《代理权——老年护理计划的核心问题》，《宾夕法尼亚州律师协会季刊》第 74 册，第 160 页，第 162—64 页（2003 年）。

[35] 同前注。

[36] 《统一代理权法》第 201 条评注，《统一注释法典》8B 部分，第 49 条（2007）。

[37] 参见纽约州《一般义务法》，第 5 - 1502M 条（McKinney 2001 年）；《宾夕法尼亚州综合注释法规》第 20 册，第 5603（a）（2）（ii）条（West 出版社，2005 年）。

[38] 《统一代理权法》第 114 条（a）（1）。

[39] 同前注，第 1 条评注。

利益；（2）忠诚；（3）在代理权限范围内。❿ 这样，在代理人知晓委托人期望的范围内，代理人也许有权从事符合"最佳利益"标准的交易行为。例如，委托人也许希望接受尽可能长时间的居家照护，尽管这个选择比机构照护要昂贵得多，而一个理性的节俭人在类似情况下也许会选择机构照护。同样，委托人也许希望代理人从事捐赠行为，而这种行为并不直接代表委托人的"最佳利益"，这种捐赠行为甚至包括有利于代理人或者代理人家属的交易行为。⓫

代理人如果知道的话，委托人的合理期望优先于"最佳利益"标准作为代理人的行为指南，代理人同样受到法案默认义务的限制，除非这些义务被委托协议明确排除或修改。代理人的默认义务包括：

- 为委托人的利益忠实地履行代理职责；
- 避免产生利益冲突，避免损害为委托人最佳利益行为的能力；
- 在类似环境下达到一般代理人的照顾、能力、尊严标准；
- 做记录；
- 与委托人的健康决定权人合作；
- 在代理人知道的范围内尽力维持委托人的财产计划，而且这种维持应持续地符合委托人的最佳利益；
- 根据委托人、委托人任命的受托人、有权保护委托人利益的政府部门、与委托人的财产有关的个人或者继承人或者法院的要求，提交会计账册；⓬

根据这些默认义务，代理人无权从事某些行为，如自我交易，除非委托人向代理人明确表达了这种愿望。如果需要这些义务可以被修改，否则代理人的行为受此限制。⓭ 尽管法案没有要求委托人在委托协议中明确表示其期望，但是以某种可接受的方式表明委托人的期望可以最大限度地保护委托人的自主决定权，并且可以减少代理人的责任风险。⓮

（三）对当事人代理计划的保护

古语说"好的计划不一定产生好的结果"，对于代理来说正是如此。

---

❿　同前注，第114条（a）（1）—（3）。

⓫　参见前注，第114条评注（讨论政策如何认为"替代判断"标准优于"最佳利益"标准，使代理行为更好地保护委托人自主决定权的实现）。

⓬　同前注第114条（b）（1）—（6），（h）。

⓭　同前注第114条评注。

⓮　同前注。

一项合法的代理在以下两种情况下无法发挥作用，一是代理人的代理权受到同时存在的监护权的攻击，二是代理权被第三人所拒绝。㊺ 法律改革正是针对这些情况而进行，法律的解决方法是既要阻止不忠行为和随意拒绝行为的发生，同时也要允许基于正当理由的终止代理权或拒绝代理权。下文论述了法案是如何实现这些目标的。

1. 保护当事人的代理权

根据新闻报道，基于老年人的亲属或财产问题引发的家庭纠纷呈上升趋势。Brook Astor 案中儿子和孙子之间的争斗，以及 Lillian Glasser 案中儿子和女儿之间的争斗成为标题新闻，均涉及巨额财产问题，㊻ 但是新闻报道同时反映出即使在贫困家庭中，在虚弱的人仍然生存的情况下，监护也会引发“遗嘱效力诉讼”。㊼ 不幸的是，统一持续性代理权法案中的黑色条款为这种试图消弱当事人自主选择代理的行为提供了有效工具，该条款规定法院任命的受托人“有权撤销或变更代理，如果该代理在当事人非残疾或非无能力时没有必要发生”㊽。

由于统一持续性代理权法案被广泛采用，因此很多州的代理权法包含这个条款。㊾ 在这些州，如果一个人要挑战代理人的权力，只需获得监护权即可撤销代理权。为解决这一问题，新法案规定，如果监护或保护的任命在代理权之后，“那么代理权不会终止，除非被法院限制、暂停或者撤销，代理权将持续有效”㊿。这个规定确保法院在任命一个受托人去补充或替代当事人选择的代理人时会考虑代理权的充分性和适当性。(51)

㊺ 参见惠顿：《经验》，前注 8，第 38—52 页（讨论使用监护权剥夺代理人的权力，任意拒绝代理权以及应对的策略）。

㊻ 雷切尔·艾玛·西佛曼：《新的监护权争夺：谁能得到妈妈》，《华尔街日报》2006 年 8 月 17 日，D1 页。

㊼ 网络广播：《父母监护权的法律争夺》，法律事务，国家公共广播，国民谈话节目（2006 年 8 月 23 日），http：//www. npr. org/templates/story/story. php？ storyId = 5697280. 之后的案例也说明了可能成为代理人的人运用监护权试图阻挠当事人选择代理人的决定。每个案件中的挑战者在法院的一审判决中都取得了胜利，但是在上诉审中，监护均被撤销：关于史密斯的监护，第 684 册，东北报告书第二版第 613 页（马萨诸塞州上诉法院，1997 年）；关于哈特维希的案件，第 656 册，西北报告书第二版第 268 页（内布拉斯州上诉法院，2003 年）；关于西尔威斯特的案件，第 598 册，大西洋报告书第二版第 76 页（宾夕法尼亚州高级法院，1991 年）。

㊽ 《统一持续性代理权法》第 3 条（a）（1987 年修正），统一注释法典 8A 部分，第 252 页（2003）。

㊾ 45 个司法管辖区同一时间采纳了统一持续性代理权法，参见统一州法全国委员会，对统一现代法律的指引 11（2003 - 04 ed.）。

㊿ 《统一代理权法》第 108 条（b），统一注释法典 8B 部分，第 32 页（2007）。

(51) 同前注第 108 条评注。

2. 阻止第三人对代理权的任意拒绝

在法案起草的三年间，召开了多次全国性的专家会议并把与会者的论证意见纳入法案中。在这些会议中，很多与会者都谈到了关于第三人如银行、经纪行任意拒绝代理权的问题。[52] 为统一信托和财产法设立的联合述评委员会在全国范围内的调查印证了这一事实。[53] 63% 的被访者表示遇到过被拒绝的问题，17% 的被访者表示这是一个经常发生的问题。[54]

在最终的法案被通过时，有 11 个州已经认识到无理由拒绝代理权的责任问题，[55] 一些州的法律对代理人或第三人如何基于正当理由拒绝代理权提供了详细的指导。[56] 可见，法案为善意地接受代理行为提供了广泛的保护，同时也为善意地拒绝代理行为提供了法定的安全港。[57]

一项被广为接受的"据称"[58] 表明，受代理权保护、接受代理权的人事实上对代理权或代理人的权力是"有效、无效或终止"或者代理人"超越代理权或者不适当地行使代理权"的情况并没有实际的认识。[59] 通过雇员从事活动的人对事实情况没有实际的了解，如果雇员从事的交易行为涉及代理行为，那么雇主对此并不会有实际的了解。[60] 尽管一个人在涉及某种事务、顾问意见和法律业务时，可能会要求持有专业证书，但是这种防范措施在代理问题上却没有要求。[61]

法案还规定一项已知的代理权在下列情况下可以被拒绝而不需承担责任：

---

[52] 参见《备忘录》，前注 9（作者对其 2004 年 1 月至 2006 年 5 月所参加的会议的总结及其评注）。

[53] 参见惠顿，前注 4，第 10 页。

[54] 同前注。

[55] 《阿拉斯加州法规》第 13. 26. 353（c）条（2004 年）；《加州遗嘱认证法典》第 4306（a）条（Deering，2004 年）；《科罗拉多州（修订）注释法规》第 15 - 14 - 607（2）条（West 2005 年出版）；《北卡罗来纳州一般法规》第 32A - 41 条（2007 年）；《宾夕法尼亚州综合注释法规》第 5608 条（West 2005 年出版）；《南卡罗来纳州注释法典》第 62 - 5 - 501（F）（1）条（补充资料，2007 年）。

[56] 参见惠顿：《经验》，前注 8，第 43 - 44 页（法律方法比较）。

[57] 同前注，第 44—45 页。

[58] 《统一代理权法》第 119 条（a），统一注释法典 8B 部分，第 42 条（2007）。（此条和 120 条的目的，"知道"意味着一个公证人或者其他授权人被告知），该条说明如果当事人无法辨别"虚假"的话，那么即使接受一个虚假的代理也可以得到保护。参见惠顿，经验，前注 8，第 41 - 44 页。

[59] 《统一代理权法》第 119 条。

[60] 同前注第 119 条（f）。

[61] 同前注第 119 条评注。

（1）在同样情况下，他人与委托人进行的交易行为不被允许；

（2）在同样情况下，他人与代理人或委托人进行的交易行为违背联邦法律；

（3）在行使权利之前，他人实际知道代理人的权利或者代理权已经终止；

（4）在第 119 条（d）项下对一个证书、一个翻译或者一个顾问意见的要求被拒绝；

（5）一个善意的人有理由相信代理权无效或者代理人无权从事某个行为，无论在第 119 条（d）项下对一个证书、一个翻译或者一个顾问意见的要求是否被提出或已经提交；

（6）某人，或者实际知道其他人，向"本地成年人保护服务机构"报告，称一个善意的人相信代理人，或者为代理人工作的人，或者与代理人一起工作的人对委托人的身体或经济进行虐待、忽视、剥削或者遗弃。[62]

如果第三人对代理权的拒绝不能满足上列安全港条件之一，则需要一个法院的命令并且应对获得命令而发生的费用承担责任。[63]

法案并未对拒绝代理权造成的损失提供法律上的救济，它强调对费用和花费的赔偿，因为实务者给法律起草委员会的意见是花费和迟延是拒绝代理权诉讼的最大障碍。[64] 在这个问题的讨论会上，实务者强调实际的损失很难证明，而获得监护比提起拒绝代理权诉讼要快得多，也便宜得多。[65] 这种实用主义的方法，来自于对当事人自主性和私密性利益的考虑。判例法在拒绝代理权问题上似乎用事实证实了来自实务者的反馈。[66] 更为重要的是，判例法在管辖问题上的缺失，即对拒绝代理的法律责任的认识，似乎同样用事实证实了那些障碍的效果。

---

[62] 同前注，第 120 条（b）（或者 A）。法案为采纳的州在 A 与 B 之间提供了一个选择，即限制拒绝一项已知的法定格式代理权。A 与 B 基本相同，区别在于 B 仅适用于已知的法定格式代理权，A 则可适用于已知的所有类型的代理权。

[63] 同前注第 120 条（c）（或者 A）；第 120 条（d）（或者 B）。

[64] 参见《备忘录》，前注 9（与会者的发言）。

[65] 同前注。

[66] 《一个少见的拒绝代理权诉讼》，参见"曼豪特诉斯坦利银行案"，《太平洋报告书》第三版，第 115 册，第 157 页、第 161 页（堪萨斯上诉法院，2005 年。案卷资料显示银行不正当地拒绝了一个善意代理权，违背了基层法院的判决）。

三、防止经济虐待

从自主性的角度来看，自主选择代理人并且自主决定代理事项的范围是非常有吸引力的。但是，持续性代理权中存在着当事人无行为能力的可能性从而无能力监督代理人的潜在危险。那些采纳该法案的州，法律研究委员会在关注代理权潜在的经济虐待的同时，也关注任意拒绝代理权的行为，以促进当事人的自主决定权。(67) 下文探讨了法案对普通类型经济虐待的回应——超越授权范围的交易、自我交易、违背当事人期望的交易。

（一）超越授权范围的交易行为

代理人超越授权范围从事代理行为，可能是故意的，也可能是对授权范围有误解。(68) 理论上讲，善意(69)第三人不能接受代理人超越授权范围的交易行为，(70) 但事实上，第三人对授权范围也许是不清楚的。各州对特定事项代理权的规定不尽相同，(71) 即使在同一个司法管辖区内，授权委托书的格式也各不相同，因为当事人并未被要求使用标准格式的委托书或者必须请律师提供专业的服务。

因为没有有效的法律武器来阻止代理人滥用代理权，所以法案包含了阻止、检查、纠正滥用代理权的条款。(72) 大多数的预防性条款是强制要求当事人对“热权”进行明确授权——对那些极有可能浪费委托人的财产或者改变委托人的财产计划的行为进行列举式规定。(73) 这种方法有效地消除了代理人声称概括性授权涵盖此类危险行为的主张。

法案对不同事项代理权的标准定义也有助于减少超越代理权的交易行为，这些定义对如何理解代理权的内容提供了一个普遍的标准。对代理权

(67) 参见前注 10（列举了作者联系过的州法律研究委员会）。

(68) 参见理查德·B. 文森特，经济剥削包括委托代理制度中的代理权，老年人和残疾人的受害现象（市民研究协会，金斯顿，纽约），2000 年 5—6 月，第 3—4 页（提到即使授权委托书中明确禁止赠与行为，也无法阻止滥用权力的代理人转移委托人的财产，通过对代理人进行职业教育，也许可以避免无经验的代理人对财务管理和疏忽大意的权力滥用）。

(69) 《统一代理权法》第 102（4）条，统一注释法典 8B 部分，第 22 条（2007）。

(70) 参见丹尼尔·A. 温特沃斯：《持续性代理权法案：从财务研究机构角度进行的思考》。《遗嘱认证法典》第 17 条和第 37 条，第 39—40 页（2003 年 11—12 月）（讨论银行在超越代理权的交易行为中的责任）。

(71) 参见琳达·S. 惠顿：《跨过州界的持续性代理权》，《遗嘱认证法典》第 17 条和第 28 条（2003 年 9—10 月）（讨论各州代理权法案的差别）。

(72) 参见惠顿，平衡，前注 7，第 9－6 条至第 9－8 条，对这些条款的简明概括。

(73) 参见前注 30—37 及附带文字。

的明确规定不仅减少了代理人非故意超越代理权的危险，也为第三人拒绝未明确授权的交易行为提供了法律依据。(74)

前面提到的保护措施不能完全阻止代理人超越代理权，但使超越代理权成为非常困难的事情。如果代理人确实超越了代理权，法案规定的法定义务会追究代理人的责任。违反法案的代理人必须“将委托人的财产恢复到未受损害之前的状态”，并且需要承担委托人的律师费等其他因此而发生的费用。(75) 考虑到法案规定的救济措施不是排他的，(76) 对代理人的越权行为还可以根据经济剥削的相关法律进行刑事制裁。(77)

当然，法案认识到如果没有发现权力滥用的方法，代理人的责任和义务条款对被剥削的、丧失能力的委托人并无益处。对经济虐待的研究通常将受害人的孤立状态作为虐待的组成部分。(78) 这样，为防止代理人实施虐待行为，法律必须提供进一步的方法以发现虐待行为。法案提供了三种方法：(1) 成年人保护服务机构，或者类似的政府部门，要求代理人提供会计账册；(2) 任何与委托人有利害关系的人有权向法庭提起诉讼以审查代理人或者代理人的行为；(3) 如果善意第三人有理由相信委托人遭受代理人的虐待，或者与代理人有关的虐待，或者成年人保护服务机构已经接到代理人虐待的报告，第三人均可拒绝代理人的代理行为。(79)

（二）自我交易

最普遍的虐待表现为代理人与自己进行的交易行为，代理人未得到委托人的允许而使自己获益。(80) 圣克拉拉县律师办公室提供的一个案例反映

---

(74) 《统一代理权法》第120条（b）（5）（或者A）；前注第120条（c）（5）（或者B）。作为保护拒绝代理权的安全港条件之一，即如果“善意当事人相信——代理人无权从事该代理行为，则可以拒绝”。同前注第120条（b）（5）（或者A）。

(75) 同前注第117条。

(76) 同前注第123条。

(77) 参见凯伦·德森：《对老年人的经济虐待：解决问题了吗?》（讨论各州多经济剥削的立法回应）。

(78) 唐娜·J. 罗宾，戴维·布朗，珍妮·基类：《对老年人的经济剥削：政策问题和建议》，《老年虐待和忽视杂志》，第16期，第65页，第68—71页，(2004)；约翰·F. 沃思科：《对美国老年人的敲诈》，《消费者文摘》，2000年3—4月，第77页，第81页。

(79) 《统一代理权法》第114条（h），第116条（a）（8），第120条（b）（6）（或者A），第120条（c）（6）（或者B）。

(80) 参见案例《关于科瑞美尔的财产》，第895册《大西洋报告书》第二版207页（佛蒙特，2006年）（发现委托人授权实际代理人以委托人的名义创设信托的权力，且实际代理人将财产做了信托管理，但该案因实际代理人的行为构成自我交易从而违反了她的信托责任而发还重审）。

了这种情况。(81) 被告是受害人的女儿，(82) 她搬进受害人的房屋，利用代理权将受害人几乎还完贷款的房子再次抵押贷款。(83) 贷款理由是要支付她父母的医疗费账单以及为她父母的房子进行无障碍通行改造。(84) 事实上她没有将钱用于这些目的，而是将钱用于购买汽车、度假以及为她因吸毒而被捕的朋友保释。(85)

这种类型的虐待很难被阻止，因为代理人利用一个有效的代理权从事地下交易行为。允许善意第三人在怀疑委托人遭受虐待时拒绝代理人的代理行为也许是阻止虐待的唯一有效方法。(86) 法案对第三人向成年人保护服务机构报告的规定同样重要，如果没有对可能存在的虐待的报告，代理人有可能在其他地方继续从事虐待行为。(87)

正如前文提到的，法案包含了很多默认义务以阻止代理人自我交易，除非这些义务在授权委托书中被修改。法案进一步规定：

除非有授权，委托人的长辈直系血亲、配偶、晚辈直系血亲之外的人，或者代理人有法定抚养义务的人，与委托人的财产有利害关系的人不能担任代理人从事赠与、生存权、指定受益人、放弃权利等代理行为。(88)

这样，非上述亲属关系的代理人，不能从事自我交易行为，除非在授权委托书中得到明确授权。

即使代理人是委托人的长辈直系血亲、配偶、晚辈直系血亲，法案也未给与其自我交易的全权代理权。相反，法案认识到委托人可能授权亲属代理人从事亲属赠与、经济支持以及亲属之间可能发生的某些行为，因此法案给予的直接授权必须与委托人明确表达的期望一起，才能使亲属代理人在授权委托书没有明确授权的情况下从事的自我交易的获益行为有效。(89)

---

(81) 朱迪斯·B. 斯科拉：《对老年人和无行为能力的成年人的欺诈：一个实际案例样本以反映施暴者和犯罪人的犯罪行为》，《老年人虐待和忽视》杂志，第12期，第19页，第21—32页（2000年）（使用案例资料以反映团伙犯罪）。

(82) 同前注，第21页。

(83) 同前注，第22页。

(84) 同前注。

(85) 同前注。

(86) 参见前注第79及附带文字。

(87) 法案研究委员会在密西根州兰辛市召开的会议上，一个银行顾问给作者讲述了一个真实的案例，一个滥用代理权的代理人前往银行的每一个分支机构，试图将委托人的钱全部取出。

(88) 《统一代理权法》第201条（b），《统一注释法典》8B部分，第22条（2007）。

(89) 参见前注，第201条评注（得到明确赠与权力的配偶代理人有权根据委托人的期望每年赠与家属礼物，无须另外授权）。

在这种情况下，委托人以某种形式表达的期望就是非常重要的。[90]

（三） 与委托人期望相反的交易行为

也许最不明显的虐待行为并不是超越代理权或自我交易，而是违反委托人的期望——目前在大多数州的法律中没有救济措施。最近匹兹堡邮报报道的罗纳德的故事就是一个悲惨的案例。[91]

罗纳德与一位带着两个女儿的女士结婚，罗纳德帮助抚养这两个女儿到成年，[92] 并将这两个继女作为他的养老金和遗嘱受益人。[93] 由于他和他的妻子都患病在身，罗纳德授予其母亲广泛的代理权来处理他的事务。[94] 罗纳德的妻子先于他六个月去世。[95] 在罗纳德去世前两周，他的母亲指使他的员工将他的养老金受益人变更为他的兄弟姐妹。[96] 负责办理此事的工作人员，起初不同意办理这项变更，但经过咨询律师后，同意了罗纳德母亲的要求，因为她拥有罗纳德的授权，即"享有委托人应当享有的与养老金有关的一切权利"。[97] 正如报道中所称，罗纳德去世时，"他生前的所有积蓄被转移，他遗嘱中的继承人什么也没得到"。[98]

悲哀的是，根据宾夕法尼亚州法律，罗纳德的继女得不到任何救济，因为罗纳德的母亲享有实际的权力去改变受益人，而这种改变在技术层面上不属于自我交易。这个案例说明了法案保护方法的重要性。例如，创设或改变受益人属于"热权"之一，处理"保险和养老金"事宜必须有明确的授权而不能涵盖在概括性授权中。[99] 即使创设或改变受益人的授权明确地包含在授权委托书中，法案仍然要求所有的代理人"应根据可知的委托人的合理期望"从事代理行为。[100] 此外，法案有一个默认义务即"如果维持委托人的财产计划符合委托人的最佳利益，那么代理人应在知道的范围

---

[90] 同前注。

[91] 参见 丹尼斯·B. 罗迪：《招致麻烦：授权委托书通常会导致权力滥用》，《匹兹堡邮报》2007 年 9 月 2 日，http://www.post-gazette.com/pg/07245/814095-84.stm。

[92] 同前注。

[93] 同前注。

[94] 同前注。

[95] 同前注。

[96] 同前注。

[97] 同前注（引用法条语言）。

[98] 同前注。

[99] 《统一代理权法》第 201 条（a）（4），第 210 条，《统一注释法典》8B 部分，第 22 条（2007）（法律关于保险和养老金的概括性授权的规定）。

[100] 同前注第 114 条（a）（1）。

内努力维持委托人的财产计划"。[⑩] 如果宾夕法尼亚州的法律包含这些保护性规定，罗纳德的继女也许能够对他的代理人的行为找到救济措施。

四、利用持续性代理权在黄金年代做出经济安排

正如前文所述，自主决定权与持续性代理权的保护之间的关系是非常复杂的，立法机关不仅要考虑到委托人的利益，同时也要考虑到代理人和第三人的利益。[⑩] "保护"的对象不仅仅是无能力的委托人，还包括矛盾家庭中害怕承担责任或责任不明确的代理人，以及害怕因不当接受代理行为或拒绝接受代理行为而承担责任的第三人。[⑩] 结果是，委托人自主决定权的实现不仅仅依赖于允许当事人弹性地创设代理权，而且依赖于代理人接受代理的愿望以及第三人接受代理行为的愿望，立法机关在立法过程中必须平衡这些利益。

考虑到委托人、代理人和第三人之间的交叉利益，在自主决定权和保护的对抗中，仅考虑委托人的利益是不够的。尽管如此，下文仍试图探讨在自主决定权和保护的对抗中对委托人有利的最大可能。一方面是对可以代理的行为不受约束地创设代理权的自由，另一方面是对代理行为的负面后果进行保护。

（一）自主决定权与保护的对抗

发生在纽约的案例，关于费拉拉的财产，恰当地说明了代理权具有自主决定权和保护的冲突属性。[⑩] 该案中的死者，乔治·费拉拉，是一位在纽约退休的股票经纪人，居住在佛罗里达州。[⑩] 他最近的亲属是一个哥哥、一个姐姐和他们各自的孩子。[⑩] 费拉拉在佛罗里达居住期间，以遗嘱的方式将其财产遗赠给救世军。[⑩] 之后，当费拉拉患病住院后，他的哥哥约翰和侄子多米尼克前往佛罗里达州看望他。[⑩] 多米尼克事后声称费拉拉表达

[⑩] 同前注第114条（b）(6)。

[⑩] 参见惠顿：《平衡》，前注7（讨论平衡这些利益的需要）。

[⑩] 参见惠顿：《经验》，前注8，第20—24页（讨论明确代理人责任的重要性以及在某些情况下免除其责任的价值）；同前注，第34—39页（分析保护善意接受代理及善意拒绝代理的重要性）。

[⑩] 《东北报告书》（第二版），第852册，第138页。纽约上诉法院，2006年。

[⑩] 同前注，第139页。

[⑩] 同前注。

[⑩] 同前注。

[⑩] 同前注。

了返回纽约的愿望，并要求多米尼克"接受代理，以便他可以处理死者的相关事宜"。❿

费拉拉签署了佛罗里达州授权委托书，之后，在他和多米尼克回到纽约后 10 天，他签署了纽约州简明格式授权委托书，授权多米尼克和约翰为其"实际代理人"。⓫费拉拉授权多米尼克和约翰执行事先写明的全部财产交易行为，并且"签署了一份打印的附件，写明此项授权允许实际代理人将财产无限制地赠与给约翰·费拉拉和多米尼克·费拉拉"。⓬这份打印的附件改变了格式授权委托书的限制义务，即仅允许对委托人的"配偶、子女和更远的晚辈血亲、父母"进行赠与，而且每年的赠与总额不能超过 1 万美元。⓭法律进一步规定这种默认的赠与权力"仅适用于为实现委托人的最佳利益的目的"。⓮

在授权委托书签署后到费拉拉死亡之间的三周内，多米尼克将费拉拉价值 82 万美元的财产转移给自己。⓯多米尼克声称费拉拉多次说"他很高兴让多米尼克拥有全部应由晚辈血亲获得的财产"，而且这种无限制的赠与是为了"满足死者的愿望"。⓰当救世军起诉要求接收费拉拉的财产时，遗嘱检验法院驳回了其请求，理由是授权委托书是有效的，当授权委托书中写明允许赠与的财产可以超过 1 万美元的默认限制时，最佳利益条款被排除适用。⓱

纽约中级法院肯定了这一判决，⓲但是纽约高级法院推翻了此判决。⓳高级法院认为，法律中没有任何规定"暗示当赠与的数额增加或者扩大潜在的受益人时，'最佳利益'原则可以被放弃"，并且"'最佳利益'不包括这种不适当的对代理权人的慷慨赠与，特别是这种赠与实际上使赠与人变得一无所有，而且与赠与人在最近的遗嘱中表达的赠与愿望完全相反"。⓴

⓾　同前注（原文中的括号）。

⓫　同前注，第 140 页。

⓬　同前注（原文中的括号）。

⓭　同前注，第 142 页。

⓮　《纽约州一般义务法》，第 5－1502M（1）条（McKinney 2001）。

⓯　费拉拉：《东北报告书》（第二版），第 852 册，第 140—141 页。

⓰　同前注（原文中的括号）。

⓱　关于费拉拉，第 775 册，纽约州补充资料，第二版，第 470 页（纽约代理法院，2004）。

⓲　关于费拉拉，第 802 册，纽约州补充资料，第二版，第 471 页（纽约上诉庭，2005）。

⓳　费拉拉：《东北报告书》（第二版），第 852 册，第 138 页。

⓴　同前注，第 142—144 页。

一个重病的立遗嘱人表面上给其侄子自我交易的权力而消弱了其在遗嘱中的赠与愿望，确实是值得怀疑的。法院对纽约州代理权法的解释可以阻止委托人将赠与权转移给代理人，除非是为了实现捐赠的目的。所有的案例表明，这种解释支持了对弱势委托人的保护政策，给予当事人符合法律目的的委托代理的自由，包括纯粹的捐赠行为。

我们无法知道费拉拉在他生命的最后几周的时间里所做的委托授权行为是否被完全控制或者完全不受影响，但是交易行为在那种情况下没有被质疑。假设费拉拉的愿望是放弃他的财产计划而利用持续性代理权将财产转移给他的侄子，这种赠与行为是否可因涉及公共政策而被禁止？如果前述事实变更为父母在其生命的最后时间里与其唯一的孩子改善了关系，从而使父母对孩子做出类似的决定，情况又如何呢？

尽管在随后的判决中对费拉拉案可能做出进一步的解释，但法院的判决意见明显地限制了当事人委托捐赠的范围。自主权和保护通常被视为对法律目的的博弈，❷ 统一代理权法案的规定说明了对弱势当事人的保护并非以牺牲当事人创设代理权的自由为代价。事实上，法案中的保护措施增加了当事人自主决定选择代理事项的范围，例如，如果根据委托人的期望或者默认义务而不是根据法案的强制义务去维护当事人的财产计划，立法者也许不希望允许代理人剥夺委托人的财产。同样，法案禁止自我交易的默认义务，在授权委托书中可以被修改，以保证确有此愿望的委托人的意愿得以实现。

(二) 避免代理权被扭曲

为了避免代理权被扭曲而损害委托人的黄金年代，一些预防措施应该被考虑到。正如本文谈到的，根据统一代理权法案，代理权几乎可以适用于所有的财产管理领域。弹性的、保护性的法案使这种安排成为可能，如果没有一个理解委托人的愿望并且愿意实现该愿望的善意代理人，这种安排则无法实现。给当事人提供建议的律师应该帮助他们的客户考虑到代理目标的重要性以及将来可能发生的冲突，例如维持财产计划完整性的目标与委托人的照护需要或者其他家庭成员的需要之间的冲突。"热权"有可能会消弱委托人的财产计划，但同时也可能使委托人的行为符合公共利益，或者可以保护配偶的财产。

---

❷ 劳伦斯·A. 弗罗里克，艾莉森·麦克克瑞斯塔·巴恩斯：《老年法：案例及资料》，第22—26页，2007年第4版。

代理计划的成功依赖于委托人和可能成为代理人的家庭成员之间的沟通,[20] 也依赖于委托人和第三人之间的沟通,例如银行和房产经纪人等代理人最终要打交道的人。这种沟通也许是不方便或不愉快的,但对于阻止权力滥用、消弱代理权或者任意拒绝代理权是必要的,没有法律或者完美的授权委托书可以弥补错误的信息或恶意的代理行为所造成的损失。

五、结　　论

委托代理已经成为黄金年代管理财产的基本方法之一,新的统一代理权法案为那些直接受此影响的人提供了更好的指导——委托人、代理人以及与他们有关的第三人。法案平衡了这些人的利益,其基本目标是为决定使用代理制度的委托人提供低成本、弹性的工具。根据法案,委托人可以在广泛的领域内为任何可以代理的事项创设代理权,这种自由的实现是基于法案对善意交易行为的保护以及对滥用权力的阻止、检查和撤销。这些规定不仅未消弱委托人的自主决定权,相反,它们保证了委托人选择委托代理的自由,同时平衡了受代理关系影响的各方当事人的利益。

---

[20] 老年人的法律顾问,阿拉巴马大学法学院法律诊所项目:《残疾:通过提前安排保持控制权》,http://www.uaelderlaw.org/powers.html,(2008 年 3 月 6 日浏览)(就委托人的期待是否应包括对特定代理人的选择与家属进行讨论,以在委托人有能力时全面了解其愿望及目的)。

统一代理权法：老问题 新方法[*]

Gerry W. Beyer^{**}

翻译：王竹青^{***}

持续性代理权可因许多原因而失败。这篇研究文章探讨了 2006 年《统一代理权法》的一些条款，及该法如何试图应对持续性代理权所面临的挑战，主要集中在以下几点：（1）起草的正规程序；（2）代理人的权力和权限；（3）代理人的行为准则；（4）克服拒绝履行文件。

据统计，目前年龄在 60 岁以下的客户，他们残疾的可能性大于死亡。❶ 因此，预先为可能发生的残疾做计划，以防本人在丧失行为能力时无法管理自己的财产是极度重要的。❷ 概括授权中的财产管理授权通常不是一个可行的选择。

传统代理法中，理论上讲，在委托人没有能力监督代理人的行为时，代理关系终止。这项规则阻止了代理权被用作失能规划的手段。1954 年，弗吉尼亚州首次从法律上承认了持续性代理权，使代理人在委托人失能后仍然可以继续履行代理权。现在所有的州都承认持续性代理权。

为了应对持续性代理权在多年适用中产生的问题，美国统一州法全国

---

* The Uniform Power of Attorney Act：New solutions to old problems，Texas Tech School of Law Legal Studies Research Paper No. 2009 - 03.

** 格里·拜尔（Gerry W. Beyer），普利斯顿·史密斯州立大学校长，德克萨斯理工大学法学教授。拜尔教授获得俄亥俄州立大学最高荣誉法学博士学位。在伊利诺伊大学获得法学硕士和博士学位。之前，拜尔教授在圣马力大学法律系教书，并在其他法律学校任客座教授，包括波士顿学院、拉筹伯大学（墨尔本，澳大利亚）、南卫理公会大学、新墨西哥大学和圣克拉拉大学。他的著作常见于学术和实务导向的出版物中，并且创作出版以及与他人共同创作出版了大量财产规划领域的书籍和文章。拜尔教授经常在法学继续教育项目上做发言，并且是美国信托资产顾问学院的学术研究员。

*** 王竹青：北京科技大学文法学院副教授，美国哥伦比亚大学 2010—2011 年度访问学者。

❶ Pamela Yip，事故对家人产生的负面经济影响大于死亡，休斯顿时报，1996 年 6 月 3 日，1B。

❷ 适当地做预设医疗指示（生前遗嘱、医疗授权书）具有同样的重要性，以便在无行为能力时能够做卫生保健决策。

委员会通过了一系列法律改革，包括 1979 年《统一持续性代理权法》，1988 年《统一法定格式授权书法》和 2006 年最新的《统一代理权法》（UPOAA）。

尽管只有爱达华州和新墨西哥州实施了统一代理权法，但是今年该法已经引入到其他三个州（印第安纳州、马里兰州和弗吉尼亚州）。预期这一法案的通过或其某些规定的适用在将来会得到迅速发展。❸

一、创设程序

1. 法定格式

《统一代理权法》第 301 条包含简明的法定格式，虽然没有要求必须使用，但大多数情况下，委托人会选择使用这个表格。这种表格比许多州现行的表格内容更为广泛。此表格首先说明如何启动一项持续性代理权。然后是以"填空"的形式完成，表格上留有空白供委托人填写其意愿。但是，与某些州的表格不同，《统一代理权法》的表格上列举的权利必须逐项选择（逐一单独书写，或居于带有"之前全部条款"的陈述之后），而不是假定除了未授予的权利外其他权利全部授予。表格上还列举了一些权利，这些权利通常是与赠与权和其他财产规划事宜相关的，如果委托人要授予代理人这些权利，则必须明确说明。

表格上为备选方案以及委托人附言留有空白处。例如，委托人也许不希望某些特定的财产（如祖传遗物或家庭农场）被赠与他人或被出售，因为委托人希望以遗嘱的方式对其进行处置。

委托人可使用此表格提名一名监护人或财产管理人，以便日后需要时使用。需要注意的是，表格不可以包含委托人排除某人被指定为监护人或保护人的条款，这被认为是《统一代理权法》的一个缺陷，对于委托人来说，阻止"居心不良"的子女被指定为监护人或保护人比确定一个"孝顺"的子女享有优先权更为重要。见《统一代理权法》第 108 条（a）。

表格结尾是关于代理人的信息。这一部分材料说明，例如，代理人的义务；具有代理能力的代理人如何签署表格；代理权的终止时间；代理人的责任。表格底部提醒代理人如果对文件或代理人义务有不清楚之处，应

---

❸ 此研究论文不能全面讨论《统一代理权法》的全部条款。更多详细评注，推荐法案报告员瓦尔帕莱索大学法学院琳达·S. 惠顿教授的两篇文章：《〈统一代理权法〉导航》，《国家老年人律师学院》，2007 年 第 1 期；《可以替代监护的持续性代理权：我们学到的经验》，《斯泰森法律评论》，2007 年第 7 期。

寻求法律帮助。

2. 接受代理

根据《统一代理权法》第113条，代理人通过"行使代理权或以代理的方式履行代理义务，或以其他声明或行为表示接受代理"的方式证明其接受代理。

3. 假定持续性

这与先前的统一法律以及各州实质上的法律有着重要变化，代理权目前被假定为持续性，除非有明确的文字否定这一特性，见《统一代理权法》第104条。正如"评注"中解释的："这一改变是基于这样一个假设——多数委托人倾向于代理权是持续性的，以此避免监护权的执行。"

4. 弹性代理权

根据《统一代理权法》第109条，除非另有说明，授权书立即生效。这一规定有好坏两个方面，好的方面：委托人无需担心他/她的头能如何被判定，因为代理人履行职责不以此为条件；坏的方面：代理人可以立即管理委托人的财产，这可能会无意或蓄意地为不适当行为打开渠道。当然，如果委托人担心代理人现在或将来会不适当地从事代理行为，那么委托人应当选择可靠的代理人。"担心"并不是大多数委托人喜欢弹性代理权的原因。"评注"中讲道，原因在于"大多数委托人希望保护隐私，希望永远不需要决策代理人"。

委托人可以明确代理权开始的时间，也可以特定事件作为代理权生效的条件，例如委托人丧失行为能力，见《统一代理权法》第109条（a）。如果委托人选择弹性代理权，那么委托人可能需要指定具体的人员对其丧失行为能力做出判断。然而，如果委托人未指定任何人，则由医生或执业心理医生来判断委托人是否有管理财务的能力。此外，律师、法官或适当的政府官员也可以通过判定委托人失踪、拘留或无法返回美国而启动代理权，见《统一代理权法》第109条（c）。

《统一代理权法》第109条（d）规定，根据《医疗保险和责任法》，判断委托人是否丧失行为能力的人可以作为委托人的"私人代表"，有权获得委托人的医疗记录并与其医生谈话。这种创新的规定使得负有责任的人能够判断弹性事件是否已经发生，以便获得关键信息来做出委托人确实丧失行为能力的结论。

5. 代理人与委托人之间的婚姻问题

如果代理人与委托人有婚姻关系，许多州规定离婚后代理关系终止。

当然，如果当事人在离婚诉讼期间，尽管还未离婚，委托人也不希望代理人享有代理权。作为对先前法律的一项重大补充，《统一代理权法》第110条（b）（3）规定，代理权不仅在离婚后自动终止，同时在分居诉讼开始、婚姻关系解除或无效后也自动终止，除非委托人在委托书中做出相反约定。❹

二、代理人的权利

1. 默认权利

《统一代理权法》涵盖了非常全面的假定委托人会授予代理人的权利；也就是说，这些权利自动体现在授权委托书表格内，见《统一代理权法》第204—217条。❺ 这使得授权委托书表格相对更简明，但也授予代理人广泛的权利，允许其采取委托人可以采取的任何行动。

2. 必须明确授予的权利

根据《统一代理权法》第201条，代理人拥有以下权利，仅在：（1）委托人明确授予代理人这些权利；并且（2）这些权利未被其他协议或文书所禁止：

① 创设、修改、撤销或终止生前信托；

② 做出赠与；

③ 创设或改变生者权利；

④ 创设或改变受益人；

⑤ 将代理人的职权委托给他人；

⑥ 放弃委托人成为联合及生存年金受益人的权利；

⑦ 行使委托人授予代理人的信托权利；

⑧ 放弃财产，包括指定的权利。

即使委托人授予代理人采取上述行为，非代理人的配偶、后代或被继承人的代理人可能无法行使这些权利去"创设代理权，或者是代理人负有法定扶养义务的人，与委托人的财产有利害关系的人，不能从事赠与、生存者权利、指定受益人、放弃声明或是其他"事项的代理。然而，授权委

---

❹ 委托人可能希望在离婚诉讼期间代理人的权利仍可持续，因为"重大疾病以及公共福利的需要"。《统一代理权法》第110条评注。

❺ 本文涉及的代理权种类主要与以下内容相关：不动产、有形个人财产、股票和债权、商品和期权、银行和其他金融机构、公司和商业的运作、保险和年金、资产信托和其他收益权、索赔和诉讼、个人和家庭赡养费、政府项目或公务员或军队服役中的获益、退休计划、税收和赠与。

托书可以改变这些限制，见《统一代理权法》第 201 条（b）。"评注"的例子可以说明："没有委托人在授权委托书中的明确授权，非亲属关系的代理人不能对代理人本人进行赠与，或者对依赖代理人的人进行赠与。与之相对，有明确赠与权限的配偶代理人，可以根据委托人的期望，在授权委托书无附加授权的情况下，每年对家庭成员从事赠与行为。"

3. 赠与权的特殊规定

即使委托人授予代理人赠与的权利，此权限也是有限的，除非委托人明确改变了《统一代理权法》第 217 条的限制。赠与的金额受限于联邦赠与税年度豁免金额（或其金额的两倍，如果委托人的配偶同意拆分赠与权）。代理人不得做出赠与，除非代理人认定赠与符合下列条件之一：（1）与委托人的目的相符合，且代理人实际上知道委托人的目的是什么。（2）考虑到例如委托人财产的价值和本质等因素，与委托人最佳利益相一致；委托人可预见的义务以及抚养的需要；所得税和转让税的最小化；具有政府援助资格（例如：医疗补助计划），以及委托人做出赠与的历史记录。

4. 监护人指定的分歧

如果法庭为拥有代理人的委托人指定一名监护人或保护人，如果法庭指定的人不是代理人，就容易产生冲突。与先前的统一法案和许多州的法律不同，除非代理人的权限被法庭限制、暂缓或终止，代理人的权限持续有效并优先于监护人的权限。《统一代理权法》第 108 条（b）。这一规定似乎更能与委托人的意愿相一致，因为委托人亲自挑选的代理人比可能没有任何了解的被指定的监护人更有利于委托人。

多数情况下，当客户指定代理人和继任代理人时，应指定同一人为监护人或继任监护人。这有利于对财产的无缝管理，因为，如果由于某种原因法庭需要指定一名监护人时，法庭已经知道客户所希望被指定的人选。此外，正如"评注"所解释的，这一方法可以阻止"以阻碍代理人权利来获得对弱势委托人的控制权为目的的监护申请"。例如，代理人可能已经指定她的孩子 A 为她的代理人，并且 A 工作出色，能很好地管理父母的财产，并使用他/她的钱为她提供高水平的照顾。另外，孩子 B，对此"浪费"感到不满并想让 A 停止花费预期的遗产。如果 B 提出监护人申请，那么 A 具有优先权，除非 B 能够向法庭证明不能指定 A 为监护人的合理原因。

5. 死亡后的权利行使

通常，代理人的权利即使是持续性代理权，也会在委托人死亡后终止。然而，《统一代理权法》第110条（d）规定，只要代理人善意履行权利并实际上对委托人的死亡不知情，代理人的权利则持续有效。

6. 多个代理人的权利

通常，委托人不应该指定共同代理人（由于与继任代理人相对立），因为如果只有其中一名代理人在场很难实现对两人的委托。此外，如果委托人指定的共同代理人的数量为双数，则会导致僵局的出现，可能需要法庭的介入。

认清了这些问题，《统一代理权法》第111条规定每一位代理人应独立行使权利。如果委托人愿意，委托人可以明确规定要求所有人同意或多数人同意。尽管如此，最谨慎的还是一次指定一位代理人，因为按照"评注"中所陈述的，指定共同代理人"会很大程度上引发对委托人财产采取不一致行动的危险"或"共同代理人会利用其代理权争夺对委托人及其财产的控制"。

通常，代理人不会对另一个代理人违背诚信义务的行为负责，除非此代理人参与或隐瞒了该行为。（《统一代理权法》第111条（c））因此，共同代理人没有义务对彼此的行为进行监督。然而，如果代理人事实上知晓共同代理人违约或可能违约，此代理人必须告知委托人，如果委托人已经丧失行为能力，则可采取一切适当行为保护委托人的最佳利益。如果代理人不采取行动，则应对采取合理手段可避免的任何可预见的损失承担责任。（《统一代理权法》第111条（d））

三、行为标准

1. 不可放弃的义务

代理人受《统一代理权法》第114条（a）的约束，不管授权委托书的条款以及委托人的意向如何。这些不可放弃的诚信义务包括：（1）代理人在知晓的范围内与委托人的合理期望保持一致，如果不知晓，则与委托人的最佳利益相一致；（2）善意；（3）在授权委托书授予的范围内行事。

2. 可放弃的义务

《统一代理权法》第114条（b）款涵盖了广泛的一般代理人应履行的义务。这些义务包括：（1）忠实于委托人的利益；（2）避免利益冲突；（3）正常的照护、尽责、勤勉；（4）保留记录和收据；（5）与委托人的医疗代理人协力配合；（6）如果有利于委托人的最佳利益，可以维护委托人的财产计划。与《统一代理权法》第114条（a）规定的义务不同，委托人可以对上述内容做出相反约定，例如允许代理人自我交易或从事与委托人利益冲突的代理行为。

根据《统一代理权法》第114条，委托人可以降低代理人的照顾义务标准。当委托缺乏专业财产管理技能的家庭成员或朋友时，委托人可以做出此行为。然而，委托人不可以过度降低标准；也就是不管代理人如何辩解，代理人都应对不当行为、不良动机、漠视代理意图或委托人最佳利益的行为负责。

如果委托人选择代理人是因为代理人具有或者使委托人认为其具有某种特殊技能或专业技能，代理人则受到这些技能的约束，除非授权委托书有相反约定。（《统 代理权法》第114条（e））

3. 忠实义务

根据普通法，受托人例如代理人，不能从受托人的角色中获利，即使这些获利没有给委托人造成损害。这一规定与《统一代理权法》第114条（d）相反，即代理人在为委托人最佳利益行事时，"不需仅仅因为代理人从委托人的财产或其他事务中获利或利益冲突而负责"。"评注"声称"把最佳利益而非单一利益作为代理人忠实基准的公共政策与这样一个客观事实相一致，即大多数的代理人是家庭成员，由于共同财产所有权或遗产继承期望而与委托人有内在的利益冲突"。

4. 免责条款

委托人可以免除代理人违反大多数义务的责任。然而，委托人不能免除代理人因不正当动机、不顾后果地漠视代理权或委托人的最佳利益而导致的违约责任。此外，包含滥用委托人的机密或授信关系的免责条款不能强制执行。（见《统一代理权法》第115条）

免责条款不能程序化地嵌入授权委托书中。然而，如"评注"中表明的，"如果委托人担心有争议的家庭成员为了控制委托人的财产而抨击代理人的行为，免责条款可以制止此种行为或最小化其成功的可能性"。

5. 补偿代理人

除非委托人明确表明，否则代理人有权获得合理的补偿，以及代理人为委托人利益而产生的合理花费的补偿。（见《统一代理权法》第112条）尽管家庭成员作为代理人通常是自愿无偿的，但"评注"中仍指出"当委托人需要消耗其收入或资源来达到获取公共福利的资格时，对代理人的补偿可能对委托人有利"。

6. 审查代理人的行为

《统一代理权法》第 116 条（a）规定了详细的主体名单，这些主体可以请求适当的法院解释授权委托书并审查代理人的行为。被授予此权利的主体包括：委托人，代理人，委托人的监护人或保护人，医疗授权和预设医疗指示的代理人，委托人的近亲属（配偶、父/母、后代和假定继承人）；合同书、信托或类似的非遗嘱认证资产上指定的死亡受益人，有权保护委托人福利的政府机构，委托人的照顾者，被要求接受委托的个人，以及任何表明对委托人福利有兴趣的人。如果委托人有行为能力，法庭必须根据委托人的请求撤销以上主体提出的请求。（见《统一代理权法》第116 条（b））

如果代理人违约，需对委托人（或委托人权利的继任者）承担责任。责任包括：（1）恢复或归还委托人的财产或违约造成的损失；（2）赔偿律师费及花销。（见《统一代理权法》第 117 条）注意这些救济不是唯一的，因此如果法庭规定额外的救济，这些救济依然有效。（见《统一代理权法》第 123 条）

7. 拒绝代理权

也许代理权最显著的现实问题就是代理人不能强迫第三方接受代理行为。一些机构以断然拒绝代理权、让代理人为难而出名，不管授权委托书撰写得多么有利。为了保护依赖代理权的人，《统一代理权法》为解决这个问题采取了若干措施。

首先，《统一代理权法》第 119 条保护善意信赖代理权的人，只要他们实际上不知晓代理权已撤销、终止、无效或代理人已越权或不当行使权利。

其次，《统一代理权法》第 120 条对于在某些情况下拒绝接受代理权的个人施加责任。该条包括两个方案可供制定法律的州选择。唯一的不同在于"A 方案"要求具有法律效力的授权委托书是法定格式，"B 方案"适用于任何被公认为适当的授权委托书。下面总结了这个"强迫接受"是如何运作的。

个人有 7 个工作日的时间来决定是否：（1）接受代理人的代理权；（2）要求 a. 代理人关于委托人、代理人或代理权的真实性的证明（伪证罪下的证明标准）❻；b. 如果是非英文书写的需翻译成英文；c. 关于任何

---

❻ 此证明的表格见《统一代理权法》第 302 条。

有关代理人权利法律问题的律师意见，只要要求中包含了书面要求或其他记载。如果个人根据第（2）条提出要求，则必须在收到证明、翻译材料或顾问意见的 5 个工作日内接受代理权。请注意可能不会要求委托人使用附加形式表格或不同的形式表格。（《统一代理权法》第 120 条（a））

尽管这样，如果个人仍不接受代理权，法庭可以命令其接受。此外，个人对代理人在确认授权委托书有效或强迫个人接受代理权的过程中所引发的律师费及花销由个人负责。（《统一代理权法》第 120 条（c））

《统一代理权法》第 120 条（b）列举了一系列情况，在这些情况下代理人的权利不需要被接受。例如，第三方不需要遵循代理人的指示，如果：交易不符合联邦法律；个人知晓代理人的权利已被终止；个人有足够理由认为代理权无效或代理人缺乏代理权限，即使代理人提供了证明、翻译文件或顾问意见；或个人已经做了或知道有人已经向相关国家机关做了报告，诚意宣称委托人可能遭受代理人身体和经济上的虐待、忽视、剥削或遗弃。

8. 便携性

根据调查报告，每年大约有 1/6 的美国人搬家，美国人一生中平均搬家次数为 12 次。因此《统一代理权法》的起草人认为持续性授权委托书应尽可能便携。《统一代理权法》第 106 条规定在另一司法管辖区制订的授权委托书在本州内有效，只要委托人的授权行为符合（1）司法管辖区法律，委托人表明根据法律规定决定司法管辖区或者对司法管辖区做出特别约定；或（2）如果委托人未指明司法管辖区，则适用委托人做出授权行为时所在的司法管辖区的法律。《统一代理权法》第 107 条规定授权的内容和效力同样受另一司法管辖权的制约。"评注"中解释道，"委托人意图授予的权利不会由于代理人在不同的司法管辖区行使而扩大或缩小。"❼

9. 其他值得注意的条款

代理人不再被称为"事实律师"。非律师人员经常被"事实律师"这一概念所迷惑并且没有意识到其指的是代理人，而不是律师。为了消除这种困惑，《统一代理权法》不再使用这 概念。（《统一代理权法》第 102 条（1））

委托人缺乏管理权被称为"无行为能力"。通常认为，残疾人有能力

---

❼ 更多关于交互管辖权问题，见琳达·S. 惠顿：《穿越州界的持续性代理权》，PROB. PROP.，9/10 月，2003，28，或参见《统一代理权法》第 201 条（f），其中规定代理人可以行使对财产的权利，"不管该财产是否位于本州，或者代理权是否在本州行使，或者授权委托书是否在本州签署"。

管理他们的财产和商务，《统一代理权法》所指的委托人需要协助管理财产是指委托人缺乏行为能力，而不是残疾。（《统一代理权法》第 102 条（5））

遗产受益人不因失去赠与权而承担责任。代理人的许多行为都可能会对委托人死亡后财产处置产生影响。例如，假定委托人的遗嘱留给：孩子 A 一套房产；孩子 B 50 000 美元；其余的留给孩子 C。C 也是委托人死亡后的银行账户的受益人。委托人所做的关于从哪里获得资金去支付花销的决定，如房产抵押、出售财产或提取银行账户的存款，都会对其子女在委托人死后获得财产的数量有影响。除非放弃，《统一代理权法》第 114 条（a）（6）要求代理人按照其实际了解的情况尽可能保持委托人的财产计划。《统一代理权法》第 114 条（c）为代理人提供了从责任到委托人财产受益人的保护，只要代理人的行为是善意的。很重要的一点，代理人并未被要求与委托人的律师联系，并被要求查看委托人的遗嘱或其他财产安排文件，以便做出知情决策。

辞职。如果委托人仍然有行为能力，代理人辞职仅需通知委托人。然而，如果委托人已丧失行为能力，代理人必须通知其监护人或保护人，以及共同代理人或继任代理人。如果无法通知以上人员，代理人必须通知委托人的照顾者，或对委托人的利益足够关心的人，或有权保护委托人福利的政府机构。（《统一代理权法》第 118 条）

四、一般性建议

1. 代理人的选择

显然，代理人必须是委托人绝对信任的人。然而，仍有许多需考量之处。在指定代理人之前，委托人应确定代理人愿意投入必要的时间和精力来履行代理责任。代理人与委托人应认真讨论委托人的财产状况以及委托人在丧失行为能力的情况下其财产应如何被管理。代理人不仅要有履行代理责任的意愿，并且要与被代理人及其财产相对接近，一个住在纽约的人很难为住在阿拉斯加的人做代理人。

2. 委托人的名称

授权委托书中委托人的名称要和其他与财产相关的材料相一致，如契据、产权证书、银行账户。例如，在实际的房地产交易中，不动产审查员倾向于受让人和授予人指定的人匹配，而不愿意去确定受让人是否是"佩吉·史密斯"或者授予人是否是"玛格丽特·史密斯·琼"。

五、结　　论

《统一代理权法》做出了杰出的贡献，它体现了法律的现代化，反映了立法趋势和社会实践。立法的进步使持续性代理权更易被接受，并使滥用代理权更为困难。然而，此法案并不是代理权法实践的结束，因此从业人员必须更警觉地查明委托人的愿望，考虑可应用的法律以及相关事实，然后制订不同的代理权以满足不同客户的需要。

无人负责：持续性代理权及对丧失行为能力人保护的失败[*]

Jennifer L. Rhein^{**}

翻译：张　虹^{***}

校对：王竹青^{****}

【摘要】持续性代理权允许委托人在丧失行为能力时选择代理人来代其行事。可是，如果没有选到正确的代理人，持续性代理权则可能成为欺诈老年人财产的工具，夺去他们毕生的积蓄。持续性委托代理协议是根据代理法制定的，常常赋予代理人巨大的权利，包括有权变卖老人的房子和财产、投资、取消各种保险、变更继承人和取走银行全部存款。持续性代理权的基础是委托人丧失行为能力，而代理权的基础却是委托人具有监督代理人的能力。这就意味着持续性代理权让老人处于被人操纵和欺诈的弱势地位，所以对那些已丧失监督能力的委托人需要加强保护。本文参照、比较美国和英国最近的有关立法，认为登记、通知和证人签字有助于保护失去行为能力的委托人，同时又可以保留持续性代理权受老人和其家人欢迎的简单性、灵活性和方便性。

一、概述

71 岁的伊莲处在一个非常糟糕的境地。[1] 她患有肾衰竭，需要住院较

---

　* NO ONE IN CHARGE: DURABLE POWERS OF ATTORNEY AND THE FAILURE TO PROTECT INCAPACITATED PRINCIPALS, 17 Elder L. J. 165 2009.

　** Jennifer L. Rhein，《老年法》杂志助理编辑，2008—2009 年写作竞赛协调人，2007—2008 年写作竞赛成员；伊利诺伊大学厄巴纳—香槟分校法学博士（J. D.），2009；威斯康星大学麦迪逊分校学士，2002.

　*** 张虹：美国科比大学（Colby College）东亚系副教授。

　**** 王竹青：北京科技大学文法学院副教授，美国哥伦比亚大学 2010—2011 年度访问学者。

　❶ 参见 Thomas Hilliard，Schuyler 分析与倡导中心：《代理权失败（的案例）：代理权和对纽约老年人状况的探讨》（2006），网址：http://www.scaany.org/resources/documents/power_failures.pdf。

长一段时间。❷ 她需要一个人在她住院期间帮她交纳房租和电费，否则她就会失去她的公寓。❸ 当伊莲的妹妹安妮同意在伊莲住院期间处理她的财务时，伊莲以为安妮是她的救星。❹ 听从安妮的建议，伊莲创设了代理权——一项常见的法律手段，让安妮具有合法的权利来代表姐姐签署所有文件。❺ 病愈后，伊莲去银行时发现安妮根本不是她的救星❻ 在代理权的法律庇护下，安妮将伊莲毕生的积蓄约 5 万美元几乎全数取走并在亚特兰市赌博时全部输光。❼

对很多像伊莲和安妮这样的老年人和他们的家人来说，财务上的持续性代理权可以非常有用，因为其简单、方便和灵活❽ 但是伊莲却发现把代理权给了妹妹以后，这些特点变为一个被人欺诈的有效工具。❾ 代理权具有合法性，是由委托人指定另一个人作为自己的代理人并授予代理人代表自己处理所指定的具体事项或相关事项的权利。❿ 一般性的代理权在委托人失去行为能力时终止，但是持续性代理权则无论委托人是否失去行为能力仍然有效。⓫

在理想的情况下，持续性代理权可以提高委托人的自主性，因为他们可以选择自己的代理人，在自己失去行为能力时可以由代理人代替他们处理各项事务。⓬ 但是如果代理人选择不当，持续性代理权则极有可能让委托人遭受欺诈。⓭ 伊莲的遭遇仅是成千上万起案例中的一个。仅在 2004 年，一项对 19 个州关于老年人受骗投诉到成人保护服务机构的研究发现，

---

❷ 同上注。

❸ 同上注。

❹ 同上注。

❺ 同上注。

❻ 同上注。

❼ 同上注，第 3 页。纽约州法院代表伊莲对她的案例进行了干预，最终安妮把钱退还给了伊莲。可是由州法院出面干预的情况不多见；只有 1/7 的案例被起诉。

❽ 同上注。

❾ 同上注，第 2 页。

❿ 3AM. JUR. 2DAgency §21（2002）. 在英国，当事人被指称为"授予者"，代理人为"代办人"。参见公共监护办公室：《持续性代理权》，http：//www. publicguardian. gov. uk/arrange-ments/lpa. htm（2008 年 12 月 11 日浏览）。为了简洁明了，本文通篇只采用"当事人"和"代理人"表述方式。

⓫ 《代理重述权》（3）§3.08（2006）。

⓬ JONATHANFEDERMAN&MEGREED，政府法律中心：《滥用和持续性代理权：修订的意见》，第 4—5 页（1994）。http：//www. goverrunentlaw. org/files/1993_ Sandman. pdf.

⓭ 同上注。

有 52 000 千件投诉有关老年人的经济欺诈。⑭ 这些数字还不包括更庞大的没有上报的老年人受虐待的案例。⑮ 以下是几个经济剥削的案例。

● 路易斯，76 岁，没有家人住在附近。他在教会认识了凯特林和罗伯特夫妇。⑯ 这对夫妻说服路易斯让他们有法定的代理权来代表他。⑰ 在把代理权交给罗伯特和凯特林不久，路易斯被诊断出患有早期老年痴呆，据称罗伯特和凯特林夫妇就开始陆续取走路易斯银行的存款。⑱ 他们被控不正当取走路易斯 84 000 多美元的存款，因 7 项非法偷窃和 1 项合谋欺诈行为而受到法庭审判。⑲

● 87 岁的伊丽莎白告诉她儿子她想搬到一家比较高档的老年公寓去住。⑳ 当她儿子说她住不起时，她觉得事情不对。㉑ 几年前，她创设了持续性代理权让她的儿子处理她的财务。㉒ 她把她的担心告诉了一个朋友，这个朋友就与成人保护服务机构联系。接下来的调查发现伊丽莎白的儿子把她银行账户的 225 000 美元转到了自己的银行账户。㉓ 幸运的是他没有把钱花掉，这些钱得以返还给伊丽莎白。㉔

● 卫斯理，85 岁，近期丧妻，自己患有阿尔茨海默症。2002 年㉕他认识了曾经做过郡县助理警官的麦克。麦克说服卫斯理开设了一个两人合用的银行账号，并让麦克具有处理卫斯理财务事项的代理权。㉖ 两年后，卫

⑭ Pamela Teaser 等，老年欺诈国家研究中心：《州政府老年保护服务部 2004 年调查：60 和 60 岁以上老年人被欺诈的问题》（2006），第 5—6 页。

⑮ 老年欺诈国家研究中心：《实情数据：老年受欺诈问题普遍和案例》（2005），http：//www.ncea.aoa.gov/ncearoot/Main_Site/pdf/publication/Final Statistics050331.pdf。"据估计有一起向有关当局上报的老年人受欺诈、忽略、剥削或自我忽略的案例，就有 5 例没有上报。"

⑯ 新闻公告：《宾夕法尼亚州州立法庭庭长 Corbett 宣布对 Schuylkill 郡的一对夫妇因骗取一位老人 84 000 美元一案提起刑事起诉》（2007 年 11 月 29 日），http：//www.attorneygeneral.gov/press.aspx？id=3 159。

⑰ 同上注。

⑱ 同上注。

⑲ 同上注。

⑳ Toddi Gutner：《"授权骗取"老人钱财》，《商业周刊》，2006 年 6 月 5 日，http：//www.businessweek.com/print/magazine/content/06_23/b3987113.hhn？chan=gl。

㉑ 同上注。

㉒ 同上注。

㉓ 同上注。

㉔ 同上注。

㉕ Dean Mosiman：《虐待老人：无语的羞辱。第四天：容易的目标》，《华尔街日报》，2007 年 11 月 7 日，http：//www.madison.com/wsj/spe/elder/index.php？ntid=254558&ntpid=l5。

㉖ 同上注。

斯理去世，这时继承人发现麦克已从卫斯理的账户中取走了 50 万美元。**㉗**卫斯理的继承人通过诉讼追讨损失，目前只拿回 20 万美元。**㉘**

伊莲、路易斯、伊丽莎白和卫斯理这些老人都是由于持续性代理权的不当使用在财务问题上遭受欺骗。持续性代理人有权出售老人的房产和其他财产、投资、取消保险计划或指定新的继承人，甚至全数取走银行存款。**㉙** 1993 年的一项全国调查发现，94% 的律师、社会服务机构、地区老龄管理部门、区检察官和法院代理法官认为持续性代理权滥用的现象存在；约 2/3 的人知道代理权滥用的具体案例，38% 的人遇到 6 次以上代理权滥用的案例。**㉚**

利用代理权对老人进行经济剥削的方法很多，**㉛** 本文重点强调应对那些不能对自己选定的代理人进行监督的委托人加强保护。在代理法的假定作用和持续性代理权之间存在着一个内在的矛盾。代理法的假定是创设代理关系的人有能力监督其指定的代理人处理各种事务。**㉜** 但是持续性代理权却与此相反，它是在委托人丧失监督能力后，令代理人持续有权代表委托人处理相关事务，**㉝** 一旦委托人丧失行为能力，委托人对自己指定的代理人就完全丧失了监督能力。**㉞**

本文第二部分对美国持续性代理权法做了概括介绍，包括持续性代理权法的基本特点、发展情况以及在立法上的新趋势。第三部分重点讨论了老年人普遍遭受经济欺诈的情况，以及最新立法未能对失去行为能力的委

㉗ 同上注。

㉘ 同上注。

㉙ 参阅 Russ ex rel. Schwarts 对 Russ 一案。734N. W. 2d 874，888（威斯康星州，2007）（Abra - hamson，J．，concurring）。

㉚ Hans A. Lapping：《授权盗窃：默示的礼物赠与权和代理权》，《老年法杂志》，第 143 页，第 167—168 页，1996 年。

㉛ 一些滥用代理权的案例包括在当事人大脑思维能力有问题的时候使其签订代理权，代理权已结束仍继续使用（比如，当事人开始失能，但是代理权不是持续性的），或超越代理权。Thomas L. Hafemeister：《家庭内部对老年人的财务滥用》，引自《老龄化的美国对老人的虐待：滥用代理权、忽略和欺诈》第 382 页、第 426 页（Richard J. Bonnie & Robert B. Wallace eds．，2003）。

㉜ 引自《代理权重述》（三）导论（2006）。普通法的代理权是对当事人和代理人之间的关系的定义，这个定义的前提是当事人有能力同意让代理人代理并有权监督代理人或取消代理，除非另有规定要保护与代理关系不同的利益。

㉝ 同上。（法律允许当事人启动持续性代理权，一个不因当事人失能而取消的代理权。）

㉞ 纽约州总检察长办公室 Andrew Guomo："什么是代理权？"，http：//www. oag. state. ny. us/bureaus/health_ care/seniors/pwrat. html（2008 年 12 月 11 日浏览）。（没有官方的或政府的部门监督代理人，那是当事人的责任。）

托人起到保护作用的原因。第四部分探讨了英国2005年《意思能力法》,⑯
以及政府采取大力行动保护失去行为能力委托人的案例,并与美国最近的
相关立法进行了比较。最后,第五部分提出实施统一的代理权法并增加三
项保护措施:登记、通知和证人签字。这些保护措施既对创设持续性代理
权的失去行为能力的委托人起到了一定的保护作用,同时又保留了持续性
代理权颇受老年人及其家人欢迎的简单、灵活和方便的特点。

二、背景情况

持续性代理权常常被形容为一个"简单有力"的工具。⑯ 目前,每个
州都有自己的持续性代理权法。⑰ 本文首先回顾了持续性代理权的主要特
征,比如创设代理权的一般条件,代理权如何发生效力,在委托人和代理
人之间产生什么责任,然后简要地总结了持续性代理权的基础和早期演变
过程,以及与其相关的难点。最后,讨论了最近的立法变化以及这些变化
如何帮助持续性代理权适应各州不同的法律,并提出了对现有问题的解决
方案。

(一) 持续性代理权 (durable power of attorney) 的特征

代理权创设了一种代理关系使得"委托人授权代理人代表自己"。⑱ 在
传统的代理关系中,一旦委托人失去行为能力,代理关系随之结束。但是
持续性代理权即使在委托人失去行为能力后代理关系依然存在。⑲ 在美国,
委托人能创设两种持续性代理权,⑳ 一种是财务持续性代理权,让代理人
有权处理委托人的财务事宜。㉑ 另一种是卫生保健持续性代理权,让代理

---

⑯　2005年《意思能力法》, c. 9, http://www.opsi.gov.uk/ACTS/acts2005/pdf/ukpga_20050009_
en.pdf。

⑯　例如,前面提到的 Schwarts 对 Russ 一案。734N.W.2d874, 888 (Wis. 2007) (Abra-ham-
son, J., concurring); Lapping, 前注30, 第167页。

⑰　Nina A. Kohn.《老人赋权作为阻止隐性滥用持续性代理权的一个策略》, Rutgers 法律期刊,
59期, 6-7 (2006)。

⑱　Carolyn L. Dessin:《财务持续性代理权人的职责:没有明确规定的角色》, 75NEB,《法律
期刊》, 第574页、第576页, 1996年。

⑲　同上注, 第587—588页; Lapping, 前注30, 144 n.3. 很难决定一个老年人什么时候开始
失去做决定的能力。Jennifer Moye 和 Daniel C. Marson, 评估老年人自我做决定的能力:一个新兴的
实践和研究领域,《老年学杂志:心理学科》, 2007年。这篇文章讨论了能力评估的重要性以及决
定能力的很多因素。

⑳　Dessin, 前注38, 第580页。

㉑　同上注。

人有权做出医疗决定。⓬ 每种代理权的应用在法律上是有区别的，本文仅讨论财务持续性代理权。

持续性代理权法由各州制定和负责，因此对持续性代理权的条件各州规定有所不同。⓭ 一般来说，创设代理权的条件比较简单：在创设代理权时委托人必须具有意思能力，代理协议必须是书面形式并由委托人签字；委托人必须清楚表明代理权是持续性的。⓮ 有些州还要求代理协议进行公证或者有证人见证，或两者均具备。⓯

委托人在创设代理权时，必须决定代理权的生效时间以及范围。代理权可以是立即生效或是"弹性"⓰ 生效。立即生效的代理权在委托人签署代理协议时生效，代理人即刻可以代表委托人处理事务，代理人有权在委托人失去行为能力后继续行使代埋权。⓱ "弹性"代理权不是立即授权给代理人，而是在委托人丧失行为能力时，代理权才开始生效。⓲ 代理权的范围可以是广泛的，也可以是有限的。⓳ 如果代理权的范围是广泛的，代埋人可以全权处理州法规定的一切事务；⓴ 如果是有限的，代理人的权利仅限于授权委托书所指定的某些事务。㉑

虽然州法使得代理权有持续性，但代理权本身则来自普通法中的代理。代理权产生一种代理关系，所以"在决定代理人权利和责任时可以适用代理原则"。㉒ 代理权法使得代理人有一种信托责任，要求代理人在为委托人处理代理范围内的事务时必须忠实于委托人的利益，㉓ 这种忠实责任

⓬ 同上注。

⓭ 参见 Kohn，前注 37，第 6—7 页。

⓮ Dessin，前注 38，第 581—582 页。虽然大多数州要求当事人直接表明代理权是持续性的，但是有些州只把代理权作为一种工具而在启动持续性代理权时没有明确的持续性条文。

⓯ 《财务持续性代理权形式：各州具体执行的要求》，http://www.medlawplus.com/library/legal/durablepowerofattorney3.htm（最近一次访问此网站的时间是 2008 年 12 月 11 日）。

⓰ Dessin，前注 38，第 577 页。

⓱ 同上注。让持续性代理权立即生效的一段表述是："代理权不应该受到当事人后来失能或时间的影响"。3AM. JUR. 2DAgency § 26（2002）。

⓲ Dessin，前注 38，第 577 页。代表"弹性"生效代理权的一段表述是"代理权在当事人失能时开始生效"。3AM. JUR. 2D Agency § 26（2002）。

⓳ Kohn，前注 37，第 4 页。

⓴ 同上注。

㉑ 同上注。

㉒ 有关 Little John 的遗产问题，参阅 698N. W. 2d923，925（N. D. 2005）。不变动的代办人是代理人的另一个称呼。参见《统一代理权法》的前言注（2006 年修订），88U. L. A. 24 - 27（Supp. 2008）。

㉓ 代理重述（三）§ 8.01（2006）。

要求代理人：（1）不要擅自行事；（2）不要代表相对方处理委托人的事务；（3）不要与委托人竞争；（4）一切按照代理人和委托人之间的协议行事；（5）达到类似情况下一般代理人应当具备的认真、效率和勤奋标准。[54]

（二）持续性代理权的基础和演变[55]

1954 年，弗吉尼亚州颁布了第一个允许代理人为失去行为能力委托人处理事务的代理权法。[56] 在 1954 年以前，代理权只存在于普通法且一旦委托人失去行为能力，代理权即终止。[57] 没有持续性意味着代理权对于可能丧失行为能力的老年人不是一个制订长期计划的有效工具。一般性的代理权在最需要发挥作用时效力终止——即委托人丧失行为能力时。[58]

1964 年，弗吉尼亚州法通过 10 年之后，统一州法全国委员会（NCCUSL）颁布了《示范性小额财产代理权法》（1964 年法）。[59] 1964 年法的前言如此描述代理权法的作用："对于那些身体残疾和可能残疾的老年人——其财产数目不大，收入不高——为有代理人帮助其处理财产或个人事务提供一个简单且廉价的法律手段。"[60] 在某种程度上，1964 年法比后来的法规更全面一些，[61] 但是它没有在很多州被广泛接受。[62] 不管怎样，1964 年法为 1969 年《统一遗嘱认证法典》奠定了基础，而且后来各州在制定持续性代理权法时借用了此法的一些规定。[63]

1969 年《统一遗嘱认证法典》首次使用了我们今天所了解的持续性代理权概念，把代理人的代理权延伸到委托人丧失行为能力后。[64]《统一遗嘱

---

[54] 同上注。§ § 8.02 -.08。

[55] 有关对持续性代理权历史更详细的论述，参见 Karen E. Boxx 的《持续性代理权与家庭授信关系》，《乔治州法律期刊》，第 36 期（1），第 4—15 页（2001 年）。

[56] 弗吉尼亚州法律，ANN. § 11 - 9.1（West2006）。

[57] Kohn，前注 37，第 5 页。

[58] 同上注。第 5—6 页。

[59] Dessin，前注 38，第 577 页。

[60] MichaelN. Schmitt 和 StevenA. Hatfield：《持续性代理权：申请和局限》，132MIL. L. REV. 203，205n. 8（1991）。选自《示范性小额财产特别代理权法》前言，转载在 NCCUSL 大会手册和第 73 届年会的会议资料集上（1964 年），前言进一步规定此代理权法不涉及大额财产，也不会用来完全替代接管权或监护权，只是一个费用比较小的另一个选择。

[61] 比如，1964 年法包括了代理人问责的三个不同的标准并要求代理人对他们的行为负法律责任。参阅《示范性小额财产特别代理权法》§ § 7，9（1964）。

[62] Dessin，前注 38，第 578—579 页。

[63] 同上注。

[64] 参阅 UNIF. 遗产法规 § § 5 - 501，5 - 502，8U. L. A. 513 - 514（1989）。

认证法典》实施 10 年后，30 多个州采用了形式不同的持续性代理权法。[65]
1979 年统一州法全国委员会制定了《统一持续性代理权法》，成为一个与
《统一遗嘱认证法典》第 5 - 501 到 5 - 505 条[66]并行的独立法律。[67] 此法根
据"一项建议而创设，即独立的统一法案（各州应采纳，不包括《统一遗
嘱认证法典》的其他部分）——在很多州将受欢迎"[68]。到 1984 年，所有
50 个州和华盛顿特区都制定了持续性代理权法。[69]

1969 年《统一遗嘱认证法典》和 1979 年《统一持续性代理权法》使
用简单，费用不高，几乎没有任何限制，而且包括对第三方的保护措施。[70]
持续性代理权的廉价和灵活使之成为颇受欢迎的财务计划工具，但是这些
特点也容易引起使用不当，造成对弱势委托人的剥削。[71] 20 世纪 90 年代初
期，老年人利益倡导者开始关注持续性代理权对老年人的经济剥削。[72] 为
了回应日益上升的对老年人虐待的担忧，州政府开始增加对滥用持续性代理
权的惩罚并设置监督机制。[73] 目前，州政府仍在寻求制止滥用持续性代理权
的方法，同时尽量保留持续性代理权作为一项有效的财产计划工具的作用。[74]

（三）最新进展：2006 年《统一代理权法》

与持续性代理权相关的法律一直在变化。各州不断颁布新的法律来保
护老年人免受经济欺诈。[75] 但是比各州在这方面的努力更具有重要意义的

---

[65] 同上注。1969 年《统一遗嘱认证法典》也给予代理人在当事人去世后代其处理事务一些
有限制的保护。参阅同上；Dessin，前注 38，第 579 页，小注 25。

[66] FEDERMAN&REED，前注 12，第 13 页。

[67] 同上注。第 14—15 页。

[68] 同上注（选自 UNIF《遗产法》。§§5 - 501to - 505）。

[69] Boxx，前注 55，第 12 页。

[70] 同上注。

[71] Dessin，前注 38，第 582 页，第 584 页。

[72] 对于这类经济剥削的案例，既有一些传闻记录也有一些定量研究来体现问题存在的广度。
参见 FEDERMAN&REED，前注 12，第 28—46 页；E. ThomasSchilling，"ACTEC 老年法委员会对可
能滥用经济代理权的问卷调查报告"21 AM. C. TR. &EST. COUNS. J. 247，247 - 50（1995）；Dav-
idM. Eng - lih&KimberlyK. Wolff，"代理权使用情况调查结果"，PROB. &PROP.，Jan. - Feb. 1996，
at 33—34。

[73] Boxx，前注 55，第 13 页（比如，引用 720 ILL COMP. STAT. ANN. §5/16 - 1.3（aHc）
（West1992&Supp. 2001）（加以刑法处理）；N. H. REV. STAT. ANN. §506：7（1997）（允许相关人员
向法庭提出要求对代理人进行监察）。

[74] 参见 Hillard，前注 1，第 9 页（文字提到"很难处理利用代理权进行的经济剥削，因为用在
别的领域的打假措施的标准"会有损于持续性代理权）。

[75] 参阅 S. 193，82 dLegis. Assem.，Reg. Sess.（S. D. 2007）（2007 年 7 月 1 日南卡写来的法律
生效，这个法律明确保护老人免受财务欺诈和其他形式的虐待）。

是颁布了新法取代了《统一持续性代理权法》，❼ 旧法最后一次修订是
1987 年。❼ 虽然几乎所有的州在 1987 年前后都采用了相对统一的条文，但
在那段时间里，大多数州又各自采用了非统一的条文来处理统一法范围外
的情况。❼ 各州之间的差异使得有必要创设统一法来调整各州不同的法律
并解决持续性代理权带来的问题。

　　新法即 2006 年《统一代理权法》。❼《统一代理权法》与《统一持续
性代理权法》很相似，但是做了一些重要的改革而且加入了一些新的条
文。❽ 第一，"持续性"这一词语没有出现在《统一代理权法》的标题
上。❽ 起草委员会决定涉及财务管理的代理权如无特别说明则是持续性
的。❽ 第二，《统一代理权法》要求委托人签署一项书面文件来创设持续性
代理权，且签字需公证才能生效。❽ 第三，《统一代理权法》规定代理人对
委托人的忠实义务是默认和强制的信托责任。❽ 第四，《统一代理权法》规
定，涉及处置财产或改变财产计划的授权，必须以书面形式做出。❽ 最后，
《统一代理权法》规定对代理人的行为应进行司法审查并追究过错代理人

---

❼　《统一代理权法》前言（2006 年修订），88 U. L. A. 24 – 27（Supp. 2008）. 这个新法也取
代了《统一授权书法》和《统一遗嘱认证法典》的第 5 章第 5 条。《统一代理权法》总则。

❼　《持续性代理权法》§§ 5 – 501 to – 505，8 U. L. A. 418 – 424（1998）。

❼　《统一代理权法》前言。前言认定以下为日渐分歧的情况：（1）多重代理人的权利；
（2）后期指定信托人或监护人；（3）当事人与代理人的婚姻结束或宣布无效所带来的影响；
（4）启动待确定的权利；（5）赠与礼物的权利；（6）代理人行为和问责的标准。还有其他一些州
立法的情况，但并不一定有分歧，这些情况包括：继任代理人、行事要求、流通性、对代理权使
用不当的处罚、对可能耗尽当事人的财产或当事人的遗产计划权利的限制。

❼　《统一代理权法》§ 101。

❽　《统一代理权法》由四个部分组成：第一章包括总则和定义；第二章授予代理人的权利；
第三章提供一个简单的法律框架并通过逐条逐句的指示来简化创设持续性代理权；第四章规定此
法与其他法规和现有的代理法相关的条文。统一法律委员会：《小结：2006 年〈统一代理权法〉》，
http：//www. nccusl. org/Update/uniformact_ summaries/uniformacts – s – upoaa. asp（2008 年 12 月 11
日浏览）（简称《统一代理权法》小结）。

❽　《统一代理权法》§ 101。

❽　William P. LaPiana：《新的〈统一代理权法〉》，《遗产杂志》，2004 年 2 期，第 3 页，ht-
tp：//www. abanet. org/rppt/publications/estate/2004/2/UPOAA – LaPiana. pdf. 这里的持续性不适用
于医疗保健代理，以及与交易或代理投票有关的特殊代理权。

❽　《统一代理权法》§ 105。

❽　《统一代理权法》§ 114. 对代理不当追究法律责任，对代理人的行为进行司法审查，有
责任保持全部记录，对某些具体行动需要直接授权，这些仅是此法对代理人规定的部分信托责任。

❽　《统一代理权法》§ 201。

的法律责任。❻ 最后定稿的《统一代理权法》在 2006 年年底首次公布。❼
截至 2008 年 2 月，此法已被新墨西哥州通过并采用；另外有 8 个州将其引
进州立法：爱德华州、印第安纳州、缅因州、马里兰州、密歇根州、明尼
苏达州、密西西比州和弗吉尼亚州。❽ 统一州法全国委员会要求所有的州
都采用《统一代理权法》，认为此法既保留了持续性代理权法廉价、灵活、
私密的特点，又提供了一些新的优点，比如保护委托人、代理人和第三方
的强制性预防措施，给代理人更为清楚的行为指导和法定形式。❾ 新《统
一代理权法》明显的优点是对各州使用非统一的持续性代理法出现的各种
缺陷进行了改进。然而，此法仍未能有效地解决委托人失去行为能力后不
能对代理人监督的问题。

三、目前的状况

虽然与持续性代理权有关的法律在不断变化，而且最近的提案如果被
采纳将会改进对弱势成年人的保护，但是美国目前的法律仍不能有效地解
决因委托人失去行为能力带来的具体问题。本文先讨论持续性代理权的普

---

❻　《统一代理权法》§§116，117。

❼　统一法律委员会：《为什么各州应该采用〈统一代理权法〉》（2006），http：//
www. nccusl. org/Update/uniformact_ why/uniformacts – why/upoaa. asp（2008 年 12 月 11 日浏览）。

❽　统一法律委员会：《有关〈统一代理权法〉的一些事实》，http：//www. nccusl. org/up-
date/uniformact_ factsheets/uniformacts – fs – upoaa. asp（2008 年 12 月 11 日浏览）。

❾　统一法律委员会：《为什么各州应该采用〈统一代理权法〉》，特别强调每个州都应该采
纳《统一代理权法》，因为此法：

● 保留了持续性代理权廉价、灵活且私密的优点。

● 提供了一些强制性对委托人、代理人和与代理权有关的第三人的预防保护条款。

● 使得对代理人的授权更加符合现实，并在关系到可能耗尽当事人财产或改变当事人财产计
划的方面要求有当事人的直接文字授权。

● 对于指定代理人、继任代理人以及通过其他法律形式的授权都提供了详细的步骤和提示。

● 给通常是较亲信的家人做代理人提供更为清楚的指导意见。

● 让他们知道如果代理人是以当事人的最佳利益而认真、尽责、勤恳地办事，就不会因为代
理人本人从代理得到好处或与当事人有利益冲突而负完全的法律责任。

● 允许当事人在授权委托书中包括对代理人有利的免责条文。

● 如果当事人失能，提供渠道让代理人做出辞职的通知。

● 鼓励第三方接受代理权。

● 对好意接受代理权或拒绝接受代理权提供较广泛的保护。

● 承认在其他州创设的有效代理权可以通用。

● 增加了对委托人的保护措施，即如果第三方认为委托人可能受到代理人或与为代理人工作
的人员的肢体虐待、财务欺诈、忽略、剥削或遗弃，第三方可以拒绝代理人的代理权，并向有关
老人保护服务机构反映情况。

遍滥用以及通过改进监督方式对委托人带来的好处，然后分析保护弱势委托人的条款并没有达到预期效果，尤其是针对失去行为能力的委托人。

（一）滥用持续性代理权是一个普遍问题

持续性代理权作为一个简单灵活的理财工具受到普遍欢迎。[90] 美国退休人员协会（AARP）2000 年做的一项研究发现，50 岁以上的美国人 45% 都启用了持续性代理权。[91] 年龄越大，启用持续性代理权的可能性也越大。几乎 3/4 年龄在 80 岁以上的老年人启用了持续性代理权。[92] 除年龄外，还有 3 个因素可能导致委托人启用持续性代理权：教育程度、收入状况和心理健康情况。[93] 受教育程度高，[94] 收入高，[95] 认知能力下降的人群启用持续性代理权的可能性较大。[96]

因为很多能力正常的美国人启用持续性代理权，因此必须清楚针对失去行为能力委托人面临的特殊问题所做的修订是否会对其他人仍有好处以抵消其引起的不便。[97] 例如，一种可能是"一个缜密的监督系统有可能会抵消代理权的有用性，因为会增加成本和减少私密，使得代理成为名副其实的监护，而这在几年前就被认为是不合适的"。[98] 但是，即便是有行为能力的委托人也有可能被代理人滥用持续性代理权进行欺骗和利用。

回想伊莲、路易斯、伊丽莎白和卫斯理的遭遇，[99] 在这 4 个案例中，委托人的钱都被代理人以持续性代理权的名义所窃取。[100] 在两起案例中，

---

[90] 参见 Hafameister，前注 31，第 426 页；Boxx，前注 55，第 14 页；Dessin，前注 38，第 584 页；Mosiman，前注 25。

[91] Kohn，前注 37，第 7 页（引自《美国退休老人协会调查小组》）：《只要有遗嘱……50 岁以上人群的法律文件：美国退休老人协会调查结果》，http：//assets. aarp. org/rgcenter/econ/will. pdf。

[92] 同上注。第 7 页（引自《美国退休老人协会调查小组》，前注 91）。

[93] 《美国退休老人协会调查小组》，前注 91。

[94] 同上注。

[95] Christopher B. Rosnick 和 Sandra L. Reynolds：《提前考虑：与启动预设指示有关的因素》，《老年与健康杂志》，第 15 期，第 409 页，第 422 页，2003 年。

[96] Kohn，前注 37，第 8 页。

[97] 参见 Boxx，前注 55，第 46 页（请注意缺乏监督既是持续性代理权的一个不足之处，也是一个有利之处）。

[98] 同上注。

[99] 看前注第一部分。

[100] 参见 Hilliard，前注 1，第 1 页；Gutner，前注 20；Mosiman，前注 25；新闻公布，宾州州检察长办公室，前注 16。

是当事人的亲人窃取了钱财，[101] 只有两起案例的委托人失去了行为能力。[102] 对老年人的经济虐待是一个普遍现象，[103] 持续性代理权因授权代理人在几乎没有监督的情况下处理委托人的各种事务更助长了这种现象。[104] 新斯科舍省老龄部发现老年人一般很容易受到经济剥削，虽然失去行为能力更容易让人处于弱势地位而受到虐待，但是大多数遭遇经济剥削的老年人头脑并无问题，而且可以独立做出决定。[105]

持续性代理权常常给代理人很大的权利，包括有权卖掉委托人的房屋和财产、投资、取消保险、重新任命财产继承人，甚至把委托人银行的存款全部取走。[106] 更为糟糕的是在财务方面滥用持续性代理权的案例只有很小一部分起诉到了地方法院，大约只有 1/7 的案例被实际提起诉讼。[107]

（二）《统一代理权法》未能促进对丧失行为能力人的保护

在解决因持续性代理权给代理人过大权利而给法庭和立法带来的问题上，《统一代理权法》做出了很大改进。[108] 然而，《统一代理权法》并没有改进保护失去行为能力人的机制以使他们免受另有企图的代理人的欺骗。《统一代理权法》有 3 个条文应该是用来保护委托人的，但实际上没有达到目的。

保护委托人的第一个条文阐述了赋予代理人执行持续性代理权的责任和义务。[109]《统一代理权法》具体规定了一些强制性的责任，包括代理人必须（1）按照委托人的合理要求行事；（2）善意行事；（3）只在授权范围内行事。[110] 此法还创设了一些可由委托协议调整的默认义务，要求代理人：（1）忠实地为委托人的利益服务；（2）不与委托人产生利益冲突；（3）

---

[101]　参见 Hilliard，前注 1，第 1 页；Gutner，前注 20。

[102]　参见 Mosiman，前注 25（此文提到卫斯理被确诊患有阿尔茨海默氏症）；新闻公布，宾州州检察长办公室，前注 16（此文提到路易斯患有老年痴呆）。

[103]　参见 Hilliard，前注 1，第 1 页（此文提到对老年人的财务欺诈在美国十分普遍，尤其是对年事很高的老人）。

[104]　Kohn，前注 37，第 22 页。

[105]　加拿大新斯科舍省老龄部：《关于财务剥削》，http：//www. gov. ns. ca/scs/aboutfinancialex. asp.（2008 年 12 月 11 日浏览）。

[106]　参阅 Schwarts 对 Russ 案，734N. W. 2d874，888（Wis. 2007）（Abra - hamson，J.，concurring）。

[107]　参见 Hilliard，前注 1，第 3 页。

[108]　参见 Dessin，前注 38，第 584—587 页（讨论了因没有给行使持续性代理权的代理人一个很明确的作用所带来的问题）。

[109]　《统一代理权法》§114（2006 年修订），*BBU. L. A.* 40 - 41（Supp. 2008）。

[110]　《统一代理权法》§114（a）。

为委托人处理事务时，达到类似情况下一般代理人应当具备的认真、效率和勤奋标准；（4）保留为委托人办事的收据、支出和交易记录；（5）与委托人的健康决策人合作……（6）尽量维持委托人的财产计划。[11]

虽然清楚地规定代理人的责任没有害处，但是仅仅重述普通法已有的受托人责任并不能增加对委托人的保护。[12]此外，即便《统一代理权法》创设或修改了普通法有关受托人的责任，但是仍然缺乏一个对代理人的监督机制，委托人仍有可能受到欺骗而没有补救措施。失去行为能力的委托人不太可能注意到代理人的失职，更不可能采取必要的救济措施或对自己遭受的损失提起诉讼。[13]

旨在保护委托人的第二个条文要求委托人必须明确特定行为的授权以限制概括授权的范围。[14]要求委托人明确授权的交易行为包括："赠与礼物、设立或撤销信托、使用其他非遗嘱财产计划设置诸如生存者利益及指定受益人。"[15]

这一条文与上文提到的信托人的责任相似，因为很多限制已在普通法里有规定，[16]把它们纳入《统一代理权法》，对决定采纳此法的州会产生全国统一的作用，但对那些没有采纳该法的州只能起到补充作用。另外，只有当事人注意到侵权行为并提起诉讼，才有可能挽回损失。如果委托人已经失去行为能力，则不太可能注意到代理人的侵权行为并提起诉讼。

第三项保护措施是列出几类人可以"请求法庭解释一项代理权或审查代理人的行为并做出适当救济"。[17]大多数州已有类似的规定，所以新增加的规定仅适用于那些没有做出类似规定的州。[18]再者，对此条文的评注表明其可能是"唯一能发现并制止代理人虐待行为"的方法。[19]让更多类型

---

[11] 《统一代理权法》§114（b）。

[12] 代理重述（三）§§8.02-.08（2006）（列举了代理人对当事人的一般义务与责任）。

[13] 参见《统一代理权法》小结，前注80（表明失能的人士"尤其容易受到财务欺骗"）。

[14] 参见《统一代理权法》§201。

[15] 参见《统一代理权法》§201。统一代理人权法要求代理人具有以下职权：（1）创设、修订、取消或终止一个生前信托；（2）赠与礼物；（3）创设或改变继承权；（4）创设或改变受益人；（5）在代理权的名义下行使职权；（6）免去当事人作为共同或遗属年金的受益人权利，包括退休计划在内的遗属待遇；（7）行使当事人有权授予的信托权；（8）放弃财产，包括指定权。

[16] 参见加州遗嘱认证法典§4128（WestSupp. 2006）；堪萨斯州 ANN. §58-654（f）（2005）；密苏里州 ANN. STAT. §404.710（West2001）；华盛顿州 WASH. REV. CODEANN. §11.94.050（WestSupp. 2006）。

[17] 《统一代理权法》§116。

[18] 《统一代理权法》§116。

[19] 同上注。

的人有权向法庭起诉是一个进步，但是并没有更有效的方法对失去行为能力的委托人的代理人进行监督。此条文是"唯一能发现并制止代理人虐待行为"的方法，这本身就说明目前的立法存在缺陷。

持续性代理权的普遍滥用对有能力和无能力的委托人都造成了伤害，这说明更好的监督将有利于大多数（如果不是最多数）创设持续性代理权的人。至少，只要监督机制不是太繁杂，代理权行使中出现的问题说明监督的好处大于害处。目前的挑战是如何建立一个监督机制来增加第三方留意委托人利益的可能性，同时又不使其太复杂而影响其简单性和灵活性。

四、英国模式：2005 年《意思能力法》和永久性代理权 (lasting power of attorney)

在保护失去行为能力人免受经济欺诈方面，英国采取了比美国更果断的行动。2005 年的《意思能力法》⑫ 于 2005 年 4 月 7 日⑬得到皇家批准生效。该法提供了一个法律框架赋权和保护不能自己做出决定的弱势人群。此法明确规定了谁能做决定、在什么情况下能做决定以及该如何做决定。它使委托人对自己将来可能失去行为能力的情况提前做出安排。⑫

本部分将概述《意思能力法》，讨论帮助减少经济剥削的具体条文，并分析《意思能力法》与《统一代理权法》的相同与不同之处。

（一）《意思能力法》的主要条文

《意思能力法》认为失去行为能力会在很多方面影响一个人的生活，因而在财务、个人福利和医疗保健方面如何做出决定都有具体规定。⑫《意思能力法》既可以用于日常生活的决定权，也可以用于重大事项的决定权。⑫ 整部法律以五个要点为核心。⑬ 第一，假定成年人都有做出决定的能

---

⑫ 2005 年《意思能力法》，c. 9，http：//www. opsi. gov. uk/ACTSIacts2005IpdfIukpga_ 20050009_ en. pdf。

⑬ 《意思能力法》的一些条文首次生效是在 2007 年 4 月；截至 2007 年 10 月 1 日，此法的全部条文在英国和威尔士生效。司法部：《为保护弱势人群的公立监护开始操作》，2007 年 9 月 28 日，http：//www. justice. gov. uk/news/newsrelease280907a. htm。

⑫ 卫生部，2005 年《意思能力法》小结（2008），http：//www. dh. gov. uk/en/Publication-sandstatistics/Bulletins/theweek/Chiefexecutivebulletin/DH_ 4108436。

⑬ 参阅宪法事务部：《2005 年〈意思能力法〉的实施准则》（2007）（下简称《实施准则》），http：//www. dca. gov. uk/legal－policy/mental－capacity/mca－cp. pdf。

⑫ 同上注。

⑬ 同上注，第 19 页。

力，除非有相反证明。❷ 第二，在任何人对委托人做出失去行为能力的结论前，委托人有权得到帮助以做出决定。❷ 第三，每个人都有权做出在别人看来可能是不明智或是奇怪的决定。❷ 第四，任何为失去行为能力人服务或代表失去行为能力人的人都必须尽力让委托人获得最佳利益。❷ 最后，任何为失去行为能力人服务或代表失去行为能力人的人应该选择一个对委托人的基本权利和自由最小限制的解决方法。❸ 法律的目的是"保护失去行为能力的人并帮助他们尽可能地参与对他们有影响的决定"。❸

为了达到对不能做决定的弱势人群给予保护和赋权的目的，《意思能力法》引进了一些新的角色、主体、职权和程序。❸ 《意思能力法》首先"评估委托人的能力以及照顾者的行为"。❸ 《意思能力法》规定可依据永久性代理权任命代理人。❸ 永久性代理权包括一些重要的预防措施以防止代理权的不当使用。❸ 另外，《意思能力法》还设立了一个新的保护法院专门处理失去行为能力人的决定权事宜。❸ 最后，《意思能力法》创设了"独立心智能力倡导者"帮助那些缺乏决定能力且无家人和朋友商讨的弱势群体。❸

《意思能力法》建立了一个一站式的清晰的测试标准来评估委托人是否具有行为能力。❸ 这个测试标准有两个步骤并与具体决定有关。❸ 第一个

---

❷ 《意思能力法》小结，前注122，第1页。

❷ 同上注。

❷ 同上注。

❷ 同上注。

❸ 同上注。

❸ 《实施准则》，前注123，第20页。

❸ 同上注，第16页。

❸ 《意思能力法》小结，前注122，第1页。英国使用的"carer"（照料者）一词就是美国的"caregiver"（照料者）。Jenifer Margrave，"英格兰和威尔士有关老年人法律概览"，2 NAELAJ. 175，176（2006）。

❸ 《实施准则》，前注123，第16页。

❸ 同上注。

❸ 同上注，第137—138页。以前的保护法院只处理与房产和财务有关的决定，与此不同，新的保护法庭也处理医疗保健和个人生活福祉的事务，是可以创设先例的更高一级的法院。

❸ 同上注，第178页。在某些情况下，设立独立心智能力倡导者是强制性的；比如当需要做出有关医疗的重大决定或做出一项长期计划而当事人又没有其他朋友和家人商讨时。同上，第179页。虽然并不是规定的，独立心智能力倡导者也应参与讨论有关照料方面的决定或老年人保护的情况。即使处于弱势的当事人有家人或其他人可商讨，也可以指派独立心智能力倡导者参与老年人保护的案例。

❸ 《意思能力法》小结，前注122，第1页。

❸ 《实施准则》，前注123，第41页。

步骤是了解委托人的"大脑思维能力是否受损减弱或是受到某种冲击因而影响委托人的正常思维判断能力"。❹ 如果回答是肯定的，测试的第二个步骤就是看其大脑受损或受冲击的程度是否意味着委托人不再能够在应该做出决定的时候做出决定。❹ 因为这个测试以做出决定为基础，所以大脑是永久性或是临时性受损关系不大。❹ 但是《意思能力法》的基本准则是，只要有可能，最理想的情况是把做决定的时间延迟到委托人具备能力时，因为让委托人自己做决定对其基本权利和自由的限制程度最低。❹《意思能力法》还明确表示"缺乏能力不能简单地根据一个人的（a）年龄和相貌，（b）或者他目前的状况或行为的某个方面做判断，因为这可能令人做出错误的判断"。❹

根据《意思能力法》，照顾者、医护人员和社会护理人员可以"从事某些行为而不必害怕承担责任"。❹ 一般来说，只要照顾者有理由认为委托人没有做出决定的能力，自己是以委托人的最佳利益采取行动，其所做出的照顾或护理行为就应受到保护。❹ 属于受保护的"照顾"行为一般包括以下几种：帮助洗澡、穿衣、个人卫生、吃饭、购物等。❹ 医护类行为包括：病情测试、给药、紧急救护和护理。❹ 只在一种情况下照顾者的行为将不受保护，即照顾者采取的行动违背了"指定的决策人"所做的决定。❹

由法庭指定的代表人和代理人都是"指定的决策人"，他们都有权代表或为失去行为能力的人行事。❺ 法庭指定的代表人是在法庭无法立即做出决定以解决某个问题时指派的人。❺ 但是，法庭可以授权代表人在个人

---

❹ 同上注。

❹ 同上注。

❹ 2005 年《意思能力法》，c. 9，§2（Eng.），http：//www.opsi. gov. uk/ACTS/acts2005/pdf/ukpga_ 20050009_ en. pdf。

❹ 参阅《意思能力法》小结，前注 122，第 1 页。

❹ 2005 年《意思能力法》，c. 9，§2（Eng.），http：//www. opsi. gov. uk/ACTS/acts2005/pdf/ukpga_ 20050009_ en. pdf。

❹《实施准则》，前注 123，第 92 页。

❹ 2005 年《意思能力法》，c. 9，§2（Eng.），http：//www. opsi. gov. uk/ACTS/acts2005/pdf/ukpga_ 20050009_ en. pdf。

❹《实施准则》，前注 123，第 95 页。

❹ 同上注，第 92 页。

❹ 2005 年《意思能力法》，c. 9，§2（Eng.），http：//www. opsi. gov. uk/ACTS/acts2005/pdf/ukpga_ 20050009_ en. pdf。

❺《实施准则》，前注 123，第 70 页。

❺ 同上注，第 144 页。

福利、医疗保健和财务管理方面为委托人做出决定。[152] 与法庭指定的代表人一样，在永久性代理权名义下指定的代理人有权为失去行为能力的委托人做出有关个人福利、医疗保健和财务方面的决定。[153] 与法庭指定的代表人不同的是，在永久性代理权下指定的代理人是委托人指定的，而不是法庭指定的。[154] 代理人的决定权可能比代表人的范围更加广泛。[155]

（二）《意思能力法》防止经济欺诈的条文

《意思能力法》有几项条文特别针对弱势人群易受经济欺诈的问题。[156] 第一，永久性代理权（lasting powers of attorney）取代了持续性代理权（enduring powers of attorney）。[157] 这两个代理权都允许有能力的委托人选择代理人在他们将来失去行为能力时代理他们处理事务，但是永久性代理权有用来预防代理人对委托人进行经济剥削的强制性要求。[158]

《意思能力法》创设了公共监护办公室，对代理人的行为进行监督，并对永久性代理权进行登记备案。[159] 另外，《意思能力法》还创设了保护法院，其能够在处理失去行为能力人的财产和事务方面做出先例和决定。[160] 最后，在关系到成年人保护方面，保护法院可以指派"独立心智能力倡导者"帮助失去行为能力人做出重要决定，即使在他们有朋友和家人可以商讨的情况下。[161] 永久性代理权设置的保护措施大部分是预防性措施以阻止不当使用代理权的现象。其中一个条文要求永久性代理权必须在公共监护

---

[152] 同上注，第147—148页。

[153] 同上注，第115页。

[154] 同上注。

[155] 比如，代表人做决定的权利不包括拒绝同意维持生命治疗的权利，可是当事人在永久性代理权协议的名下可以明确授权给代理人拒绝维持生命的治疗。参阅同上，第122页，第151页。

[156] 《意思能力法》应对财务欺诈的条文并不是全部囊括。参见宪法事务部：《〈意思能力法〉，法规影响的全面评估》8 - 10（2004），http：//www. dca. gov. uk/consult/powerattomey/lpa_ consult_ full. pdf（列举了《意思能力法》保护弱势人士的条文）。

[157] 2005 年《意思能力法》，c. 9，§66（Eng.），http：//www. opsi. gov. uk/ACTS/acts 2005 Ipdfluk-pga_ 20050009 _ en. pdf。

[158] 公共监护办公室：《永久性代理权：需要财务持续性代理权指南》，http：//www. public-guardian. gov. uk/docs/LPA102_ web_ 1007. pdf（2008 年 12 月 11 日浏览）（下简称《财务持续性代理权指南》）。

[159] 同上注，第 7 页。

[160] 公共监护办公室：《保护法院》，http：//www. publicguardian. gov. uk/about/court - of - pro-tection. htm（2008 年 12 月 11 日浏览）。

[161] 《实施准则》，前注 123，第 178 页。

办公室进行登记后方可生效。⑯ 与只有在委托人失去行为能力时才在公共监护办公室登记的持续性代理权不同，永久性代理权可以由委托人创设后立即登记或由代理人在任何时候登记。⑯ 因为永久性代理权只有在登记后才能生效，提早登记可以保证在需要使用时没有任何拖延。⑯ 提早登记的一个好处是能促使委托人在还能做出决定时和其代理人进行沟通与合作，⑯建立一个良好的合作关系能够使代理人在委托人失去行为能力时为其更好地做出决定。⑯

要创设和登记一个永久性代理权，委托人需填写一个标准表格，这个表格包括几项保护措施。⑯ 委托人可以指定最多 5 个人得到永久性代理权登记的通知，委托人也可以指明不想让某人得到通知。⑯ 指定通知人是一项重要的预防措施，因为除代理人以外，还有其他人认识委托人并知道有代理关系的存在。⑯ 一旦得到通知，所指定的人在有疑问的情况下可以对代理权登记提出反对。⑯

有资格对委托人进行照料的人应该填写永久性代理权表格的一部分。⑯有资格的照料者的任务是保证委托人的签署不是被强迫或者是不得已，让委托人明白永久性代理权的目的和代理人的职权范围。⑯ 在登记时，如果有需要通知的人，委托人只需要一个具备资格的照料者。但是如果登记时无人需要得到通知，委托人则需要有两个具备资格的照料者。⑯

---

⑯ 2005 年《意思能力法》，c. 9，sched. 1（Eng.），http：//www. opsi. gov. uk/ACTS/acts 2005/pdf/ukpga_ 20050009_ en. pdf。

⑯ 《实施准则》，前注 123，第 116 页。

⑯ 同上注，第 119 页。

⑯ 参见 BBC 新闻，"重新修订代理法规"，2006 年 9 月 19 日，http：//news. bbc. co. uk/go/pr/fr/ - 1/hi/programmes/working_ lunch/5361240. stin。

⑯ 同上注。参见 Kohn，前注 37，第 42 - 48 页（讨论了当事人和代理人经常交流的好处）。

⑯ 公共监护办公室：《财产事务持续性代理权》，http：//www. publicguardian. gov. uk/arrangements/property - affairs - lpa. htin（2008 年 12 月 11 日浏览）。

⑯ 2005 年《意思能力法》，c. 9，sched. 1，§2（c）（Eng.），http：//www. opsi. gov. uk/ACTS/acts2005/pdf/ukpga_ 20050009_ en. pdf；《财务持续性代理权指南》，前注 158，第 27 页。

⑯ 《财务持续性代理权指南》，前注 158，第 12 页。

⑯ 同上注，第 27 页。

⑯ 参见 2005 年《意思能力法》，c. 9，sched. 1，§2（e）（Eng.），http：//www. opsi. gov. uk/ACTS/acts2005/pdf/ukpga_ 20050009_ en. pdf。

⑯ 《财务持续性代理权指南》，前注 158，第 30 页。对有资格的照料者有一些其他的限制。前注 158，第 31 页。有资格的照料者要么是跟当事人认识两年以上的人，要么有相关的专业技能和知识使得他们能够认证持续性代理权。同上。还有一些人是不能作为有资格的照料者的：比如，家人、生意伙伴、当事人或代理人的雇员。前注 158，第 32 页。

⑯ 同上注，第 29 页。

最后,《意思能力法》要求必须有证人在永久性代理权表格上签名。证人必须证实其在场见到委托人和代理人在永久性代理权表格上签字和注明日期。年龄在 18 岁以上且不是永久性代理权指定的代理人可以作为委托人的证人。任何年龄在 18 岁以上包括永久性代理权指定的其他代理人可以做代理人的证人。

要求有证人证实委托人和代理人的签名可以确保双方都明白永久性代理权的重要性。对委托人来说,他们是把决定自己事务的重大权利交给了别人;对代理人来说,他们要为他人的福祉负起很大的责任。

虽然《意思能力法》的预防措施在保护弱势的委托人免受经济剥削方面有所帮助,但是《意思能力法》也有一些不足之处。第一,永久性代理权的费用比较昂贵,创设比较复杂。登记永久性代理权的费用为 150 英镑(约 300 美元),可能很多人负担不起。另外,因为永久性代理权可以立刻登记无须通知他人,所以不能保证除了代理人以外,还有其他人知道委托人创设了永久性代理权。再有,法律规定接受永久性代理权的代理人必须被告知《意思能力法》的条文和随之而来的行为规则,也就是说,代理人必须对很多情况负责,因此有理由相信,因为责任重大而使很多人不愿意担任代理人。最后,因为永久性代理权是在 2007 年 10 月才开始适用,还没有经过实践考验,因此不清楚此法对提高委托人的保护到底有多大作用。

---

⑭ 同上注,第 42 页。

⑮ 公共监护人办公室:《持续性代理权:有资格的照料者和证人指南》,http://www.publicguardian.gov.uk/docs/LPA107_web_1007.pdf(2008 年 12 月 11 日浏览)(以下简称《有资格照料者和证人指南》)。

⑯ 同上注,第 13 页。

⑰ 同上注,第 12 页。代理人自己的签字不需要证人,但是其他代理人的签字需要证人。

⑱ 《财务持续性代理权指南》,前注 158,第 30 页。

⑲ 伍斯特新闻,2007 年 2 月 21 日,http://archive.worcesternews.co.uk/2007/2/21/450794.html(比较新的永久性代理权和以前在英国使用的较简单和费用较低的持续性代理权)。

⑳ 公共监护人办公室:《保护法院和公共监护人办公室:费用,豁免,缓缴》,第 6 页,http://www.publicguardian.gov.uk/docs/opg506-web-1007-1.pdf(2008 年 12 月 11 日浏览)。永久性代理权所取代的持续性代理权的登记费用稍低一些,是 120 英镑。

㉑ 对代理权法律改变的担忧,前注 179。

㉒ 代理权的新法规很复杂,索尔兹伯里杂志,2007 年 10 月 18 日,http://archive.thisiswiltshire.co.uk/2007/10/18/345206.html。

㉓ 同上注。

（三）比较英国《意思能力法》和美国《统一代理权法》

《意思能力法》和《统一代理权法》都声称对以前的有关代理的法律有所改进。[183] 这两部法律包括一些相同的条文，比如，都有一个法律表格要填写以创设代理权，[184] 而且这两个法都清楚地规定了代理人有为委托人服务的责任，即：认真、善意、在授权范围内行事。[185] 二者的相似点仅止于此。《统一代理权法》着重于澄清各州不同的法律并使这些法律更符合当代社会现实。[186] 《意思能力法》则是把有关失去行为能力的人和替他们做决定的人目前最好的实践和普通法原则以法律的形式固定下来。[187]

《意思能力法》和《统一代理权法》有几个重要的区别。第一，《统一代理权法》只涉及财务和房产方面的持续性代理权，而不涉及医疗保健方面的决定。[188] 与之相反，《意思能力法》设立了两种不同的永久性代理权：一种是关于个人生活状况的，另一种是有关财产事务的。[189] 个人生活状况的永久性代理权允许代理人在委托人失去行为能力时为其生活福祉做出决定，比如同意就医，或者决定委托人的居住地。[190] 负责房产和事务的永久性代理权允许代理人对委托人的房产和事务做出决定，比如买卖房产、付账单、查看银行账号以及管理收入。[191] 与负责个人福祉的永久性代理权不同，负责房产和事务的代理人可以在委托人未失去行为能力时就得到许可代理行事。[192]

《意思能力法》和《统一代理权法》的第二个主要区别是代理人代表委托人做决定的标准不同。《统一代理权法》的标准是"替补判断"，要求代理人根据委托人合理的也是代理人真实知道的期望行事，否则就以委托

---

[183] 见宪法事务部，前注 156，第 8—10 页；《为什么美国各州应该采用〈统一代理权法〉》，前注 87。

[184] 见《统一代理权法》小结，前注 76；公共监护办公室，前注 10。

[185] 《统一代理权法》§114（2006 年修订），SBU. L. A. 40—41（Supp. 2008）；《实施准则》前注 123，第 129—133 页。

[186] 参见《为什么美国各州应该采用〈统一代理权法〉》，前注 87。

[187] 《意思能力法》小结，前注 122，第 1 页。

[188] 参阅《统一代理权法》§103。大多数州都对指派健康保健方面的决定人另设法规，可是跟财务代理权法一样，各州的法规都不尽相同。Lawrence A. Frolik 和 Richard L Kaplan：《老年法一览》，2006 年第 4 版，第 42 页。

[189] 《财产事务持续性代理权指南》，前注 158，第 9—10 页。

[190] 同上注。

[191] 同上注，第 9 页。

[192] 同上注，第 10 页。

人的最佳利益行事。⑱ 与之不同的是，《意思能力法》的"最佳利益"标准，要求代理人在委托人仍有判断能力的情况下，考虑会对他们的判断发生影响的愿望、情感、信仰和价值观念，但也要明确说明这些因素并不是最佳利益的决定因素，最终的决定还是由代理人做出。⑲

创设代理权的基本要求是英美法律的第三个主要区别。根据《统一代理权法》，持续性代理权不需要有一个特别的表格，只要有书面形式并由具有能力的委托人签字即为有效。⑯ 如果委托人在公证员面前承认签名，则推定该签名为真实。⑯ 这种处理是有益的，因为如果第三方拒绝接受已被承认的代理权就会收到法庭的命令，要求他们接受代理权并且承担法庭采取行动的相关费用。⑱

根据《意思能力法》，创设一个有效的永久性代理权的基本要求则要复杂得多。委托人必须填写由公共监护办公室提供的特别表格，⑲ 永久性代理权一定要先登记，否则不生效。⑳ 在登记之前，委托人必须签订一份说明以证实自己明白代理权的内容，并在自己失去行为能力时代理权启动。㉑ 代理人也要签订一份说明以证实他们阅读了文件并明白自己的职责。㉒ 委托人和代理人的签名必须有证人在场。㉓ 委托人一旦申请登记永久性代理权就必须在文件中指定应该得到通知的人。㉔ 最后，独立的第三方应该填写一份说明书，证明在他们看来，委托人明白永久性代理权的目的，没有人用欺诈或胁迫的手段哄骗或迫使委托人创设永久性代理权，也没有任何情况可以阻碍委托人创设永久性代理权。㉕

---

⑭ 《统一代理权法》§114（a）（1）。

⑮ 2005 年《意思能力法》，第 9 章，http：//www. opsi. gov. uk/ACTS/acts2005/pdf/ukpga_20050009_ en. pdf。

⑯ 参阅《统一代理权》§§105，106，301cmt。

⑰ 《统一代理权法》§105。

⑱ 《统一代理权法》§120。

⑲ 《需要财产事务持续性代理权指南》，前注 158，第 14 页。表格可以从公共监护办公室的网站上免费下载。

⑳ 同上注。

㉑ 《实施准则》，前注 123，第 117 页。

㉒ 同上注。

㉓ 《需要财产事务持续性代理权指南》，前注 158，第 12 页。

㉔ 《实施准则》，前注 123，第 117 页。当事人可以选择说明没人去通知，可是如果他们有人通知就会对有资格照料人有更多的要求。《需要财产事务持续性代理权指南》，前注 158，第 29 页。

㉕ 《实施准则》，前注 123，第 117 页。如果当事人在登记持续性代理权时没有选择指定收到通知的人，就需要有两个有资格的照料者。《需要财产事务持续性代理权指南》，前注 158，第 29 页。

最后一个区别在于《意思能力法》的主要目的在于保护失去行为能力的人，[206] 而《统一代理权法》的主要目的在于持续性代理权在美国的标准化。[207]《统一代理权法》关于保护失去行为能力委托人的部分只不过是要求各州统一标准后的一个附带的好处——即如果各州都遵循比目前一些州的最低标准高一点的统一的最低标准，保护的整体水平在理论上就会有所提高。因为《意思能力法》具体强调保护失去行为能力的委托人而不只是代理权，所以《意思能力法》体现了对失去行为能力人更多的保护。

《意思能力法》增设的一项保护措施而《统一代理权法》没有与之对应的是《意思能力法》创设了高级法院——保护法院，专门用来处理与失去行为能力人的财产事务、医疗保健和个人福祉有关的事项。[208] 保护法院有权决定永久性代理权是否生效、取消失职的代理人的资格、遣派保护法院巡视员查看失去行为能力人的生活状况等。[209]

《意思能力法》还有另一个保护性条文是《统一代理权法》所不具备的，即授予代理权的基本指南。[210] 该指南清楚表明委托人的自主性应该得到最大程度的保留。这项目标最清楚地反映在对失去行为能力的定义上，《意思能力法》的定义比《统一代理权法》要狭窄得多。

《统一代理权法》将失去行为能力定义为：当一个人因为以下原因无法管理自己的财产和事务：（A）接受信息和评估信息的能力或做决定和表达决定的能力受到了损害；（B）（i）委托人失踪；（ii）委托人被拘留或判刑；（iii）委托人不在美国也无法返回美国。[211]

《意思能力法》比较狭窄的定义是"一个人因为大脑受损或受到冲击而在需要对某事做决定时不能做决定"。[212] 因为《意思能力法》是根据一个人是否能做决定来判断一个人是否失去行为能力，所以《意思能力法》的定义更能保护委托人的自主权。《意思能力法》强调即使委托人的大脑已

---

[206] 司法部：《〈意思能力法〉平等权影响评估》，2007 年，第 3 页，第 8 页，http：//www.justice. gov. uk/docs/mc－equality－impact. pdf。

[207] 参阅"统一代理法"小结，前注 80。

[208] 公共监护人办公室，前注 160。

[209] 《实施准则》，前注 123，137 页，第 248 页；公共监护人办公室：《保护法院来访者》，http：//www. publicguardian. gov. uk/about/visitors. htrn（2008 年 12 月 11 日浏览）。保护法院其他授权的例子有：有权决定当事人是否针对一个具体情况有做出决定的行为能力，有权指派代表来替缺乏行为能力的当事人做决定。参见《实施准则》，前注 123，137 页。

[210] 前注第 121—129 页和相关说明。

[211] 《统一代理权法》§102（2006 年修订），SBU. L. A. 29－31（Supp. 2008）。

[212] 《意思能力法》（2005 年），c. 9，§2（Eng.）（加入了重点），http：//www. opsi. gov. uk/ACTS/acts2005/pdf/ukpga_ 20050009_ en. pdf。

经衰退因而不能对某些事情做出决定，但是他们仍有可能对别的事情做出决定，所以仍然应该保证委托人在力所能及的范围内对自己的事情做出决定。

采纳《意思能力法》的一些保护性措施可能会有助于抑制美国对弱势老人普遍存在的经济欺诈现象。对创设永久性代理权增加要求尤其会帮助提高对失去行为能力老年人的保护，使得他们能够对自己选定的代理人进行监督。然而，创设永久性代理权的要求也带来程序复杂和费用过高的不利之处。[43] 很重要的是在美国采取任何新的措施时，要确保不会过度削弱持续性代理权作为帮助老年人和其家人计划将来的一个简单、灵活工具的有用性。[44]

五、建议

为了增强持续性代理权对弱势老年人的保护，尤其是那些失去行为能力的老年人的保护，各州都应该采用《统一代理权法》并推行三个附加的预防措施。这三个预防措施是，要求持续性代理权登记后才能生效；第三方应该在委托人和代理人在持续性代理协议上签字时在场；委托人在申请登记持续性代理权时指明需要得到通知的人选。各州也应该对登记持续性代理权收取少许手续费以补偿登记和通知的费用。

（一）《统一代理权法》

采纳《统一代理权法》可以保证每个州在持续性代理权上有统一的标准和保护措施。[45] 因为有些州有保护措施而另一些州没有，所以对那些落后的州有助于增强对弱势老年人的保护。[46]《统一代理权法》一个很突出的优点是把代理人对委托人的责任做了很清楚的说明，同时规定很多类别的人有权要求法庭对代理人的行为进行审查。[47] 在全国采纳《统一代理权法》的另一个好处是所有的州都可以用同样的法律表格，[48] 这样使持续性授权委托书在各州可以通用。[49]

---

[43] 见前注第 175—179 页和有关说明。

[44] 见 Hilliard，前注 1，第 9 页。

[45] 见《为什么各州应该采用"统一代理法"》，前注 87（该问指出如果广泛启动 2006 年的《统一代理权法》就会使得目前各州相关法律不同的情况得以理清并符合当代社会现实）。

[46] 参见前注第二部分 C（讨论《统一代理权法》的好处）。

[47] 《统一代理权法》§§114，116（2006 年修订），8BU. L. A. 29 – 31（Supp. 2008）。

[48] 《为什么各州应该采用〈统一代理法〉》，前注 87。

[49] 《统一代理权法》§§116。

（二）登记

规定持续性代理权要先登记才能生效，这样做有几个好处。第一，这使得接收登记的实体单位确保大家都能遵守创设持续性代理权的所有要求。❷ 第二，可以保证每个持续性代理权有一份文档在某一个地方备案。这样为将来提供更多的服务和保护措施做好了准备。比如，有关代理权的文档可以成为数据库的一个部分让金融机构备查，或成立一个机构对代理人的表现进行抽查以保证他们履行自己的职责。第三，登记也会清楚地注明一个时间，让委托人指定的人知道委托人创设了持续性代理权。❷

委托人和代理人都应有权登记持续性代理权。❷ 如果委托人愿意，应允许他们在仍可以自主决定时登记持续性代理权，这会让委托人对自己的命运有所掌控，也可能会帮助他们对将来由谁来照顾自己有更多的安全感。同时，代理人登记持续性代理权也很重要，因为可以补救委托人在失去行为能力前没有登记的情况。❷ 持续性代理权的目的是使委托人指定的代理人在自己一旦失去行为能力时可以处理自己的财产事务，❷ 如果代理人不能代表失去行为能力的委托人进行登记，那么委托人有能力时的愿望就可能无法实现。

（三）证人

要求委托人和代理人登记签字时有证人在场可以让双方都明白代理协议的重要性。这一点是对很多州现有法律做出的比较重要的变化。虽然有些州要求签名时有证人在场，也有一些州要求有公证，但是《统一代理权法》和一些州只要求持续性授权委托书有书面文字和委托人的签字。❷

要求代理人在持续性授权书上签字可以清楚表明代理人愿意承担代理责任。要求其签字时有证人在场可以强调委托人选择把决定权交给另一个人，以及代理人接受替人做决定的意思表示。

与《意思能力法》要求永久性代理权有证人一样，❷ 委托人签字的证

---

❷ 参见《实施准则》，前注123，第249页（表明公共监护人办公室的一个作用是在登记持续性代理权以前，所有的文档都备齐了）。

❷ 《需要财产事务持续性代理权指南》，前注158，第17页（解释了申请登记持续性代理权就会让指名的人士得到通知）。

❷ 《实施准则》，前注123，第119页。

❷ 同上注。

❷ Hilliard，前注1，第2页。

❷ 参见 MedLawPlus.com，前注45。

❷ 《有资格的照料者和证人指南》，前注175，第13页。

人年龄应该在 18 岁以上且不是持续性代理权的代理人。要求证人不是代理人可以增加证人对委托人关心的可能性，以减少委托人受居心不良的代理人的欺诈，如在本文开头提到的路易斯被罗伯特和凯特林欺诈的案例。[227] 希望有证人在场的要求会阻止代理人故意让失去行为能力的人创设持续性代理权。虽然这类代理权是无效的——因为委托人必须有自主能力来创设有效的代理权，[228] 但是如果没有任何监督，委托人是否有能力的要求就很难得到保证。要求代理人的签字也有证人在场主要是要代理人知道其承担的责任之重大。也正因如此，代理人的证人，包括其他指定的代理人，应该是 18 岁以上的成年人。[229]

（四）通知

推荐采取的第三个保护条文是通知。应该给委托人一个选择，让他们指定 1～5 人在登记持续性代理权时得到通知。这 5 名指定的人可以有权要求法庭对他们认为代理人背离职责的任何行为进行审查。[230] 无论代理权是在委托人仍具判断能力时登记的还是在委托人失去行为能力后由代理人登记的，通知对委托人的利益非常关心的人一定是有好处的。

在委托人仍具决定能力时就通知这些人，有可能和委托人一起讨论委托人的想法或表达他们对委托人指定的代理人的担忧或所授予的代理权范围。只要委托人还有做决定的能力，他们就可以修改或取消代理权。如果委托人指名通知的人是在代理人登记代理权时得到的通知（估计委托人已失去行为能力），那么这个通知就可以成为一个警告，说明委托人已经不再能够处理自己的事务，这会促使关心委托人利益的提名人随时对代理人为委托人做出的决定进行评估。

（五）收费

应该收取一定的登记费，使得持续性代理权的登记和通知工作得以进行，接收登记和发出通知的部门需要对不少情况负责，也需要有工作人员和办公场地来操作。但是，要保证持续性代理权让广大民众都能负担得起，所以费用不应过高。登记费用过高会让一些经济状况不佳的美国人不

---

[227] 参见新闻公布，宾州总检察长办公室，前注 16；前注第一部分。

[228] Dessin，前注 38，第 581 页。

[229] 《有资格的照料者和证人指南》，前注 175，第 12 页。代理人自己的签字不需要证人，但是其他代理人的签字需要证人。

[230] 《统一代理权法》扩大了可以对代理人的决定提出质疑的人士，所以在统一代理法的名下很有可能找到指定的人士。参阅《统一代理权法》§116（2006 年修订），88U. L. A. 43（Supp. 2008）。但是，这一建议可以更具体地使得被指定的人士自动要求司法决定。

去使用这个有价值的工具来计划未来。

如果只是一个要登记和通知的服务项目，费用就可以保持在较低的水平，与登记房贷的费用一样。[40]另加的通知费用也应是最低为好，仅是一张纸、一个信封和邮票的费用。要保证持续性代理权的费用对那些经济条件不好的居民来说不会太高，以便他们可以选择这项服务。建立两个服务系统是比较理想的，一个系统可以保持低费用以维持基本的登记和通知，另一个系统可让委托人、代理人或第三方多交费用来选择其他的服务。

六、结论

传统的代理理论认为："代理人应该只代表有判断能力的人。代理是一个双方同意的关系，其前提是委托人有能力明白、赞成或不赞成代理人的行为。"[41]持续性代理权与传统的代理理念相分离，因为它让代理关系在委托人失去行为能力后仍继续保持下去。[42]因为传统代理关系的理念建立于委托人有能力监督和掌控其代理人，所以在委托人失去行为能力不能监督代理人后，有另外一个监督措施来保证代理人为委托人服务是理所应当的。目前的法律在如何有效地保护失去行为能力的委托人免受经济欺诈方面尚有欠缺。增加监督是必需的，但是要采取的任何措施必须谨慎，这样就不至于因为创设代理权过于复杂而削弱持续性代理权的有用性。

在英国创设的永久性代理权法说明除了采用《统一代理权法》以外，再做三项改变就会更好地保护委托人，同时又不会使得持续性代理权过于复杂而消弱其有用性。第一个改变是进行登记，这将使得各州可以保证持续性代理权在创设前就遵守规定，并集中于一个地方便于管理。第二个改变是要求委托人和代理人的签名要有证人在场，这将有助于保证委托人不

---

[40] 登记房贷的费用各州不同。比如，在威斯康辛州，第 1 页要 12 美元，从第 2 页起每页只要 2 美元。威斯康辛州房产契约登记协会："记录文件的收费表"，http：//www. wrdaonline. org/RecordingDocuments/rodfees. htrnl（2008 年 12 月 11 日浏览）。加州旧金山的费用也很类似，登记房契的第 1 页收费是 9 美元，从第 2 页起每页是 3 美元。房产评估和记录办公室：记录情况，http：//www. sfgov. org/site/assessor_ index. asp？id＝93（2008 年 12 月 11 日浏览）。新泽西州的苏塞克斯郡是收费比较高的地方之一，第 1 页收费是 30 美元，第 2 页以后的每页收费是 10 美元。苏塞克斯郡办公室：收费记录，http：//www. sussexcountyclerk. com/feeinfo. html（2008 年 12 月 11 日浏览）。

[41] Alexander M. Meiklejohn，《失去行为能力的当事人、能干的第三方和代理法》，61IND. L. J. 115，115—116（1986）。

[42] Dessin，前注 38，第 587—588 页；Lapping，前注 30，第 144 页，注 3。

受代理人的唆使，也会使代理人明白他们所承担的重大责任。第三个改变是通知，这将会使第三方去关注代理人的行为并采取行动保护委托人的利益。有选择性地采纳英国《意思能力法》的一些条文，美国可以保留持续性代理权的简单性和灵活性，同时又能增进对弱势成年人的保护。

佛罗里达州采纳《统一代理权法》：
能否充分保护佛罗里达州的弱势成年人？*

REBECCA C. BELL

翻译：岳宗璞**

校对：王竹青***

概　　述

弗莱德是一个住在佛罗里达州的独居鳏夫。他与三个孩子近几年基本没有联系。他有一个儿子住在佛罗里达州的另外一边，他的两个女儿住在其他州。在他最近参加的一个财务顾问组织的讲座上，该财务顾问建议他委托持续性代理人，这样在他不能付账单时可以有人帮他支付。因为弗莱德的生活倚赖于有限的固定收入，他不愿意出钱雇律师来办理授权委托书。他去了当地的图书馆，用免费的网络为自己下载了一份免费授权委托书表格并填写完整。因为他的儿子山姆住得离他最近，所以他指名让山姆作为代理人。这个表格有一个选项问弗莱德是否愿意让山姆拥有赠与礼物的权利，弗莱德勾选了这项，因为他希望让山姆继续向他最喜爱的当地慈善组织定期赠送礼物。弗莱德将这个表格拿到当地银行，并在两位银行柜员的见证下签了名。弗莱德的财产包括他的房子和大约 200 000 美元的银行储蓄。

签署授权委托书之后不久，弗莱德在家时心脏病发作。邻居发现后叫了救护车，因为邻居看到了桌子上的授权委托书，于是联系了山姆。弗莱德并不知道山姆已经丢了工作，目前靠失业救济金养活自己。山姆抵达后决定搬进弗莱德家住，因为弗莱德还有一段较长的时间才能康复。山姆凭

* FLORA DA'S ADOPTION OF THE UNIFORM POWER OF ATTORNEY ACT: IS IT SUFFICIENT TO PROTECT FLORIDA'S VULNERABLE ADULTS? 24 St. Thomas L. Rev. 32 2011—2012.

** 岳宗璞，美国哥伦比亚大学硕士。

*** 王竹青：北京科技大学文法学院副教授，美国哥伦比亚大学 2010—2011 年度访问学者。

借授权委托书获得了弗莱德的银行账户信息并且进行账单支付。同时，山姆开始用弗莱德的钱支付自己的开销。因为弗莱德需要 24 小时看护，山姆将其送进了疗养院。很快，山姆花光了弗莱德账户里所有的钱，甚至用弗莱德的房子获得了抵押贷款。弗莱德在疗养院过世半年后，他的两个女儿被告知此事。她们拿出了弗莱德 10 年前订立的遗嘱，遗嘱里关于剩余财产的处理条款规定将财产平均分给三个孩子。但如今，弗莱德的两个女儿所能做的只能是思考她们父亲的积蓄是怎么被花光的。

弗莱德的儿子对其进行了经济剥削。经济剥削是虐待老人的一种形式❶。如果第三方在弗莱德在世的时候能够察觉这种虐待，能够采取保护和介入手段包括向成年人保护部门举报，或者请求紧急临时监护❷。民事或刑事处罚也可用于惩罚经济剥削❸。但是，有什么方法可以预防或较早发现这种虐待呢？持续性代理权法的修正案试图解决这一问题。

统一州法全国委员会（NCCUSL）于 2006 年❹通过了《统一代理权法案》（UPOAA）❺。佛罗里达律师协会不动产、继承及信托委员会制定了采纳该法案的规定，"为了更新佛罗里达州的代理权法以反映统一代理权法中的变化，支持授权委托书的便捷性以及为佛罗里达公民提供更多的保护"，❻ 佛罗里达州采用了 UPOAA，但是进行了非常大的修改，在 2011 年

---

❶ 见 FLA. STAT. §415.102（8）（2011）. 山姆的行为符合剥削的定义，因为山姆的身份，对于他的父亲，一名弱势成年人来讲，是值得信赖的，（但他却）故意夺取其父亲的资金占为己用。§415.102（8）（a）（1）. 而且，剥削包括"违背信托关系，比如滥代理权……导致……转移财产……" §415.102（8）（b）。

❷ 见罗莉·A. 施蒂格尔，埃伦范·克里夫克·莱姆，AARP PUB. POL' Y INST.：《代理权滥用：各州能做什么，统一代理权法下现行各州法律的比较》6（2008）（发现成人保护部门的项目中，经济剥削的案例在增加，特别涉及代理权滥用的情况）。

❸ 见，FLA. STAT. §415.1111.（提供对虐待、忽视或剥削的实施者的民事诉讼以挽回实际的和惩罚性的损害）§825.103（提供对剥削老年人或残障成年人的刑事处罚）。见罗莉·A. 施蒂格尔，AM. BAR ASS' N：《持续性代理权滥用，国家老年人预防虐待中心事实列表——消费者版 3》（2008）；罗莉·A. 施蒂格尔，AM. BAR ASS' N：《持续性代理权滥用：这也是犯罪，国家老年人预防虐待中心事实列表——司法人员版 1-3》（2008）。

❹ 《统一代理权法》。

❺ 《法案：代理权，统一法评论》，见统一州法全国委员会，http：//www.uniformlaws. org/ Act. aspx？title＝Power/ 20of% 20Attorney（2011 年 2 月浏览）。到目前为止，10 个州已经颁布了 UPOAA（阿拉巴马州、阿肯色州、科罗拉多州、爱达荷州、缅因州、蒙大拿州、内华达州、新墨西哥州、弗吉尼亚州和威斯康星州）爱达荷州与得克萨斯州在 2011 年立法会上引入 UPOAA。

❻ 立法位置申请表，佛罗里达律师协会不动产、继承及信托部，执行委员会会议日程（2010. 9. 25），222 条（佛罗里达律师协会不动产）继承及信托部归档，http：//www. rpptl. org/ Content/PDFs/RPPTLExCouncil 09 25 10_ AGENDA. pdf。

佛罗里达州立法会议上通过了《参议院法案670》❼。法案评估了《佛罗里达代理权法》（下简称《佛罗里达法案》）在为执行代理权的佛罗里达居民提供额外保护的同时又能保护委托人的自主决定权。第二部分介绍了UPOAA的产生与目的，其吸引了《佛罗里达法案》的起草者。第三部分详细阐述了UPOAA的优点与局限以及《佛罗里达法案》在代理人职责、权威和可靠性方面对UPOAA的修改，但依然需要进一步完善来保护委托人。最后，第四部分检验了持续性代理权法中依然存在的不足之处以及其他作者建议的进一步改进方法的可行性。本文的结论认为，最好的改革应该是更好地教育委托人和代理人，包括修改法律加入对代理人的要求从而避免代理权滥用。附件A的表格是UPOAA关于代理人义务、权利和责任的条款与《佛罗里达法案》对其进行修改的对比。

第二部分

在新的UPOAA于2006❽年通过之前，原始的《统一持续性代理权法》（下简称"原始法案"）曾于1987❾年修改并被普遍认为在统一性的目的上没有效果。很多州都采用了非统一规定来解决原始法案中没有解决的问题。❿ NCCUSL于2002年做了一项全国性调查揭示了统一性的缺乏。⓫ 代理人赠与礼物的行为、责任以及权利的准则在各州分歧越来越多。⓬ 该研究还揭示出各州限制了代理人分配委托人财产或修改委托人财产计划的权利。⓭ 研究进一步阐述了其他需要对原始法案进行修改的方面，⓮ 但本文并

---

❼ 见S. 670，第113届全体大会，常规会议（Fla. 2011）；《佛罗里达代理权法》，FLA. STAT. § 709. 2101 – 709. 2402（全部废除709章，重新撰写709章，于2011年10月1日生效）；CS/SB 670：授权委托书，佛罗里达参议院，http：//www. flsenate. gov/Session/Bill/201 1/0670（查看"法案历史"选项）（2011年5月4日浏览），670号参议院法案于2011年5月2日以39票比0票由参议院通过，于2011年5月4日以115票比0票由议会通过。州长于2011年6月21日通过佛罗里达法案，佛罗里达法案对UPOAA的详细修改内容见附件A。

❽ 见《统一代理权法》。

❾ 见《统一代理权法》前言；《统一持续性代理权法》（1987修改），8A U. L. A. 233（2003）。

❿ 见琳达·S. 惠顿：《不动产、继承及信托法与税收的ABA条款，探索统一代理权法》1（2005），http：//apps. americanbar. org/rppt/meetings_ cle/2005/fall/Whitton. pdf。

⓫ 同上注。NCCUSL检阅了全国各州授权委托书立法与法规，同上。

⓬ 见《统一代理权法前言》施蒂格尔 & 克莱姆，前注2，第22—30页（用图标对比了州规定与UPOAA规定的不同）。

⓭ 同上注。

⓮ 同上注。其他议题包括执行申请、便携性以及潜在权利的激活。同上。

不旨在对此进行讨论。作为这项研究❶的调研结果发现，很高比例的被调查者认为，授权委托书在其他要求之外，应该

> 赠与礼物的权利需要在授权委托书中明确地表达出来……为信托关系提供默认准则……允许委托人修改默认信托义务准则……要求代理人在不愿意或不能（承担代理人职责）时给出通知……针对代理人权利滥用提供保护措施以及包括对代理人权利滥用的补救和制裁……❶

虽然实现统一性是修改 UPOAA 的一个目的，但是增加代理人权利的同时最大化其灵活性且能防止和弥补代理人权利滥用也同样重要。❶ UPOAA 最重要的影响之一是规定了与代理人相关的规则。❶ 在 UPOAA 通过之前，凯伦·博克斯教授对代理人指导规则的不足与信托机构对受托人以及法院对监护人的清晰的指导规则做了对比。❶ 为了解决这些担忧，UPOAA 确立了以下规则：代理人接受任命的指导规则；❷ 共同代理和继任代理的默认规则；❷ 代理人报销与补偿的默认规则；❷ 代理人义务的强制默认规则；❷ 代理人的免责；❷ 代理人行为的司法审查；❷ 代理人责任；❷ 代理人辞职的默认准则；❷ 对赠与权利的限制规则。❷

为了让那些部分生活不能自理的人可以照顾自己，佛罗里达州议会已

---

❶ 同上注。调查目的是判断各州法律不统一的原因，是对于默认规则的不同看法还是仅仅因为缺少一种统一的模式。

❶ 同上注。统一信托与财产法联合编委会包括苏珊·盖里、琳达·S. 惠顿、丽贝卡·摩根和凯伦·博克斯，这些人组成的委员会进行了一项对原始法案的研究，该研究分发了一份调查表给所有州律师协会的遗嘱认证与老年法部门、美国信托与财产学院的所有会员、不动产、继承与信托法的 ABA 部门，国家老年法律师学院，以及 ABA 法律与老年人委员会的特殊兴趣成员。同上。见琳达·S. 惠顿：《纵观统一代理权法》3NAT'L ACAD. ELDER L. AT'VY J. 1, 2 – 3（2007）。收回 371 份调查，代表了 44 个司法部门。《统一代理权法》前言。

❶ 见《统一代理权法》前言。

❶ 同上注。

❶ 凯伦·E. 博克斯，《持续性代理权在家庭代理关系中的位置》，36 GA. L. REV. 1, 44（2001）。

❷ 《统一代理权法》§113。

❷ 《统一代理权法》§111。

❷ 《统一代理权法》§112。

❷ 《统一代理权法》§114。

❷ 《统一代理权法》§115。

❷ 《统一代理权法》§116。

❷ 《统一代理权法》§117。

❷ 《统一代理权法》§118。

❷ 《统一代理权法》§201。

经认识到制定监护人最低限制的替代制度的重要性，一种最小程度妨碍个人自愿意志的辅助形式。[29] 那些为修改 UPOAA[30] 进行研究的人意识到代理权法案需要在最大化个人自主权和提供针对滥用和剥削的保护之间保持平衡。[31]《佛罗里达法案》为了确保这种平衡，在采用 UPOAA 的基础上，具体定义了代理人的权利与义务，同时建立了预防、检测和弥补滥用的更有效的方法。[32]

第三部分

在授予代理人权利方面，宽泛地授予权利使代理人接受任命变得更加可能和灵活，明确授权内容可以保护委托人避免被偶然或在不知情的情况下将权利赋予代理人，UPOAA 修正案的起草者认识到两者之间存在冲突，[33] 这种冲突的解决有利于保护委托人。[34] 实际上，预防（权利）滥用的首要机制是 UPOAA 规定授权委托书应对"有（重大）潜力分配委托人财产或改变委托人财产计划……"的授权[35]需要包含明确的表述。

《佛罗里达法案》通过更严格的规定为委托人提供更大的保护[36]。《佛罗里达法案》的起草者意识到财产计划与老年法律从业者在最大化代理人捐赠的灵活性以及建立规划性信托与预防不诚实或欺诈性的转移财产之间

---

[29]　FLA. STAT. §744. 1012（2011）

[30]　惠顿，前注 10，2；以及《统一代理权法前言》；*supra* 注释 11 及附属文章。

[31]　《统一代理权法》前言；琳达·S. 惠顿：《统一代理权法：在自主决定权与保护之间寻求平衡》1 PHOENIX L. REV. 343，555（2008）琳达与州委员会交流关于评估 UPOAA 的采用过程，她认为委员会对代理权滥用的担心程度与担心第三方拒绝以及保持委托人的自主性的程度相同。惠顿，*supra*。

[32]　《白皮书》709 章，佛罗里达律师协会不动产、继承及信托法部执行委员会会议纪要（2010 年 9 月 25 日），214 - 15（佛罗里达律师协会不动产、继承及信托法部门存档），http：//www. rpptl. org/Content/PDFs/RPPTL ExCouncil 09 25 10 AGENDA. pdf。

[33]　惠顿，前注 10，6；以及施蒂格尔 & 克莱姆，前注 2，5（将"广义的决定权"列为一项特征，因为这使代理人更容易经济剥削无行为能力的委托人）。

[34]　《统一代理权法》§201（a）（列举了需要特别授权的权利）。

[35]　惠顿，前注 10，6；惠顿，前注 31，347 - 48。UPOAA 的少数起草者认为基于临终遗愿的非委托性，这些权利应该是不可委托的。惠顿，前注 31，348。起草者们还意识到允许捐赠性转账、缴税计划以及申请公共福利等的授权只在当事人生存状态下方为有效。同上。

[36]　FLA. STAT. §709. 2202（1）（2011）（需要代理人在授权委托书每一项的特别授予的权利旁边签名或名字首字母）。

的冲突。❸ UPOAA 解决这一冲突的方法是允许捐赠性财产转移，但同时加入确保委托人的授权被通知的规定。❸《佛罗里达法案》制定了比 UPOAA 更严格的要求，要求明确表述的权利旁边要有委托人签名或签署名字首字母。虽然在执行时委托人会操作不便，但可以避免委托人忽略任何无意识的授权。对赠与权利的限制在很多州都比较常见。❸

《佛罗里达法案》对代理人的权利比 UPOAA 进行了更严格的限制，规定有些权利是不能被代理的。❹ 这是沿袭监护法的方式，防止某些特定的权利被代理。❹《佛罗里达法案》继续使用了这个方式，加入了形成信托角色的准则，如监护人与受托人，平行于监护法中不能被代理的权利。

虽然 UPOAA 对特别权利的授予需要明确的表述，❹ 也有其他一些对授权的限制，❹ 但是允许对一般权限的授予。❹ 另一方面，《佛罗里达法案》没有提供概括性授权。❹《佛罗里达法案》制定委员会担心如果允许概括性授权，委托人可能无法知晓赋予代理人的所有权利。❹ 与《佛罗里达法案》不同的是，UPOAA 为委托人提供了保障。UPOAA 要求代理人如果知晓委托人（处理财产的）目标，则只能在与该目标一致时才可以对委托人的财产进行赠与行为，如不知晓，则应与委托人的最佳利益一致时才可以对委托人的财产实施赠与行为。❹然而对一般授权的担忧在 UPOAA 中依然存在。一个例子就是，UOPAA 允许代理人在一般授权下，因"维持个人以及家庭生活"进行支付，且不需要依附或受限于关于赠与的授权条款。❹

与《佛罗里达法案》不同的是，UPOAA 通过将维持委托人的目标以

---

❸ 《白皮书》709 章，前注 32，215；和前注 35 及附加内容（讨论 UPOAAA 中"热权"的授予以及避免全部授权的少数人观点，因为"当事人生存有效"的原则，折中了法案的效果）。

❸ 《白皮书》，前注 32，216。

❸ e.g., N. Y. GEN. OBLIG. LAW §5‐1514（麦基尼 2009）（要求明确表明赠与的授权，但是也提供了一个赠与的附加规定）；20 PA. CONS. STAT. §5601.2（2011）（要求特殊的赠与权利）。

❹ FLA. STAT. §709.2201（3）。

❹ 《统一代理权法》§742.3215（2）. 不能授予监护人的权利包括结婚、投票、申请个人福利、申请驾照、旅行及求职。

❹ 《统一代理权法》§201（a）8B U. L. A94（West Supp. 2011‐2012）。

❹ 《统一代理权法》§201（b）&（d）。

❹ 《统一代理权法》§201（c）（除非授权委托书另有规定，否则允许委托人授权代理人做出所有委托人所能从事的行为）。

❹ 《白皮书》709 章，前注 32，230。

❹ 《白皮书》709 章，前注 32，230—231。

❹ 《统一代理权法》§217（c）。

❹ 《统一代理权法》§213。

及财产计划作为（代理人）义务从而严格限制赠与的权利。然而该限制在《佛罗里达法案》是不必要的，因为这个要求已经被列为代理人的强制性义务。❹ 保持委托人财产计划的义务只是在 UPOAA 下一个可以根据授权委托书内容进行修改的默认规则❺。

即使有些规定对委托人与代理人的关系进行了定义，显然这样可以进一步保护委托人，❺ 但是代理人❺的报销与补偿条款可能会为权利滥用创造一个潜在的空间。代表委托人产生的支出的报销是清晰明显的，但是"合理的补偿"（虽然这等同于在信托协议中对受托人的典型的规定）可能会变成欺诈性财产转移，就比较难查明。《佛罗里达法案》限定只补偿"有资格的代理人"❺ 在一定程度上❺降低了滥用的风险。"有资格的代理人"的最后一个分类是任何一个未同时代理多名委托人的佛罗里达州的居民。❺然而，如果代理人打着补偿的名义而决定"偷"委托人的钱，这个分类就太宽泛而不能为委托人提供足够的保护。然而，《佛罗里达法案》对补偿的限定可以阻止代理人尝试未经过法院的监督而作为职业监护人的行为。❺在《佛罗里达法案》起草期间，金融机构提出了这样的担忧，即无执照和未受监管的个人通过代理人身份牟利。❺

规定代理人接受任命的方式对于预防滥用十分关键，因为一旦信托关系建立，就代表代理人接受任命。❺ 代理人可能会不知晓授权委托书对其的任命，因此，关于代理人接受任命的清晰的法则可以同时保护委托人和代理人。❺《佛罗里达法案》关于代理人接受任命的附加内容与 UPOAA 有十分显著的分歧。如《白皮书》指出"这不是一件要么无所不包，❺ 要么

---

❹　FLA. STAT. §709. 2114（1）（a）（4）（2011）。

❺　《统一代理权法》§114（b）（6）。

❺　*e. g*，§114（b）（6）；FLA. STAT. §709. 2114（1）（a）（3）。

❺　《统一代理权法》§112；FLA. STAT. §709. 2112（1）-（3）。

❺　FLA. STAT. §709. 2112（3）。

❺　琳达·S. 惠顿，《监护的替代措施——持续性代理权：我们学到的经验》，37 STETSON L. REV. 7，27（2007）（建议立法机关应该注意大部分代理人是没有得到补偿的家庭成员）。

❺　FLA. STAT. §709. 2112（4）。

❺　同上注。§709. 2112（3）（规定能获得补偿的"合格的代理人"可以是佛罗里达州的任何居民，只要代理人未同时担任三人以上的代理人）

❺　《白皮书》709 章，前注 32，224。

❺　《统一代理权法》§113 评注，8B U. L. A. 78（West Supp. 2011 -12）；以及施蒂格尔 & 克莱姆，前注 2，47（规定了接受代理的清晰界限使信托责任更加明确，并且规定了违反信托责任的救济措施）。

❺　同上注。

❺　《白皮书》709 章，前注 32，223。

一无所有的事"，而在 UPOAA 中，则与之完全相反。❻ 《佛罗里达法案》的起草者认为代理范围的限制对于平衡代理人的失败作为是必要的，因为代理的范围决定了代理人在接受任命后应在哪些领域有所作为。❻

为了防止代理人在处理代理事宜与履行代理义务之间存在差距，代理人了解如何辞去代理一职与知晓接受代理任命的方式同样重要。❻ 虽然《佛罗里达法案》关于通知的要求可以使委托人❻受益，但如果没有指定监护人、共同代理人或继任代理人，无行为能力的委托人甚至行为能力有限的委托人依然得不到保护。❻ UPOAA 要求辞职的代理人在无监护人、共同代理人或继任代理人时，须通知新增加的一些人士，从而更好地保护委托人。❻ 为代理人提供权利保护的政府机构作为接受其辞职决定的机关，可以确保在任何时候都会有人知晓其辞职❻。

一旦信托关系在委托人与代理人之间建立，代理人需要明白其信托义务从而确保委托人免遭权利滥用。❻ 各州在建立委托人与代理人之间的信托关系上比较一致，但在界定信托义务以及信托关系的含义上则不够清晰。❻ 为了弥补这个问题，UPOAA 规定在授权委托书中默认义务可以被修改。❼ 代理人的强制性义务不能被修改的规定给代理人对于信托关系的期待传达了一个明确的信息。

如果代理人被选中是因为其在照顾委托人、发挥能力以及履行职能方

---

❻ 《统一代理权法》§113（与《佛罗里达法案》不同之处是没有限制代理人通过口头承诺或行为表示接受代理）。

❻ 《白皮书》709 章，前注 32，223。

❻ 《统一代理权法》§118 评注。

❻ FLA. STAT. §709. 2121（2011）（要求通知必须是书面的，且需明确送达方式和接收方式，以确保通知被接收）。

❻ 同上注。§709. 2118。

❻ 《统一代理权法》§118（2）。

❻ 《统一代理权法》§118.（2）（c）。

❻ 施蒂格尔 & 克莱姆，前注 2，5（将"不清楚的代理人行为标准"列为授权委托书的一个特点，因此代理人更容易经济剥削委托人）。

❻ FLA. STAT. §709. 08（8）（2011 撤销）（将代理关系事实上定义为信托关系，受托人需要适用同样标准的照顾，但没有定义标准）；见施蒂格尔 & 克莱姆，前注 2，第 22 - 30 页（只列举了 9 个州与《统一委托法》§114 至少实质相似性）见 generally，前注 19（强调了代理人与委托人之间信托关系定义以及代理人对委托人义务的模糊性）；凯伦·L. 德森：《作为金融持续性代理权中的代理人：即兴角色》75 NEB. L. REv. 574（1996）（解释了代理人义务与大多数州〈没有解决信托原则是否约束代理人的州〉之间的区别）各州采用补救措施缺乏统一性导致委托人与代理人关系的模糊，为了保护委托人，这个问题必须解决。见博克斯，supra。

❼ 《统一代理权法》§114（用代理人对委托人的义务来定义代理人的角色）。

面具有某种技能和专长，默认规则要求代理人须使用这些技能和专长。[71]
第三方很难证明委托人选择一名代理人是因为其有特别的技能或专长，除
非委托人自己提出有这样的意图或者授权委托书起草者记录了这一信息。
授权委托书的内容应该为代理人的行为提供明确的指导方针。[72] 如果委托
人不期望以代理人的技能和专长作为标准，授权委托书应该包含修改默认
规则的内容，例如免除的内容。[73]

虽然《佛罗里达法案》特别指出代理人即为信托人，但是 UPOAA 注
释里只承认信托关系。[74]《代理重述》（第三版）指出 "agency 是信托关系，
当一个人，即委托人，表明同意另一个人，即代理人代表委托人并接受委
托人的授权，并且代理人同意接受。"[75] 佛罗里达州是少数在法规里详细说
明这种关系的州。[76] 这种详细说明有利于清楚地指出信托关系支配代理人
义务和行为的所有方面。[77]

《佛罗里达法案》更加强调维护委托人财产计划的义务，将其规定为
强制性义务，但代理人没有义务查明委托人的财产计划。[78] 即使诚信的代
理人也可能会因维护委托人财产计划失败而逃避责任，从而降低该义务的
保护性。[79]

代理人应保存代表委托人进行的银行转账的记录是《佛罗里达法案》
规定的强制性义务，UPOAA 改善了该义务，允许对该义务在授权委托书中
修改。UPOAA 规定，代理人在必要时须向特定的个人或机构出示这些记
录。[80] UPOAA "将代理人的不成文义务归类到对委托人的责任"。[81]

《佛罗里达法案》与 UPOAA 的分歧在于代理人权利的不可委托，遵循

---

[71] 《统一代理权法》§114（e）；*cf* FLA. STAT. §518.11（1）（a）（《佛罗里达谨慎投资人
规则》需要信托关系的相似义务来使用特殊技能）。

[72] 《统一代理权法》§114（e）；FLA. STAT. §709.2114（4）。

[73] 《统一代理权法》§114 评注；《统一代理权法》§115 评注。

[74] 《统一代理权法》§114 评注。

[75] 《代理重述》（第三版）§1.01（2006）。

[76] 比较 安德鲁 H. Cook：《DPA 下的代理人是受托人么？》，《持续性代理权》2011（BNA 税
收会计中心，税收管理，Ser. No. 859 - 2nd），http://taxandaccounting. bna. com/btac/dis play/split
display. adp? vname = tmegtporep（指出南卡罗来纳州代理权法案也包括信托表述）with S. 670,
2011 Leg., II3th Sess.（Fla. 2011）。也见 S. C. CODE ANN. §62 - 5 - 501（A）（1）（2011）（法规
中包括，"代理人实际上与委托人存在信托关系，且作为信托受托人应可靠负责"）。

[77] §709.2114（1）（佛罗里达州的代理权法也特别指出代理人是信托受托人）。

[78] 《白皮书》709 章，前注 32，13。

[79] 《统一代理权法》§114（c）；FLA. STAT. §709.2114（3）。

[80] 《统一代理权法》§114（h）。

[81] 《统一代理权法》§114 评注；《代理重述》（第三版）§8.12（3）（2006）。

了佛罗里达州早前的代理权法的假设，[62] 即委托人的意图是让代理人本人作出持续性授权委托书授权的行为。[63] 但也有例外，《佛罗里达法案》允许代理人在投资方面委托他人。[64]

《佛罗里达法案》的起草者修改了 UPOAA 关于委托人已知的合理期望和最佳利益的相关义务，是担心 UPOAA 的表述可能被解读为授权代理人采取特定的方式保持与委托人合理的已知期望一致。[65] UPOAA 的起草者将最佳利益准则作为合理期望准则的补充，而不是像《佛罗里达法案》规定为同等关系。UPOAA 的这种作法是基于类似的医疗保健代理人准则，这个准则将合理期望准则等同于替代判断准则，从而最能维护委托人的愿望以及保护无行为能力者的自主性。[66] 最佳利益准则的困难之处在于其主观性，即代理人依靠的是其对委托人愿望的解读。[67] 然而，委托人的合理期望是一个基于委托人记录在案的愿望的客观准则。[68] 最佳利益准则可能会导致代理人的家长式做法，从而降低委托人的自主性。

如果委托人的个人生活方式是忽视获得基本生活必需品，最佳利益准则可能导致代理人的家长式独断做法，比如委托人的自我忽视。[69] 佛罗里

---

[62] FLA. STAT. §709.08 (3)（a）(2010 撤销)。

[63] 罗伯特、摩根 & 约翰、卡迪：《持续性代理权及债权人权利中的变化》，第 14 届年度公共福利会议，佛罗里达律师协会继续法律教育委员会与老年法部 (2010 年 3 月 12 日)（讨论了佛罗里达律师协会不动产、继承和信托法部对 UPOAA 的提议要么被采用，要么被拒绝)。

[64] 同上注。at 14；见 UNIF. POWER OF ATTORNEY ACT Refs & Annos.《佛罗里达法案》起草委员会意识到《佛罗里达法规》518.112 款允许受托人代理投资行为，对持续性代理权中的代理人适用不够清晰，佛罗里达州的法律将授权委托书中的代理人定义为受托人，并建议修改518.112 款来解决此不明确性。见 UNIF. POWER OF ATTORNEY ACT Refs & Annos。

[65] 《白皮书》709 章，前注 32，12。

[66] 《卫生保健决定法案》§2 (e)，9IB U. L. A. 94 (West 2005) 如果代理人已知委托人的意愿，应该根据委托人的个人意愿做出卫生保健方面的决定，如果没有，则根据委托人的最佳利益。在决定什么是最佳利益时，代理人应该考虑已知的委托人的所有个人价值。同上；《统一代理权法》§114 评注。8U. L. A. 80 (West Supp. 2011－2012)（建立委托人的合理期望作为代理人行为的指导方针是与"替代判断"高于"最佳利益"的政策偏好相一致的，这个政策有利于更好地保护无行为能力人的自主决定权)。

[67] 《统一代理权法》§114 评注。虽然委托人不需要公开陈述其期望，《法案解释》建议当期望被视为与最佳利益冲突时，委托人就其期望提供书面陈述，并规定代理人的行为受司法审查。

[68] 《统一代理权法》§114 (a)（1)。

[69] NAT'L CTR. ON ELDER ABUSE, AM. PUB. HUMAN SERVS. ASS'N ET AL., NAT'L ELDER ABUSE INC 同上。ENCE STUDY 12 (1998)，http：//www. aoa. gov/AoARoot/AoA＿ Programs/Elder Rights/ElderAbuse/docs/ABuseReportFu Il. pdf（自我疏忽的定义不包括一个精神健康的人故意做出威胁其健康和安全的行为)。

达州的法规没有就"最佳利益"进行定义，即使很多法规都提及了这一准则❾。在起草《佛罗里达法案》的初始阶段，委员会意识到"最佳利益"的主观性，并且讨论是否要给出一个定义。但是，最终决定"这个术语是指一个特定的事实，必须要留给法院根据具体情况决定❾"。《佛罗里达法案》和 UPOAA 的解释条例都建议在委托人认为的意图与其最佳利益可能冲突时，要将委托人的主观意图具体化并记录下来❾。如果委托人在丧失行为能力之前没有提出这种冲突并记录下来，《佛罗里达法案》的合理期望准则与最佳利益准则效力等同的规定可能会为代理人带来模糊的行为准则，这与 UPOAA 的等级式准则是完全相反的❾。在阐述 UPOAA 的等级式准则时，琳达·惠顿举了一个委托人的例子。这名委托人不管居家护理的开支如何，都想要尽可能地生活在家中，而不想住到看护机构。然而，从财务的角度考虑，到看护机构居住可能是委托人的"最佳利益"❾。在 UPOAA 下，代理人需要明白委托人的已知的合理期望高于委托人的最佳利益❾。对于那些可能会产生利益冲突的代理行为，《佛罗里达法案》和 UPOAA 为解决最佳利益原则的模糊性，允许代理人以冲突的方式行为，只要当时的情况允许这样的行动❾。

《佛罗里达法案》与 UPOAA 对于代理人处理利益冲突的方式显著不

---

❾　FLA. STAT. §744.474（20）（2010）（与监护人必须按照被监护人最佳利益作为的事项有关）；同上。§736.04115（1）（2007）（在受益人的最佳利益下为不可撤销信托提供司法修改），《卫生保健决定法案》§5（f）（规定病人的最佳利益与病人的已知价值一致）。

❾　《统一代理权法》参考与注释。

❾　《统一代理权法》§214 评注（"当委托人的主观期望与客观的最佳利益准则不一致时，实践建议将这些期望书面记录成可采信的形式，作为日后收到质疑的预防措施"）。

❾　《白皮书》709 章，前注 32，12（指出，与《统一法》不同，《佛罗里达法案》没有规定等级制，"双义务"是平等的）对比《统一代理权法》§14（a）（1），与 FLA. STAT. §709.2114（1）（a）（1）以及 FLA. STAT. §709.2114（1）（a）（3）。

❾　惠顿，前注 31，at 349；以及 FLA. STAT. §709.2114（i）（a）（1）&（2）（d）. Section 709.2114（1）（a）（3）确实给出了与委托人最佳利益相反作为的例外情况，即作为是与有权决定病人卫生保健决定的人合时。FLA. STAT. §709.2114（1）（a）（1）&（a）（3）。关于一个人的生活环境的决定可以被视为卫生保健决定，但也是一个金融决定，因此，仍会为代理人带来冲突的作为准则。同上. §709.2114（2）（d）。

❾　《统一代理权法》§114（a）（1）（代理人的作为应与委托人合理的能知晓的期望一致，否则以委托人的最佳利益为准）。

❾　《统一代理权法》§114（d）；FLA. STAT. §709.2114（1）（a）（3）。除了《佛罗里达法规》709.2114（2）（d）条款例外 section 709.2114（1）（a）（3）认证了 709.2202. 同上。§709.2114（1）（a）（3）对于最佳利益原则的规定。UPOAA 指出代理人如果从其代理行为中获益或制造了利益冲突，不一定就是侵犯了委托人的最佳利益。

同。❼ 在两个法案中，作为默认义务的忠诚义务也存在这种不同。《佛罗里达法案》的忠诚义务要求代理人"仅为委托人利益而忠诚地作为"，❽ 这与习惯法的忠诚义务❾和《佛罗里达信托法》的信托义务是一致的。❿《佛罗里达法案》中针对代理人的准则规定"即使代理人的行为是胜任的且为了委托人的最佳利益，代理人仍要为同时会给自己带来利益的行为负责，否则代理人就造成了利益冲突"。⓫ UPOAA 建议委托人对于可能造成利益冲突的行为具体指明委托人的期望，以使代理人免于承担责任，⓬ 而《佛罗里达法案》需要委托人明确授权。⓭ UPOAA 在利益冲突中保护代理人，⓮ 而《佛罗里达法案》提高了对委托人的保护。⓯

纽约费拉拉财产案⓰说明《佛罗里达法案》需要增加代理人在利益冲突时违反授权委托书行为的内容。另外，这个案例也说明强制性的最佳利益原则存在的问题，即容易导致委托人自主性的损害。⓱ "不论案件的事实如何，如此解读加强了对脆弱委托人的保护，允许委托人出于任何法律目的委托行为，包括单纯的赠与。"⓲ UPOAA⓳ 的保护性措施结合《佛罗里达

---

❼ 《比较〈统一代理权法〉》§114（b）与 FLA. STAT. §709. 2114（2）。

❽ 《统一代理权法》§709. 2114（2）（a）（加入强调）。

❾ 见《代理重述》（第三版）§8.01（2006）；也见梅恩哈德与萨姆，164 N. E. 545，546（N. Y. 1928）。对于申请人通过违反特别接受条件而破坏忠诚义务，不可妥协的严格是衡平法院一直的态度。只有这样信托人的行为才能保持高于一般人的水平，这不会因法院的判决而降低。梅恩哈德 164N. E.，546（引用略去）

❿ 《代理重述》（第三版）§1. 01（2006）。

⓫ 《白皮书》709 章，前注 32，16。

⓬ 《统一代理权法》§114 评注（如果委托人希望代理人的行为与委托人的利益发生冲突，应该在授权委托书对默认规则进行修改，授权代理人从事该行为）；《统一代理权法》§217 评注。（在某种程度上委托人在馈赠方面的目标可能会与 UPOAA 下的代理人的默认义务存在潜在的冲突，委托人应该在授权委托书中对这些目标进行详细陈述，或者修改默认规则以适应这些目标，或者两者皆可）。

⓭ FLA. STAT. §709. 2114（1）（a）（3）（"代理人的行为方式可能不会与委托人的最佳利益相反"）。

⓮ 《统一代理权法》§114（d）UPOAA §114（c）规定代理人有义务保持委托人的财产计划，也对代理人进行保护，即代理人成为委托人财产计划的受益人不需要承担责任，只要代理人的行为是善意、勤勉、尽职的。

⓯ FLA. STAT. §709. 2114（1）（a）（3）。

⓰ 费拉拉的财产，852 N. E. 2d 138（N. Y. 2006）。

⓱ 惠顿，前注 31，第 361—363 页（讨论了在委托人自主性与被保护之间博弈下的费拉拉案例）。

⓲ 同上注，第 362－63 页。

⓳ 《统一代理权法》§114（指出代理人的义务）。

法案》❿ 新增的保护规定可以为保护委托人的自主性和创设代理权的自由提供一种方式。

委托人可以加入一个免责条款以使代理人可以进行一项特定的转账交易而不用承担责任。⓫ 免责条款的例外在 UPOAA⓬ 和《佛罗里达法案》⓭都有规定，以保护委托人，因为它提供了与信托人诚信准则相似的最低行为标准。⓮《佛罗里达法案》明确规定代理人须善意作为，为代理人提供了十分清晰的准则。⓯《佛罗里达法案》免责条款的善意元素与该法案其他部分以及 UPOAA 一致，比如只要代理人的行为是出于善意的，即使未保持委托人的财产计划，也可以免除责任。⓰ 但是《佛罗里达法案》并没有定义"善意"⓱，UPOAA 则定义为"事实上的诚信"⓲。"不诚实地违反义务"不符合代理人免责⓳条件，因此，善意的要求是重复的。然而，清晰界定代理人代表委托人时的行为边界，从而着重强调代理人的诚信义务，为委托人提供了进一步的保护。

除了禁止权利滥用，UPOAA 和《佛罗里达法案》还提供了检测和弥补权利滥用的方法。⓴ 检测的方法包括加入第三方的参与（如保障委托人福利的政府机构），以及要求代理人提供账簿。㉑ 可以要求司法审查的申请人非常广泛，可以是任何感兴趣的人，而且法院必须给予适当的援助，作为附加的弥补权利滥用的方式。㉒《佛罗里达法案》与 UPOAA 的这部分内

---

❿ FLA. STAT. §709.2114（列举了代理人的义务）前注第184—192页以及附加内容。

⓫ 《统一代理权法》§115；see FLA. STAT. §709.2115。

⓬ 《统一代理权法》§115（1）&（2）。

⓭ FLA. STAT. §709.2115（1）&（2）。

⓮ 《统一代理权法》§115 评注；《统一信托法典》1008，7C U. L. A. 654 评注。(2006)（指出信托证书不能免除信托人没有遵守善意行为准则的行为）；FLA. STAT. §736.1011（为《佛罗里达信托法典》里的免责条款提供了相似的规定）。

⓯ FLA. STAT. §709.08（4）（h）(2011 撤销)，《佛罗里达法案》对 UPOAA 代理人免责表述的修改是基于早前的佛罗里达持续性代理权法规中的内容，即允许委托人对代理人出于善意的行为免责。同上。

⓰ 《统一代理权法》§114（c）；FLA. STAT. §709.21141（a）（3）。

⓱ FLA. STAT. §709.2102（界定了各种关键术语，不包括"善意"）。

⓲ 《统一代理权法》§102（4）。

⓳ 《统一代理权法》§115（1）；FLA. STAT. §709.2115（1）。

⓴ 《统一代理权法》§114（h）& 116；FLA. STAT. §709.2114（6）；FLA. STAT. §709.2116。

㉑ 《统一代理权法》§114（h）；FLA. STAT. §709.2114（6）。为应对老年人经济剥削案例的增加，政府机构如负责执行老年人虐待调查的成年人保护局，被包括在可以要求代理人提供账簿的个人和实体名单中。《统一代理权法》§114 评注。（引用省略）。

㉒ 《统一代理权法》§116（a）（8）评注；FLA. STAT. §709.2116（2）（d）。

容的司法立场，在很多情况下提供了检测并制止滥用的唯一方式。[123]《佛罗里达法案》允许法院对支出与律师费进行判决，[124] 也有助于弥补代理权滥用。有权提出司法审查的人员范围的扩大，为缩小需要记账的个人和实体范围提供了一个检测和平衡系统，缩小人员范围是为了保护委托人的财政隐私。[125]

尽管扩大后的个人或实体可以对有嫌疑的代理权滥用行为提出司法审查，但 UPOAA 和《佛罗里达法案》均未对此提出要求。[126] UPOAA 和《佛罗里达法案》在代理人已知共同代理人或其继任代理人正在或即将违反信托义务时，要求其采取合理行动以保护委托人的最佳利益。[127] UPOAA 和《佛罗里达法案》要求第三方将任何可疑的代理权滥用行为报告给当地成年人保护部门，以避免因拒绝接受代理行为而承担责任。[128]

两部法律中关于代理人责任的规定十分相似，[129] 区别在于审核代理人责任的条款[130]。将代理人的代理范围限制在授权委托书的授权范围是《佛罗里达法案》的独特之处[131]。代理人的责任限制在实际知情的情况下，[132] 两个法案都需要对以下规定实际知情，包括在共同代理人或继任代理人违反代理义务时采取行动保护委托人，[133] 维持委托人的财产计划，[134] 维护委托人合理的卫生保健决定[135]以及按照委托人的期望行为[136]。如前所述，[137] 如果代

---

[123] 《统一代理权法》§116 评注；FLA. STAT.§709.2116（1）。

[124] FLA. STAT.§709.2116（3）；FLA, STAT§709.08（11）（撤销 2011）。判决律师费与其他花费承袭的是先前的《佛罗里达法》，FLA, STAT§709.08（11）（repealed 2011）。

[125] 《统一代理权法》§116 评注。

[126] 《统一代理权法》§116（a）（只是规定，可以向法院申诉而非必须）；FLA. STAT.§709.2116（1）（确认法院可以解读或强制执行授权委托书，但并非必须这样做）。

[127] 《统一代理权法》§111（d）FLA. STAT.§709.2111（4）（要求代理人只有在确实知晓违反信托义务的行为发生时作为）。

[128] 《统一代理权法》§120（c）（6）也见 FLA. STAT.§709.2120（2）（e）（规定除当地成年人保护机构以外的第三需要报告滥用代理权的行为以避免拒绝接受代理权带来的责任）。

[129] 对比《统一代理权法》§117（强制规定代理人有恢复委托人财产、补偿委托人因代理人产生的律师费及开支的责任）与 FLA. STAT.§709.2117（代理人有恢复委托人财产、补偿针对代理人的行为进行辩护而产生的律师费及开支的责任）。

[130] 前注 131－139 及附加内容。

[131] FLA. STAT.§709.2113。

[132] 后注 133—136 及附加内容。

[133] 《统一代理权法》§ⅠⅠⅠ（d）；FLA. STAT.§709.2111（4）。

[134] 《统一代理权法》§14（b）（6）；FLA. STAT.§709.2114（1）（a）（4）。

[135] 《统一代理权法》§114（b）（5）；FLA. STAT.§709.2114（2）（d）。

[136] 《统一代理权法》§114（a）（1）；FLA. STAT.§709.2114（1）（a）（1）。

[137] 前注 79，115—116 & 132—136 及附加内容。

理人善意从事代理行为但未能维持委托人的财产计划，那么代理人的实际知情不会给其带来责任。[138] 然而，UPOAA 并未将代理人的责任限制在授权委托书的授权范围之内，也并不限制依其他法律追究代理人的民事或刑事责任。[139]

第四部分

持续性代理权的优点在于其简明、灵活，可以保持委托人的自主性，维护其隐私以及低成本。然而，这些优点也容易导致代理权滥用。[140] 改革持续性代理权相关法律的关键是在保存这些优点的同时，确保预防、检测和弥补代理权滥用，特别强调对代理权滥用的预防。本部分将聚焦在两个领域的改革："(a) 更好地教育委托人以及 (b) 更好地教育代理人并防止其欺诈。"[141]

淘汰法定形式授权委托书是第一个着眼于更好地教育委托人的改革。[142]虽然法定形式确实可以提高授权委托书的简易性和统一性，但当修改和个性化文件时，其鼓励第三方接受代理人任命的作用会受到削弱。假设在选择法定形式授权委托书时[143]不需要法律建议，那么取消法定形式可以提高

---

[138] 《统一代理权法》§114（c）；FLA. STAT. §709.2114（3）。

[139] 《统 代理权法》§123（"本法案下的补救措施也不排他，也不废除本州除本法案外，其他法规规定的权利或补救措施"）。

[140] 马蒂·斯塔奇等：《在新统一代理权法下寻求平衡》35 EST. PLAN. 21，22（2008）；见《代理权法》前言（指出 JEB 进行的调查揭示了保持委托人灵活性的需求）。

[141] 金·乌丁：《改革代理权法以保护阿拉斯加州老年人免受经济剥削》27 ALASKA L. REV. 1，12（2010）。作者仔细分析了改革的另外两个领域：（1）"改革要保护第三方并且要求其预防明显已发生的欺诈，以及（2）创造附加的补救欺诈受害人的方法"。UPOAA 和《佛罗里达法案》已经有效地解决了（1）（2）由不同于代理权法律的成年人虐待类法律解决，但这不在本文讨论范围之内。同上。

[142] 茱莉亚·卡尔沃·布宜诺：《改革持续性代理权类法律以打击老年人经济剥削》《16 NAE-LA Q. 20，26（2003）（认为更多地教育委托人可以帮助减少对老年人的剥削）；黛娜·施尔灵：《统一代理权法及其他打击代理权滥用的方法》218 ELDER LAW ADVISORY 1，3（2009）（解释《统一法定授权委托书法》被 UPOAA 取代）；也见《统一代理权法》参考与脚注；《统一代理权法》§301 评注（"在执行该法的 20 年中，使用法定格式的州从几个增加至 18 个"）。科罗拉多州，爱达荷州以及新墨西哥州在通过 UPOAA 时保持了该法定格式；缅因州删除了这个选择。见《统一代理权法》参考与脚注。

[143] 布宜诺，前注 142，第 22 页（讨论所得：使用法定格式，加上公开声明，可以协助为委托人提供合法信息）。

委托人在选择授权委托书前寻求法律建议的可能性。⑭ 同样，旨在减少或消除免费的、可从网络上下载的表格的改革可以确保更好地教育委托人。⑮《佛罗里达法案》通过消除任何对权利的宽泛授予，⑯ 使获得免费的、可下载的表格更加困难。

第二个着眼于教育委托人的改革不能被编纂进法律，但要求授权委托书的起草者尽到最大努力。起草者需要与委托人讨论其目标，对可能存在的冲突提出倾向性意见，以及包含一个关于"热权"的适当的规定。⑰ 最常见的冲突存在于维持委托人财产计划与协助另一名家庭成员的健康护理及获得公共福利之间。⑱ 委托人可以选择加入免责条款，特别是当委托人可以预见第三方会挑战代理人的权威并使代理人陷入利益冲突时。但是，免责条款应该是有限的。⑲ 起草人应该提醒委托人谨慎加入免责条款，因为如果没有免责条款，才可以更好地遏制代理人权利滥用的可能性。⑳

《佛罗里达法案》㉑ 规定授权委托书涉及的任何"热权"都需要附上委托人的签名，提出了第三个针对委托人的改革。详细列明这些权利可能是唯一能防止代理人违反委托人意愿的行动。㉒ 第四和第五个改革的手段也不是法定的，而是集中在起草者的行为。起草者需要投入大量时间与委托人讨论如何谨慎地选择代理人。应该考量代理人的经济能力，从而降低代理人偷窃财产的动力。如果代理人确实偷窃了委托人的财产，代理人的资产应该足以偿还。㉓ 除了偿还能力，起草者应该熟悉滥用者的常见特点。起草者还应该鼓励委托人与家人交流其选择的代理人并且提议通知其任命

---

⑭ 费拉拉财产案，852 N. E. 2d 138，143（N. Y. 2006）（认为当使用纽约简洁法定格式时，"一些和其他法定格式授权委托书条款不一致的额外条款"可以使用）。在这个案例里，被继承人的子女没有向律师咨询，而是使用纽约的简式条款，拥有公正的授权委托书。同上 140 页。

⑮ MEDLAWPLUS, http：//www. medlawplus. com（2011 年 9 月 2 日浏览）（提供 $10. 99 的金融授权委托书，也提供表中所列每一格式的免费试用）。

⑯ FLA. STAT. §709. 2202（1）（2011）。

⑰《统一代理权法》§201（a）。

⑱ 惠顿，前注 31，364。

⑲《统一代理权法》§115 评注。UPOAA §115 中的评论声称免责条款不应该被经常使用，除非当事人的目标无法被满足，以为包含的免责条款消除了对代理人滥用的威慑。

⑳ 同上。

㉑ FLA. STAT. §709. 2202（1）。

㉒ 惠顿，前注 31，360。

㉓ 罗素·E. 海德顿：《即将面世的持续性代理权》，24 PROB. &PROP. J. 50，52（2010）。

的代理人。[153] 如果委托人可以预料到代理人的权威会受到委托人亲属的挑战，以上步骤则尤其重要。

起草者还应该鼓励委托人与代理人日后可能打交道的第三方进行交流，比如银行或者经纪行，[154] 并且应尽可能提供一份授权委托书复印件供以上实体的法律部门审阅，从而在代理人行使代理权之前授权委托书已被接受。最后，除了起草者与委托人的讨论，起草者还应该评估委托人启用持续性代理权所必需的法律行为能力。[155] 这个门槛可能是防止滥用的最佳工具。有些州只需要（委托人具备）订立遗嘱的能力，这些州应该考虑提高必备能力至可以捐赠的标准，特别是在授权委托书包含代理人赠与权的情况下。

改革还应该通过教育代理人以及遏制代理人欺诈来防止代理权滥用。当然，刑事和民事的制裁可以为遭受滥用和剥削的受害者提供救济措施，[156] 但在预防滥用上的效用可能不大，特别是当代理人不知晓制裁时。检测和预防滥用的不太复杂的方法包括：代理人签署一个书面陈述宣誓不进行任何欺诈行为，[157] 在公共记录中记录授权委托书，[158] 以及要求代理人张贴履约保证书。[159] 授权委托书注册以及法院监督代理人是更全面的且被广泛讨论的关于代理人的改革方法。[160] 然而，如果法院不能有效地监督监护关系，在监督代理人上也难以担当更大的角色。州政府预算削减以及法院和办公

---

[153] 珍妮弗·L. 瑞恩，Note：《无人负责：持续性代理权及对丧失行为能力人保护的失败》，17 ELDER L. J. 165，197—198（2009）；及惠顿，前注54，第51页（当事人表述和回忆个人喜好及目标越清晰，好争论的家庭成员参与"修正主义历史"越困难）。

[154] 惠顿，前注31，第364页。

[155] 劳伦斯·A. 弗里克 & 玛丽 F. 莱德福德：《"足够"胜任：对不同文件的胜任要求的冲突规定》，2 NAELA J. 303，313（2006）（案例法一直认为，当事人指定的代理人必须有能力制订合同，也就是必须有能力去理解他/她所参与的行为的本质和影响，这是一个比制订遗嘱要求更高的能力）；同样见 AM. BAR ASS'NCOMMISSION ON LAW AND AGING & AMERICAN PSYCHOLOGICAL ASSOCIATION, ASSESSMENT OF OLDER ADULTS WITH DIMINISHED CAPACITY: A HANDBOOK FOR LAWYERS 6（2005）（传统意义上，标准就是制订合同的能力）。

[156] 罗莉·A. 施蒂格尔，AM. BAR ASS'N COMMISSION ON LAW AND AGING：《持续性代理权滥用，国家老年人预防虐待中心事实列表——消费者版3》（2008）（重点强调了在民事和刑事司法系统中对律师滥用职权的受害者的补救方法）。

[157] 金·乌丁，前注141，第15页。

[158] 同上注。

[159] 同上注。

[160] 戴森，前注69，第616—617页。一位作者表述道，在 UPOAA 体系下，持续性代理权由于缺乏一项定期监控机制，仍不是一项十分完美的工具。斯塔奇等，前注140，第24页。

室资金不足也使这个方法变得不现实。[162]

注册与监督相比，不需要太多的资金和人力投入，并且在启用持续性代理权之前进行注册可以鉴别无赖代理人。[163] 注册系统越复杂全面，其失败的可能性越大。对英国一个相对较新的系统[164]的回顾阐述了复杂的注册和监督系统的困难和无效。在英国，公共监护人办公室负责建立并维护永久性授权和持续性授权的注册机制以及与社会服务机构合作以保护行为能力有缺陷的人。[165] 英国的程序在授权委托书生效时间和花费方面与监护制度很相似。注册授权委托书的比例只占英国人口总数的一小部分，也说明其不成功。[166] 如果委托人没有一个足够值得信任的代理人在没有监督的情况下履行信托责任，那么委托人就不应该签署持续性授权委托书。委托人应采用预置监护人声明，或者时机适宜的话，适用自愿监护。这两种方法都可以依靠现有制度指导和监督信托人，[167] 创设或转移财产至信托基金对于其事务需要更多监督的委托人是一个可以选择的替代措施。

目前最有力的改革发生在确定代理人的责任和权利范围方面。[168]《佛罗里达法案》在 UPOAA 的基础上，增加了更多的强制义务，阐明了代理人与委托人的信托关系，在委托权方面增加了更严格的限制，修改了忠诚与公正义务。[169]《佛罗里达法案》也有一些不足之处：作为强制义务的"最佳

---

[162] 娜奥米·卡普 & 艾利卡·F. 伍德：《监护关系检测：一项全国性调查的法庭实践》，37 STETSON L. REV. 143，163—164（2007）（讨论其调查结果，结果显示很多法庭不需要提交个人未来保健的申请计划）。

[163] 凯萨琳·希尔：《授权委托书：便利的合同还是危险的文件？》，11 MARQ. ELDER'S ADVISOR 307，331（2010）。

[164] 参见《意思能力法》，2005，c. 9，（Eng.），http：//www. legislation. gov. uk/lukpga/2005/9/pdfs/ukpga 20050009 en. pdf（创建新的登记系统）。

[165] 海德顿，前注 153，第 51 页。英格兰系统由公共监护人办公室为想要制作授权委托书的申请人出版了一本 43 页的指导手册，其综合性表现得淋漓尽致。

[166] 同上，第 51—52 页（备注：2008 年 11 月，公共监护人办公室成立约 1 年后，办公室仅收到 4283 个注册申请，而英格兰的人口有 5100 万）。

[167] 39 AM. JUR. 2d Guardian and Ward《监护人与被监护人》§ 205（2010）。规定：除了父母和子女关系以及夫妻关系，没有别的人与人之间的关系像监护人与被监护人的关系那样一方面是构筑双方信心的基本要素，一方面在构筑相互信任方面起到最基本的作用。监护关系通常被认为是最高和最神圣的角色的信任关系。同上，见 FLA. STAT. § 744. 446（2011）（防止监护人参与未经法院批准的利益冲突）。

[168]《统一代理法》序言，8B U. L. A. 57—58（西方增刊 2011 年 12 月）（备注：UPOAA 主要是"一组默认的规则，在选择代理人的权限范围以及控制代理行为方面给予委托人自由"）。

[169] FLA. STAT. § 709. 2114（1）（列举代理人义务）。

利益"准则模糊，⓰ 代理人接受任命受限制，⓱ 以及没有规定确认委托人财产计划的义务。这些是 UPOAA 唯一没有解决好的代理问题。《佛罗里达法案》和 UPOAA 的一个共同缺点，即不要求代理人公开、确定地知晓代理人的任命、义务和权利的范围。⓲ 宾夕法尼亚州现行的代理权法包含了签署知会书的规定，⓳ 虽然宾夕法尼亚州议会去年签署了一个法案，要求知会书包含在声明里，"我应该维护委托人的财产计划，如果委托人未留有遗嘱，应包括无遗嘱死亡的效力"⓴。因情况需要而偏离委托人的财产计划时，灵活性需要得到体现。需要表达接受维护财产计划义务的代理人滥用权利的可能性较小。这个规定不但可以防止代理人权利滥用，还可以日后用来排除代理人的通常辩护，即代理人没有意识到其应该保存记录或不知道其被禁止某些行为。㉑

旨在教育委托人和代理人的改革大部分会降低持续性代理权的简易性，甚至因准备和执行文件会导致较高的律师费。然而，预防滥用的积极作用应该重于细微的不足。当然这些不足与注册及监督的成本和复杂没有可比性，考虑到地方法院的预算和办公成本，运行复杂的注册和监督系统是不现实的。㉒ 延长授权委托书起草者与委托人的沟通时间，结合要求代理人公开表达接受委托的义务和权限，可以进一步在预防和检测代理权滥用的同时，保持代理权的简易性、灵活性，保持委托人的自主性、隐私和低成本。

结　论

正如 UPOAA 的报告者惠顿教授指出的，在提高代理制度的效用和保护委托人的利益角逐中没有一个机制可以使代理决策维持完美的平衡。㉓

⓰　FLA. STAT. §709. 2114（4）。

⓱　FLA，STAT §709. 2113。

⓲　布宜诺，前注 142，第 22—23 页（讨论宾夕法尼亚州法律，要求有委托人签名的公开声明，以此确保其知晓签署一项持续性代理权的后果及责任。然而新罕布什尔州的法律则不需要此类公开声明，但需要提供口头范本）。

⓳　20 PA. CONS. STAT. §5601（d）（2011）（代理人无权依据授权委托书从事代理行为，除非代理人首次执行授权委托书并且按照以下表格在授权委托书上署名……）。

⓴　B. 1358，194th Gen. Assem.（Pa. 2010）at §5601.

㉑　希尔，前注 163，第 333 页。

㉒　Off. of St. Cts. Admin., Funding Florida Courts, THE FLORIDA BAR, http://www. floridabar. org/fundingfloridacourts（2011 年 5 月 26 日浏览）。

㉓　惠顿，前注 54，第 12 页。

对于任何信托行为，"持续性代理权中的代理人不可能对人的本性完全免疫"。❻ 如果委托人认为对于代理人的误导或不诚实的行为不具备保护自己的能力，应该评估一个更全面的计划来指定一个替代者。委托人应该在丧失能力之前与一个有资格的律师一起进行这个评估，该律师要适当地教育委托人，并告知代理人在代理关系中的相关权利、责任和权限。

---

❻　海德顿，前注 153，第 50 页。

统一代理权法：并非可以解决一切问题[*]

Angela M. Vallario[**]

翻译：高琦梅[***]　王竹青[****]

一、简　　介

代理权制度是现代社会财产制度的重要组成部分之一。一方面，它提供了一种规避监护制度的简便方法，另一方面，它为委托人在必要时许可代理人管理其财产提供了途径。[❶] 代理权的本质就是委托人授予代理人在代理权限范围内实施旨在实现其经济利益的行为。[❷] 然而，滥用代理权[❸]往往会使第三人有权不受代理法律效力的约束，此外，相反的，这种权利的

---

[*]　THE UNIFORM POWER OF ATTORNEY ACT：NOT A ONE – SIZE – FITS – ALL SOLUTION，43 U. Balt. L. Rev. 85 2014.

[**]　Angela M. Vallario，巴尔的摩大学法学院副教授，佛罗里达大学理学士、巴尔的摩大学和乔治城大学法学院法学博士。在此特别感谢我的助手 Nicholas Young 给予笔者的帮助。此外，还要铭谢 Brooke Shemer，Brittany Ellwanger 和 Christian Kintigh 一直以来的支持。

[***]　高琦梅，北京科技大学法学硕士。

[****]　王竹青，北京科技大学文法学院副教授，美国哥伦比亚大学 2010 – 2011 年度访问学者。

[❶]　参考《统一遗嘱认证法典》（2010 修订版）前言 5B（刊载于统一立法网 2013 年增刊第 8 卷第 366 至 367 页）。

[❷]　参考统一立法网《为什么各州应当适用 UPOAA？》一文，网址：http：//www. uniformlaws. org/Narrative. aspx？title = Why States Should Adopt UPOAA（2013 年 10 月 20 日浏览）。

[❸]　参考：（1）美国退休者协会公报中刊载的 Lori A. Stiegel & Ellen Vancleave Klem 所写的《面对代理权的滥用政府应采取的措施》；

（2）William M. Gatesman 所写《马里兰州 Loretta 对于代理权草案所产生的影响》（刊载于《B. BULL》2011 年 1 月 15 日期中的第 10 页）；

（3）Dennis B. Roddy 所写的《授权委托书所引发的代理权的滥用所引发的审判困惑》（刊载于《匹兹堡公报》，2007 年 9 月 2 日，网址：http：//www. post – gazette. com/stories/news/us/courting – trouble – the – document – granting – power – of – attorney – often – leads – to – abuse – 499889/，具体内容如下：Loretta Soustek 的侄女基于其意思表示获得了代理权，但是在接下来的5（转下页）

滥用往往也会引起财产计划者和客户的不安。❹

对于代理权的滥用及随后而来的第三人不愿意履行代理合同，全国的代理人都在寻求解决这些问题的技巧和方案，以缓解代理合同前一刻还在执行而随后就丧失法律效力所带来的问题和尴尬。在一些情况下，代理人甚至会建议委托人尽可能地采用一些金融机构可能履行的具有法律效力的草拟文件，以避免金融机构不愿履行其职责。❺此外，代理人可能需要接触各银行的法务部门，这会对诉讼产生一定的影响，因此在一些情况下代理人可能会采用更耗时、耗力的监护方式。❻

第三人拒绝承认代理合同的效力往往是促成国家法典编纂的因素之一。❼由于代理权是一种重要的财产规划手段并且是一种廉价的规避监护的方式，因此许多地区都采取了一系列措施以促进相关法律的编纂。❽2002年，统一州法全国委员会❾采取了一系列有效的措施去改良现有的《统一

（接上页）年中该侄女置其利益于不顾，滥用代理权。后其两名侄孙女经法院判决取得对 Loretta Soustek 的监护权并且发现了其侄女滥用代理权的行为。

（4）Harvey S. Jacobs 所写的《代理权的本质：与委托人的意愿相一致》（刊载于《华盛顿公报》2010 年 10 月 2 日网址：http：//www. washingtonpost. com/wpdyn/content/article/2010/10/01/AR2010100100211. html）。

（5）《Loretta 滥用代理权所引发的马里兰州一般代理权和有限代理权的不完全落实》（LexisNex-is2011 年和 2012 年增刊 CODE ANN. ，EST. &TRUSTS 第 17 至 101 条及 204 条）；

（6）Gatesman 上册第 10 页。

❹ 参考 Michael W. Davis 和 Richard F. Lindstrom 所写的《胡萝卜、树枝和地雷：统一代理权法》（刊载于 MD. B. J. 2008 年第 41 章第 38 条），讲述了基于马里兰州法的规定，第三人例如银行、经济公司和保险公司即使签订授权委托书也无代理权；此外，还指出代理权的相关立法较少）。

❺ 参考：

（1）Linda S. Whitton 所写的《一种可以替代监护权的权利》（刊载于 STETSON L. REV. 2007 年第 37 章第 38 至 39 条，论述了常见的第三人拒绝履行代理行为及处理方法）；

（2）Kelly Greene 和 Jessica Silver – Greenberg 所写的《与亲密的人签订授权委托时是最有保障的》（刊载于 WALL ST. J. 2011 年 5 月 14 日的网站中，网址：http：//online. wsj. cp，/srticle/SB10001424052748704681904576315662838806984. html，论述了银行拒绝履行授权委托书的行为及应对措施）。

❻ 参考 Whitton 上册第 39 页的第 5 条评论。

❼ 参考《代理权综述》（刊载于统一立法网，网址：www. uniformlaws. org/ActSummary. aspx? title = Power of Attorney，2013 年 11 月 10 日浏览）。

❽ 同上注，《代理权拥有监护权所不具备的灵活性》，详见本文第二部分中（二）至（四）内容。

❾ 参考统一立法委员会的文件：《关于 ULC 和统一立法网》（网址为：http：//www. uniformlaws. org/Narrative. aspx? title = About the ULC，2013 年 12 月 20 日浏览）。

持续性代理权法》❿ 旨在使得国家的代理权立法趋于明确和统一。⓫ 经过多年的努力，该委员会于 2006 年颁布了《统一代理权法》。⓬

《统一代理权法》为全国代理权的现代化改革提供了一个美好的蓝图。⓭ 然而，自从颁布后，只有新墨西哥州、维尔京群岛和蒙塔纳州全面适用了《统一代理权法》⓮，其他 12 个采纳的州则是在大范围修改后才予以适用。⓯ 这些州都基于各种各样的原因对该法进行了多方面的修改。⓰ 在

---

❿ 参考《代理权的统一》（2006 年废除）（刊载于 1979 年 U. L. A. 8A 章第 223 条）。

⓫ 《统一代理权法》规定了几个之前并未涉及的重要性问题。前言中提到："原有的《统一持续性代理权法》最近一次修改是在 1987 年，当时只有几个州予以适用该法。尽管最初立法是统一的，但是仔细研究就会发现其实各州在适用法律的时候往往进行了较大的修改，对此，《统一持续性代理权法》的立法机构持默许的态度。"（刊载于 2013 年 U. L. A. 增刊 8B 章第 62 条）；除非另有规定，《统一代理权法》多援引于 2013 年《统一立法评述》的增刊中。

⓬ 参考《统一代理权法》前言（刊载于 U. L. A. 8B 章第 62 条）；关于代理权的一系列立法（刊载于统一立法网）。

⓭ 参考《统一代理权法》前言（刊载于 U. L. A. 8B 章第 62、63 条）。

⓮ 参考 MONT. CODE ANN. 第 72 卷第 31 章第 301 条至第 367 条（2011 年版），U. L. A. 第 8B 卷第 62 章和第 63 章。

⓯ 除了新墨西哥州和蒙塔纳州外，其余的 12 个州均被看作为适法地区。马里兰州并未对《统一代理权法》予以承认。但若将《代理权的相关立法表》上册注释 12 与适法地区的《统一代理权法表》相比较，就会发现，其中所涉及的 U. L. A. 8B 卷第 61 页中（提及马里兰州）和第 63 页（提及"马里兰州大量采用了《统一代理权法》中的相关规定"）均对此有所规定。此外，作者自身也曾参与到马里兰州代理权立法，会发现该立法过程一直以《统一代理权法》为模板。参考 H. B. 第 483 页第 427 条第 1 款的名称即为"统一代理权法"。基于此可以理解为，"为了……的目的，颁布了《统一代理权法》。"基于上述内容可见，虽马里兰州在统一州法全国委员会的官网上并未被看做是适法地区，但是在不久的将来，马里兰州必将会作为第 15 个适法地区被记录。

⓰ 参考：

（1）ALA. CODE 第 26 卷第 1A 章第 101 条至 404 条（刊载于律商联讯 2012 年增刊）；

（2）ARK. CODE ANN. 第 28 卷第 68 章第 101 条至 405 条（2012 年版）；

（3）COLO. REV. STAT. ANN. 第 15 卷第 14 章第 701 条至 745 条（刊载于 2011 年西部版和 2012 年增刊）；

（4）IDAHO CODE ANN. 第 15 卷第 12 章第 101 条至第 403 条（刊载于 2009 年及 2013 年增刊）；

（5）ME. REV. STAT. ANN. 18 – A 中第 5 章第 901 条至 964 条（2012 年版）；

（6）MD. CODE ANN. 及《财产和信托法》第 17 章第 101 条至 204 条（刊载于律商联讯 2011 年和 2012 年增刊）；

（7）MONT. CODE. ANN. 第 72 卷第 31 章第 301 条至 367 条（2011 年版）；

（8）NEB. REV. STAT. 第 30 章第 4001 条至 4045 条（刊载于 2012 年增刊）；

（9）NEV. REV. STAT. ANN. 第 162A 章第 10 条至 860 条（刊载于律商联讯 2011 年增刊）；

（10）OHIO REV. CODE ANN. 第 1337 条第 21 款至 64 款（刊载于 2013 年增刊）；

（11）VA. CODE ANN. 第 64 卷第 2 章第 1600 条至 1642 条（2012 年版）；

（12）W. VA. CODE ANN. 第 39B 卷第 1 章第 101 条至第 4 章第 103 条（刊载于律商联讯 2013 年增刊）；

（13）WIS. STAT. ANN. 第 244 条第 1 款至第 64 款（刊载于 2012 年西部增刊）；

（14）V. I. CODE ANN. 15 中第 5 章第 501 条至 523 条（2012 年废除）。

撰写这篇文章时，仅有 15 个州适用《统一代理权法》。❼《统一代理权法》旨在消除各州间日渐增多的关于代理权法律规定的不一致处。❽ 但是，自从该法颁布的 7 年来，各州一直没有予以强有力的支持，并且最终只有 3 个州采纳。❾ 原先所明确设立的统一目标至今尚未完成，或许该目标本身是不现实的。大多数地区未能❿采用《统一代理权法》再加上各适用地区间⓴的相互矛盾表明了该法并不是一个万全之策。

这篇文章将对《统一代理权法》及各适用地区的相关立法进行研究。⓶统一州法全国委员会确定了由《统一代理权法》规制的六个具体事项。⓷

---

❼ 阿拉巴马州、阿肯色州、科罗拉多州、爱达荷州、缅因州、蒙塔纳州、内布拉斯加州、内华达州、新墨西哥州、俄亥俄州、美属维尔京群岛、弗吉尼亚州、西佛吉尼亚州和威斯康星州。

（1）参考：

① ALA. CODE 第 26 卷第 1A 章第 101 条至 404 条；

② ARK. CODE ANN. 第 28 卷 68 章第 101 条至 405 条；

③ COLO. REV. STAT. ANN. 第 15 卷第 14 章第 701 条至 745 条；

④ IDAHO CODE ANN. 第 15 卷第 12 章第 101 条至 403 条；

⑤ ME. REV. STAT. ANN. 18－A 中第 5 章第 901 条至第 964 条；

⑥ MONT. CODE ANN. 第 72 卷第 31 章第 301 条至 367 条；

⑦ NEB. REV. STAT. 第 30 章第 4001 条至 4045 条；

⑧ NEV. REV. STAT. ANN. 第 1337 条第 21 款至 64 款；

⑨ VA. CODE ANN. 第 62 卷第 2 章第 1600 条至第 1642 条；

⑩ W. VA. CODE ANN. 第 39B 卷第 1 章第 101 条至第 4 章 103 条；

⑪ WIS. STAT. ANN. 第 244 条第 1 款至第 64 款；

⑫ V. I. CODE ANN. 15 中第 5 章第 501 条至 523 条（2012 年废除）；

（2）参考《代理权的法律汇编》上册注释 12，其中规定了一个适法地区的全面的列表。马里兰州被看做是适用《统一代理权法》的地区之一。

（3）参考《代理权的法律汇编》上册注释 15。

❽ 参考《统一代理权法》前言（刊载于 U. L. A. 8B 卷第 62 页）。

❾ 参考《代理权的法律汇编》上册注释第 14—16 页及其附件。美国未适用《统一代理权法》的州：阿拉斯加州、亚利桑那州、加利福尼亚州、康乃迪克州、特拉华州、哥伦比亚特区、佛罗里达洲、乔治亚州、夏威夷州、伊利诺伊州、印第安纳州、爱荷华州、堪萨斯州、肯塔基州、路易斯安那州、马萨诸塞州、密歇根州、明尼苏达州、密西西比州、密苏里州、新罕布什尔州、新泽西州、纽约、北卡罗来纳州、北达科他州、俄克拉荷马州、俄勒冈州、宾夕法尼亚州、波多黎各岛、罗德岛州、南卡罗来纳州、南达科他州、田纳西州、得克萨斯州、犹他州、佛蒙特州、华盛顿特区、怀俄明州（共有 38 个州）。

❿ 详见本文七。

⓴ 详见本文七。

⓶ 详见本文第五至八。

⓷ 参考：

（1）《统一代理权法》前言；

（2）U. L. A. 第 8B 章第 62 条：这篇文章主要围绕着各州和《统一代理权法》日渐增大的差异性规定展开论述，具体包括：①共同代理人的授权；②继任代理人和监护人的职权；③代理人和委托人婚姻关系解除的影响；④临时权利行使的情形；⑤赠与权；⑥代理行为的准则；

（3）参考本文三。

在本文的第二部分，这些事项都在《统一代理权法》中予以明确规定并且与采纳的各州立法相比较。

在研究采纳该法的各州立法中，各州的立法趋势和意见分歧将会日渐凸显。这篇文章的第三章提及《统一代理权法》中的一些内容并且予以分析比较，此外，适用该法的地区还对该法做了一些额外的比较和区分。第四章内容通过借鉴适用该法地区的法律规定进一步完善了《统一代理权法》。文章的第五章也指出《统一代理权法》与各地区的具体规定间存在着完全一致的领域。在《统一代理权法》的整个讨论过程中，统一州法全国委员会曾听到各种各样的建议旨在实现其既定的目标。

二、《统一代理权法》

统一州法全国委员会花费了三年多的时间制定《统一代理权法》。[24] 该立法进程始于 2002 年，在此期间回顾了现有的立法和各州判例法的适用史，并且在全美的律师和金融机构间展开了一个全国性的调查研究[25]。因此，《统一代理权法》顺利通过并在美国统一州法全国委员会[26] 2006 年的年度会议上被建议在全美范围内颁行。[27]

在 2006 年通过后的第二年，代理权立法的全国统一日渐成为趋势。新墨西哥州在 2007 年成为全美第一个颁布《统一代理权法》的州，并且对该法全盘适用没有做任何修改，并且该法于同年生效。[28] 2008 年，爱达荷州[29]紧随其后成为第二个颁布《统一代理权法》的州，并且该法也于同年生效。从 2009 年开始，鉴于各州需要更多的时间来全面了解该法，所以适用该法的各州往往于颁布后的一定时间内才使该法生效。[30] 而在法律生效前的这一段时间内，各州会基于生效日期确定具体进程。《统一代理权法》

---

[24] 参考 Linda S. Whitton 于 2008 年 9 月 1 日所写的《统一代理权和金融机构》一文（尚未发表），其中提到在她前期 3 年的资料搜集和实地考察的过程中，她将每一个细化的考量因素整合在一起以期得到一个综合性的评论。

[25] 参考《统一代理权法》前言，U. L. A. 2013 年增刊第 8B 章第 62 条。
该部分内容讲述了这一系列的调查活动均是由美国信托和财产管理委员会的编辑部所开展的，旨在分析来自律师协会及其各部门、美国信托和财产咨询委员会、全美耆英法律师协会及其他。

[26] 参考《代理权立法汇编》及注释 12。

[27] 同上注。

[28] 参考 N. M. STAT. ANN. 第 45 卷 5B 章第 101 条至 403 条（见 2012 年律商联讯）。

[29] 参考 IDAHO CODE ANN. 第 15 卷 12 章第 101 条至 403 条（见 2009 年及 2013 年增刊）。

[30] 参考 COLO. REV. STAT. ANN. 第 15 卷第 14 章第 701 条至 745 条（见 2011 年和 2012 年增刊）（该法于 2009 年颁布，2010 年 1 月 1 日生效）。

于 2009 年在内华达州生效。❸ 2010 年，又有 5 个州加入了《统一代理权法》的体系中，其中包括：弗吉尼亚州❸、缅因州❸、威斯康星州❸、科罗拉多州❸和马里兰州❸。随后的 2011 年，维尔京群岛❸和蒙大拿州❸亦加入该体系。2012 年，亚拉巴马州❸、阿肯色州❹、西弗吉尼亚州❹、俄亥俄州❹和内布拉斯加州❹也颁布了《统一代理权法》。2013 年并没有其他的州颁布此法。从 2006 年开始，先后共有 15 个州仿照《统一代理权法》颁布了代理权的相关立法。

《统一代理权法》共有四章。❹ 总体而言，第一章和第二章规定了本法的总则及代理权限的范围，❹ 且设置了默认规则。❹ 默认规则要求"除非授权委托书另有规定"，否则皆应适用。❹ 第三章规定了授权委托书的法定格式及代理人关于授权委托书的事实认定的备选形式。❹ 第四章为"其他规

---

❸　参考 NEV. REV. STAT. ANN. 162A 卷第 10 条至 860 条（见 2011 年律商联讯增刊）。

❸　参考：

（1）VA. CODE ANN. 2012 年第 64 卷第 2 章第 1600 条至 1642 条。虽然弗吉尼亚州自 2009 年颁布该法已有 1 年时间，2010 年又重新颁布了该法；

（2）Andrew H. Hook 和 Lisa V. Johnson 所写的《弗吉尼亚州的代理权立法》一文（刊载于 U. RICH. L. REV. 2009 年第 107 期 44 卷第 107 - 108 页），文中提到：《统一代理权法》由弗吉尼亚议会 2009 年 1 月 1 日提出，并且通过了为使其生效应在 2010 年重新颁布该法的决议。

❸　参考 ME. REV. STAT. ANN2012 年第 18A 卷第五章第 901 条至 964 条。

❸　参考 WIS . STAT. ANN. 2012 年西部增刊 244 章第 1 条至 64 条。

❸　参考 COLO. REV. STAT. ANN. 第 15 卷第 14 章第 701 条至 745 条。

❸　参考 MD. CODE AN、EST 和 TRUSTS 第 17 章第 101 条第 204 条（刊载于弗吉尼亚议会公报 2011 年和 2012 年增刊）。

❸　参考 V. I. CODE ANN 第 15 卷第 5 章第 501 条至 523 条（2012 年失效）。在其适用范围的这部分章节，《统一代理权法》规定了哥伦比亚特区、波多黎各岛和美属维尔京群岛。但是，2012 年美属维尔京群岛废除了大量的《遗嘱认证法》包括了《统一代理权法》的部分条例。

❸　参考 MONT. CODE ANN. 2011 年版第 72 卷第 31 期第 301 条至 367 条。

❸　参考 ALA. CODE 第 26 期第 1A 章第 101 条至 404 条（刊载于弗吉尼亚议会公报 2012 年增刊）。

❹　参考 ARK. CODE ANN. 2012 年第 28 卷第 68 章第 101 条至 405 条。

❹　参考 W. BA CODE ANN. 第 39B 卷第 1 章第 101 条至第 103 条（刊载于弗吉尼亚议会公报 2012 年增刊）。

❹　参考 OHIO REV. CODE ANN. 第 1337 章第 21 条至 64 条（刊载于 2013 年西部版）。

❹　参考 NEB. REV. STAT 第 30 章第 4001 条至 4045 条（刊载于 2012 年增刊）。

❹　参考《统一代理权法》第 105 条及 U. L. A. 第 8B 章第 67 条（刊载于 2013 年增刊）。

❹　参考上述文件第 101 卷 8B 章第 67 条至 124 条。

❹　详见本文三、四。

❹　参考如《统一代理权法》第 104 条及 U. L. A. 第 8B 章第 73 条（关于滥用代理权的内容）。

❹　参考上述文件第 301—302 页，U. L. A. 第 8B 章第 125 条至 133 条。

定"，例如关于预先代理的效力及撤销代理权的影响。❹

（一）总 则

第一章共包含 23 个条文，主要规定了大量的关于代理权的创设和使用的默认条款。❺ 虽然第一章中的大多数条款明确规定了可由授权委托书变更其效力的默认条款，但其中仍存在一些不可变更的强制性条款以保障委托人❺、代理人❺和第三人❺的利益。这种默认规则在第三章授权委托书的法定格式中也有规定。❺

第一章是一个通则性的规定❺（但并没有涵盖所有的代理权❺），其中

---

❹ 参考上述文件第 403 页，U. L. A. 第 8B 章 135 条。

❺ 参考上述文件艺术版第 1 卷，U. L. A. 第 8B 章第 67 条。《统一代理权法》的默认条款采用了法定格式，并且包括下述内容：（1）代理权是持续性的，如上述文件第 104 页，U. L. A. 第 8B 章第 73 条；（2）代理权即刻生效，如上述文件第 109（a）页，U. L. A. 第 8B 章第 79 条；（3）代理权终止的情形：代理人与委托人离婚或者其他法定解除关系的情形，如上述文件第 110（b）（3）页，U. L. A. 第 8B 章第 81 条；（4）代理权不会随时间的推移而消灭，如上述文件第 109（c）页，U. L. A. 第 8B 章第 81 条；（5）继任代理人与本代理人权利相同，如上述文件第 111（b）（1）页，U. L. A. 第 8B 章第 82 条；（6）继任代理人需待本代理人代理权终止时才享有代理权，如上述文件第 111（b）（1）—（2）页，U. L. A. 第 8B 章第 82 条；（7）代理人需要赔偿的费用，如上述文件第 112 页，U. L. A. 第 8B 章第 84 条；（8）代理人有权要求的赔偿；（9）代理人的默示许可，如上述文件第 113 页，U. L. A. 第 8B 章第 84 条；（10）代理人的最低职责：诚实守信、寻求委托人利益的最大化、注意义务、勤勉义务、保存代理记录、与其他共同代理人合作、尽力维护委托人的财产，如上述文件第 114 页，U. L. A. 第 8B 章第 85 条至 86 条。

❺ 参考《统一代理权法》第 201 条（a）和（b）款，及 U. L. A. 第 8B 章第 104 条（规定当代理人处理委托人财产属性较强的事务时需要委托人的特别授权）。因为代理人可能滥用代理权导致的委托人的财产可能存在灭失风险的事务需要特别授权。如上述文件第 111（d）页，U. L. A. 第 8B 章第 83 条（代理人知道存在违约的可能性时，有通知代理人的义务）；如上述文件第 217（b）页，U. L. A. 第 8B 章第 123 条（赠与数量不得超过联邦赠与税除外责任每年的额度限制）；参考注释 66。

❺ 参考《统一代理权法》第 115 条，U. L. A. 第 8B 章第 89 条。

❺ 参考：

（1）上述文件第 120 条 c 款（1）—（2）项，U. L. A. 第 8B 章第 96、97 条（规定了代理人合理的拒绝事由）；（2）Andrew H. Hook 和 Thomas D. Begley 所写的《统一代理权法是否基于第三方过多的保护？》，EST. PLAN. 2010 年第 37 章第 39 条。

❺ 详见第二章第二小节。

❺ 参考《统一代理权法》第 102 条，U. L. A. 第 8B 章第 68 条至 70 条（区分专业代理人和事实代理去避免非法律人士的困惑，并且区分了《监护程序法》第 401 条和 1997 年 U. L. A. 第 377 页至 378 页中"无资格"和"无能力"两个词的定义）。

❺ 参考《统一代理权法》第 103 条，U. L. A. 第 8B 章第 71 条（排除了医疗保险代理、债权人的一些权利、企业单位的权利）。

规定了代理权的时效❺、构成要件❺、所递交的复印件和电子文件的效力❺、可移植性❻、监护❻、效力的产生❻与终止❻、继任代理人❻、报酬❻、隐性代理❻、代理人的职责❻及代理人有权辞去委托等内容。❻

第一章还规定了代理人在违反授权委托书时所应承担的责任。❻ 关于代理人的责任，第一章认为代理人在违约时❼应当承担相应的责任，除非委托人免除其责任。❼

---

❺ 参考《统一代理权法》第 104 条，U. L. A. 第 8B 章第 73 条（规定委托人变为无行为能力人并不会影响代理权的行使）。

❺ 参考《统一代理权法》第 105 条，U. L. A. 第 8B 章第 73 条（规定委托人必须签署授权委托书），参考本文第四章第二小节。

❺ 参考《统一代理权法》第 106 条 d 款，U. L. A. 第 8B 章第 75 条（规定复印件和电子版与原始文件有相同的权利）。

❻ 参考《统一代理权法》第 106 条 c 款，U. L. A. 第 8B 章第 75 条。为实现立法一致性的目标，《统一代理权法》规定授权委托书在多个州均有效，参考本文四（三）。

❻ 参考《统一代理权法》第 108 条，U. L. A. 第 8B 章第 77 条。规定当任命代理人后又设立监护人时，代理人应当对委托人和监护人负责。参考本文第三部分第二小节。

❻ 参考《统一代理权法》第 109 条，U. L. A. 第 8B 章第 79 条。规定代理权通常在签订授权委托书后立即生效，但是委托人也可推迟授权委托书的生效时间。参考本文第四章第三小节。

❻ 参考《统一代理权法》第 110 条，U. L. A. 第 8B 章第 80 条至 81 条。代理权的终止事由：代理人死亡、代理权的撤回、代理人辞职、代理人和委托人离婚。参考本文第三部分第三小节。

❻ 参考《统一代理权法》第 111 条 b 款，U. L. A. 第 8B 章第 82 条。继任代理人与本代理人权利相同。参考本文第四章第一小节。

❻ 参考《统一代理权法》第 112 条，U. L. A. 第 8B 章第 84 条。代理人有权获得赔偿，但是应纳相应的税额。2013 年的 I. R. C. 第 101 条规定，如果代理人可能从委托人处继承遗产，该笔遗产则无需纳税。因此，代理人应仔细考虑该部分费用。

❻ 参考《统一代理权法》第 113 条，U. L. A. 第 8B 章第 84 条。不同于托管人，代理人无需对外明确表达其代理人的角色，但是其隐性代理的行为也是被承认的。1959 年《美国信托法重述》第 169 条至 182 条规定一旦托管人开始托管行为，他就需一直承担托管的义务。

❻ 参考《统一代理权法》第 114 条，U. L. A. 第 8B 章第 85 条至 86 条。委托人的授权限定了代理人的最低职责。参考本文第三章第六小节。

❻ 参考《统一代理权法》第 118 条，U. L. A. 第 8B 章第 92 条。规定代理人辞职时应当提前通知委托人、监护人、照顾者和其他关注委托人利益的人或机构。

❻ 参考《统一代理权法》第 114 条，U. L. A. 第 8B 章第 85 条至 86 条。代理人的最低法定义务：诚实守信、忠实、在授权范围内履行义务、符合委托人的合理预期或者有助于实现委托人的利益最大化。参考本文第三章第六小节。

❼ 参考《统一代理权法》第 117 条，U. L. A. 第 8B 章第 92 条。参考本文第三章第六小节。

❼ 参考《统一代理权法》第 115 条，U. L. A. 第 8B 章第 89 条。规定如果代理人的行为违约，委托人则有权撤销该代理人。

（二）代理权限

第二章规定了代理权限。❷ 这个章节大量保留了 1988 年《统一法定授权书法》的规定，❸ 明确规定了只有在委托人明确授权的前提下，❹ 代理人才能取得对委托人的财产的处分权。❺ 当然这可能会导致委托人承担代理人滥用代理权的风险。❻

此外，由于这些授权可能会迅速减少委托人的财产或者对其的财产规划产生影响，❼《统一代理权法》禁止非委托人的长辈亲属、配偶或者晚辈亲属的代理人以赠与、生存者取得权、受益人指定、放弃权利声明或者其他方式为代理人或代理人对其负有法定扶养义务的个人在委托人的财产中创设权益。❽

第二章也规定了一般性授权条款，本法或者授权委托书另外加以限制的除外。❾《统一代理权法》第 204 条至 216 条对一般代理权做了详尽规定。❿ 委托人有权修改引用的代理权限。⓫

（三）法定格式

第三章规定了两种可供选择的形式，即法定格式和代理证明书。⓬ 法定格式规定了代理行为最初发生时即应提醒⓭委托人授予代理人此种权限

---

❷ 参考如上文件。代理的基础就是代理人必须在代理的权限范围内实施代理权。参考 2006 年《代理权法重述》第 2 条第 1 款至第 3 款。

❸ 将《统一代理权程序法》第 3 条至第 16 条，U. L. A. 第 8B 章第 207 条至 218 条（2001 年颁布，2006 年废除）（规定了代理权的范围）与《统一代理权法》第 203 条至第 216 条，U. L. A. 第 8B 卷第 108 页至 122 页（规定了代理权一般授权的范围）相比较。

❹ 参考《统一代埋权法》第 201 条 a 款，U. L. A. 第 8B 章第 104 条。代理权的法定格式规定了本人需明确特殊授权的范围。

❺ 参考《统一代理权法》第 201 条 a 款，U. L. A. 第 8B 章第 104 条。

❻ 参考上述文件，规定需要特别授权的代理权有：（1）设立、修改、撤销、终止生前信托；（2）赠与；（3）设立或者变更生存者享有权；（4）设立、变更受益人；（5）变更代理机构；（6）放弃委托人的年金，例如其养老金计划账户；（7）代理委托人才有权行使信托权；（8）放弃财产包括指定权。

❼ 参考上述文件。

❽ 参考《统一代珥权法》第 201 条 b 款，U. L. A. 第 8B 章第 104 条。

❾ 参考《统一代理权法》第 203 条第（1）—(10)款，U. L. A. 第 8B 章第 108 条。第三章临时性事件（参考该法第 204 条至 216 条，U. L. A. 第 8B 章第 109 条至 122 条）将会予以进一步讨论，详见本文第二章第三小节。

❿ 参考《统一代理权法》第 204 条至 216 条，U. L. A. 第 8B 章第 109 条至第 122 条。

⓫ 参考《统一代理权法》第 202 条 a 款和 b 款，U. L. A. 第 8B 章第 104 条。

⓬ 参考《统一代理权法》第 301 条和 302 条，U. L. A. 第 8B 章第 125 条第 134 条。

⓭ 参考《统一代理权法》第 301 条，U. L. A. 第 8B 章第 125 条至第 129 条。

的潜在风险。⑧ 其中风险之一就是代理人不管委托人是否能够自己做决策就对委托人的财产做出处理。⑧

《统一代理权法》中规定委托人有权指定代理人及继任代理人。⑧ 其中一部分内容还规定了一般代理权,委托人有权确定其中的重点事项,⑧ 并且委托人有权在广泛的一般代理权中进行选择赋予代理人其中的哪部分权利。这些重点事项主要由委托人基于一般代理权确定,并且这些重点事项皆有较强的财产属性。⑧ 并且其中的每种财产类型法律都予以明确规定。然而,法定格式中并没有规定基于代理事务的财产属性委托人有权决定代理人可以采取的代理行为。⑧

第三部分还规定了一些财产属性比较强的代理权,⑨ 这需要委托人的特殊授权。法定格式中规定了委托人有权授予代理人以其名义参与到其财产处分的活动中。⑨ 由于有些权利财产属性比较强,使得委托人可能承担更大的风险,因此,如果此时代理人不是委托人的长辈亲属、配偶或者晚辈亲属则要对其予以更为严苛的规定。所以,如果代理权可能会导致委托人的财产大量减少,或者涉及委托人死亡时的遗产分配则需要委托人的明确授权。⑨

---

⑧ 参考《统一代理权法》第 301 条,U. L. A. 第 8B 章 125 条;另参考该法第 201 条,U. L. A. 第 8B 卷第 105 页(规定委托人财产及其损耗的风险);另参考美国退休者协会,即上述注释 3(阐述了行使代理权的风险,尤其是代理权滥用的风险)。

⑧ 参考《统一代理权法》第 301 条,U. L. A. 第 8B 章第 125 条。

⑧ 参考《统一代理权法》第 301 条,U. L. A. 第 8B 章第 126 条。

⑧ 不动产、有形动产、股票及债券、大宗商品及其选择、银行和其他金融机构、个体户和工商户主、保险和养老金、受益人利益、主张和起诉、维持个人和家庭生活所需的费用、从政府政策、市民和军队服务中所获取的利益、退休计划和税收。

⑧ 同上注。

⑧ 如上所述《统一代理权法》一体化进程。参考《统一代理权法》第 202 条,U. L. A. 第 8B 章 107 条。但是,除了通过引用合并的其中一些条文,马里兰州的法定格式深深印上了《统一代理权法》第 214 条至 216 条的印记。此外,将 MD. CODE ANN. 与《房产和信贷法》第 17 条至 202 条(刊载于 2012 年律商联讯)及《统一代理权法》第 204 条至 216 条,U. L. A. 第 8B 章第 109 条至第 122 条。具体参见本文第 5 部分(讨论关于法定格式的不一致性问题)。

⑨ 参考《统一代理权法》第 301 条,U. L. A. 第 8B 章第 127 条。

⑨ 如上所述,规定需要特别授权的代理权有:(1)设立、修改、撤销、终止生前信托;(2)赠与;(3)设立或者变更生存者享有权;(4)设立、变更受益人;(5)变更代理机构;(6)放弃委托人的年金,例如其养老金计划账户;(7)代理委托人才有权行使信托权;(8)放弃财产包括指定权。此外,参考《统一代理权法》第 201 条(a)款,U. L. A. 第 8B 章第 104 条。

⑨ 参考《统一代理权法》第 201 条(a)款,U. L. A. 第 8B 章第 104 条(原始变更)。

接下来的内容将进一步对非近亲属代理人❸的权利进行限制，即其不得使用委托人的财产以谋求自身利益。法定格式中❹还规定了一些立即生效的代理权，❺委托人有权通过上述所提到的方式❻设立监护人，并且基于对第三方的信赖，可以行使追认权。❼法定格式中还有一些关于代理人权利的规定，例如：代理人的职责、❽代理权的终止、❾责任的承担。❿

（四）其他规定

第四部分规定了此前所存在代理权的追溯力。⓫第401条进一步强调了推动代理权相关法律一致性的需求。⓬

三、《统一代理权法》的具体规定

法典化有助于推进各州代理权立法的统一，⓭此外，《统一代理权法》的前言部分还提到了各州在统一代理权立法中所遇到的困境，主要包括以下几个方面：

（1）共同代理及继任代理的授权；

（2）继任代理人及监护人的授权；

（3）代理人与委托人婚姻解除与无效的影响；

（4）无权代理的效力；

（5）代理行为及其责任承担。⓮

---

❸ 参考《统一代理权法》第201条（b）款，U. L. A. 第8B章第104条。代理人如果不是委托人的继承人、配偶、或者后代，则其不能利用委托人的财产为自己或者自己有扶养义务的人谋利。

❹ 参考《统一代理权法》第301条，U. L. A. 第8B章第127条。共同代理除外，《统一代理权法》无需规定任何特殊程序的限制。

❺ 参考《统一代理权法》第109条，U. L. A. 第8B章第79条。《统一代理权法》规定代理权立即生效，除非有特殊情形。这显然又是该法的一个默认条款。详见本文第三部分第四小节的论述。

❻ 参考《统一代理权法》第301条，U. L. A. 第8B章第127条至第128条；另参考该法第108条，U. L. A. 第8B章第77条。

❼ 参考《统一代理权法》第3章，U. L. A. 第8B章第125条。委托人承认并不是代理行为的构成要件，但是被广泛提倡的。

❽ 参考《统一代理权法》第114条，U. L. A. 第8B章第85条至第86条。

❾ 参考《统一代理权法》第110条，U. L. A. 第8B章第80条至第81条。

❿ 参考《统一代理权法》第117条，U. L. A. 第8B章第92条。

⓫ 参考《统一代理权法》第403条，U. L. A. 第8B章第135条。

⓬ 参考《统一代理权法》第401条，U. L. A. 第8B章第135条。

⓭ 同上注。

⓮ 参考《统一代理权法》前言，U. L. A. 第8B章第62条。

这部分将主要讨论这些具体事项在《统一代理权法》中如何规定及在适法地区如何使用。此外这部分也将针对现状向统一州法全国委员会提出建议。

（一）共同代理及继任代理的授权

《统一代理权法》规定了涉及多个代理人的共同代理[105]和继任代理两种情形。共同代理人必须依法定格式中的具体要求进行任命。[106]并且，共同代理人不需对其未参与的代理行为承担责任。[107]此外，共同代理人有义务提醒委托人或者自行采取合理有效的措施确保委托人的利益得以最大化实现。[108]《统一代理权法》还规定了数个代理人共同行使代理权的，如果其中一人或者数人未与其他代理人协商所实施的行为侵害委托人利益的，由实施行为的代理人承担民事责任。[109]

继任代理中，继任代理人在原代理人丧失代理权后取得代理人的地位行使代理权。[110]同共同代理一样，继任代理人无需承担先前代理人的行为所产生的责任，并且有义务提醒委托人或者自行采取有效的措施确保委托人利益的最大化。[111]

在《统一代理权法》适用的地区一致认为应对共同代理人进行授权。[112]虽然该法亦对共同代理人进行了授权，但是委托人必须严格依照法定格式中的具体要求部分进行授权。[113]《统一代理权法》的默认条款[114]规定共同代理人中的一人可以单独行使代理权而不需经过其他代理人的同意。马里兰州的默认条款则明确规定共同代理人需共同行使代理权，除非授权委托书有相反规定。[115]

---

[105] 参考《统一代理权法》第111条，U. L. A. 第8B章第82条。

[106] 参考《统一代理权法》第301条，U. L. A. 第8B章第126条第127条。

[107] 参考《统一代理权法》第111条（c）款，U. L. A. 第8B章第83条。

[108] 参考《统一代理权法》第111条（d）款，U. L. A. 第8B章第83条。

[109] 参考《统一代理权法》第111条（a）款，U. L. A. 第8B章第82条。

[110] 参考《统一代理权法》第111条（b）款第（2）项，U. L. A. 第8B章第82条。

[111] 参考《统一代理权法》第111条（c）款至（d）款，U. L. A. 第8B章第83条。

[112] 参考 MONT. CODE ANN 第72卷31章316条（2011年版）；另参考 N. M. STAT. ANN. 第45卷5B章111条（2012年版律商联讯）。

[113] 参考 MD. CODE ANN 和《财产信托管理法》第17章第202条（律商联讯2011年版及2012年增刊）。在2011年，马里兰州修改了原有的立法模式，在原有的法定格式中新增了一章。

[114] 参考《统一代理权法》第111条（a）款，U. L. A. 第8B章第82条。

[115] 参考 MD. CODE ANN 和《财产信托管理法》第17章第108条（d）款第（2）项；另参考 ANGELA M. VALLARIO 和《财产规划概述》第138条（规定了共同代理时，代理权的行使需要经过双方同意）。

各州还普遍认为继任代理权的范围只能等于或者小于原代理人的代理权限。⑭ 此外，各州还认为在共同代理中，各代理人有权独立行使代理权，因为共同行使代理权的要求会阻碍代理权的行使，特别是行为和思想不一致的代理人很难共同行使代理权。⑮ 但是代理人独立行使代理权会增加代理行为不一致的风险以及责任风险。⑯ 此外，大多数共同代理人的任命要求与受托人的任命保持一致。⑰

委员会应当重新审视共同代理人单独代理行为的效力。因为共同代理过程中各共同代理人往往会起到一个互相监督的作用，而如果每个共同代理人可以单独实施代理行为将会导致该作用的丧失。⑱

（二）继任代理人及监护人的授权

这部分将主要围绕代理人和监护人的关系展开研究。⑲ 通常，代理权的设置旨在避免基于监护对于财产的处分权，因为监护权的取得需要经过法庭审理，使得监护可能会是一个费时费力的过程。⑳ 监护人的任命需要法庭做出行动。有时即使存在代理人，也会由于该代理人无法有效处理委托人的事务而由法庭另行任命监护人。㉑ 即使法庭确定监护人，代理人往往也不会基于此丧失代理权，除非有无行为能力或者其他特定事由出现。㉒ 一般而言原有的代理事务照常进行，㉓ 代理人对委托人和监护人负责，除非法庭做出相反判决。㉔ 这一规定的理论基础是监护是对代理权的补充而非限制。㉕

适用《统一代理权法》的所有州普遍认为委托人关于代理人的任命在

---

⑭ 参考《统一代理权法》第111条（b）款，U. L. A. 第8B卷第82页（规定了代理权终止的事由：辞职、终止、死亡、资格的丧失、代理人不愿意继续行使代理权）。

⑮ 参考《统一代理权法》第111条，U. L. A. 第8B章第83条。

⑯ 同上注。

⑰ 参考《信托法重述》第194条（1959年版）（规定了：在共同委托时，委托行为的实施必须经过被委托人的全体同意，有符合信托利益的事出现时除外）。

⑱ 参考《统一代理权法》第111条，U. L. A. 第8B章第83条。

⑲ 第108条允许另行设立监护人。参考《统一代理权法》第108条，U. L. A. 第8B章第77条。

⑳ 参考VALLARIO第331页的注释116（将代理权和监护权相比较，发现监护权是需要经过法院的审理程序才可拥有的，并且每年都要进行汇报）。

㉑ 参考《监护程序法》第401条和403条，U. L. A. 第377条和379条（1997年版）。及参考VALLARIO第338页第39条的注释116。

㉒ 参考VALLARIO第332页的注释116。

㉓ 参考《统一代理权法》第108条（b）款，U. L. A. 第8B章第77条。

㉔ 参考《统一代理权法》第108条，U. L. A. 第8B章第77条。

㉕ 参考《统一代理权法》第108条（a）款，U. L. A. 第8B章第77条（2013年增刊）。

多数情形下应当予以落实。然而有些州在设立监护人后代理权难以得到保障。[128] 例如内华达州、[129] 西弗吉尼亚州、[130] 阿拉巴马州[131]和马里兰州[132]。

除非法院对于代理人和监护人的权利予以限制、终止或归于无效，通常情况下如果将二者放在同等的地位上往往会加剧双方之间的冲突。最好的处理方式是在代理权自动终止的情况下，给予监护人法定优先权使其享有权利从而减少由于衔接不合理可能导致的消极影响。虽然《统一代理权法》规定了代理人[133]应当对委托人[134]和监护人负责，但是这也暗含着授权的不充分性，因为法律并没有明确规定在发生冲突时监护人是否享有法定的特权。因此在特定情形下，基于其上下位阶关系，代理人应当仅对监护人负责。[135] 这种机制有效解决了代理权发生冲突时的代理人与监护人的关系问题。

委员会应当重新审视设立监护人后代理人的地位问题。虽然代理权的设置往往是为了避免监护，但一旦法院认为监护是有必要的，代理权往往会丧失，代理人也不需要对委托人负责。当然也有可能代理权本身并没有丧失或者受限，但是共同代理权人间由于意见不一致导致的代理权无法落实。基于上述特定的事项，法律统一委员会应当重新审视现有的代理权无效机制，并且考虑在监护权和代理权发生冲突时确立监护权或代理权的优先地位，从而避免可能对代理人和委托人所造成的潜在的消极影响。

（三）代理人与委托人婚姻解除与无效的影响

代理权往往基于委托人或代理人一方的死亡、代理权的撤销或者其他法定原因而终止。[136] 即使继任代理权与其他代理权相冲突也不能以此否认现存代理权的效力。[137] 此外，如果委托人和代理人为夫妻，其可基于离婚

---

[128] 参考《统一代理权法》第 108 条所规定的适法地区的措施，U. L. A. 第 8B 章第 78 条至 79 条。

[129] 参考 NEV. REV. STAT. ANN. 第 162 条和第 250 条第（2）款（刊载于律商联讯 2009 年增刊）。

[130] 参考 W. VA. CODE ANN. 第 39B 卷第 1 章第 108 条（b）款（刊载于律商联讯 2013 年增刊）。

[131] 参考 ALA. CODE 第 26 卷第 1A 章第 108 条（b）款（刊载于律商联讯 2012 年增刊）。

[132] 参考 MD. CODE ANN. 及《财产和信托法》第 17 章第 105 条（e）款（1）项（刊载于律商联讯 2011 年版及 2012 年增刊）。

[133] 参考《统一代理权法》第 108 条（b）款，U. L. A. 第 8B 章第 77 条。

[134] 同上注。

[135] 参考 MD. CODE ANN. 及《财产和信托法》第 17 章第 105 条（e）款（1）项。

[136] 参考《统一代理权法》第 110 条，U. L. A. 第 8B 卷第 80 页至 81 页（规定：委托人变为无行为能力人并不影响代理行为的继续履行，此外，当代理行为终止的时候代理权也自动归于消灭）。另参考该法第 110 条，U. L. A. 第 8B 卷第 81 条（规定：代理权并不会随着时间的推移而自动消灭）。

[137] 参考《统一代理权法》第 110 条（f）款，U. L. A. 第 8B 卷第 81 条。

这一法律行为（可以仅仅处于申请离婚状态）使得代理权终止。[138] 这种效力自行终止性条文在一定程度上与夫妻间本有的继承遗产权自动失效相似。[139] 当然，此类条文也可以规定即使在婚姻解除期间原有的代理权仍然有效。

适用该法的所有州都保留了上述规定，并且缅因州、威斯康星州、俄亥俄州将此种自行终止性条款扩张至所有的家庭内部关系。[140] 但是他们对于代理人为前配偶的亲属，婚姻关系终止时代理关系如何处置并未规定。[141] 例如，委托人指定配偶的兄弟姐妹为代理人，但是后来婚姻关系解除，与此同时代理关系也应当解除。此外，申请离婚状态期间代理权的自动终止也应当成为统一法律委员会应当考虑的内容之一。这对于各州的立法也会发挥积极的作用。

此外，统一法律委员会扩张自动终止条款的适用范围，将前配偶的亲属和前家庭成员纳入其中。[142]

（四）无权代理的效力

《统一代理权法》第109条规定了无权代理[143]可能由于得到委托人的追认变为有权代理。[144] 无权代理行为在实行后基于一些行为或者是法律条文的规定是一种效力待定的行为。[145] 这种代理行为满足特定的条件才能由无权代理转变为有权代理。[146] 依该法规定，可以基于委托行为的有限性使得该无权代理取得合法性，[147] 并且这种行为的有限性必须是有明确证据证明的。[148]

---

[138] 参考《统一代理权法》第110条（b）款第（3）项，U. L. A. 第8B卷第81条（代理权的终止可归由于代理人和委托人婚姻关系和其他法定关系的终止和解除）。

[139] 参考《统一继承法典》第2章第804条（b）款（2010年修改），U. L. A. 第8卷第237页38条（2013年增刊），另参考 MD. CODE ANN. 及《财产和信托法》第4章第105条（4）款（条文中所规定的自行撤销将有助于将撤销的效力扩张至前配偶的家庭成员中）。代理权的自行终止往往发生于离婚申请时，遗嘱中有规定的除外。

[140] 参考 ME. REV. STAT. ANN. 18－A 一节的第5章910条（2012年版）；另参考 OHIO REV. CODE ANN. 第1337条（2013年西部版）；另参考 WIS. STAT. ANN. 第244条（2012年西部增刊）。缅因州、马里兰州、内华达州、威斯康星州、科罗拉多州均采用了《统一代理权法》，均对科罗拉多州最高法院裁决的合伙协议的法律效力予以认可。

[141] 参考《统一代理权法》第110条（b）款第（3）项，U. L. A. 第8B卷第81条。

[142] 参考《统一代理权法》注释140。

[143] 参考《统一代理权法》第109条（a）款，U. L. A. 第8B卷第79条。

[144] 同上注。

[145] 参考《布莱克法律词典》（2009年第9次修订版）。

[146] 参考《统一代理权法》第109条（a）款，U. L. A. 第8B卷第79条（规定了代理权的生效时间）。

[147] 参考《统一代理权法》第109条第（c）款和（d）款，U. L. A. 第8B卷第79条。

[148] 参考《统一代理权法》第109条，U. L. A. 第8B卷第80条。

适用该法的地区普遍认为，虽然可能存在一些细小的瑕疵，[149] 这种无权代理也可能立即生效。其主要原因是为了解决某些情况下委托人行为的有限性而设置的，因为效力待定的情况往往会导致代理行为的悬而未决，不利于保障委托人的利益。[150]

这种代理权的立即生效或者效力待定的情形是法律为委托人提供的保护措施之一。关于此点统一法律委员会并没有任何建议。

（五）赠　与

《统一代理权法》考虑到潜在的风险和更好地保障委托人的利益专门设有关于赠与的一个独立条款。[151] 代理人可以对委托人的财产进行赠与。[152] 通过特别授权，代理人可以从事限制性的赠与行为。[153] 如果代理人明知委托人的意愿，其决定应与委托人的意愿一致；[154] 如果代理人不知委托人的意愿，其决定应综合相关因素以使得委托人的利益得以最大化的实现。[155] 但是，除非委托人和代理人间为亲属关系，代理人不得做出有利于自身利益或者其负有法定扶养义务人的利益的选择。[156]

各州对于赠与采取了不同的方式。在缅因州，每个受赠人受赠数量不

---

[149] 详见本文第五部分（论述了关于无行为能力的不同界定）。

[150] 参考《统一代理权法》第 109 条，U. L. A. 第 8B 卷第 79 条。当委托人为无行为能力人时，临时性代理权的获得需要内科医师、心理医生、律师、法官、有相应权限的政府官员或者相关证明文件的证明。参考《统一代理权法》第 109 条，U. L. A. 第 8B 卷第 80 条。基于委托人自身行为导致其无行为能力时须有内科医生予以证明，其他情形则由法官、律师、有权政府官员证明。

[151] 参考《统一代理权法》第 217 条，U. L. A. 第 8B 卷第 122 页第 23 条。

[152] 参考《统一代理权法》第 201 条（a）款第（2）项及第 301 条，U. L. A. 第 8B 卷第 104 条和第 127 条。

[153] 参考《统一代理权法》第 201 条（a）款第（2）项，U. L. A. 第 8B 卷第 104 页可知基于《国内税收法规》第 2503 条（b）款赠与数量不得超过联邦赠与税除外责任每年的额度限制；另参考《统一代理权法》第 217 条（b）款第（1）项，U. L. A. 第 8B 卷第 104 页和 127 页；参考 VALLARIO 第 216 页注释 116（阐述了每年的额度限制）。2013 年的额度限制总量为 14000 美元。美国国家税务局公报于 2012 年 10 月 18 日公布了这一数据，并表明如果夫妻对于赠与财产的分割达成一致意见，则双方的年度税收额会翻倍。

[154] 参考《统一代理权法》第 217 条（c）款，U. L. A. 第 8B 卷第 123 条。

[155] 参考《统一代理权法》第 217 条（c）款，U. L. A. 第 8B 卷第 123 条，指明：（1）委托人财产的价值与本质；（2）委托人义务和维护义务；（3）税收的最低限度，该范围包括收入、财产、继承、隔代资产转移和赠与；（4）法律法规下所产生的利益、程序、援助的适格；（5）委托人过往的赠与史。

[156] 参考《统一代理权法》第 201 条（b）款，U. L. A. 第 8B 卷第 104 页；另参考 NEV. REV. STST. ANN. 第 162 条（刊载于 2011 年律商联讯增刊）（限于夫妻间）；另参考 OHIO REV. CODE ANN. 第 1337 条（刊载于 2013 年西部版）（限于被继承人、夫妻或者后代）；另参考与 WIS. ATAT. ANN. 第 244 条（2012 年西部版增刊）（限于夫妻和家庭成员）。

得超过联邦赠与税每年的额度限制，代理人在明知或者可以推断出委托人意愿的情形下有权对委托人的财产实施赠与行为。❺ 但是，内华达州对于非亲属的代理人明确排除了推断与委托人意愿相一致的情形。❺ 此外，科罗拉多州否定了现有权利对于此前代理权的特权地位。❺ 阿拉巴马州指出赠与行为如果超出法律许可的范围必须详细说明，并且代理人无权做出此行为。❺ 其他部分州渐渐将赠与近亲属的范围❺限制到仅限于委托人的配偶。❺ 此外，各州普遍认为为了防止代理人以代理的名义为个人或者其负有扶养义务的人谋利的默认设置，对于避免权利的滥用和由此带来的损害具有重要的意义。❺

代理人可以对委托人的财产进行赠与。赠与代理权的行使应当与委托人的主观目的一致，如果委托人不知情，赠与时应综合考量相关因素以实现委托人利益的最大化。❺ 赠与代理权有限行使时应予以慎重考虑，因为年度联邦税除外责任中并不包含委托人的免税数额。❺ 此外，若代理人和委托人为亲属，二者间的赠与行为也是可取的。委托人有权不按照赠与的默认规则进行，但是由于法定格式关于具体行为没有明确规定，委托人可以进行一个补充性质的规定。❺

《统一代理权法》对于赠与及其保障措施予以了较好地规定。笔者对于统一州法全国委员会唯一的建议就是对于法定格式的特别说明部分的限制予以进一步的规定。而委员会最好能够基于该规定扩大赠与权的范围。

---

❺ 参考 ME. REV. STAT. 18 – A 中第 5 章 947 条（2012 年版）（从认定因素推断出一系列的客体）。

❺ 参考 NEV. REV. STAT. ANN. 第 162A 章第 450 条。

❺ 参考 COLO. REV. STAT. ANN. 第 15 卷第 14 章 740 条（刊载于 2013 年西部增刊）（规定了 2009 年 12 月 31 日前授权委托书无优先效力）。

❺ 参考 ALA. CODE 第 26 卷第 1A 章第 217 条（刊载于律商联讯 2012 年增刊）。

❺ 参考注释 78、79 及相应文章内容。

❺ 参考 NEV. REV. STAT. ANN. 第 162A 章第 450 条；参考 WIS. STAT. ANN. 第 244 章第 41 条（刊载于 2012 年西部增刊）；俄亥俄州随后进一步细化了这些方法，但是并不适用于夫妻和家庭成员间。详见 OHIO REV. CODE ANN. 第 1337 条（刊载于 2013 年西部版）。

❺ 参考注释 3—5 及相应文章内容。

❺ 参考《统一代理权法》第 108 条（a）款，U. L. A. 第 8B 卷第 77 条（刊载于 2013 年增刊）。

❺ 参考《统一代理权法》第 201 条（a）款及 216 条，U. L. A. 第 8B 卷第 104 条和第 122 条；另参考第 116 页的注释 116。

❺ 参考本文第五章第一小节。

（六）代理行为及责任承担

1. 代理行为

关于代理人的职责，本文先就代理行为和代理人的责任予以研究。代理人需基于诚实信用原则在代理权限范围内实施代理行为，[166] 此外，代理人应为委托人的利益与作出医疗决定的个人通力协作以实现代理人已知的委托人的愿望，或者以其他方式，为委托人的最佳利益从事代理行为。[168]《统一代理权法》中的第二章第204条至216条都将默认代理权[169]规定为一般授权性条款的一部分。[170] 除了这些默认条款，第201条规定了可能对委托人的财产产生影响时应当特别授权而非一般授权的一系列行为。[171] 当代理行为可能会对委托人造成不利影响的情形出现时，代理人的代理行为则需要特别授权。[172] 第201条规定除了需要特别授权外，当非委托人亲属的代理人[173]为财产属性较强的代理行为或者代理结果有利于其有扶养义务的人时需要委托人更为明确的授权。

2. 责任承担

《统一代理权法》对于代理人的责任承担亦有规定。当代理人遵守代理职责时对下述内容免于承担责任：委托人财产价值贬损[174]、显而易见的冲突[175]、受益人未取得利益[176]及继任代理权人的行为[177]。此外，委托人也可基于自身意愿免除代理人的责任。[178]《统一代理权法》还确立了可以对代理行为提出异议的主体。[179] 第117条规定了一些代理侵权时的补救措施，如：恢复委托人财产的原有价值，[180] 补偿委托人或者有利害关系的委托人[181]的继

---

[166] 参考《统一代理权法》第114条（a）款，U.L.A. 第8B卷第85条。

[168] 参考《统一代理权法》第114条（b）款，U.L.A. 第8B卷第85条。

[169] 参考《统一代理权法》第204条至216条，U.L.A. 第8B卷第109页第22条。

[170] 同上注。

[171] 参考《统一代理权法》第201条，U.L.A. 第8B卷第104条。

[172] 参考《统一代理权法》第201条（b）款，U.L.A. 第8B卷第104条。

[173] 同上注。（假定被继承人、夫妻、代不需要具体的授权）。

[174] 参考《统一代理权法》第114条（f）款，U.L.A. 第8B卷第86条。

[175] 参考《统一代理权法》第114条（d）款，U.L.A. 第8B卷第85条。

[176] 参考《统一代理权法》第114条（c）款，U.L.A. 第8B卷第85条。

[177] 参考《统一代理权法》第114条（g）款，U.L.A. 第8B卷第86条。

[178] 参考《统一代理权法》第115条，U.L.A. 第8B卷第89条。

[179] 参考《统一代理权法》第116条（a）款，U.L.A. 第8B卷第89条至90条。

[180] 参考《统一代理权法》第117条，U.L.A. 第8B卷第92条。

[181] 同上注。规定：代理人必须妥善保管委托人的财产，不允许有侵权行为的发生。

承人为维护其利益所支付的律师费和诉讼费用。[162]

《统一代理权法》规定的代理行为及责任承担得到了大多数使用该法地区的支持。然而值得注意的是，缅因州规定只要代理行为是为委托人的利益即可，降低了《统一代理权法》中委托人利益最大化的标准，从而在一定程度上减轻了代理人的责任。[163] 相反，西弗吉尼亚州规定在发生代理侵权行为时，代理人还应承担法院所判处的上述两种费用以外的费用，加重了代理人的责任。[164] 此外，内华达州还规定了在一些情况下代理人应当承担刑事责任。[165]

在《统一代理权法》颁布前，统一法律委员会并没有关于代理行为及其责任承担的系统性规定。此后该法确立了代理人所应承担的最小责任[166]，并且明确了责任承担对于确保代理权有效落实的意义。其在一定程度上降低了代理权滥用的风险，并且关于质疑代理权的法律规定也是该法的一大亮点。

综上所述，《统一代理权法》在处理上述六大事项方面取得了显著的进步，但是，仍存在很大的进步空间。其虽然已颁布七年之久，但是只有少数州予以采纳，对此现象统一法律委员会应该予以反思。其在对本文所提出的建议予以考量的同时，也应做出一些立法尝试以在全国范围内获得更广泛的支持。此外，该委员会应当重点关注在法院指定监护人后代理人地位的变化及共同代理人中的一人或多人单独做出代理行为的效力问题两方面内容。

四、其他规定

除了上述六个方面外，序言还指明《统一代理权法》会涉及的其他五个方面。[167] 接下来的叙述将围绕着《统一代理权法》及各州关于此内容的立法，并且探讨法律的一致性是否正在逐步达成。其他的五个方面包括：

（1）继任代理人；

（2）代理的要求；

---

[162] 同上注。

[163] 参考 ME REV. STAT. ANN. 18 – A 中的第 5 章 911 条（2012 年版）；另参考《统一代理权法》第 5 章第 914 条至 915 条。

[164] 参考 W. VA. CODE ANN. 第 39 卷第 1 章第 117 条。（刊载于律商联讯 2013 年增刊）。

[165] 参考 NEV. REV. STAT. ANN. 第 162A 章第 220 条第 6 款。（刊载于律商联讯 2011 年增刊）。

[166] 参考《统一代理权法》第 114 条，U. L. A. 第 8B 章第 85 条至 86 条。

[167] 参考《统一代理权法》前言，U. L. A. 第 8B 卷第 62 条。

（3）普遍认可性；

（4）不履行代理行为的处罚措施；

（5）代理权的限制。

（一）继任代理人

《统一代理权法》规定继任代理人在原代理人丧失代理权后获得与原代理人相同的代理权。[188] 此外，只要继任代理人未参与原代理人的违约行为，其无需为违约行为负责。[189] 并且，继任代理人有义务提醒委托人关注原代理人的违约行为。[190]

所有的适法地区都采用了《统一代理权法》关于继任代理人的规定。[191] 皆为继任代理人设定了一定的职责以防止其有隐瞒或者违约行为。[192] 因此本文对于相关条文的完善并没有建议。

（二）代理的要求

《统一代理权法》中代理权的确立仅需要委托人的签字或者其委托书授权。[193] 虽然立法中并没有明文规定，但现实生活中通常鼓励委托人的进

---

[188] 参考《统一代理权法》第 111 条（b）款，U. L. A. 第 8B 卷第 82 条（假定代理人辞职、死亡或者变为无行为能力人时其不能行使代理权）。

[189] 参考《统一代理权法》第 111 条（c）款，U. L. A. 第 8B 卷第 83 条。

[190] 参考《统一代理权法》第 111 条（d）款，U. L. A. 第 8B 卷第 83 条。

[191] 参考：

（1）ALA. CODE 第 26 卷第 1A 章第 111 条（刊载于律商联讯 2012 年增刊）；

（2）ARK. CODE ANN. DI 第 28 卷第 68 章第 111 条（2012 年版）；

（3）IDAHO CODE ANN. 第 15 卷第 12 章第 111 条（2009 年版）；

（4）ME. REV. STAT. 18 - A 中第五章第 911 条（2012 年版）；

（5）MD. DODE ANN 和《财产信托法》第 17 章第 202 条（刊载于律商联讯 2011 年和 2012 年增刊）；

（6）MONT. CODE ANN. 第 72 卷第 31 章第 316 条（2011 年版）；

（7）NEB. REV. STAT. ANN. 第 31 章 4011 条（刊载于 2012 年增刊）；

（8）NEV. REV. STAT. ANN. 第 162 - A 章第 280 条（刊载于律商联讯 2011 年增刊）；

（9）N. M. STAT. ANN. 第 45 卷第 5B 章第 111 条（刊载于律商联讯 2012 年版）；

（10）OHIO REV. CODE ANN. 第 1337 条（刊载于 2013 年西部版）；

（11）VA. CODE ANN. 第 64 章第 1609 条（2012 年版）；

（12）W. VA. CODE ANN 第 39B 卷第 1 章第 111 条（刊载于律商联讯 2013 年增刊）；

（13）WIS. STAT. ANN 第 244 条（刊载于 2012 年西部增刊）。

[192] 参考《统一代理权法》第 111 条（c）—（d）款，U. L. A. 第 8B 卷第 83 条（刊载于 2013 年增刊）。

[193] 参考《统一代理权法》第 105 条，U. L. A. 第 8B 卷第 73 条。委托书就是委托人命令代理人在其意志范围内从事代理行为的依据。

一步确认。但公证前的确认行为往往会引发对于委托人签名真实性的质疑。此外，必须基于公证书才可实施制裁。

《统一代理权法》仅通过规定委托人签名这一简易程序即可使代理人实施代理行为。但大多数的适法地区基于历史经验教训给予了更为严苛的要求。例如，缅因州和西弗吉尼亚州规定需要委托人进一步确认。马里兰州要求代理权的行使必须全程受到监督和予以公证。最后，弗吉尼亚州规定授权行为必须是使人信服的。

就目前而言，《统一代理权法》关于代理权行使的构成要件要求是最低的。但是，考虑到代理人可能会滥用代理权，该构成要件还应包括代理行为的实施应当予以全程监督及获得委托人的进一步确认。或者该法可以将遗嘱的执行程序直接适用于代理权中。当然这些新加的构成要件往往不会是烦琐的，并且可能起到一个保护功能。

（三）普遍认可性

为了推动全美与各州代理权立法的统一，代理权立法的可移植性就显得尤为重要。因为基于《统一代理权法》的规定，有可能造成代理行为在一个州内实施却在另一个州产生影响。此种情况下，委托人可能会选择适用后者的法律规定，如果委托人并没有选择，则一般默认其选择前者的

参考《统一代理权法》第 105 条，U. L. A. 第 8B 卷第 73 条；另参考 WIS. STAT. ANN. 第 706 条第 7 款（关于承认的定义）。

参考《统一代理权法》第 105 条（d）款，U. L. A. 第 8B 卷第 73 条。

参考《统一代理权法》第 120 条，U. L. A. 第 8B 卷第 96 条至 97 条。

参考《统一代理权法》第 105 条，U. L. A. 第 8B 卷第 73 条（规定：授予代理权时无需对委托人的签名进行公证，这种方式是被广为推荐的）。

参考《统一代理权法》注释 3—5 及相应的文章内容。

参考 ME. REV. STAT. ANN. 18 – A 中第 5 章第 905 条（2012 年版）（从《统一代理权法》中将有效代理分离出来）。

参考 W. VA. CODE ANN. 第 39B 卷第 1 章第 105 条（刊载于律商联讯 2013 年增刊）。

参考 MD. CODE ANN. 和《财产和信托法》第 17 章第 110 条（刊载于吕尚联讯 2011 年和 2012 年增刊）。

参考 VA. CODE ANN. 第 64 卷第 2 章第 1603 条（2012 年版）。

参考《统一代理权法》第 105 条，U. L. A. 第 8B 卷第 73 条（刊载于 2012 年增刊）。

参考 MD. CODE ANN. 和《财产和信托法》第 17 章第 110 条。马里兰州关于代理权的构成要件的要求由于执行遗嘱。遗嘱的执行需要书面、立遗嘱人的签名及两个或者两个以上的见证人。另参考《统一代理权法》第 4 章第 102 条。

参考《统一代理权法》第 106 条，U. L. A. 第 8B 卷第 75 条。（规定《统一代理权法》旨在推动其在各州的适用）；另参考 Linda S Whitton《推广〈统一代理权法〉在各州的适用》第 28 章第 30 条至 31 条（2003 年版）（论述了一体化进程的要求）。

法律规定。❷ 此外，《统一代理权法》还允许提交复印件和电子文档。❷

所有的适法地区都认为授权委托书的法律效力应在各州得到普遍承认，即使该州并没有适用《统一代理权法》。❷

随着人口流动性的增加，代理权应当类似于遗嘱的效力一样在各州获得普遍认可。❷ 因为现实生活中，委托人的财产可能同时分布在各州，因此授权委托书同时在各州产生效力才会提高代理行为的效率。此外，只签订一份授权委托书会降低授权和权利内容不一致所带来的风险。而且，代理人可在全美境内以委托人的名义从事代理行为。

（四）不履行代理行为的处罚措施

《统一代理权法》首次规定无正当理由拒不履行代理权是对代理人处罚的依据之一。❷ 该法还为代理人申辩提供了法定的报告程序，之后，代理人和（或）委托人可要求第三人履行其正当代理权。❷ 而第三人履行代理权需在报告后的七天内接受或者主动要求签订授权委托书。❷ 这些制裁条款为与金融机构抗衡提供了强有力的保障机制。❷

---

❷ 参考《统一代理权法》第107条，U. L. A. 第8B卷第76条。

❷ 参考《统一代理权法》第106条（d）款，U. L. A. 第8B卷第75条。

❷ 参考：

（1）ALA. CODE 第26卷第1A章第106条（刊载于律商联讯2012年增刊）；

（2）ARK. CODE ANN 第28卷第68章第106条（2012年版）；

（3）COLO. REV. STAT. 第15卷第14章第706条（刊载于2011年西部版）；

（4）IDAHO CODE ANN. 第15卷第12章第106条（2009年版）；

（5）ME. REV. STAT. 18 – A 第5章第906条（2012年版）；

（6）MD. CODE ANN. 和《财产和信托》第17章第108条（刊载于律商联讯第2011年和2012年增刊）；

（7）MONT. CODE. ANN 第72卷第31章第306条（2011年版）；

（8）NEB. REV. STAT. ANN. 第30章第4006条（2012年增刊）；

（9）NEV. REV. STAT. ANN. 第162A章第230条（刊载于律商联讯2011年增刊）；

（10）N. M. STAT. ANN. 第45卷第5B章第106条（刊载于律商联讯2012年版）；

（11）OHIO REV. CODE ANN. 第1337条（刊载于2013年西部版）；

（12）VA. CODE ANN. 第64章第160条（2012年版）；

（13）W. VA. CODE ANN. 第39B卷第1章第106条（刊载于律商联讯2013年增刊）；

（14）WIS. STAT. ANN. 第244条（刊载于2012年西部增刊）。

❷ 参考MD. CODE ANN. 和《财产和信托法》第4章第104条（刊载于律商联讯2012年增刊）。

❷ 参考《统一代理权法》前言，U. L. A. 第8B卷第62条至63条。

❷ 参考《统一代理权法》第120条，U. L. A. 第8B卷第96条至第100条。

❷ 同上注。

❷ 参考《统一代理权法》第120条，U. L. A. 第8B卷第100页。

大多数的适法地区对于不作为的不履行代理权行为予以制裁。❹ 在威斯康星州，第三人在代理权行使时不得拒绝接受代理权。❺ 其还规定了一些不属于拒绝接受的行为，例如要求以别的形式履行。❻ 其他的州例如俄亥俄州并没有关于此项的规定。❼ 在阿拉巴马州，第三人可以主张代理权是基于双方信任所设立的而免责。❽ 而此类的免责性条文往往易被第三人所接受。

《统一代理权法》中的制裁条款必须是法律明文规定的并且是在必要的情况下。此外，还存在着需要金融机构履行合法性文件的制裁措施。这种实施机制是法定格式运用的重要原因之一。❾

（五）代理权的限制

代理权行使过程中往往会面临着代理人自己代理情形的发生，而代理人的这种违约行为往往较晚才会被发现。❿《统一代理权法》一直试图在保护委托人免受代理人滥用代理权所带来的风险与保障委托人自由行使代理权之间寻找平衡。⓫ 此外，非委托人近亲属的代理人从事的代理行为不得为自己或者其有法定扶养义务的人谋利。⓬

《统一代理权法》的规定涉及委托人财产属性较强的赠与代理权及对于代理人的代理行为会为自身谋利时需要委托人的特别授权，这些都积极地推动了代理权的改革。

总而言之，《统一代理权法》及其适法地区的立法对上述事项都给予了全面的规定。当然，在其他一些事项上也存在着改革的必要性。但是，《统一代理权法》和各州在法定格式的具体规定上仍存在不一致的地方。接下来我们将进行论述。

---

❹　参考 NEV. REV. STAT. ANN. 第 162A 章第 370 条（刊载于律商联讯 2011 年版）（将 7 日的时限延长至 10 日）；参考 WIS. STAT. ANN. 第 244 条（刊载于 2012 年增刊）。

❺　参考 WIS. STAT. ANN. 第 244 条。

❻　同上。

❼　参考 OHIO REV. CODE ANN 第 1337 条第 32 款至 64 款（刊载于 2013 年西部版）。

❽　参考 ALA. CODE 第 26 卷第 1A 章第 119 条（刊载于 2012 年律商联讯 2012 年版）。

❾　参考《统一代理权法》第 120 条，U. L. A. 第 100 条（规定只有法律明确规定时才可实施惩罚）。

❿　参考 Gatesman，上文中的注释 3。

⓫　《统一代理权法》只有通过特殊授权，代理人才能获得可能对委托人财产造成损害的代理权限。参考《统一代理权法》第 201 条（b）款，U. L. A. 第 8B 章第 104 条。

⓬　参考《统一代理权法》第 201 条（a）款第（1）至（8）项，U. L. A. 第 8B 章第 104 条；另参考注释 78、79 和相应的文章内容（讲述了《统一代理权法》中必要性联系）。

五、各州的立法修订

（一）法定格式

在代理权的授予过程中，法定授予方式是最值得提倡的，但是当事人也可自由约定其他形式进行权利的授予。⑳ 法定授予方式基于其完备性，第三人往往无需采用一个补充性的或者另采取一种形式参与代理行为。㉑ 这就意味着金融机构不能对于代理权的授予适用格式合同。㉒ 此外，通过对法定格式的适用，法院有权规定第三人应当支付拒绝执行代理行为所引发的费用。㉓

除马里兰州外，各适法地区基本都规定了一个法定授权格式。㉔ 该州创设了一般授权和优先授权两种授权方式。㉕ 一般授权同样适用于一些偶发性代理行为。㉖ 基于一般授权行为，委托人无需对代理事务事无巨细地予以规定，只要概括性授权即可。㉗ 对于条文中没有详细描述但法律明文

㉓ 详见上文第四部分第五小节。

㉔ 参考 MD. CODE ANN. 和《财产和信托法》第 17 章第 104 条（a）款（刊载于律商联讯 2011 年和 2012 年增刊）。

㉕ 参考《统一代理权法》第 17 章第 101 条（g）款第（1）项。

㉖ 参考《统一代理权法》第 120 条，U. L. A. 第 8B 章第 100 条。

㉗ 参考：

（1）ALA. CODE 第 26 卷第 1A 章第 301 条（刊载于律商联讯 2012 年增刊）；

（2）ARK. CODE ANN. 第 28 卷第 68 章第 301 条（2012 年版）；

（3）COLO. REV. STAT. ANN. 第 15 卷第 14 章第 741 条（刊载于西部版 2011 年和 2012 年增刊）；

（4）IDAHO CODE ANN. 第 15 卷第 12 章第 301 条（2009 年版）；

（5）ME. REV. STAT. 18 - A 中第 5 章第 951 条（2012 年版）；

（6）MD. CODE ANN. 和《财产和信托法》第 17 章第 202 条（刊载于律商联讯 2012 年版）；

（7）MONT. CODE ANN. 第 72 卷第 31 章第 153 条（2011 年版）；

（8）NEB. REV. STAT. ANN. 第 30 章第 4041 条（刊载于 2012 年增刊）；

（9）NEV. REV. STAT. ANN. 第 162A 章第 620 条（刊载于律商联讯 2011 年增刊）；

（10）N. M. STAT. ANN. 第 45 卷第 5B 章第 301 条（刊载于律商联讯 2012 年版）；

（11）OHIO REV. CODE ANN. 第 1337 条（刊载于 2013 年西部版）；

（12）VA. CODE ANN. 第 64 章第 1639 条（2012 年版）；

（13）W. VA. CODE ANN. 第 39B 卷第 3 章第 101 条（刊载于律商联讯 2013 年增刊）；

（14）WIS. STAT. ANN. 第 244 章第 61 条（刊载于 2012 年西部增订版）。

㉘ 参考 MD. CODE ANN 和《财产和信托法》第 17 章第 201 条至 203 条。法定格式的代理权被分为：一般代理权和特殊代理权。

㉙ 参考 MD. CODE ANN. 和《财产和信托法》第 17 章第 202 条；另参考《统一代理权法》第 301 条，U. L. A. 第 8B 章第 125 页第 33 条。

㉚ 参考《财产和信托法》第 17 条至 202 条。

规定的一些代理事务规定需要特别授权，其他事项一般授权即可。❸

虽然各州对于采用法定格式普遍赞同，但是在具体使用过程中各州由于对委托人意志自由的保护力度不同，因此对于一般授权的范围仍没有达成一致意见。例如，各州普遍采纳共同代理行为，❸ 但是对于法定格式关于默认条款的规定尚不清楚，❸ 还有，对于规定与《统一代理权法》不一致时，是否需要一个补充性的规定也不清楚。通常，为了避免由于法定格式的扩张所引发的代理权无效情形的出现，法律实践中往往会在法定格式之外另设一些补充性的代理权解决此问题。虽说这并不会对现有的执行机制产生影响，但其与《统一代理权法》推动全美代理权立法的目标不相符合。❸

虽然各金融机构和各州已普遍承认了这一法定格式，但是在面临代理权等效力较强的问题时仍会遭到排斥。这一法定格式在现实生活中（包括在互联网中）具有普适性。❸ 这就使得经过精心准备的授权委托书和从网上随意下载下来并且委托人都不清楚授权内容是什么的授权委托书难以辨别。虽然法定格式具有一定的便利性，并且有助于推动全美立法的一致性，但也增加了滥用代理权的可能性。

（二）授权时的其他限制性规定

在内华达州，如果委托人授权时身处医院或者养老院，需要借助医疗设备的辅助才得以延续生命的情况下，授权时必须附有证明其具有行为能力的证明文件。❸ 此外根据该州的法律规定，委托人不得指定该医院、养老院、医疗设备的操作者及雇员为代理人。❸ 对于此有两种例外情形，第一，当前述所提到的代理人是委托人的配偶、监护人或者近亲属时该授权行为有效；第二，当所代理事项仅为委托人进行医疗补助计划资格的申请。❸ 当第二种情形出现时，如果代理人为单独代理，可能存在关于委托人财产方面的代理权无效的情形。此时，该代理人即使持有授权委托书，

---

❸　参考上述文件第 17 条至第 203 条。

❸　参考《统一代理权法》第 301 条，U. L. A. 第 8B 章第 126 条。

❸　参考《统一代理权法》第 301 条，U. L. A. 第 8B 章第 127 条。

❸　详见本文第四章第四部分。

❸　马里兰州一般授权委托书的形式见此官网：www. msba. org/sec comm/sections/estate/does/ personal. doc（2013 年 12 月 20 日浏览）。

❸　参考 NEV. REV. STAT. ANN 第 162A 章第 620 条（刊载于律商联讯 2011 年增刊）。

❸　同上注。

❸　同上注。

并且积极与委托人的家人联系，其对于委托人财产的处分权仍是有限的。并且该代理权在医疗补助计划资格被确定时或者在代理行为开始后六个月或者更短的时间将失去效力。❷❸ 该州还规定代理侵权行为是重罪。❷❹

（三）其他规定

《统一代理权法》和适用该法的各州在立法上仍存在一些不一致的地方。例如：无行为能力人的界定、临时性权利、名称及代理权的立法等。本文对于统一法律委员会推动《统一代理权法》在此方面的完善并无任何建议。

六、《统一代理权法》与各适法地区立法的一致性规定

值得肯定的是，现今《统一代理权法》中的一些规定已得到了各适法地区的普遍认可。例如，该法的时间效力，❷❶ 此规定优于之前的法律，❷❷ 被全国采纳。❷❸ 为更好地保障无行为能力人的权利及避免由于监护导致的不必要的费用和迟延履行，立法者创设了代理这一制度。此外，各州均设置了默认规则，❷❹ 即：除非明确规定委托人成为无行为能力人时代理终止，

---

❷❸ 马里兰州一般授权委托书的形式见此官网：www. msba. org/sec comm/sections/estate/does/personal. doc（2013 年 12 月 20 日浏览）。

❷❹ 同上注。

❷❶ 参考《统一代理权法》第 104 条，U. L. A. 第 8B 章第 73 条（刊载于 2013 年增刊）。

❷❷ 《统一代理权法》的默认条款规定代理权并非一直有效的，另有规定的除外。《统一持续代理权法》第 1 条（1984 年修改），U. L. A. 第 8A 章第 246 条（2013 年版）被《统一代理权法》U. L. A. 第 8B 章第 191 条所取代（刊载于 2013 年增刊）。

❷❸ 参考：

（1）ALA. CODE 第 26 卷第 1A 章第 104 条（刊载于律商联讯 2012 年增刊）；

（2）ARK. CODE ANN. 第 28 卷第 68 章第 104 条（2012 年版）；

（3）COLO. REV. STAT. ANN. 第 15 卷第 14 章第 704 条（刊载于 2012 年西部版）；

（4）IDAHO CODE ANN. 第 15 卷第 12 章第 104 条（2009 年版）；

（5）ME. REV. STAT. 18 - A 中第 5 章第 904 条（2012 年版）；

（6）MD. CODE ANN. 和《财产和信托法》第 17 章第 105 条（刊载于律商联讯 2011 年和 2012 年增刊）；

（7）MONT. CODE ANN. 第 72 卷第 31 章第 304 条（2011 年版）；

（8）NEB. REV. STAT. ANN. 第 30 章第 4004 条（刊载于 2012 年增刊）；

（9）NEV. REV. STAT. ANN. 第 16A 章第 210 条（刊载于律商联讯 2011 年增刊）；

（10）OHIO REV. CODE ANN. 第 1337 条第 24 款（刊载于 2013 年西部版）；

（11）VA. CODE ANN. 第 64 章第 1002 条（2012 年版）；

（12）W. VA. CODE ANN. 第 39B 卷第 1 章第 104 条（刊载于律商联讯 2011 年增刊）；

（13）WIS. STAT. ANN. 第 244 条第 4 款（刊载于 2012 年西部增刊）。

❷❹ 参考《统一代理权法》第 104 条，U. L. A. 第 8B 章第 73 条。

否则代理权继续有效。

此外，除了基于离婚❿引发的代理权终止，❹《统一代理权法》一般性的终止性条款多被各适法地区采纳。其在采纳的过程中往往会直接排除与《统一代理权法》立法目的不一致的规定。❹ 所有的代理人都享有赔偿权。❹ 代理人无需有任何积极的行为。❹《统一代理权法》和各州的进一步立法中对于代理人的辞职❺和相关救济措施都予以了详尽的规定。❺ 最后，上述规定均表明《统一代理权法》对于完善普通法❺所做出的贡献，并且在金融机构的适用方面都得到了各适法地区的普遍认可。❺

上述所表现的立法的一致性在一定程度上也反映出了全美和各州在代理权立法方面渐趋统一的现状。

七、《统一代理权法》与各适法地区立法的不同之处

虽然过去 7 年中《统一代理权法》已经在 15 个州得到了适用，但是

---

❹ 参考《统一代理权法》第 110 条（a）款，U. L. A. 第 8B 章第 80 条。

❹ 参考《统一代理权法》第 110 条（b）款第（3）项，U. L. A. 第 8B 章第 81 条。

❹ 代理权的适用范围不包括下述内容：涉及委托人身体健康的权利、投票和经营管理等人身属性较强的权利及其他有政府规章规定的权利。参考《统一代理权法》第 103 条，U. L. A. 第 8B 章第 71 条。

❹ 参考《统一代理权法》第 112 条，U. L. A. 第 8B 章第 84 条。

❹ 参考《统一代理权法》第 113 条，U. L. A. 第 8B 章第 84 条。

❺ 参考《统一代理权法》第 118 条，U. L. A. 第 8B 章第 92 条。

❺ 参考《统一代理权法》第 123 条，U. L. A. 第 8B 章第 102 条。

❺ 参考《统一代理权法》第 121 条，U. L. A. 第 8B 章第 101 条。

❺ 参考：

（1）《统一代理权法》第 123 条，U. L. A. 第 8B 章第 102、103 条；

（2）ALA. CODE 第 26 卷第 1A 章第 122 条（刊载于律商联讯 2012 年增刊）；

（3）ARK. CODE ANN. 第 28 卷第 68 章第 122 条（2012 年版）；

（4）COLO. REV. STAT. ANN. 第 15 卷第 14 章第 722 条（刊载于 2011 年西部版）；

（5）IDAHO CODE ANN. 第 15 卷第 12 章第 122 条（2009 年版）；

（6）ME. REV. STAT. 18 – A 中第 5 章第 922 条（2012 年版）；

（7）MDD. CODE ANN. 和《财产和信托法》第 17 章第 115 条（刊载于律商联讯 2011 年版）；

（8）MONT. CODE ANN. 第 72 卷第 31 章第 343 条（2011 年版）；

（9）NEB. REV. STAT. ANN 第 30 章第 4022 条（刊载于 2012 年增刊）；

（10）NEV. REV. STAT. ANN. 第 162A 章第 390 条（刊载于律商联讯 2009 年版）；

（11）N. M. STAT. ANN. 第 45 卷第 5B 章第 122 条（刊载于律商联讯 2012 年版）；

（12）OHIO REV. CODE ANN. 第 1337 条第 40 款（刊载于 2013 年西部版）；

（13）VA. CODE ANN. 第 64 卷第 2 章第 1620 条（2012 年版）；

（14）W. VA. CODE ANN. 第 39B 卷第 1 章第 122 条（刊载于律商联讯 2013 年增刊）；

（15）WIS. STAT. ANN. 第 244 条第 21 款（刊载于 2012 年西部增刊）。

这距离它所设定的在全美得以统一适用的目标仍有很大的差距。❸ 仍存在着 38 个州未采纳该法。❹ 其中部分适法地区未实施该法❺但采取了判例法的立法模式❻，而其他适法地区采取了成文法的模式，❼ 但是各地区间的立法又存在一定的差别。对于后者本文将不予赘述，此后的文章会有关于此方面的探讨。

八、结　论

《统一代理权法》虽然已颁布 7 年之久，但是大部分州仍没有适用。❽ 在适用该法的州中，只有 3 个州完全适用该法，大部分州在适用时对其进行了大幅度地修改。❾ 统一法律委员会应该重新审视现有的《统一代理权法》并做出合理的调整，以减少其在全美得到普遍适用过程中的阻力。❿ 本文认为《统一代理权法》之所以不盛行，主要原因在于其规定的过于详尽，以致于在通过各州立法审查的过程中需要耗费过多的人力、物力。并且因为其适用范围过宽致使涉及的利害关系人较多，从而加剧了各州在配套立法过程中的难度。

虽然《统一代理权法》规定得较为全面并且在代理权立法方面做出了重大贡献，但是统一法律委员会仍应注意到该法虽然已推行 7 年之久但是适用率较低的现状。因此，统一法律委员会应当重新讨论《统一代理权法》的相关内容，增添和删减其中的部分内容，从而加强该法在全美的适用率。在 2013 年，并没有新的州适用该法这一现象表明了现今该法的发展

---

❸　参考上述注释 14、15 及相应的文章内容。

❹　美国没有适用《统一代理权法》的州有：阿拉斯加州、亚利桑那州、加利福尼亚州、康乃迪克州、特拉华州、哥伦比亚特区、佛罗里达洲、乔治亚州、夏威夷州、伊利诺伊州、印第安纳州、爱荷华州、堪萨斯州、肯塔基州、路易斯安那州、马萨诸塞州、密歇根州、明尼苏达州、密西西比州、密苏里州、新罕布什尔州、新泽西州、纽约州、北卡罗来纳州、北达科他州、俄克拉荷马州、俄勒冈州、宾夕法尼亚州、波多黎各州、罗德岛州、南卡罗来纳州、南达科他州、田纳西州、得克萨斯州、犹他州、佛蒙特州、华盛顿州、怀俄明州（共计 35 个州）。另参考《代理权法汇编》注释 12（列举了 15 个适用《统一代理权法》的州）。

❺　参考 H. F. 第 1228 页第 86 行（2009 年明尼苏达州所颁布的法令）。

❻　参考《哥伦比亚特区法令》第 21 章第 2101 条至 2118 条（2012 年版）。

❼　参考 CONN. GEN. STAT. ANN 第 1 章第 42 条至 56 条（刊载于 2007 年西部版和 2013 年增刊）。

❽　参考注释 14、15 及相应的文章内容。

❾　参考注释 14 及相应的文章内容。

❿　参考注释 31 及相应的文章内容。

处于停滞不前的状态,● 需要为其增添新的动力。因此,统一法律委员会在完善现有立法的同时应当注重对于各州立法者的游说,从而扩大《统一代理法》的影响范围,推动代理权的一系列改革。并且只有获得更为广泛的支持,统一法律委员会促使全美采用统一的代理权法的目标才能得以实现。●

● 参考《代理权法汇编》及注释 12。

● 如若大部分州不适用《统一代理法》,则该法的可移植特性将无任何法律效力。具体参考本文第四章第三小节。

第二部分

《统一监护和保护程序法》及其法律适用

统一监护和保护程序法（1998）

UNIFORM GUARDIANSHIP AND PROTECTIVE PROCEEDINGS ACT（1998）

翻译：田　野[*]

校对：王竹青[**]

由美国统一州法全国委员会起草

于第 106 届年会通过并推荐各州执行

萨拉蒙托，加利福尼亚

1997 年 7 月 25 日至 8 月 1 日

附前言及评注

版权为美国统一州法全国委员会所有

1998 年 6 月 17 日

---

[*] 田野：中国人民大学法学院博士研究生。

[**] 王竹青：北京科技大学文法学院副教授，美国哥伦比亚大学 2010—2011 年度访问学者。

前　言

《统一监护和保护程序法》（1997）取代了先前的同名法案，后者于1982年由统一州法全国委员会通过。1997法案可以作为独立的法案，或者是《统一遗嘱认证法典》（U. P. C.）的一部分。希望作为《统一遗嘱认证法典》一部分的，需要考虑第5章第5条。《统一遗嘱认证法典》的1-4部分对于法案的官方文本来说，与法典的定义和一般规定保持一致。

法案的主体包括未成年人监护、成年人监护和未成年人与成年人的保护。法案分为五章。第一章包括定义和一般规定，适用于监护和保护制度，包括与监护人和保护人职位有关的规定及法院的管辖权，其中许多分散在先前法案的不同部分。第二章是关于通过法庭或父母对未成年人监护的规定。第三章是对无行为能力人监护的规定，其中大部分是成年人，但也包括不因为年龄因素而需要监护的未成年人。第四章是对未成年人和成年人的保护制度与其他保护措施，包括指定保护人的程序和实施保护措施的程序。第五章是统一法案的格式规定。

对《统一监护和保护程序法》的修改是由美国律师协会高级律师部门监护改革专门小组经过两年完成的。专门小组不仅由高级律师部分代表组成，也由律师协会的其他部分，包括不动产遗嘱认证及遗产信托法部分，老年人和身心残障法律问题委员会，以及各种对监护感兴趣的其他团体，如美国退休人员协会和全国老年人法律中心组成。专门小组做出了一份报告作为重新起草《统一监护和保护程序法》的起点。统一州法全国委员会起草委员会于1995年开始修改工作。修改的法案于1997年在统一州法全国委员会年会上通过，提供给美国律师协会于1998年年会中通过。

关于监护和保护制度的重要发展出现在20世纪80年代和90年代，当时各州在修改监护和保护立法。强调有限监护和保护的1982年法案，开创了对当事人自治的支持。在此基础上，各州对法律进行了修改，规定监护和保护应被看作最后的手段，有限监护或保护应在可能的情况下适用，监护人或保护人在做决定时，在可行的范围内，应与被监护人或被保护人商量。

修改的法案包含许多实质性的变化，以下对较为重要的内容进行总结。

对无行为能力人的定义是以功能能力为基础的，承认一个人可能有能力去做一些事但同时需要别人的帮助。在不因年龄因素而为成年人或未成年人指定监护人之前，这个人必须被认定是无行为能力的，也就是说，这个人是"无法正常获得和评估信息，进行交流或做出决定，即使在一定技术帮助下也缺乏满足基本健康、安全或者自理能力的要求"（102（5））。如果辅助技术可以有效地使其获得和评估信息、做出决定或进行交流的能力，那么其就不是"无行为能力人"。

父母或配偶可以因需要而立即指定监护人。在第2、3条规定了父母或配偶指定"随时候命"的监护人：父母为未成年子女的指定根据第2条，为成年残疾子女或无行为能力配偶的指定根据第3条。增加这些条文是因为美国日益增加的单亲家庭以及成年人寿命增加，需要在未来生活中得到帮助。随时候命的规定可以广泛用于多种情况，只要需要监护人立即工作的事由发生，则不用提前得到法庭的允许。这种指定可以被所有未成年子女的父母以及无行为能力人的配偶或家长使用。

在没有其他较少限制的替代方式可以满足被申请人需求时，监护人或保护人才被指定。法案鼓励适用替代监护或保护的方式，把指定监护人或保护人视作最后的手段。除非法庭做出被申请人的需要不能被其他任何较少限制的手段满足的判断，否则不能为无行为能力人指定监护人（311（a）（1）（B））。法庭指定访问员监督监护人或保护人的适当性，必须调查替代手段是否合适，并报告法庭（305（e），406（e））。

另外，法案具体规定了在绝对无行为能力人的监护人或保护人被指定或发布保护令之前的程序。申请中被要求的具体信息（304，403），被申请人必须在听证举行的十四天前亲自收到听证的通知和申请书，其他人要收到复件（113，309，404），法庭要指定一名访问员（305，406）。在立法中要选择，是根据被申请人的要求或访问员的建议，或是根据法庭命令，聘请律师（305（b）和406（b）替代1）还是在所有情况下都要聘请律师（305（b）和405（b）替代2）。在监护程序中，如果被申请人要求或者法庭决定，则须对被申请人进行专业评估（306），但在保护程序中，法庭可以命令进行专业评估（406）。被申请人和建议的监护人、保护人必须出席听证，除非有法庭认可的正当理由（308（a），408（a））。

法典强调的概念是有限监护和有限保护。只有在没有替代方式的情况下，监护和保护才可以使用。法庭可以针对无行为能力人的需要设立监护或保护，来转移无行为能力人不能执行的权利（311（b），409（b））。如果需要全面监护或保护，申请书必须说明为什么不寻求有限监护或保护

（304（b）（8），403（c）（3））。监护人或保护人在做出决定时要考虑被监护人或被保护人的意见。监护人要保持与被监护人足够的接触，以便了解被监护人的能力、限制、需要和机会（207（b）（1），314（b）（1））。监护人或保护人必须鼓励被监护人或被保护人参与到决策中，为自己的利益行动、发展或重拾保护自己或商业事务的能力（314（a），418（b））。监护人在做出决定时要考虑被监护人表达的希望以及个人价值（314（a）），保护人在做决定时要考虑被保护人的财产计划，法庭在决定保护措施时，必须在可能的情况下依赖被保护人已经做出的决定（411（c），412（b））。

起草委员会认为对律师的指定不应该在第3条的监护或第4条的保护中被强制要求。关于律师是否应该在监护或保护程序中被要求，法案规定了可替代的规则，在305（b）和406（b）中。在立法中要选择，是要根据被申请人要求、访问员建议，或者法庭其他命令聘请律师，还是在所有情况下都要聘请律师。对律师的指定，对于指定访问员、设置监护人或保护人是一种额外要求。参见305（a）和406（a）。

起草委员会偏爱305（b）的替代1。根据委员会偏爱的程序，第3条访问员在指定监护人的每个程序都可被指定，同时根据被申请人要求，访问员建议，或者法庭其他命令指定律师（参见305）。随之而来的，第4条访问员在每一种情况下都需被指定，如在指定保护人申请提交时、在寻求保护措施时以及被申请人没有律师时（参见406）。305条（b）和406（b）的替代2被包含在美国律师协会对老年人法律问题的要求中。

在建立监护或保护关系时的证据规则是清晰和可信服的证据（参见311.401），但是终止监护或保护关系的证据规则是表面的证据（参见318（c），431（d））。这种差异是由于承认监护和保护关系作为一种可以剥夺个人权利的工具，要建立这种关系应该要求较高的证据规则（因此更多保护），比重新给予个人权利的要求更多。

对监护和保护关系的监督是重要的，法案要求监护人在指定后30天及此后每年提交书面报告给法庭（317），保护人被要求在指定后60天提交计划和清单，此后每年向法庭提交报告。（418（c），419，420）。在报告里，监护人和保护人要对监护和保护是否继续或改变提出建议。法庭被要求建立监督机制（317（c）420（d））。法庭可以使用访问员作为监督系统的一部分（317（b），420（c））。有效监督体系包括的内容和建议可以参考，Sally Balch Hurme 著，《加强监护监督的步骤》（美国律师协会，1991）。

第一章　总　　则

第 101 条　简　　称

"法案" 在此指《统一监护和保护程序法》。

第 102 条　定义：本法案中

1. 申请：对于被保护人而言，指基于合同、侵权、指定保护人过程中或指定之后产生的财产问题对某人提出的赔偿请求，包括对费用的请求。

2. 保护人：指被法庭指定保护被保护人财产的人。包括有限保护人。

3. 法庭：指适格的法院。

4. 监护人：指经父母、配偶或者法院指定的有资格作为未成年人或者无行为能力人的监护人的人。这一术语包括有限的、紧急的以及临时替代监护人但不是法定期间监护人。

5. 无行为能力人：指非因未成年原因而无法接收和评估信息，不能做出决定或进行交流，即使在一定技术帮助下也不能达到基本健康、安全或者自理能力的人。

6. "法律代表人" 包括代表收款人，在本州或其他地方为被申请人行事的监护人或保护人，信托或监护❶关系中的受托人或监护人，代理关系中的代理人，不论对健康还是财产。被申请人为委托人。

7. 文件：指监护关系文件和保护关系文件。

8. 未成年人：指未满 18 周岁的人。

9. 父母：指父母权利未被剥夺的父母。

10. 人：指个人、公司、商业信托、不动产、信托、合伙、有限公司、政府、政府机构、合资企业、协会、机构或任何合法的商业团体。

11. 被保护人：指未成年人、已被指定保护人的人或其他保护令指向

---

❶ Custody 指未成年人监护，Guardianship 指成年人监护。

的人。

12. 被申请人：指监护人、保护人或其他保护命令指向的人。

13. 国家：是美国本土，以及哥伦比亚区，波多黎各，美属维京群岛，或任何受美国管辖的岛屿领地。

14. 部落：指被联邦或国家认可的印第安部落，或阿拉斯加土著村。

15. 被监护人：指已被指定有监护人的人。

评　注

有限监护人和有限保护人的概念，在法案中被采纳，是监护人（参考（4））和保护人概念（参考（2））的反映。

虽然法案授权法庭为权利受限制人指定保护人，但法案没有规定限于一定期限的紧急保护人或临时保护人。在其他法律允许指定临时的、紧急的或者特殊的保护人时，法案允许法庭指定一名"专业人"。参见 405（a），406（g）和 412（c）。这是对 1982 年法案的背离，后者规定了对特殊保护人的指定，但是没有规定临时或紧急保护人。参见《统一遗嘱认证法典》5－408（c）（1982）。

正如 1982 年法案那样，1997 年法案允许父母或配偶通过遗嘱或其他书面文件指定监护人，但对指定事项有不同要求。见第 202 和 302 条。监护人的定义（见第（4））包括有限监护人、紧急监护人或临时替代者。见第 204，311，312，和 313 条。相比 312 和 313 部分，是紧急监护人和临时替代监护人之间的区别。程序期间监护人是与监护人不同的概念，在程序中通常有单独和有限的作用。

比起对未成年人的监护，"无行为能力人"是为指定监护人而产生。"无行为能力人"的定义（见第 5 款）指非因未成年原因而达到无法正常交流和评价，即使在一定技术帮助下也缺乏满足基本健康、安全或者自理的能力。这一成年人无行为能力制度的评价标准强调"能力"的欠缺而非达到某种"状态"，即无行为能力指一个人在功能方面可能有能力做一些事情，只不过在某些方面需要他人帮助而已。越来越多的州法开始认识到强调功能性评价的重要性，并认为衡量个人丧失行为能力的更加适宜的方法是衡量个人的能力，而非仅基于成年人处于某特定状态（如患精神疾病或年老等）就将一个成年人判断为"无行为能力"。详见第 311 条和 409 条的事例。这一概念贯穿了整个法案。

本法案对无行为能力人的定义与 1982 年法案显著不同。删除了"不能做出相关决定的条件"，因为条件往往导致专业检查人员过分地注意被监护人的残障情况，而忽略他们现实存留的功能能力。修订后的定义是根据 1988 年对监护改革的文斯潘会议的建议而定，见监护：改革议程（美国银行家协会 1989）。又见 Stephen J. Anderer，监护权诉讼能力（美国银行家协会 1990）。

"法律代表人"的定义（见第 6 款）远远超出传统的律师范畴，包括那些法律认可的具有代表性能力的人，如代理收款人、受托人、托管人、代理人以及那些持有法院指定的人，如传统的监护人和保护人。这个定义可以确定哪些人必须接受监护和保护诉讼的通知。见第 304，403 条。

根据该法案，未成年人的定义不包括具备完全行为能力的未成年人。参见第 8 条。这一定义防止了为具有相应行为能力的未成年人进行的人身或者财产监护，除非这一监护理由不是因为未成年人的年龄，而是他的实际能力欠缺。根据该法案，人身监护或者财产监护需要根据未成年人的实际能力决定。见第 210，431 条。根据 1982 法案，监护的成立由未成年人的婚姻状况决定。也就是说，财产监护可以延续至该未成年人年满 21 周岁，而不是看他是否结婚。

1997 修订案的起草者故意选择不定义父母（除了那些父母权利没有被终止的情况），而是援引继承法中关于父母的定义。因此，父母的"定义"（见第 9 款）可以包括或不包括继父母。监护权已被终止的父母将不视为本法案中的父母，但是这不影响他们依据继承法继承子女的遗产。因为这样的父母已被认为是不适格的，因此本法案不承认此种情形下父母对子女的监护权。无论该监护权是基于父母权利或是基于法院指定而产生。见第 202，204，205 和 403 条。

程序中的主体是本法所称的"被申请人"。参见第 12 款。一旦建立监护，无行为能力人或未成年人就成为被保护者。参见第 15 款。一旦建立财产监护或介入其他保护措施，诉讼中的被申请人就是监护人。参见第 11 款。一个被指定监护人或保护人或其他保护令的人，既是被监护人也是被保护人。

对于采纳本法案的州，（14）段给予部落法庭提出问题和同答问题的权利，但是被部落法明确提出和回答的问题除外。如果一个部落希望适用这个法案，"这个州"就应该被"这个部落"取代。本条中部落的定义是宽泛的，试图包括土著美洲部落和其他像部落一样表现的土著美洲政府。

第 103 条　定义：法律适用的一般补充原则

除非本法有特殊规定，否则适用法律的公平原则进行补充。

评　　注

本条在法案作为一个独立法案的情况下需要。如果法案作为 U. P. C （《统一遗嘱认证法典》）的一部分，本条则不需要。在这种情况下，保留编号系统，103 条保留。

本条来自 1982 年法案第 1 – 103 条。

第 104 条　转让能力

（a）除非给未成年人转让货币或者财产的人知道该未成年人有保护人，或者知道对该未成人的财产保护程序正在进行，否则可以进行转让，转让价值每年不超过 5000 美金，转让给如下人员：

（1）该人负责照看未成年人，并与未成年人共同居住；

（2）未成年人的监护人；

（3）《统一未成人转让法》中的监护人，或《统一监护信托法》中的监护人；

（4）以未成年人姓名独立开户，并接受存款和通知的金融机构。

（b）根据本条规定，转移货币或财产的人不需要为其正当用途负责。

（c）根据 a（1）或（2）条款，监护人或其他人自未成年人处接收到的货币或财产只适用于支持未成年人的医疗、教育、卫生、福利的，除了必要的费用报销不能因此得到收益。任何收益必须保留为支持未成年人未来的医疗、教育、卫生、福利。

评　　注

未成年人每年收到 5000 美元财产以及其他类似的小数目财产需在一年内用于未成年人的生活花费，为此建立保护制度是烦琐且不必要的，本条允许特定的人以更便捷的方式转移财产。

需要转让财产的人有权选择转移给未成年人、与其共同居住的人及其监护人，也可转移给该未成年人唯一户名的银行账户或信托基金。

本条不适用于转让人已知未成年人有保护人或者保护程序正在进行。事实上，被指定的监护人不能要求付款人将款项支付给自己。未成年人的监护人可以收到付款，但没有权利强迫第三方支付。见第 208 条。监护人需要这样的权利，比较适当的理由是监护人可以向法庭请求指定其为保护人。

虽然转移人没有责任或义务了解财产是否被正确使用，但该条是一个默认条款，与遗嘱或信托文件中支付给未成年人的明确财产条款不产生冲突。在这些情况下，转让人的义务将取决于文件中的条文。本条与其他关于管辖权的条款如《统一向未成年人转移财产法案》不相冲突，那部法案允许基于未成年人的财产数额选择替代支付方式，而本条仅允许依据付款人的年收入确定转移数额。

本条规定上述款项仅限于支付未成年人的医疗、教育、健康和福利等必要费用，只有上述必要费用可以转移相关财产，且需为未成年人未来的教育、健康、支持、服务或福利保留必要剩余。本条不适用于按法院命令支付孩子的抚养费。根据第 c 款，接受者不能从财产转移中获得任何利益，如果接受者没有按照正当用途使用基金，则需要承担相应的责任。

接受者在收到资金后应当在适当的情况下考虑购买年金或其他财务安排。交付应当在未成年人成年之后立即进行。但接受者应该根据第 412 条考虑提供更多的保护措施。

第 105 条　父母、监护者的转委托权利

未成年人或无行为能力人的父母或监护人，其监护职责转委托给他人的期限不得超过 6 个月。转委托人享有除成人结婚或者收养之外的对未成年人健康、照看、财产的监护责任。

评　　注

本条规定了父母或监护人的临时委托权利。本条不是创设一个监护权，而仅仅是允许将监护权委托给他人。因此，按照其他法律，本条所规定的委托权仅限于没有时间监护孩子的离异父母，不能适用于成年人监护。但这条对于生病的监护人或者父母，以及离家不超过六个月的人来说是有用的。同时，这条款也适用于紧急情况下监护权的转移。

在丧失行为能力前，本条款并不取代当事人处理自己财产及保护事务的权利。本条款仅授权父母或者监护人相应权利。

在某些情况下，父母可能希望在第 202 和 302 条下适用转委托。因为本条没有任何先决条件，更易实施（虽然需要每 6 个月更新一次）。与本条规定的临时性委托相比，有监护责任的父母更愿意根据第 2 条和第 3 条的规定设立更为稳定的监护关系。

本条仅指对财产的代理权，实际应用是相当有限的。第 2 条和第 3 条

给予监护人仅限于对被监护人财产的有限监护，父母的监护权同样受限。若有必要，可以扩展至对财产的监护，需要的步骤是由法院指定一名保护人。另外，本条并不管辖本州之外的其他财产的监护。见第425（b）（1）及433条。

第106条 管 辖

以下情况州法院具有管辖权：为居住在本州或目前在本州的个人进行的监护或者相关程序，为居住在本州或财产在本州的居民进行的保护程序，以及适用本州的法律将财产置于监护人或保护人的控制之下。

评 注

本条解释了监护和保护程序的管辖原则。人身管辖是基于人的住所或者目前的居所，而财产管辖是基于人的住所或者财产的所在地。

第107条 管辖权转移

（a）指定监护人或保护人的程序开始后，或者一个保护令程序开始后，法庭可以将指定或者命令的程序转移至本州的其他县法院或其他州，如果移送管辖符合被监护人或被保护人的最佳利益。

（b）如果监护或保护程序正在另一个州或外国法院等候，而且该监护或保护程序已经在本州提起，本州法院应该通知初始法院，经过与初始法院沟通，在满足被监护人或被保护人最佳利益的前提下，接受或拒绝管辖。

（c）被其他州指定的监护人、保护人或受托人可以请求本州法院管辖，如果居住地在本州或者将要迁至本州。监护指定可以依据其他州的认证副本和法庭记录。如果被监护人年满14周岁，聆讯申请与申请书应一起交由被监护人，以及交由本法案所规定的有权知道案件程序的人。法院应当指定在本州的人担任监护人或保护人，除非这将不利于被监护人或者被保护人的利益。指定监护后的14天内，监护人或者保护人应当发出一份指定文件的副本给被监护人或被保护人（如果被监护人或被保护人年满14周岁），以及所有参与聆讯的人。

评 注

本条是基于南达科他州法律29A－5－109及29A－5－114条规定的。

本条规定了法院转移管辖给另一州、县及其他国家及从这些法院接收管辖的程序。根据第 2 条，在未成年人监护案件中，在案件移送及程序适用时如果涉及多个法院，应考虑《统一儿童监护程序和执行法案》的相关规则。

这条以及第 108 条，规定了监护人或保护人指定的规则，旨在限制一些监护人和保护人参与的择地诉讼，也协助法院跟踪监护关系。一些监护人和保护人试图不顾法院的权威，将未成年人或者被保护人转移到其他地区或国家。本条规定的原则是：应以被监护人的最佳利益作为监护权管辖转移的依据。

最佳利益标准对于成年人和未成年人来说是不同的。当被监护人是成年人时，个人价值观和当前及过往的愿望表达都应该加以考虑，监护人和保护人应该尽力去了解被监护人的个人价值观以及他们的愿望。一般情况下，监护人或者保护人在做决定时，也应该考虑被监护人的个人价值观和愿望。详见 314（a），411（c）和 418（b）。

州内的管辖权转移，只有在符合被监护人和被保护人最佳利益时才能进行，而且法庭需要判断，这种转移是否有其他获利原因。第（a）款下，法院应该特别注意转移未成年人监护是否是为了改变学区分配以及学费缴纳等意图。

当监护或保护诉讼开始于一个州，而监护或保护已经存在于另一个州，这两个州的法院应该相互沟通。第（b）款的目的是，原法院是首先接到诉求的法院，而不须是监护关系成立地。第二法院与第一法院协商后，只有在满足被监护人和被保护人最佳利益的前提下才能接受或者拒绝接受。主动沟通的责任由第二法院承担，因为第二法院知悉监护关系及诉求的实际情况及其他信息，这些原法院可能无从知晓。在做决定时，第二法院通常会考虑到原法院的决定，但本条没有强制要求，且在原法院决定明显违背被监护人和被保护人利益时，第二法院不应当考虑原法院的决定。

管辖权的转移应适当，第（c）款为转移提供了一个简化的过程。该条款假设原法院的管辖权是恰当的，因此不需要复制所需的文档和评估原来的程序。然而，建立新的监护或保护并不是自动进行的。除了决定管辖不应转移的权力，法院也有权决定监护是否不再利于被监护人和被保护人的最佳利益。第（c）款经常适用于当监护人和被监护人均不在原指定州时的监护指定。当辅助的保护人需要管理的财产位于本州而本州不是被保护人的住所地时，这个程序也是有用的。在这种情况下，第二法院对于监护的指定也将被证明是无效的，因为监护人不具有处理被监护人财产的一般权利。如果监护人发现被监护人的财产位于另一州，监护人应该尽可能争取在另一州指定一名保护人。

第108条　管辖地

（a）州内未成年人监护程序管辖地是指未成年人居住地或者现住所地。

（b）州内无行为能力人的监护程序管辖地指被申请人所在地，如果被申请人承认被有管辖权的法院命令指定在某场所居住，则法院所在地为管辖地。无行为能力人的紧急或临时替代监护人的监护程序管辖地指被申请人现住所地。

（c）州内保护程序管辖地指被申请人所在地，无论监护人是否在另一个地方被指定，如果被申请人不在州/县内，保护程序管辖地指任何被申请人的财产所在地。

（d）如果本法中涉及的诉讼程序在几个州/市，最先受理的法院具有专有管辖权，除非法院认为在另一法院更合适，或者根据公平正义的需要转移管辖权。

评　　注

本条款与1982年法案关于管辖地的规定一致，但本条款规定无行为能力人的监护管辖地为无行为能力人居住地。法院并不禁止无行为能力人在其居住地外进行相应行为，但仅限于紧急监护或者临时监护。修订的法案直接回应越来越多的老年人已经跨越州界，监护程序用来确定被监护人在新地方的监护。起草们认为，虽然法庭在指定临时监护上都是适格的，但只有被申请人居住地法院可以指定永久监护。d款提供了州内的管辖地规则，即第一法院有权决定哪个管辖地是合适的，第一法院应该决定适当的地点并开展程序。见d款。

第109条　诉讼程序

除本法另有规定，本法案适用民事程序规则，包括有关上诉审查的规则。

若监护和保护诉讼为同一人或正在申请同一法院，诉讼可能会被合并。

评　注

本条与州的程序规则相一致。对单独申请监护和保护至关重要，单独的诉讼被合并为同一个诉讼以保护被申请人的权利，并保持连续性和一致性。

第 110 条　官方文件

监护人的申请被官方接受时，法院应当出具相应的监护文件。保护人的申请及所需的保证金被官方接受时，法院应当出具保护文件。监护的文件必须注明法院、父母或配偶是否指定了监护人。对监护人或保护人或保护财产的任何限制，必须写入监护或保护的文件中。

评　注

监护人及保护人必须接受相关文件及缴纳需要的保证金。对监护人或保护人权利的任何限制必须在文件中注明。这项规定有利于承认和尊重有限的监护和保护。根据第 424 条（a），第三人仅对监护文件中的限制内容负责。如有未能符合这些限制，则可能承担责任。无论是官方文件或认证副本，可作为权威的指定证明。

第 111 条　接受指定的效力

监护人或者保护人一旦接受法院的指定，就需在监护和保护程序中亲自出庭。申请人应将任何程序通知送达至法院记载的监护人或保护人的住址，或者申请人知道的其他住址。

评　注

一旦监护人或保护人接受指定，法院有关监护或保护的任何程序对监护人或保护人有管辖权，无论监护人或保护人身在何处，法院对监护人或保护人管辖权仍将继续。见第 201 和 301 条。为了给监护人或保护人以程序通知，申请者可以用法院记录文件中的监护人地址，或者申请者知晓的任何其他地址，或根据可用的任何其他程序的任何其他地址。在法庭留存目前的地址是监护人和保护人义不容辞的责任。

第112条 监护人或保护人的变更和解除

（a）监护人或保护人的指定因死亡、辞职或免职而终止。父母或配偶以非正式的遗嘱被指定为监护人的，监护关系在正式的法律程序否认后终止。终止监护人或保护人的指定，并不影响监护人或保护人对以前的行为或义务的法律责任及对被保护人及未成年人财产的保护责任。

（b）被监护人、被保护人或与被监护人、被保护人有利害关系的人可以根据最佳利益原则请求撤销监护或保护。监护人或保护人可以请求辞职。申请免职或辞职可能包括指定继任监护人或保护人的请求。

（c）法院可在任何时间另外指定一名监护人或保护人，立即或为其他一些指定的事件服务，如果出现监护空缺，法院可以指定继任监护人或保护人顶替。增加的或后继的监护人或保护人可以于获指定后的任何时间接受指定，但不迟于该空缺或其他指定的事件发生后30天。增加的或后继的监护人或保护人有资格对失职行为或指定发生时的事件采取行动。继任监护人或保护人继承前者的权利，继任保护人继承前者对财产保护的职责。

评　注

虽然监护人或保护人可在任何时间辞职，辞职有效与否要看法院是否批准。监护人或保护人，不管指定监护如何终止，均需对以前的行为负责并对被保护人或保护人的资产承担责任。因监护人或保护人死亡造成的监护终止，被监护人财产由监护人或保护人代表个人进行保管。在因监护人或保护人丧失工作能力而导致监护终止的情况下，相关事项一般由被监护人或被保护人自己管理，或由其他法律代表执行。

有权请求撤销监护或保护的是无行为能力人、被保护人或与无行为能力人或被保护人利益相关的人。根据第（b）款，免职理由包括被监护人或被保护人的最佳利益。在决定终止监护或保护是否符合被监护人或被保护人的最佳利益时，对成年人监护或保护和对未成年人的监护或保护的标准是不一样的。成年人监护，需尽力了解以确定过去或现在的被监护人或被保护人的意愿。同时，被监护人的价值观和个人意愿，根据本法案也是监护人和保护人决策时优先考虑的一般原则。见第314（a），411（c）和418（b）所示。

在法院采取被监护人或被保护人最佳利益标准时，往往参考州法律关于免除受托人的内容。终止监护人或保护人的具体原因，请参阅南达科他

· 224 ·

州的相关法典第 29A - 5 - 504。其中南达科他州规定终止的理由是：（1）确定文件材料失实或错误；（2）无行为能力或疾病，包括药物滥用，影响健康和工作；（3）犯罪事实被确认；（4）浪费或对财产管理不善；（5）疏忽对被监护人、被保护人或法定扶养义务人的照顾和监护；（6）获得对方利益，导致监护人或保护人有不正当履行职责的风险；（7）未能及时提交所需的账目或报告或不遵守法庭命令；及（8）未履行通知或送达服务。

根据第（c），法院可以指定一个额外的监护人或保护人，以备未来之需，法院还可以指定一名继任监护人或保护人，以填补现有或潜在的空缺。在这两种情况下，指定行为发生在出现空缺、紧急情况发生时，或在一些特定的未来事件发生时，通常被用于预先计划以填补空缺。这一规定，在成年人发育障碍的情况下被证明是有用的。最初的监护人或保护人通常是被监护人或被保护人的父母，但对于孩子的监护很可能是终身的。在监护关系开始之初就指定继任监护人或保护人，给家长提供了保证的心态，在父母死亡后有人继续监护或保护，并确保服务的连续性。

与第 202 条和 302 条所规定的指定类型不同，指定一位继任者或附加监护人，即使目前没有指定的监护人也可以指定。在本条中，仅继承人或附加监护人或保护人被允许指定。

第 113 条　通　　知

（a）除法院基于正当理由，申请人应将听证的地址和时间通知需要通知的人。通知应符合民事诉讼法要求，并在聆讯前至少 14 天通知。

（b）通知的证据应在听证前或听证中提交法庭。

（c）本法案的通知，必须用通俗易懂的语言表达。

评　　注

通知可以通过邮寄，以及由民营快递或送货服务来提供。如果国家的规则允许，传真方式也可以使用。本条款不取代该法其他具体的通知要求。特别通知要求适用于呈请书进行紧急监护人的指定，及申请监护人或保护人或其他保护令的服务。参见第 309，312，404 条和至少提前 14 天通知，这和 1982 年法案规定一致。提前 14 日通知的规定也是《统一遗嘱认证法典》的一部分，包括对监护关系和保护诉讼程序的规定。根据第（a）款，采用国家民事诉讼程序规则做出通知，但应适用本条（a）中有关通知时间的规定，即使与民事诉讼法的规定不一致。

第（c）款规定通知应使用的语言。要求所有通知应使用通俗易懂的语言做出，这一规定是基于对监护权改革的文斯潘会议做出的。见监护：议程改革9（ABA，1989）。如果英语不是当事人的主要语言，实践中最好的做法和正当程序会要求以当事人的母语发出一份通知副本。

第114条　通知的放弃

申请人或该人的律师在诉讼中可签署并提交书面放弃通知。然而，被申请人、被监护人或被保护人不可以放弃通知。

评　注

本条的放弃包括具体和一般放弃。在任何情况下，被申请人、被监护人、被保护人不可放弃通知。本条规定的保护适用于该法的所有申请，但不适用于对最初指定监护的申请。见第309和404条。除非根据第113条基于正当理由的法院命令，至少提前14天通知答辩。本节的来源是1982年法案第1－402。

第115条　程序期间监护人

在诉讼的任何阶段，如果法院认为有利害关系，可指定诉讼期间监护人，否则将是不必要的。如果没有利害关系，诉讼期间监护人可被指定代表几个人或几个利益。法院应在记录上写明诉讼期间监护人的职责及其指定的原因。

评　注

根据本条的指定是不常见的。如果被申请人目前被代表，代表被申请人的律师不应被指定为诉讼期间监护人，以避免利益冲突，因为律师的角色和诉讼期间监护人的角色截然不同。重要的是，在法庭上，指定诉讼期间监护人时，应告知他或她诉讼期间监护人的地位和职责。本条鼓励法院记录诉讼期间监护人的职责及指定原因。本节的来源是1982法案第1－403（U. P. C. 第1－403（4）（1969））。

第116条　请求发出通知；利益相关者

在监护程序中，任何命令做出之前，任何希望得到通知的利害关系人应得到通知，报告监护人指定后的程序，或者保护程序，可以向法庭的书记员申请得到通知。

书记员应将请求的副本送达给已指定的监护人和保护人。除非它包含一个声明说明它由利害关系人制作，并且该人或该人的律师已得到通知，否则请求不发生效力。该申请只对其提交后进行的诉讼程序有效。保护程序中，支付或计划支付福利给被申请人或被保护人的政府机构，是利害关系人。

评　　注

除非另有规定，此条款允许利害关系人请求通知监护人或保护人。在本节中，利害关系人的保护程序，包括债权、抵押或其他方式。本节还特别规定，利害关系人的保护程序包括正在或将要支付给被申请人或被保护人福利的政府机构。无论是债权人、政府机构或其他利害关系人的术语在该法的使用必须根据所涉及的具体问题而定。例如，在某些情况下利害关系人可以包括媒体的一员，或一个"看门狗"机构。对于特殊通知的请求只有在包含对利害关系的陈述时是有效的。

第 117 条　多方指定

如果被申请人或其他人做出一个以上的书面指定或提名监护人或保护人，应以最近的为准。

评　　注

最近的指定或提名指被申请人在有能力时做出的最近的指定或提名。如果由于被申请人无行为能力，最新的指定被认定为无效，之前的指定将有效。

第二章　未成年人的监护（略）

第三章　无行为能力人的监护

第301条　监护人的指定和状况

监护人由无行为能力人的父母或配偶或法院指定。监护关系终止前持续有效，与监护人和被监护人的住所地无关。

评　注

本条规定是对无行为能力人的监护的创设和管理。无行为能力人的定义见102（5）条。虽然无行为能力人一般是成年人，基于本条，可以为未成年人进行指定，即指定的原因是无行为能力而非未成年人的年龄。如果基于本条对未成年人进行指定，则无须在未成年人接近成年时请求一个新的监护关系。

尽管在201条有相似内容，本条仍是全新的。和第311条由法庭指定监护人一样，本条规定成年人（定义为无行为能力人）的配偶或父母的权利，通过第302条的配偶和父母来指定监护人。监护人或监护地可以离开当地法院的管辖区，然而监护关系仍会持续直至监护终止，并保持在法院的司法管辖权之下。关于司法管辖权和监护终止分别见第107条和112条。

第302条　通过遗嘱或其他书面方式指定监护人

（a）当父母认为其子女是无行为能力人时，可通过遗嘱或其他已签名的书面文件为未婚子女指定一个监护人，详细列明需要给予监护人的权限，并在法院批准以前完成该指定的废除或修订。

（b）当某人认为其配偶是无行为能力人时，可以通过遗嘱或其他已签名的书面文件为其配偶指定监护人，详细列明需要给予监护人的权限，并在法院批准以前完成该指定的废除或修订。

（c）无行为能力人、除父母、配偶以外的照看人或监护人或与无行为能力人具有最近亲属关系的人，可以对指定提出书面异议，除非此款指定已经法院确认，否则书面异议文件可终止指定。异议可以被撤销，一旦撤销即无效力。异议并不妨碍法庭对父母或配偶选择的人进行指定。异议必须通知到监护人及其他有权知悉指定情况的人。在第 312 条中，法院将异议作为对紧急情况下监护人指定的请求，在第 304 条中，法院将异议作为对受限制或不受限制的监护人指定的请求，并持续进行。

（d）法庭基于父母或配偶的请求，而且发现父母或配偶可能在两年内丧失照顾无行为能力人的能力，经过本法规定的通知程序，在指定生效前，可以确认父母或配偶选择的人为监护人，并终止对其他人的指定。

评　注

本条使父母或配偶能够预先指定一个可靠的监护人，其权利将在发生某些特定的不可预见的事件时生效。指定可以通过遗嘱或其他手段生成，这些手段包含一个具备持久能力的代理人、一个可信赖的手段或一个特定的文件，作为配偶或父母指定监护人的依据。指定可以是临时性的。第 303 条要求监护人的指定必须在 30 天内得到法院的确认，并附上相关机构已接受的通知。

第 202、302 和 303 条与未成年人可信赖的监护人的相关规定进行比较。对无行为能力人的规定具有试验性，因为成年人与未成年人不同，认为他们具有合法的自己做决定的资格。鉴于此，本条中的指定可以终止，见分部（c）。同时，本条中的指定不是对无行为能力的鉴定。见 303（g）。

尽管具有这些限制，本条仍非常实用，尤其是对发育性残疾儿童的父母。通常在这类父母死亡或其他事件出现时，发育性残疾儿童需要转由他人照料和监护。通过允许父母选择的监护人在发生紧急事件时介入，为父母提供其子女不被忽视的保障。当老年痴呆症患者的配偶不能再继续照顾他们时，本条的规定也对老年痴呆症患者的配偶有益。

成年未婚子女父母一方认为该子女无行为能力，法庭即可依此进行指定监护。根据（c）款，患有残疾的成年子女、无行为能力的配偶以及对具有抚养、照料权利的人，或成年的具有最近亲属关系的人，均具有对监护人指定提出异议的权利。若该异议申请被确认，监护人的权利即终止，并且根据第 304 条内容，监护人需要书面向法院提出指定监护的请求。若该异议被撤销，则不产生效力。该异议并不能阻止法院指定父母或配偶为监护人。

建议在需用前两年以内的任何时间完成高级法院确认的请求书，时间期限标准在括号中，颁布该法律的管辖区可选择不同的时段。根据颁布法律的州设定的时间长短，法院可能需要根据时限说明时间的弹性区间。对于被指定的配偶或父母而言，绝对确定的证明其在规定的时间内可能无能力再照顾无行为能力的配偶或成年残疾子女可能较为困难。法院应该公平地解释有利于配偶或父母的条款。有鉴于此，（d）款无须绝对确定性，在指定时间内，对监护人的要求仅是可能性。根据306（b），如果在未收到监护人书面指定接受书请求的情况下，法院提前确认监护人，且规定的截止期限（两年）已过，法院应举办听证会来决定指定配偶或父母的情形以及该项提前确认是否延续。

除非本条另行指定，与监护人职责和权利相关的本法案其他条款，适用于通过遗嘱或其他书面形式指定的监护人。

本条以 1982 年法案（U. P. C. Section 5－301（1982））的第 2－201 条为基础，但 1982 年法案没有要求法院的进行指定确认。

第 303 条　通过遗嘱或其他书面形式指定监护人：效力、接受、确认

（a）根据第 302 条指定的监护人在以下情况生效：做出指定的父母或配偶死亡、做出指定的父母或配偶能力被判决不足、医师检查做出指定的父母或配偶后开出诊断书认为不能继续照顾无行为能力人，以上情况以先出现的为准。

（b）根据第 302 条指定的监护人在指定接受书归档后合格，指定接受书必须在监护人指定生效后 30 天内归档。监护人应：

（1）将指定接受书和郡法院的遗嘱复印件进行归档，此遗嘱应有可能或已经被认证或有其他指定文书，在无行为能力当事人在场时，将郡法院指定接受书和指定文书进行归档。

（2）将接受指定的书面通知送达给指定的父母或配偶、无行为能力人、非父母或配偶的无行为能力人的照顾者或监护人，或近亲属。

（c）除非指定已在前期被法院确认，根据（b）（2）条款给出的通知必须包含依第 302 条规定的书面反对以及终止指定的一项权利声明。

（d）指定因监护人根据立遗嘱人居住地州的遗嘱认证法律所做出的接受声明而在本州生效。

（e）除非指定已在前期被法院确认，在填报通知和指定文书后 30 天内，根据第 302 条所指定的监护人应向法院提交申请书以确认指定，文件

通知须以第 309 条所列方式提交。

（f）根据第 302 条产生的监护人的权利在法院指定监护人后，或根据第 302 条提出的异议书面通知送达监护人后终止，以上情况以先出现的为准。

（g）根据本条指定监护人不能作为对无行为能力的认定。

（h）对于与（b）（e）款相关的监护人从事的对无行为能力人有益的行为，或者指定后发生的行为与提交接受指定的申请时的行为具有同等效力。

评　注

对于根据遗嘱或其他文书指定的无行为能力人的监护人在以下任一情况先发生后生效：指定的父母或配偶死亡、父母或配偶被判决为能力不足、已检查过父母或配偶的医师出具父母或配偶不能继续对成年残疾子女或无行为能力配偶进行照料的书面证明。

监护人权利在有异议提出或指定的父母或配偶恢复照顾无行为能力者能力后终止，或者，法院为无行为能力者指定了监护人。

由意外事故引起的监护在事故发生 30 天内，监护人必须同指定文书一起提交指定接受通知。如指定未经过法庭确认，监护人必须同时提交指定接受的书面通知，并有权提交反对指定的申请书，送达指定的父母或配偶（如果在世），已被指定监护人的无行为能力人，无行为能力人的照顾者或监护人，其他父母或配偶之外的人，及近亲属。

（e）款要求监护人在接受通知后 30 天内填报指定确认。此外，根据第 302 和 303 条的指定以当事人无行为能力为基础，在寻求法庭确认指定时，按照指定监护人的一般程序处理，详见第 304—310 条。

监护人提交的指定确认请求必须符合第 304 条要求，但允许反映前任指定父母或配偶的特殊情况，请求应包括：丧失民事行为能力配偶或成年残障子女的姓名和地址，丧失民事行为能力配偶的成年子女的身份和位置，如果有的话；如果没有，则丧失民事行为能力配偶的在世父母，如果有的话；如果没有，则丧失民事行为能力配偶的在世兄弟姐妹或成年残障子女的在世兄弟姐妹及所有作为监护人的人；请求人的姓名的地址，与已婚夫妻或成年残障子女和父母的关系，指定的权益，以及一份请求人遗嘱的陈述，关于指定监护人权利的指定配偶或父母设置的有效期限，请求人信息，以及指定应该被确认的原因。

申请人还应指明指定监护人设置的一切有效期限，以及对监护人的权利。对于无限制的监护人责任，应说明有限制责任不能实施的原因。请求人应有死亡证明，丧失民事行为能力的判决，或检查过指定配偶或父母的医师的关于指定配偶或父母无能力继续照料丧失民事行为能力配偶或成年残障子女的书面证明。书面证明应以指定配偶或父母的主治医师署名，同时，证明应包含配偶或父母的诊断以及检查日期。请求应包含指定文书复印件，以及其他所有相关文件。如果监护人指定已根据302（d）通过前期确认，需同时包含指定命令的复印件。

在申请确认的听证会上，如果法庭发现指定的配偶或父母不能恢复照料丧失民事行为能力配偶或成年残障子女能力，那么法庭应处理指定确认令，反驳指定推定的缺席证据。如果法庭发现指定的配偶或父母能恢复照料丧失民事行为能力配偶或成年残障子女能力，那么法庭应颁布认为合适的 段时间的指定确认令。指定确认令中断其他人的权利，包括丧失民事行为能力人或成年残障子女。

关于父母或配偶的指定是否应转化为常态的监护的决定应尽快确定。法庭应监督转化的手段。

（h）规定，及时处理要求监护人接受的请求，在法院指定和监护人提交接受通知之间发生的任何行为与监护人发出接受通知之后的行为具有同样的法律效力，只要之前发生的行为对无行为能力人有利。

对监护人发出接受通知之前的行为是否有效存在争议时，由法庭决定该行为是否对无行为能力人有益，如果法庭认为是有益的，那么适用（h）。

第304条　法庭指定监护：申请

（a）当事人或与当事人福利有关的人可以请求认定当事人全部或部分无行为能力，并可请求对当事人指定有限监护人或无限监护人。

（b）请求必须写明请求人姓名、住所、当前地址（如与住所不符）、与被申请人的关系、对指定的兴趣，为了尊重被申请人，申请应包含如下信息。

（1）被申请人姓名、年龄、主要住所、当前地址（指定下达后被申请人居住的地址如果与住所不同）；

（2）下列人的姓名和地址：

（A）与配偶，或者无配偶的成年人，一起居住超过六个月的被申请人在提交申请书之前；和

（B）成年子女或者，没有成年子女的被申请人父母和成年的兄弟姐妹，或者，如果被申请人没有任何成年血亲；

（3）负责照料或看管被申请人的人的姓名和地址；

（4）被申请人的法定代表人的姓名和地址；

（5）被申请人提名的监护人的姓名和地址；

（6）建议的监护人的姓名和地址，建议的监护人应选择的原因；

（7）监护的必要原因包括性质的简要说明和被监护人声称的无行为能力范围；

（8）如果要求无限监护，则有限监护的原因不适用；如果要求有限监护，则应授予有限监护；

（9）被申请人评估价值的财产报告应包括任何保险金和养老金，以及任何可预期的收益或收入的来源和数量。

评　　注

本条列出了监护人指定申请书需包含的信息。虽然本条允许对监护人指定申请进行预期保护，法院须详细检查该申请书以确认申请是真正自愿的，并且申请人具有提交申请的必要行为能力。通常来说，在这种情况下更利于个人启动持续性代理权。

详细说明申请书所需的内容可依照文斯潘会议对于监护改革和国家遗嘱法院标准的建议。见监护权：改革议程9（A. B. A. 1989）；国家遗嘱法院标准，标准3.3.1，"申请书"（1993）。

（b）（2）—（6）款要求在申请书中列明家庭成员、能够向法院提供有效信息的人和根据309（b）款需要通知的人。以上个人可能具有保护被申请人的最大意愿并使提出的监护申请更恰当。

（b）（2）（A）项要求申请书包含配偶的姓名和地址，如无，成年人与被监护人在提交申请书前应共同居住6个月以上。其中包括与被申请人共同居住的国内合伙人及同事。请注意这里没有要求与被申请人居住超过6个月后立即提出申请，在提出申请前以上要求仅需满足规定的时间段。应用于此条款，法院应重点关注该条款的目的，即获取监护意愿强烈的人员名单。法院应使用合理标准以便申请人不需要提供与被继承人共同居住过的每一个人的姓名和目前对被申请人的权益不感兴趣的人的姓名。同时，关于"共同居住"的解释，与被申请人的亲密关系应被考虑在内。例如，一栋有50套公寓的大楼管理者与被申请人的关系仅仅是收取租金的关系，不能被认为与被申请人有密切关系。相反，对在疗养院居住的被申请人，住在其隔壁的好朋友可以被认为与其有密切关系。

法院应考虑是否将为了获得酬金而照顾被申请人的共同居住人排除在外，这将限制被申请人与拥有亲密关系的个人对（b）（2）（A）条款的应用，包括亲属、国内合伙人或同事，也会排除职业监护人例如管家、房东、董事会和护理所的拥有者。委员会起草此法案最初使用"国内合伙人和同事"是为了限制配偶对于本条的应用，但是统一州法全国委员 1997年年会批准此法案时，"国内合伙人和同事"这一短语被"与被申请人共同居住 6 个月以上的人"所替代。修正案背后的目的不是单纯地为了扩大概念，而是通过扩大概念来包含与被申请人有 6 个月以上持久关系的其他个人，因为这种关系应该予以关注。

（b）（2）（B）项要求申请书应包含被申请人的成年子女的姓名和住址，如无，应包含父母和成年兄弟姐妹的姓名和住址，如无，应包含可以找到的最近亲属的姓名和住址。但是，如有数名具有同样等级亲属关系的成年亲属，仅需要其中一名的姓名和住址，不需要所有人的姓名和住址。

根据（b）（4）条款规定，如果被监护人拥有法律代表人，申请书中应包含法律代表人的姓名和住址。"法律代表人"在第 102（6）条中有定义。注意到此类代表，如第 309（b）条所要求，是确定监护是否确实必要的关键。例如，法院可能推断以下情况不需要指定监护人：如果监护人已在别处指定或者被申请人已启动持续性代理权授权代理人做出健康和个人护理方面的决定。

（b）（8）条款强调了有限监护的重要性，鼓励有限监护是该法案的重要主题。当申请书人要求无限监护时，应在申请书中表明有限监护不适用的原因。当有限监护被申请时，应在申请书中陈述监护人被授予的权利。

（b）（9）要求申请人对被申请人的财产做出综述，包括评估价值、保险金和养老金信息，以及其他可预测的收益或收入。这一信息要尽可能详细以便访问员尽快完成所需的报告，详见第 305 条，同时使法院确定是否需要颁发保护令，详见第 311 条。

第 305 条　法庭指定监护：准备听证会

（a）在收到设立监护的申请后，法院应确定听证会日期和时间并指定一名访问员。访问员的职责和报告要求受申请书免除条款的限制。访问员必须是经过训练或对无行为能力申请有经验的人。

指定律师的替代条款

替代条款1

（b）法院应指定律师代表被申请人参与诉讼，如果：

（1）被申请人要求；

（2）访问员推荐；或

（3）法院认为被申请人需要代理人。

替代条款2

（b）除非被申请人有律师，法院应指定律师代表被申请人参与诉讼。

（替代条款结束）

（c）访问员应亲自访问被申请人并使被申请人达到能够理解的程度：

（1）向被申请人解释申请书的实质，诉讼的性质、目的和影响，被申请人在听证会上享有的权利，以及监护人概括的权利和义务；

（2）确定被申请人对被提名监护人的观点、被提名监护人的权利和义务，以及被提名监护关系的范围和持续时间；

（3）告知被申请人有自行雇佣律师的权利和要求法院指定律师的权利；

（4）通知被申请人诉讼的成本费用，包括被申请人的律师代理费，将从被申请人的财产中支付。

（d）除（c）段中强制的责任外，访问员还应：

（1）访问申请人以及被提名的监护人；

（2）访问被申请人的现住所，以及任何被申请人可能居住的地址；

（3）从治疗、建议或评估过被申请人的身体和精神状况的医师或其他人处获取信息；

（4）对法院的指导进行其他调查研究。

（e）访问员应立即向法院提交一份纸质报告，其内容包括：

（1）是否应指定律师代表被申请人的建议；

（2）被申请人在没有外界帮助下可完成的日常功能，在支持服务或福利的帮助下可以完成的日常功能，包括适当的技术性援助，以及不能完成的日常功能；

（3）监护类型的建议，包括较少限制的方式是否适用，监护的类型，如果是有限监护，应赋予监护人的权利；

（4）被提名监护人的资格说明，被申请人是否同意被提名监护人的说明，监护的权利、义务和范围；

（5）被提议的住所是否满足被申请人个人需求的说明；

（6）专业评估或进一步评估是否必要的建议；

（7）法院指导的其他事项。

立法注意事项

适用替代 2（b）条的州要求在所有指定监护程序中为被申请人指定律师，不适用（e）（1）条。

评　注

替代条款（b）。替代 1 是起草委员会的立场，被 NCCUSL 所采用。替代 1 依赖访问员的扩大作用，可以向法院提供法律问题以外的各种各样的问题。然而，根据替代 1，当法院认定被申请人需要被代表，或者被申请人要求或者访问员建议时，需要指定一位律师。

替代条款 2 源自 1982 年法案的 2 - 203 部分（U. P. C. 5 节 - 303）规定。明确指定律师的强制性，对于美国律师协会老年人法律问题委员会具有重要意义。因此，对于希望提供"强制指定"的州法而言，应该颁布选择性条款 2。

替代条款（b）第 1 款，当访问员推荐或当法院决定被申请人需要出庭时，法庭需要指定一位律师。这个要求符合国家遗嘱认证法院的标准。国家遗嘱认证法院的标准 3.3.5 "指定律师"（1993），它提供了：

（a）律师应当由遗嘱认证法院指定代表被申请人，当：

（1）由无律师的被申请人要求；（2）由法院访问员建议；（3）法院行使其自由裁量权，确定被申请人需要被代表；（4）法律另有规定。

（b）律师的作用应该是维护被申请人的利益。

本法起草委员会长时间讨论是否要强制指定律师或扩大访问员的作用。起草委员会的结论是，两者之间，访问员可能更有助于为法院提供更广泛的问题和关注的信息，通过充当法院的眼睛和耳朵以确定被申请人的意愿并告知法院。该委员会担心，强制指定律师将导致许多人认为这是"律师的法案"，从而阻挠命令的接受和采纳。该委员会的目的是仅在非常清楚地需要律师的情况下指定律师，例如被申请人显然是无行为能力人。

替代条款（b）第 1 款的司法实践是：访问员必须特别注意如果被申请人是无行为能力人，则被申请人可能没有足够的能力和智慧决定放弃律师。法院应该在大多数情况下保护被申请人的权利，并指定律师。

访问员的指定是强制性的，是法院的信息收集者。访问员可以是医生、心理学家或具有评价无行为能力相关专业资格的人，如护士、社会工作者。至关重要的是，访问员有关于丧失行为能力的申请类型的培训或经验。访问员必须单独与被申请人、申请人和提名的监护人见面。访问员的报告必须包含有关监护权的合适的信息和建议，并呈交法院，如有限监护是否能满足申请人的需求、进一步评估，以及提出指定律师的建议。如果指定监护的申请在指定访问员之前撤销，则不再需要指定访问员。

国际遗嘱法庭规则，3.3.4"法庭访问员"（1993）规定：

遗嘱法庭应该要求法庭为监护申请中的被申请人指定一名访问员去（1）向其解释被申请人的权利；（2）调查申请的事实；（3）解释诉讼的情况和后果。访问员应该调查法庭指定的项目并应及时提交书面报告。

访问员必须访问被申请人，并告知被申请人理解范围内的一些必要内容。如果被申请人不理解英语，那么访问员应配有翻译。起草者并没有强制要求访问员能讲受访者的主要语言，但好的做法和正当程序规定可以使用翻译。"在某种程度上，被申请人能够理解"这句话可能损害某些被申请人的利益，他们可能完全不会说英语。如果需要，使被申请人可以理解，那么访问员应该使用这些辅助设备。访问员造访被申请人住宅时，应确认其符合美国残疾人法。

第（c）（4）款是通知被申请人，如果被申请人有财产，费用和花费应由其财产支付，包括律师费和访问费。如果有财产，那些有权获得赔偿的人可以从财产中获得赔偿。如果没有财产，那些有权获得赔偿的人通常会依据国家救济的程序，从州地方基金中获得，除非管辖法院做出其他安排。如果有继承人，付款应根据第417条规定的程序提出，否则，监护人必须提交一份费用申请书，见第316条。

访问员必须与评估或者治疗被申请人身体或精神状况的医生交谈。这些信息对法院决定是否准予申请至关重要，因为不需要在每一种情况下进行专业的评估。见第306条。如果医生拒绝与访问员通话，访问员可能需要寻求法院发布授权命令。

访问员的报告必须是书面形式，并包括建议或声明。根据替代条款1（b）项，如果访问员不建议指定律师，应在报告中说明律师不应该被指定的原因。

第306条　法庭指定监护：专业评估

根据此项条文，在正式听证之前，法院可能会对被申请人进行专业评估审核。或者被申请人主动要求的话，也会进行此项评估。评估审查时，医师、心理咨询师以及其他法院指定的符合条件的评审者将对被申请人进行专业的身体和心理检查，进而发现其缺陷。评估者最后需要将检查书面报告上交法院。其报告必须包括以下内容（法院另行通知除外）：

1. 被申请人辨识以及功能障碍的具体性质、类别和发展程度的详细描述；

2. 被检查者精神、身体状况的评估，根据需求可添加教育潜能、适应行为和社会交往技能的评估测试；

3. 针对诊断结果的治疗恢复计划；

4. 各项检查所进行的日期。

评 注

根据1982年法案，被申请人的专业评估审核是强制必须进行的程序。详情请见1982年法案的第2－203（b）条（U. P. C 5－303b条），此条是其主要出处。法院可能进行专业评估，但是只能在被申请人要求的情况下实施检查。检查者必须是指定的符合条件的专业人士。被申请人可以在提交申请、讨论判决时要求此项评估。但是如果被申请人不在商讨现场，其实也无法提出评估的申请。法院凭借自主意向或者检查员的建议有权实施对被申请人的专业评估。读完此条似乎让人觉得专业评估并不常见，但事实恰恰相反。法院何时进行专业审核评估并不清晰，主要是基于自主的审核，检查者的报告（如果被申请人不在场的话）。另外，给法院提供被申请人能力缺陷报告对建立有限监护有着举足轻重的意义。

被申请人的身体和精神状况报告需要包括诊治医师的咨询检查总结。第305条也讲明需要检查员的报告，包括一些从诊治医生那里得到的准确信息，以提高评估的准确性。评估总结的信息来源需要体现咨询诊治的日期。

第307条 记录的保密

访问员及任何专业评估员的书面报告都必须实施保密措施，建档前必须密封完好。但是对以下机构可以提供信息：

1. 法院；

2. 无使用限制的被申请人；

3. 申请人，访问员，申请人和被申请人的律师，为诉讼目的；

4. 法院认为有适当理由，为同样目的的其他人员。

评 注

此条为法案的新条款，虽然有些州已经有相似的规定。主要是为了保护被申请人的隐私，但是，对任何相关方或其他有正当理由的人记录仍可在需要时被查阅。起草委员会认为媒体和 Watch Dog（国外一种传媒电视纪实节目，报道社会个人及企业真实的不良及犯罪行为）起着主要的制止虐待和促进改革作用。但是起草人员需要在保护当事人的隐私和信息提取的重要性中间找到平衡点。

第 308 条　法庭指定监护人：出席听证会及权利

（a）除非法院认为有适当的理由，否则提名的监护人和被申请人都需要参加听证会。被申请人可以提供证据、相关文件及传唤证人；传唤评估检查证人，其中包括法院指定的医师、心理咨询师和其他参与评估的专业人士。听证会可以在被申请人方便的地点举行，如果被申请人有合理的理由也可以随时取消。

（b）任何人都可以向法院提出参加听证的许可申请。法院根据被申请人的最佳利益决定是否允许参加。法院可能会对参加者提出一些合理的要求。

评　　注

提名的监护人不能无故缺席听证会。这项条款是依据《国家遗嘱认证法庭标准》3.3.8（c）"听证会"（1993）。监护人出席听证会给法官提供了好的提问机会以便于更正确地选择合适的监护人。另外届时可向监护人强调其责任的重要性。

被申请人无故不能缺席也是此法案的新条款。被申请人有权在听证会中发挥积极作用，可以要求法院把听证会的地点设在自己的居住地点。

只要向法庭提出合理的理由，被申请人可以随时取消听证会。法院依据被申请人的最佳利益，可以允许其他人参加听证会，但是可能会附加一些限制条件。

此条有些内容是来自 1982 年法案 2－303（（c）款和（d）款（U. P. C 条 5－303）。

第 309 条　通　　知

（a）监护申请书的复印件和听证会通知必须由本人亲自递交。除非法院认为有合适理由，否则通知必须包含一份陈述，除非得到法庭的允许被申请人必须亲自到场，告知被申请人在听证中的个人权利，包括指定的性质、目的及结果。未对被申请人履行上述通知义务的，法庭不予批准申请。

（b）监护关系的设立程序中，听证会的通知应提交给申请书列出的每个人。依据此款，未完成提交的不影响监护人指定及法院做出保护命令。

（c）监护人指定之后，听证会的通知及申请书的复印件必须按法院指示发给监护人、被监护人及其他指定人士。

（d）监护人需要把监护人报告的入档通知及其报告的复印件给被监护人及其他法院指定的人士。此通知必须在报告入档的 14 天内寄出。

评　　注

申请书及听证通知都需要个人亲自递交给被申请人，倘若不亲自递交给被申请人要承担司法责任。依据（a）谈及的要求，仅通知是不符合规定的。听证通知需要交给申请书列出的人士，并非司法性的规定。

（c）款提及了监护人指定后对听证通知的要求。必须给监护人、被申请人及法院指定的其他人士听证通知和申请书的复印件。此条款以及副条d 讲到被申请人需要保留监护人报告及其入档通知，让被申请人了解具体的监护程序。

《国家遗嘱认证法庭标准》3.3.7"通知"（1993）谈到被申请人应该在听证会之前收到通知，书面通知必须简单易懂和大字体，至少要包括听证的时间和地点，听证会的性质和可能的结果，以及被申请人的权利。文斯潘会议关于监护改革的记录提出了相似的建议，另外在法案的第 113 条提出至少要在听证前 14 天给被申请人通知。

此条依据 1982 年法案的第 2–204 条（U. P. C 5–304 条）。

第 310 条　谁可能成为监护人：优先权

（a）根据（c），法院指定监护人需要按照以下列举的优先顺序：

（1）监护人（非临时和紧急监护人），在本州或其他地方已经对被监护人起到监护作用的；

（2）被申请人提名的监护人，包括被申请人在持续性授权书中最新指定的人，如果被申请人当时具备表达其偏好的能力；

（3）依据【医疗卫生持续性代理权】【统一医疗卫生决策法案】，被申请人指定的代理人；

（4）被申请人的配偶，或者已故配偶以书面或遗嘱指定的人士；

（5）被申请人的成年子女；

（6）被申请人的父母，或者已故父母以书面或遗嘱指定的人士；

（7）在申请入档前与被申请人同居六个月以上的成年人。

（b）为了遵循每个人的平等优先权，法院将选择一位他们认为最适合的人。法院依据被申请人的最佳利益，可能取消对有优先权人士的指定而选择排在后边或者无优先权的人作为监护人。

（c）若被申请人接受长期护理，护理部门的拥有者、经营者或者雇员不能被指定为监护人，除非他们和被申请人有血缘、婚姻或者收养关系。

评　注

此条给予现任监护人、被申请人提名的人以及长期护理机构最高优先权。现任监护人获得优先权有两个原因。第一，很多时候牵扯到被申请人从一个州搬到另一个州的情况，为保证其迁移的顺利进行，现任监护人有权随之迁移到新地点。第二，有些案例牵扯到监护指定的重新申请，虽然在另一个地点已经有了指定。承认已有监护关系的监护人可以避免因此类事情引起的法律纠纷。如果现任监护人因为某种原因不再适合，法院将撤消现任监护人并据或不依据优先权重新指定监护人。虽然现任监护人有最高优先权，但是临时和紧急监护人因为其短暂的参与性质并不在优先列表中。

监护人或者被申请人提名的人选或是健康部门指定的机构比被申请人的亲属有优先权。如果被申请人在听证会举行时有表达偏好的健全能力，可以口头推荐任何人。推荐可以用其他单独的文档记录。通常将持续性代理权中的代理人指定为监护人是比较好的实践做法，即使在没有明确提名的情况下，本条授予代理人以优先权。代理人有优先权的理论依据是被申请人最希望其担任监护人。对代理人的提名也使某人用监护权阻止代理权变得非常困难。为确保代理人的优先地位，（b）（4）条要求其接收程序通知。另外，除非法院采取行动撤销代理人的权利，否则316（c）规定享有医疗卫生持续性代理权的代理人优先于监护人。

（a）（7）规定了家庭伴侣和与被申请人有亲近私人关系的人士的优先权，而且没有申请入档前和被申请人同居六个月以上的要求，只是要求入档前和被申请人有过同居经历。法院应该给出一个合理的标准来对照副条确保优先权给予那些与被申请人有亲密持久关系的人。做最后决议所需要考虑的因素，详见第304条款的注释，里边详细讨论了对"申请入档案前需与被申请人同居六个月以上"的理解。虽然这句话可以广泛的理解，但是倾向于解释为与被申请人同居至少六个月以上，才能视为备选监护人的优先人选。

（c）禁止指定附属于长期护理机构且与被申请人没有血缘、婚姻及收养关系的照顾者为监护人。本条的严格适用对于避免利益冲突及保护被监护人是至关重要的。每个采纳本法案的州都应该增加该条特殊规定，或者将该条运用于长期照顾的机构。

职业监护人，包括公共机构和非营利组织，在此法案下并没有被给予指定监护人的优先权，因为享有优先权的人限制在与被申请人有亲密关系的个人。法案起草机构认识到职业监护人、公共机构和非营利组织提供服务的价值，法院依然能够依据被申请人的最佳利益放弃指定有优先权的监护人而指定职业监护人。公共机构和非营利组织可以被指定为监护人，只要能够提供适合被申请人的护理计划，但是并不具备法定的优先权。

此条是依据1982年法案的2　205（U. P. C 5　305条）。

第311条　发现；指定命令

（a）法庭可以：

（1）在发现以下明确且令人信服的证据时，为被申请人指定有限或无限监护人：

（A）被申请人无行为能力；且

（B）通过较少限制性的措施（包括相应技术协助措施）无法满足被申请人的特定需要；或者

（2）法庭可视情况，根据第401条颁发保护令，或其他适当的命令，或取消此程序。

（b）只要条件允许，法庭应授予监护人满足被监护人的缺陷和被证明的需要所必须的权利，并通过指定和其他命令来鼓励被监护人最大限度地依靠自己和独立。

（c）指定完成后14天内，监护人应向被监护人及其他所有获得诉讼听证会通知的人发出或寄出指定命令的复印件，并附上有权要求终止或修改的通知。

评　注

只有在较少限制性措施无法满足被申请人明确的需要时，才能指定监护人。指定监护人需要明确且令人信服的证据为本法案新增内容，但符合宪法并为众多监护专业评论家推荐，例如，《萨布罗斯基诉丹佛社会福利部》，781 P. 2d 106（Colo. Ct. App. 1989）；《关于雷耶斯的监护权》，731 P. 2d 130（Ariz. Ct App. 1986）；《关于鲍伊尔的财产》，636 P. 2d 1085（犹他 1981），三者都对本法案此前版本进行了解读，也可见《监护权：改革方案》（A. B. A. 1989）。

本款强调使用有限监护。若需指定监护人，仅应赋予其满足被监护人需求和缺陷的必要权利。法庭须明确监护人的权利和对无行为能力人权利的限制。本法案强调较少限制性措施、高度明确的标准和使用有限监护，这与本法案的基本原则相一致，即：仅应在必要时指定监护人，并持续必要的时间，赋予其必要的权利。《国家遗嘱认证法庭标准》的第 3. 3. 10 项标准《较少介入性措施》同样强调有限监护的概念，要求在指定监护人前须穷尽较少介入性措施，且须考虑并使用有限监护。

如果相应技术协助措施可满足被申请人所需，被申请人即非 102 款（5）中的"无行为能力人"，不应指定监护人。起草委员会讨论了是否应对技术协助措施加以约束或限制，如该措施切实可行或费用可承受。但鉴于被申请人权利的重要性，委员会决定不对所需要的技术协助措施进行任何约束或限制。因此，如果相应技术协助措施能够满足被申请人的需要，无论费用如何，法庭就应视此项措施符合较少限制性措施能够满足被申请人所需，并拒绝授予监护权。

（a）（2）款允许法庭将申请视为保护令申请，并据此根据第 4 条采取相应措施，或取消第 3 条的程序。为保证被申请人最大限度的人身自由，法庭一旦认定可在不限制被申请人自由的前提下，通过宣布针对被申请人财产的命令即可满足被申请人的需要，应依据本款做出判决。

与有限监护的概念相一致，（c）款要求监护人向被监护人及其他所有获得听证会通知的人发出指定命令的复印件，并附上有权要求终止或修改的通知。要求通知被监护人之外的其他人，是为了确保原本获得通知的人也能得知诉讼的结果，因为他们是最有可能持续关注被监护人福利的人。此款所做的约束只是用于减少而非增加原先赋予监护人的权利。

第 312 条　紧急监护

（a）如法庭发现按正常程序处理可能会对被申请人的健康、安全或福利造成实际伤害，而此情况下无人有资格或意愿来行使监护权，法庭可指定紧急监护人，其权利不超过 60 天且仅能行使命令中规定的权利。收到紧急监护申请书后，法庭应立即指定一名律师代表被申请人参加诉讼。除非如在（b）中所规定的情形下，应当把指定紧急监护人的听证会的时间和地点以合理方式通知被申请人及法庭认可的其他人。

（b）只有法庭从宣誓证词或证词中发现可能在举行听证会前，被申请人就会受到实际伤害时，法庭才能不预先通知被申请人及其律师即指定紧急监护人。在此情况下，须在指定后 48 小时内通知被申请人。法庭应在指定后 5 日内就指定紧急监护人的合理性举行听证会。

（c）无论是否预先通知被申请人，指定紧急监护人并不说明被申请人失去行为能力。

（d）法庭可随时终止紧急监护。紧急监护人应根据法庭要求报告所有情况。除此之外，本法案关于监护人的其他条款适用于紧急监护人。

评　注

在个别情况下，按照指定监护人的正常程序，无人愿意或能够采取行动，或因为程序所需的时间可能对被申请人的健康、安全或福利造成实际伤害时，需要指定紧急监护人。需要紧急监护人的典型例子是被申请人需要医疗救助，无法表示同意，无医疗委托书，而无人愿意或能够做出医疗决定。本款要求必须为被申请人指定一名律师。

仅在有证词表明在举行听证会前，被申请人可能会受到立即的实际伤害时，法庭才能不预先通知被申请人及其律师即指定紧急监护人。在此情况下，须在指定后 48 小时内通知被申请人，5 日内举行指定紧急监护人的合理性听证会（通知的程序见第 113 条）。

采用本法案的州应根据仅有一方当事人在场的诉讼请求，决定是否采取本款中规定的时间限制，或采用其他时间限制。仅有一方当事人在场时指定监护人后举行听证会，5 天似乎最为常见。对仅有一方当事人在场时指定监护人后举行听证会的时间，如果采纳本法案的州做出不同规定，时间应比 5 天更短。

《国家遗嘱认证法庭标准》的第 3.3.6 项标准《紧急指定临时监护人》（1993 年）规定：

（a）遗嘱认证法庭仅能在以下情况下在仅有一方当事人在场时指定临时监护人：（1）出现紧急情况时；（2）与申请书指定长期监护人的诉讼相结合；（3）对长期监护人诉讼的听证会已抓紧尽早举行；（4）立即将临时指定通知被申请人。

本法案与上述标准有所不同，即允许在未提出长期监护人申请时指定紧急监护人。起草委员会担心如果要求必须提出长期监护人申请，可能会造成将来难免要指定长期监护人的印象。通常，紧急监护人仅是临时性的，而被申请人的长期需要可通过指定监护人之外的措施满足。相应地，（c）款指出指定紧急监护人并不意味着认定被申请人失去行为能力。如需指定长期监护人，需要提供的证据不因是否已指定紧急监护人而有不同。

除非做出与本款相反的说明，本法案其他条款同样适用于依本款指定的紧急监护人，包括关于监护人义务的要求。

第 313 条　临时替代监护

（a）如法庭发现监护人未有效履行监护义务，而被监护人的福利要求立即采取措施，法庭可指定有效期不超过 6 个月的临时替代监护。除非法庭另有要求，临时替代监护人的权利与此前指定监护人的要求一致。一旦临时替代监护生效，此前指定的有限或无限监护人的资格即被暂停。如指定之前未通知被监护人或受影响的原监护人，法庭应在指定临时替代监护人后 5 日内通知被监护人和原监护人。

（b）法庭可随时终止临时替代监护。临时替代监护人应根据法庭要求报告所有情况。除此之外，本法案关于监护人的其他条款适用于临时替代监护人。

评　　注

本条不同于 312 条，因本款适用于已有监护人但其未履行职责的情况。如名称所示，临时替代监护人的责任，是暂代长期监护人之责，而原监护人的权利被暂停。本款亦不同于 204 条（d）。204 条（d）针对没有监护人的情况下为未成年人指定临时监护人，本条中的临时替代监护人旨在替换现有未尽职责的监护人。

本条指定的标准是，原指定监护人未有效履行职责，而被监护人的福利要求立即采取措施，这不同于此前指定监护人的最佳利益标准。本条标准基于案例中通常存在的紧急情况，其中很多涉及指定的监护人滥用权利。

如 6 个月后，被监护人仍需监护人，法庭应指定长期监护人，而非给临时替代监护人延期。临时替代监护人在正常指定监护人中并不具有默认的优先权。

有些情况下，具体条件要求不预先通知被监护人或现监护人即指定临时替代监护人。在此情况下，法庭须在指定临时替代监护人 5 日内通知被监护人和现监护人。因指定临时替代监护人将暂停此前正常指定监护人的资格，法庭应尽最大努力将此通知到监护人。根据有限监护和保障被监护人权益的原则，如被监护人具备理解能力，法庭应通知其指定临时替代监护人事宜。

采纳本法案的州可自行决定少于 5 天的通知期限，但建议不要采用长于 5 天的期限。

本款基于 1982 年法案 2 - 208 款（U. P. C. Section 5 - 10 308（b）(1982))。

第 314 条 监护人责任

（a）除非法院另有限制，监护人应当做出有关被监护人的生活、教育、健康和福利的决定。监护人仅在被监护人力所不能及的范围内行使权利，并在可能的范围内鼓励被监护人参与决策，并发展或恢复个人能力以自主决定个人事务。监护人在决策过程中，应在已知的程度上考虑被监护人的表达欲望和个人价值。监护人应当在任何时候都为被监护人的最佳利益行事，并采取合理、谨慎、勤勉的措施。

（b）监护人应当：

（1）保持对被监护人的个人了解，首先，监护人必须与被监护人保持充分联系，以便监护人知晓被监护人的能力、限制、需要、机会和身体精神健康状况；

（2）对被监护人进行有效合理照料，如果被监护人的财产需要保护，提供保护程序；

（3）监护人用已接收的被监护人钱财支付被监护人的支持、健康、教育、健康和福利的现实需要的花费；

（4）保管满足被监护人未来需要的多余的钱财，但是如果为被监护人的财产已指定保护人，监护人应该支付给保护人金钱，至少每季度一次，保证被监护人的未来需要；

（5）如果被监护人的条件变化，有能力行使之前被移除的权利，应该通知法庭；

（6）如果被监护人的监护住所或地址变更，通知法庭。

评 注

根据 1982 年法案第 2 章第 209 条，无行为能力人的监护人简单地等同于未成年人监护人。虽然这部分仍然与第 207 条相同，但本条详细列明了监护人的职责，而不是参照第 207 条的无行为能力人的监护人的一般义务，也区别于未成年人的监护人。

（a）款规定了监护人的合理的谨慎的标准。（b）款，以及第 315 条和第 316 条都在（a）款基本责任基础上进行了部分扩展、补充，以正确地实现这个角色。对于（b）款所列的职责的讨论，请参见注释第 207 条。

（a）款强调有限监护的重要性。在 1982 年法案中，"鼓励最大程度上的无行为能力人的自力更生和独立发展，只在无行为能力人的精神和适应性的限制范围内做出监护指定"，"无能"仅仅是决定一个人是否有能力在身体或精神上照顾自己的财产或个人需求的事实上的标准，而法院仅考虑他按自己的需求做出行为的能力，是一种法律上的标准；如果设立监护是恰当的，那么法院仅仅授予监护人对于被监护人攻击力度最少的职责范围。被监护人的个人价值和所表达的意愿，无论是过去或现在的，在做出决定时都应当被尊重和考虑。"以监护人已知的范围"，这句话不应该被理解为一种逃避或借口。相反，监护人需要做出努力了解被监护人的个人价值。（a）款规定的是被监护人最佳利益原则，在确定被监护人的最佳利益时，监护人应重新考虑被监护人的个人价值观和表达欲望。

为促进有限监护及其相关概念，（b）款（5）要求，如果被监护人的状况已经改善，监护人不用等到下一个报告期间，而应立刻通知法院，使被监护人可以尽快恢复权利。

第 315 条 监护人权利

（a）除非法院另有限制，监护人可以：

（1）申请和领取给被监护人或监护人的、在任何法律体系下用以支持被监护人的福利、保险或私人合同、设备、信托、保护或监护的费用；

（2）遵照有管辖权的法院对监护的命令，担任监护且将被监护人的住所作为监护场所，或者在法院授权的情况下将被监护人的住所迁移到本州之外；

（3）如果保护人对于被监护人的财产还没有被赋予现实权利，可以通过法律程序，包括行政诉讼，或者采取其他适当的行动，使他人支持被监护人或支付相关费用；

（4）同意对被监护人医疗、其他护理、治疗或服务；

（5）同意被监护人结婚（或离婚）；

（6）在合理的情况下，授权被监护人做出某些影响其福利的决策。

（b）法庭可以特别授权监护人同意对被监护人的收养。

评　　注

（a）款（1）授权监护人申请或接受被监护人从政府获得的福利。（a）款（2）规定没有法院的明确授权，禁止被监护人搬至州外。这一规定应严格适用于对被监护人的保护，阻止择地诉讼。

尽管（a）款（4）给予了监护人医学治疗的同意权，监护人必须查明是否健康照料是有效进行的。如果被监护人在无行为能力之前做出一份健康护理指令，那么即使州法赋予监护人同意医疗的权利，监护人也必须遵守该指令。如果健康护理指令中有一个有效的健康护理代理权，健康护理代理人的决定优先于监护人。见第316条（c）款。监护人无法院授权不能撤销健康护理代理权。如果健康护理指令没有指定代理人，监护人可以继续做出健康护理决定但必须尊重健康护理指令中被监护人表达的意愿。

此外，许多州法规定，如果没有法院的事先同意或者符合法律的具体规定，禁止监护人同意某种程序。例如，监护人没有国家相关法律授权不得同意被监护人进行精神鉴定，见第316条（d）款。类似规定还有，以电休克治疗（ECT）等休克治疗，实验性的治疗，消毒，强制药物与精神药物或人工流产。

（a）款（5）的短语"或离婚"放置在括号内与其他条款分离，意指监护人是否有权为被监护人主动提出离婚。有司法管辖的法院不允许监护人主动提起离婚，一般基于婚姻的人性化政策。该法律尚未解决是否给予监护人这一权利。

该法案鼓励有限监护，（a）款（6）和（b）给出的监护人的权利，如果在合理的情况下，授权被监护人进行决定。（b）项规定监护人在特别授权下可以同意对被监护人的收养。即使是成年人，在某些情况下也可以被另一成年人收养。

（b）款规定监护人只有在法庭授权时，有权利许可他人收养被监护人。也许有这种情况，被其他人收养对于被监护人很合适，即使是成年人。

第316条　监护人的权利和豁免；限制

（a）监护人有权在法院准许下，获得为被监护人提供住所、衣服等服务的合理补偿。如果保护人，在没有获得法院正式指定的情况下，被授权保护被监护人财产，则无论法院是否有规定，都可以获得补偿。

（b）监护人不必使用监护人的个人资金支付被监护人的费用。监护人不承担因监护关系对第三人的责任。监护人合理选择为被监护人提供医疗、护理、治疗或服务后对被监护人造成的伤害，由第三人负责。

（c）监护人未经法院许可，不得撤销被监护人［依据统一健康护理决定法］做出的健康照料授权。如果授权［依据统一健康护理决定命令］有效，在没有法庭相反命令的情况下，做出健康照料决定的代理人比监护人有优先权。

（d）除非遵照非自愿民事程序，监护人不得启动对被监护人到［心理保健］机构进行心理鉴定的程序。

评　　注

（a）款规定，监护人有得到合理补偿的权利。不同州确定的金额可能会有所不同。此外，法院在决定金额时会考虑不同因素。见第417条，对有关因素进行了深入探讨，以供法院判决时考虑。

监护人有权在法院准许下，获得为被监护人提供住所、衣服等服务的合理补偿。然而，如果法院判决支付给监护人赔偿过多或报销费用是不适当的，法院可责令监护人偿还过度或不适当费用。见第417条。如果没有保护人，监护人必须提交费用申请。

根据（b）款，监护人没有义务为被监护人使用监护人的个人资金。也不对第三人的行为负责，除非监护人存在疏忽大意的情形。如果被监护人损害第三人，除非其有过错，否则监护人不承担责任。

如果被监护人做出了关于医疗健康的授权，监护人不能够撤销。另外，除非授权被撤销，否则其权利优先于监护人的决定。根据“统一健康护理决定法”，“精神健康护理机构”包括该法规定的这些机构或相关处理设施。如果不符合州民事诉讼程序，监护人不得将被监护人送入精神保健机构进行精神鉴定。虽然监护人不得将被监护人送入精神卫生保健机构治疗，但监护人在符合州精神健康法的前提下，可以对被监护人进行民事程序、非住院治疗，对精神健康的非自愿医疗。

第317条　报告；监护监督

（a）在获指定后30天内，监护人应当向法院以书面形式提交被监护人财产状况。监护人此后根据法庭命令，每年均应提交报告。报告必须说明或者包含：

（1）被监护人目前的心理、生理和社会条件；

（2）本报告期内对被监护人在所有住址的生活安排；

（3）为照顾被监护人提供的在医疗、教育、职业，以及其他方面的意见；

（4）被监护人的活动规划及被监护人的行为情况；

（5）如果被监护人居住于机构，监护人是否认为目前的计划、护理、治疗、康复满足被监护人的最佳利益；

（6）未来的护理计划；

（7）建议是否有必要进行持续监护和监护的范围变化。

（b）法院可指定一名访问员检查报告，采访被监护人和监护人，并根据法院指示做出其他调查。

（c）法院应建立监护监督系统。包括建立档案和审查年度报告。

评 注

根据（a）款，报告中必须包含被监护人目前的精神、物质和社会条件。主治医生的信件应随同报告。强调有限监护的重要性，根据（a）款（4），（6）和（7）要求监护人使被监护人参与决策未来的护理计划，并需要继续报告监护信息。（a）款（7）不应该理解为第314（b）（5）项下的监护人责任。如果该被监护人的条件已经改变，监护人应立即通知法院。

每个州应设立一个监护监督体系，其中包括但不限于，对年度报告及时提交和审查。一个独立的监督系统对法庭充分保障监护权滥用是至关重要的。监督人员可以是法院工作人员或志愿者，由法院指定。对于各种方法监督监护的全面讨论，见1991 A. B. A。

全国遗嘱认证法庭的标准还提供了报告和监督程序备案。标准3.3.14和（1993）3.3.15"守护者的监督""由监护人报告"。全国遗嘱认证法庭的标准还包含有关需要定期审查监护和制裁监护人的申报要求的建议。见标准3.3.16"重估监护的必要性"与3.3.17"执法"。

第318条 监护终止或变更

（a）监护因被监护人的死亡或经法院命令而终止。

（b）因被监护人、监护人，或其他利益相关者申请，如果被监护人不再需要监护人的帮助或保护，法院可以终止监护。法院可变更监护人和监护权的类型；或者根据先前确定的保护或协助程度，目前已经过度或不足，法院可变更监护；或被监护人支持、照顾、教育、卫生、福利的能力发生变化使被监护人具备了相应能力。

（c）除非法院基于正当理由，否则法院终止监护应遵循与申请监护同样的程序，以维护被监护人的权利。法院在终止证据和申请书提交后应责令终止监护，除非事实证明，延续监护符合被监护人的最佳利益。

评　注

如果被监护人状况变化，使监护人相信被监护人能够行使一些或全部先前排除的权利。第 314 条（b）（5）要求监护人立即通知法院，而无需等到提交下一个报告的期限。

（b）款不仅可以应用于法院终止监护，而且可适用于法院消减、增加监护人权利。

（c）款要求法院终止监护遵循同样的程序，以维护被监护人的权利。这也适用于访问员的指定及在适当的情况下律师的指定。

虽然建立一个监护需要明确和令人信服的证据，但申请人只需提交一份简单的申请即可终止监护。一旦申请人已取得了初步证据，证明责任就转移到认为延续监护是为被监护人最佳利益的一方。鉴于所涉及的监护限制，建立监护的责任应为恢复人的权利。在确定继续监护是否是为被监护人最佳利益时，应该尽一切努力，以确定监护的终止是被监护人的意愿。在确定被监护人的最佳利益时，该被监护人的个人价值观和表达欲望应该被考虑。

根据本条要启动法律程序，被监护人或利益相关者无须准备法律的正式文件。申请可以非正式地提出。

不同于 1982 年法案，该法并没有限制申请，而将这个问题留给法院的一般程序规则解决。比较 U. P. C. Section5—31（1982）。

终止监护并不免除监护人之前的责任，见第 112 条。

第四章　保护被保护人的财产

第 401 条　保护程序

根据诉状，在通知和审讯之后，法庭可以指定一位有限的或无限的保护人，或者其他保护命令来保护与以下情况有关的财产和事务：

（a）如果法庭确定一个未成年人因为年龄因素，使得其拥有的金钱或者财产需要保护，或者无法提供其他方式保护，或者拥有的商业事务陷入危险或困难；或者金钱是用于抚养与教育的，这种保护就是必须的或者希望获得或提供金钱。或者

（b）任何个人，包括未成年人，如果法庭确定其他无关年龄的因素：

① 在清晰和有说服力的证据下，一个人因为接受和评估信息的能力受到损伤或者不能做出决定，甚至借助适当科技辅助也不能做出决定，或者一个人失踪、被拘留或者无法返回美国时，属于没有能力保护财产和商业事务。或者，

② 在优势证据下，一个人的财产在没有保护的情况下将被浪费或者挥霍，或者这些财产是用于个人抚养、照顾、教育、健康和福利或者其他人有权获得个人的抚养的情况下。这种保护是必须的或者希望获得或提供金钱。

评　　论

本条罗列了可以指定保护人或其他保护令的基本条件。（a）款陈述了对于未成年人适用保护令的条件是未成年人的年龄。（b）款原则上适用于成年人，但也对除年龄因素的未成年人提供保护和适用。为未成年人设立保护制度的原因是这一需要在 18 岁以后不会终止。参见 431（a）。

本条继续强调了第 3 条中所表达的有限辅助的观点，提供保护包括有限与无限两种。本条与第 3 条相同，在可能的情况下鼓励法庭指定有限保护人。

不同的证据标准规定在（b）款的（1）（2）两个附属条款中。（b）款对于成年人及未成年人除年龄以外因素适用保护令设立了两种标准。首先，除非指控被申请人失踪、缺席或者被拘留，起诉者必须提出清晰与有说服力的证据证明被申请人的能力受损伤，因为这种损伤即使借助科技手段都不能保护被申请人的财产与商业事务。进一步，起诉者必须证明，在优势证据的情况下，被申请人的财产如果没有保护就会浪费或挥霍，或者金钱是用来照顾被申请人或者用于被申请人的抚养，这种保护就是必须或值得获得或给付金钱的。根据（b）款，指定保护人或其他保护令中对损伤的要求类似于对监护人指定，其依赖于无行为能力人的定义。参见第102条（5）。

根据（b）款（1），如果技术帮助可以满足被申请人的需要，那么就不需要保护人与保护令。起草委员会讨论是否对技术帮助做出修饰与限制，比如合理的适用或是基于成本的可用性限制。但由于被申请人权利的重要性，委员会决定拒绝任何对技术帮助的变更与限制。因此，如果一个合适的技术帮助手段存在并且符合被申请人的需要，那么不管成本，都要被法院在较少限制的意义上认为是符合被申请人的需要，起诉者的保护程序必须被拒绝。

该条以1982年法案第2-301条为基础。

第402条　对被保护人商业事务的管辖

在送达寻求保护或者其他保护令后，直到诉讼结束，法庭接受的诉讼申请书包括：

（a）决定需要保护或其他保护令的专属管辖。

（b）决定如何使取决于州法律的被保护人的财产被保护、支出或者分配给被保护人，或事实上依赖被保护人的人或者其他申请人的专属管辖。以及

（c）决定对被保护人的人身及财产索赔的有效性和财产所有权问题的平行管辖权。

评　注

大部分涉及保护的诉讼都会在法庭进行，第三方可能在其他法庭提出反对保护或保护令的诉讼，以确定索赔的有效性和资产的所有权问题。对于反对保护人的诉讼参见第429条。

第 403 条 对指定或保护令的原始申请

（a）下列人员可以申请指定保护人或其他合适的保护令：

（1）被保护人；

（2）对被保护人的财产、事业或者福利有个人利益的人，包括父母、成年人的监护人或未成年人的监护人；

（3）或者因被保护人的财产和商业事务缺乏保护遭受不利影响的人。

（b）根据（a）所提交的申请必须载明申请人的姓名，住址，如果和住址不同的现住所地，和被申请人的关系，在指定或保护令中的利益，在一定程度上，陈述或包含下列关于被申请人和救助的要求：

（1）被申请人的姓名、年龄、地址、现住址、被指定保护后可能居住的地址；

（2）如果申请人宣称被申请人在接受和评价信息方面有能力损伤，要简要描述被申请人损伤的性质和程度；

（3）如果申请人宣称被申请人失踪、被拘留或无法返回美国，要提交相关的说明，包括失踪或拘留的事件与性质，以及对被申请人行踪的任何寻找和咨询的描述；

（4）姓名和地址：

（A）被申请人的配偶，或者如果被申请人没有配偶的，在申请前与被申请人生活超过六个月的成年人。

（B）被申请人的成年子女，如果没有，被申请人的父母，成年兄弟姐妹或者如果还没有，至少是在亲戚中能找到的成年亲属。

（5）有义务照顾和监护被申请人的人的姓名和地址；

（6）被申请人的法律代表人的姓名和地址；

（7）对被申请人财产的一般声明以及估值，包括任何的保险和退休金，预期收入的来源与规模和收入；

（8）申请保护或保护令对被申请人有利的理由。

（c）如果申请保护，要在一定程度上载明：

（1）被提名的保护人的姓名和住址，以及为什么选择他；

（2）如果被申请人达到 14 周岁，其提名的保护人的姓名和住址；

（3）要求保护的类型，如果是无限保护，那么有限保护不合适的原因；如果是有限保护，财产置于保护人的控制下，对保护人权利与责任的限制。

评　注

本条款列举了申请保护人或保护令的申请书需要地包含的内容。尽管（a）款允许被保护人提出指定申请，法院也应该详细地审查以确定申请人是否是完全自愿的，以及具有申请所要求的能力。通常在这样的案件中，更好的选择是执行持续性代理权，而不是介入更多的保护关系。

（a）款明确规定了被申请人的监护人可以申请指定保护人或保护令。指定监护人的程序要比指定保护人更详细。因为所涉及的权利，以及除了保护制度其他机制也可以保护被申请人的财产。但是，在很多情况下，保护制度也是必须的，因此作为监护人有义务决定是否有必要申请，如果有，就申请指定。

（b）款（4）-（6）项要求申请书列举家庭成员或其他具有对法庭有用信息的人，以及根据404（b）会发给诉讼通知的人。这些人可能在保护被申请人中具有很大的利益，以确保保护制度是合适的。

（b）款（4）（A）要求申请包含被申请人的配偶的姓名与地址，或者如果被申请人没有配偶的，要求在申请前与被申请人生活超过六个月的成年人的姓名与地址。这也包括被申请人可能一起居住的同居伴侣和伙伴。注意这里不要求申请前必须正好满六个月，而是在申请提交前基本符合要求就可以。适用本条款，法庭要牢记本条款的目的是获得与被申请人福祉有重大利益的关系人名单。法庭应适用合理的标准，使申请人不必给出在被申请人一生中与被申请人共同生活的每一个人的姓名，而他们的现实利益与被申请人也许相当疏远。同时在解释"居住"的意思时，与被申请人的亲近程度应被考虑在内。

法庭应该考虑他们是否希望排除那些虽然被认为与被申请人住在一起，但提供收费的照料服务的人。（b）款（4）（A）适用限制在与被申请人有个人关系的人，亲属或是非婚同居伴侣，排除了业务关系，如管家、房东、护具和照料设施的拥有者。

起草者最初所使用的语言"同居伴侣或同伴"，旨在限制（b）款（4）（A）的适用在配偶、同居伴侣或同伴之中。但在统一州法委员会1997年度会议本法定稿中，这句话被替换为"与被申请人已居住了六个月以上的成年人"。这项修正案背后的意图不是要大幅扩大概念，而只是将它扩大到与被申请人至少在6个月内共同生活的人，因为这种持续的关系，应给予通知。

（b）款（4）（B）要求被申请人的成年子女，如果没有，被申请人的父母，成年兄弟姐妹或者如果还没有，至少是在亲戚中能找到的成年亲属的姓名与地址。但是如果有好几个与之有同样亲属关系的成年人，只列明其中一个就可以，而不需要提供所有成员的姓名与地址。

根据（b）款（6）的规定，如果被申请人有法律代表人，要在申请中列明法律代表人的姓名与地址。法律代表人的定义见第102条（6）项。根据第404条（b）款的要求，对这样的法律代表人的通知对于是否指定保护人与保护令是十分重要的。例如，如果已经在其他地方指定了保护人或被申请人已经执行了一个持续性代理权做出财务方面的决定，就可能没有必要指定保护人。

根据（b）款（7）的规定，申请人要对被申请人财产做出一般声明，包括估值，任何的保险和退休金，预期收入的来源与规模和收入。这种信息越详细越好，可以使访问员更完整地报告以符合第406条的要求，可以使法庭决定保护令是否真的需要。

（c）款（3）强调了有限保护的重要性，其正是法案鼓励的主题。申请人要求无限保护时，必须在申请中阐述为什么有限保护是不足够的。如果要求的是有限保护，申请人要列明需要被保护的财产。

本条中的申请人与"国家遗嘱认证法庭标准"3.4.1略有不同。后者也要求申请保护，其包括对被申请人功能限制的描述，以及较少干涉选择已经被考虑的声明。

本条的基础是是1982年法案的第2-304条。

第404条　通　知

（a）申请书的复印件和保护及保护令听证的通知必须亲自送达被申请人，但是如果找不到被申请人或是不能亲自送达，可以通过代理送达或是公告。通知必须包含除非法庭免责，否则被申请人必须亲自出现，被申请人在听证中的权利，如果被要求指定保护人，要描述指定的性质、目的与结果。如果对被申请人的通知没有包含上述基本内容，法庭则拒绝申请。

（b）在建立保护或其他保护令的诉讼中，听证的通知必须送达申请书上列明的人。根据本条送达失败的，不排除保护人的指定或保护令。

（c）对申请听证的通知在指定保护人或做出保护令后，要与申请书的复印件一并送达已满14岁或没有失踪或没有无法回到美国的被保护人，被保护财产的保护人和法庭命令的任何人。

（d）保护人应该把整理好的保护人清单、报告或保护计划的通知与清单，报告或保护计划的复印件一同送达被保护人和法庭指定的人。通知要在整理好清单报告或保护计划后 14 天内送出或寄出。

评　论

对被申请人的申请书和听证通知的个人送达是必须的，除非被申请人失踪或个人送达不能实现，在这种情况下州的代理送达方式必须被使用。当送达不完全符合（a）款要求时，送达失败是有司法后果的。如果合适，法庭应该在被申请人处举行听证会。如果被申请人因为失踪或缺席而不能出现，法庭应该予以谅解。

（b）款要求听证的通知必须送达申请书上列明的人，但是失败的送达在这里是没有司法后果的。

（c）款讨论了在建立保护之后对于申请听证令的通知要求。被保护人和保护人以及法庭指示的其他人，必须被送达听证通知和任何申请的复本。本条款和（d）款一起要求被保护人被送达保护计划、报告和清单以及档案的通知，以保证被保护人知晓发展的信息。

本条应该与第 113 条共同解读，按要求通知应在听证之前 14 天送达，除非法庭或本法案有不同的期间规定。

"国家遗嘱认证法庭标准" 3.4.1 中的通知规定，被申请人必须在听证前及时收到通知。通知应用清楚和大型字体书写。通知最少要表明听证的时间、地点、性质和结果以及被申请人的权利。

本条以 1982 年法案第 2 - 305 条为基础（upc5 - 405（1982））。

第 405 条　原始申请：未成年人；听证预备

（a）根据申请，因为未成年的原因而建立保护或其他保护令的，法庭应该确定听证的日期。如果法庭在诉讼的任何阶段认为未成年人的利益可能不能被很好地代表，可以指定一名律师代表未成年人。如果未成年人已满 14 岁，应考虑未成年人的选择。

（b）在申请保护或其他保护令待决期间，在听证预备后，法院可以在需要支持的未成年人或依赖未成年人的人的申请下，做出维护和运用未成年人财产的命令。法庭可以指定一名（专业人），以协助完成任务。

评　论

（a）款给与了法庭在诉讼的任何阶段给未成年人指定律师的权利。

（b）款允许法庭指定一名专业人士在申请听证待决期间，协助法庭维护和适当的运用未成年人的财产。法案规定了"专业人"而不是"紧急"或"特殊"的保护人。"专业人"的角色只有在法庭特别命令中才能执行任务。而"紧急"或"特殊"的保护人似乎是不适当的，因为这些概念暗示被指定的人拥有保护人的所有权利与义务，这对于被限制的角色来说意义太大了。而括号中的"专业人"，在不同的州适用不同的词语来表示。采纳本法的州应该用该词汇替代本州的不同词汇。

本条以1982年法案2-306（a）和2-307（b）为基础（upc5-406（a）和5-407（b）（1）（1982））。

第406条 原始申请：听证预备

（a）根据一个并非未成年的原因而申请保护或保护令的，法庭应该设定听证的日期。法庭应该指定一名（访问员），除非申请没有要求保护人或被申请人有律师代表。（访问员）的责任与报告要求限于申请书上要求的救济。（访问员）必须具有培训或是在所谓无能力领域有经验的人。

指定律师的可代替条款
【替代1】

（b）法庭在以下情况下，应该在诉讼中指定律师作为被申请人的代理人：

（1）应被申请人要求；

（2）根据（访问员）的建议；或

（3）法庭决定被申请人需要代理。

【替代2】

（b）除非被申请人有律师，否则法庭应该在诉讼中指定一名律师代理被申请人。

（替代条款结束）

（c）（访问员）应该亲自会见被申请人，以被申请人能够理解的方式：

（1）向被申请人解释申请书的内容及诉讼性质、目的和结果；

（2）被指定的保护人如果被要求，应该告知被申请人关于保护人的一般权利和义务，决定被申请人对提名保护人、提名保护人的权利和义务、建议保护的范围和期间的意见；

（3）告知被申请人的权利，包括以自己的费用雇佣和咨询律师以及要求法庭指定律师的权利；

（4）告知被申请人诉讼的花销和费用，包括被申请人的律师费，将从被申请人财产中支付。

（d）对（c）款设定义务的增加，（访问员）应该：

（1）如果有，要会见申请人和提名的保护人；

（2）法庭指定的其他调查。

（e）（访问员）应该及时制作报告交与法庭，报告必须包括：

（1）对是否指定律师作为代理人的建议；

（2）对保护适当性的建议，包括较少限制方式的干预是否有用，保护的类型，如果是有限保护，那么保护人的权利和义务以及保护人可以保护的财产；

（3）被提名的保护人的资质声明，与被申请人同意或不同意提名的保护人的声明，以及建议的权利与义务或保护范围的声明；

（4）对专业评估或进一步评估是否必要的建议；

（5）法庭指定的其他事项。

（f）法庭可以指定医生、心理医生或其他有资质的人对所宣称的损害通过对被申请人的考察进行评价。

（g）在申请保护或其他保护令待决期间，在听证预备后，法院可以在需要支持的被申请人或依赖被申请人的人的申请下，做出维护和运用被申请人财产的命令。法庭可以指定一名（专业人），以协助完成任务。

立法注释

这些把（b）款替代2立法，要求在所有保护诉讼中都要指定律师的，就不应该把（e）款（1）进行立法。

评　论

（b）款提供了可以选择的条款。选择1是起草委员会的立场，被 NC-CUSL 所通过。选择1依靠（访问员）角色的扩大，使其为法庭提供除法律问题外的多种事项的建议。尽管如此，根据选择1规定，要指定律师，需要法庭认为被申请人需要代理人或被申请人要求律师或访问员建议。

选择2由1982年法案2–306（《统一遗嘱认证法典》5–406）派生而来。其预期，把选择1指定成法律，律师将在大部分情况下被指定。但是，（ABA）美国律师协会在老年人法律问题上十分重视，明确了"强制"指定律师。因此，对于那些希望强制指定律师的州，应该选择2。

在（b）款的选择 1 中，当被申请人要求或访问员建议或法庭决定被申请人需要代理人时，必须为被申请人指定律师。这一要求与《国家遗嘱认证法庭标准》一致。《国家遗嘱认证法庭标准》3.4.5 要求指定律师，就像（b）款的规定，在保护诉讼中指定律师，要在没有代理人的被申请人要求时，或是访问员建议时，法律有其他要求时或法庭决定被申请人需要代理人时指定。

该法起草委员会长时间讨论是否要强制指定律师或扩大访问员的作用。起草委员会的结论是，在两者之间，访问员可能会在提供更广泛的问题和关注的信息方面对法院更有帮助，通过充当法庭的眼睛和耳朵，确定被申请人的意愿传达到法院。该委员会关注的是，律师强制指定将导致将该法案当作"律师的账单"的观点，从而影响该法的接受和采纳。委员会的目的是，律师指定，要在所有的最清晰的情况下，在需要保护人或保护令以及提名的保护人都达成一致的情况下。对于根据（b）款选择 1 时，访问员必须理解这样的事实，如被申请人是无行为能力人，则被申请人可能没有足够的能力和智慧放弃指定律师。法院应该保护被申请人的权利，并在大多数情况下指定律师。

对访问员的指定是强制的，当保护不是因为未成年的原因而申请，甚至不论选择（b）款中哪种方式，被申请人有律师、法律代表人（（a）款）时。只有在被申请人被律师代理，申请人寻求保护令而不是保护人时，访问员的指定才能被放弃。即使是律师，只要合格也可以被指定为访问员，律师的角色就是访问员而不再是被申请人的律师。访问员就像是法庭收集信息的长臂，律师的角色则是被申请人的支持者。参见《国家遗嘱认证法庭标准》3.4.5"指定律师"（1993）。

访问员在保护诉讼中的地位在《国家遗嘱认证法庭标准》3.4.4"法庭的访问员"中进行了探讨：

遗嘱法庭应该要求法庭在保护申请中指定访问被申请人，（1）解释被申请人的权利；（2）调查申请的事实；（3）解释诉讼的情形和结果。访问员应该调查法庭指定的附加要求，并且在拜访后及时提交报告。

访问员作为法庭收集信息的手臂，可以是任何合格的人，具有"所指的丧失能力类型中的培训或经验"。根据（c）款，访问员必须亲自拜访被申请人，以被申请人能理解的程度，向其解释数个事项。如果被申请人不具有良好的英语能力，那么访问员应附有翻译。起草者并没有强制要求访问员能讲被申请人的主要语言，但是好的实践和合适的保护程序要求在被申请人需要理解的时候适用翻译。"以被申请人能理解的程度"认识到一些被申请人可能受损伤而没有能力理解的情况。如果辅助设备以需要的方式在访问员向被申请人解释中被使用，而使被申请人可以理解，那么访问员应该使用辅助设备。

（c）款（4）给予被申请人通知，如果被申请人有财产，那么花费应该从财产中支付，包括律师费和访问员的费用。如果有财产，那么补偿将从财产中支付。如果没有财产，补偿在任何程序中都要适用贫困救济程序，比如从国家一般基金支付，除非立法有其他规定。根据第417条规定程序支付。

如果寻求的救济是保护令而不是指定保护人，那么访问员的权利和责任只限于寻求保护令。如果寻求的救济是保护人，那么访问员具有较大的责任。访问员报告必须包括对法庭的信息和建议，关于保护人的适当性，较少限制的选择是否满足被申请人的需要，对进一步评价的建议，保护人被给与的权利，以及指定律师。访问员对于保护人应该被授权保护财产的建议应该包括对保护人要求的资金数量的建议。对于根据（b）立法选择1的情况，如果访问员不建议指定律师，访问员应该在报告中解释，不建议指定律师的原因。

州立法应该考虑指定对（e）款列举项目的检查单。

（f）款授权法庭在访问员建议时，律师要求时或者其他法庭认为需要时，寻求对被申请人的专业评估。（g）款授权法庭直到指定保护人或其他保护令之前，适用专业人帮助维护和运行被申请人的财产。对于为什么是专业人而不是指定临时保护人的解释参见第405条的评论。

带括号的"访问员"，各州可以适用不同词语代替。各州立法应该使用其州立法中的词语。

如果有财产，访问员就以此支付。如果没有财产，访问员一般由国家一般基金补偿，除非立法有其他规定。根据第417条规定程序支付。

本条以1982年法案2-306（a）为基础（upc5-406（1982））。

第407条　记录的保密

访问员的报告和任何专业的评估是秘密的，必须被密封呈送，但是对以下人员可公开：

（a）法庭。

（b）没有被限制使用的被申请人。

（c）申请人、访问员、申请人和被申请人的律师，为了诉讼目的。

（d）其他为了这个目的，由法庭出于正当理由安排的其他人。

评 论

本条是法案新增的，虽然很多州都有类似规定。本条为保护被申请人的隐私，但是对于涉及的各方或其他人出于正当的理由还是容易得到的。起草委员会承认 Watch Dog 集团、媒体和其他已经具有阻止滥用和促进改革的力量，在本条中，规定了被申请人需要保护的隐私和其他人需要得到信息之间的平衡。

第408条 原始申请：听证程序

（a）除非法院有正当理由，提名的保护人须出席听证。被申请人须出席并参加听证，除非被法院基于正当理由免除。被申请人可以提出证据，并传唤证人和文件，讯问证人，包括任何法庭指定的医生、心理学家或其他有资质的评价所指称损害的人，访问员和其他人参与听证。听证在一个对被申请人方便的地方举行，并且在被申请人要求或有正当理由时可以结束。

（b）任何人可以要求被允许参加庭审。法庭可以准予申请，举行或不举行听证的决定需满足被申请人的最佳利益。法庭可以对参加庭审附加条件。

评 注

要求保护人出席听证是新的规定，尽管基于《国家遗嘱认证法庭标准》3.4.8（c）的听证建议，法庭可以在有正当理由时取消保护人的出席，但在所有最寻常的情况下，被提名的保护人应该被要求参加，使得法庭有机会了解被指定保护人的资质，以及法庭认为需要对保护人做其他询问。附加的，被申请人被要求出席，除非有正当理由阻止或被申请人无法出席。被申请人在诉讼中发挥积极作用。

如果是对被申请人方便的话，法庭可能有时候需要在非法庭的地点举行听证。被申请人可能要求结束听证，如果有正当理由，法庭应该结束听证。其他人可以要求参加，这也许会被法庭准许而不必听证，如果法庭认为参与有利于被申请人的最佳利益。法庭准予申请的命令应该指明允许参与的范围。

本条以 1982 年法案 2 – 306 的（d）款，（e）款为基础（upc5 – 406（1982）的（d）款，（e）款）。

第 409 条　原始申请：命令

（a）如果是因为未成年的因素引起的诉讼，在申请听证之后，根据内容寻求指定保护人或其他保护令是为了未成年人的最佳利益，法庭应该指定或做出保护令。

（b）如果是非未成年因素引起的诉讼，在申请听证之后，根据内容保护人或其他保护令的存在基础，法庭应该至少做出与之相适应的限制性的命令。法庭做出命令应该对被保护人的有限保护或被证明需求是必须的，包括鼓励最大程度上的自己决定和被保护人的独立发展的指定与其他命令。

（c）在指定之后 14 天内，指定命令的复本、终止或变更权利的声明应该由保护人向被保护人（如果被保护人已满 14 周岁，并且没有失踪、被拘留或无法回国）以及申请中需通知的所有人递交或寄出。

（d）指定保护人或其他保护令并不证明被保护人丧失能力。

评　　注

本条强调了最少限制的替代措施与有限保护的概念，根据法案的理念，保护人应该在必要时被指定，被申请人的实际能力缺陷使这种保护成为必需。法庭下令设立保护时，命令中应该给予保护人的权利对于保护人履行职责是必不可少的。法庭在命令中也要确保被保护人的最大化的自主与独立。

与有限保护相适应，（c）款要求监护人给予被监护人和听证中需要通知的人指定命令的复本以及终止或变更监护关系的通知，确保那些在申请中被通知的人得到通知，因为其中可能具有对被保护人福利的持续利益。

根据（d）款，指定保护人或其他保护令开始的事实，不证明被保护人在第 3 条为了其他目的的能力丧失。

本条以 1982 年法案的（f）款，2 – 307（a）和（d）款为基础（upc5 – 406（f）和 5 – 407（a）和（d）（1982））。

第 410 条　法庭的权力

（a）听证之后，如果认为具有保护关系或保护令的设立基础，法庭有以下权力，可以直接或通过保护人行使：

（1）考虑到未成年人的年龄原因，对未成年人财产和商业事务的权力对未成年人和其现在家庭成员的最佳利益是必须的；

（2）对于成年人或非年龄因素的未成年人，为了被保护人和事实上依赖被保护人的个人利益，如果是成年人且目前没有处在监护或保护令下，可以执行对被保护人财产和商业事务的权力。

（b）取决于支持第110条对文件上限制的要求，法庭可以在任何时候限制保护人的权力，否则要商议，也许取消或改变限制。

评　　注

（a）款规定法院监督保护人行使所有被保护人在拥有完全行为能力而不需受保护、保护或其他保护令未生效状态下可直接行使的所有权力。这种权力可以由保护人直接行使而无须事先得到法庭的同意。第425条和427条列举了分配和管理的权力，保护人可不需事先得到法院同意。第411条列举了几乎所有与财产计划有关的权力，只有事先得到法院的同意才能行使。

（a）款（1）规定当需要持续保护财产的时候，法庭通过拒绝分配未成年人到法定年龄的全部财产予以保护。在做出决定之前，法庭应该确信根据401（2）对指定保护人或保护令的设立，不是因为未成年人的年龄。

（b）款授权法庭在任何时候限制保护人的权力，根据保护证书所规定的限制。扩大或限制权利的正式程序规定在第414条，在授予保护人附加权力时必须使用该程序。这种程序可以被用来限制保护人先前获得的权力，或者法庭可以根据本条选择其他程序。根据第110条，对保护人的任何限制必须符合保护文件。根据第424条（a）款，第三人因不遵守保护文件的内容而被指控。

本条以1982年法案，2－307（b）和2－325款为基础（upc5－406（b）和5－425（1982））。

第411条　需得到法庭批准

（a）在向相关利益人送达通知后，根据法庭的授权，保护人可以：

（1）赠与，但排除第427条的规定；

（2）调查、发布或放弃临时的和期待的财产利益，包括婚姻财产和生存者之间的共同租赁权或全部租赁权；

（3）执行或发布指定的权利；

（4）创建财产的可撤销信托或不可撤销信托，无论信托范围是否超越保护期限，或者撤销或修改对被保护人的可撤销信托；

（5）执行选择和变更保险和年金受益人，或放弃保险和年金的现金价值的权利；

（6）执行被保护人死亡配偶财产中的共同份额的权利，以及放弃或拒绝遗嘱或非遗嘱继承或生前转移的财产中的任何利益；

（7）制定、修改或撤销被保护人的意思。

（b）保护人制定、修改或撤销被保护人的意思应该满足（国家对于执行意思的法律规定）。

（c）在执行和批准保护人执行（a）款的权利时，法庭应考虑被保护人（在此情况下）可能做出的决定。法庭也应该考虑：

（1）被保护人和事实上依赖被保护人的人的经济需求，债权人的利益；

（2）收入、财产、继承或税务负债的可能减少；

（3）有资格获得政府的援助；

（4）被保护人先前的给予模式或承受水平；

（5）现有的财产计划；

（6）被保护人的预期寿命，被保护人在保护终止前死亡的可能；

（7）法庭应考虑的其他事实。

（d）没有法庭的授权，保护人不能撤销或修改一个持续性代理权，其中被保护人是最重要的。如果代理权有效，除非法庭有相反命令，否则代理人的决定优先于保护人。

评　　注

本条列举了保护人需事先得到法庭允许的行为。这些需得到法庭允许的行为要求与被保护人的财产计划有关。除了制定、修改或撤销被保护人的意愿，本条复制了 1982 年法案 2－307（b）（3）（upc5－407（b）（3）（1982））创立的交易列表。本条要与第 418 条共同理解，第 418 条授权保护人审查被保护人的财产保护计划资料。

制定、修改或撤销被保护人的意愿的权利是从加利福尼亚州和南达科他州的法规发展来的。参考 Cal. Prob. Code Sections 2580，6100. 5（c），6110（c）；S. D. Codified Laws Ann. Section 29A－2－520. I。在（b）款中，立法应该插入对法案的引注，对于一般被证实的意愿的执行要求。（b）款效仿了南达科他州的要求。其他要求仿效了加利福尼亚州，修订了对保护人执行的特别允许的执行法案。

根据（c）款，保护人的决定必须以被保护人在完全有能力的情况下可能做出的决定为基础。被保护人的个人价值观和表达的愿望，过去和现状，在做决定时要被考虑。实现被保护人意愿或可能的意愿是法案的主题。在这方面，法案可能证实了哪些已经成为法律。即使没有立法，保护人应该考虑被保护人可能的愿望，特别考虑赠与或与相关交易有关的其他财产计划。对于这个司法创造学说的历史和典型案例的概述，请参阅《信托法重述（三）》，§11，reporter's note to cmt. f（Tentative Draft No. 1, 1996）。法院授权保护人确认在财产计划中的相关交易，也被大多数州所确认。

虽然没有限制，该条的授权经常被用来减少税务负债。举例来说，通过每年的赠与行为，联邦遗产税在被保护人死亡时可能大幅减少。相当有价值的是，在法庭允许时，可修改被保护人财产计划。例如，为满足联邦遗产税的技术要求，婚姻或慈善的扣减可以被修改。

本条也能够用于非税务交易。为使被保护人符合政府项目的资格，交易行为是被允许的，或者法庭可以继续保护人先前的模式，或捐赠给慈善机构和其他人。根据427（b），对超过财产年收入20%的赠与需要法庭的允许。

根据（d）款，保护人修改或撤销被保护人的指定代理前要得到法庭允许。相反，如果持续性代理权有效，代理人的决定优先于保护人，除非有法庭的命令。本条的目的是确认法庭已经知道持续性代理权的存在，并且决定撤销该权利。出于这个原因，对保护人指定的申请必须说明被申请人是否有持续性代理权，如果知道，要列出代理人的姓名与地址。代理人也要被送达诉讼通知。参见403（b）（6）和404（b）。

根据该条必须给予听证通知的人根据404条确定，立法规定指定保护人之后应申请要求通知的命令。听证的通知，与申请复本，必须送给被保护人（如果被保护人已满14周岁并且没有失踪、被拘留或不能回国）以及被保护人财产的保护人和法庭命令的其他人。

加利福尼亚州和南达科他州都规定了更具体的通知，对就其法规授权保护者，依照法院批准，参与一系列财产计划的相关交易。加州规定通知应给予保护人、被保护人、被保护人的配偶、其他要求特别通知的人、在指定保护人申请书上列名的人、申请人目前知道的被保护人的继承人和受益人。Cal. Prob. Code Sections 1460, 2581. 南达科他州要求通知被保护人、被保护人财产利益的受益人、被保护人推定的继承人、如果知道的话任何在过去五年内给予被保护人建议的律师或财务顾问。应申请要求修订或撤销的信托或被保护人的意愿，通知也必须给予受托人及指定执行人。参见 S. D. Codified Laws Section 29A－5－420。

（a）款以 1982 年法案 2－307（b）为基础（upc 5－407（b））。(b)—（d）款是新制定的。

第 412 条　保护措施与单方交易

（a）如果就个人而言存在建立保护令的基础，法庭如果没有指定保护人，则可以：

（1）授权、指导或批准任何需要的交易行为，或者为了安全、服务、满足照顾被保护人可预见的需求而采取的措施，包括：

（A）支付、交付、储蓄、保留资金或财产；

（B）转让、抵押、租赁或其他财产交易；

（C）购买年金；

（D）为生活护理、储蓄或培训和教育订立的合同；

（E）附属或建立一个合适的信托（包括依据统一保护信托法案设立的信托）。

（2）授权、指导或批准任何其他合同、信托、遗嘱或与被保护人财产相关的交易和商业事务，包括索赔协议，只要确定其是被保护人的最佳利益。

（b）在决定是否批准保护措施或根据此条的其他交易时，法庭应该考虑 411（c）中描述的事实。

（c）法院可以指定一名（专业人），以协助根据本条任何保护措施或授权交易的完成。（专业人）具有法庭命令授予的权利，直到向法庭报告后，依命令而解除。

评　注

与法案的理念保持一致，指定保护人是最后的手段，本条授权法庭指定保护人，并确定一系列较少干预的"保护措施"。一个保护措施通常涉及一个单方的交易，例如出售土地或照看合同的参与。获得保护措施的程序与指定保护人的要求相似。必须提交申请（第 403 条），给申请书上列名的人送达通知（第 404 条），法庭应该指定访问员除非被申请人有律师代理人。寻求救济是一种保护程序（第406条），如果被申请人要求、访问员建议或法庭决定被申请人需要代理时（406（b），选择1），或者法律要求的（406（b），选择2），法庭必须为被申请人指定一名律师。在听证中遵守的程序也相同（第409条）。在听证中，法庭使用第401条的标准，必须确定保护令的存在基础。最后，对保护措施的命令必须与法庭做出的较少限制命令相一致（第409条）。

虽然许多州的监护和保护法案没有对于保护措施的特别授权，但是根据临时或紧急监护的规定，这些措施通常会被授予。本法案刻意避免使用紧急保护，只有在替代一般保护人时允许指定临时保护人。参见第414条（a）（4）。法案更喜欢较少侵入性和更精确定义的替代性保护措施。但是要发生本条下的保护措施，法庭经常被要求临时指定某人去执行保护措施。为了避免造成这种指定对保护人的暗示，法案称这种指定为"专业人"，而不是"紧急"或"特别"保护人。专业人的角色只执行由法庭特殊命令的事务。起草委员会认为，"紧急"或"特别"保护人的术语是不合适的，因为他们意味着被指定人将拥有保护人的所有权利和责任，这对于有限保护来说过于宽泛了。括号里的（专业人），不同的州用不同的词语，应该用相应的词语替换。

根据（a）款（2），索赔协议包括由未成年人造成的人身伤害协议。一个更重要的保护措施在（a）款（1）中被列举，同样在1982年法案，是授权签订生活护理合同。

本条以1982年法案2－308款为基础（upc5－408）。

第413条 谁可以成为保护人：优先考虑条件

（a）除了（d）款的例外，法庭在指定保护人时，应该优先考虑以下顺序：

（1）保护人、财产监护人，或者由被保护人居住地法院指定或承认的像受托人一样的人；

（2）被申请人提名的保护人，包括被申请人在最近的持续性授权委托书中提名的人，如果被申请人已满14周岁，并且在提名时有足够的能力表达喜好；

（3）被申请人通过持续性代理权指定的保护其财产的代理人；

（4）被申请人的配偶；

（5）被申请人的成年子女；

（6）被申请人的父母；

（7）在申请之前，与被申请人共同居住超过6个月的成年人。

（b）根据（a）款（1）（4）（5）（6）具有优先性的人可以指定一个替代者，那么其优先性就转移给替代者。

（c）对于具有相同优先性的人，法庭应该选择一个最有资格的。法庭为了被保护人的最佳利益，可以拒绝指定有优先性的人，而指定优先性低或没有优先性的人。

（d）为被申请人提供照顾的"长期照料机构"的所有人、执行人或员工不能被指定为保护人，除非与被申请人有血缘、婚姻或收养关系。

评　注

本法案给予其他地方指定的现有保护人、被申请人提名的人、被申请人的代理人以最高优先权。现有保护人具有第一优先性有两个原因，第一，在大多数情况下，涉及保护关系从其他州转移到本州，为了保证转移的顺利进行，现有保护人应该拥有在新的所在地被指定的权利。第二，如果现有保护人基于某种原因不适合被指定，（c）款允许法院越过现有保护人指定其他优先级别较低或没有优先性的人。

保护人或被申请人提名的人或被申请人以持续性代理权指定的代理人具有对被申请人亲属的优先性。提名包括在听证会上的口头提名，只要被申请人在表达喜好时具有完全能力。提名也可以通过独立的文件设立。总的来说，个人提名持续性代理权的代理人作为保护人是不错的做法，本法给予这种代理人在具体提名缺失时的优先权。代理人被给予优先权基于的理论是，代理人是被申请人最倾向于选择的。对代理人的提名使得适用保护制度阻挠代理人的权利变得更加困难。为了保证代理人的优先性，第404条（b）要求给代理人送达诉讼通知。同样，直到法庭采取撤销授权的行动，第411条（d）规定，代理人优先于保护人。

（a）款（7）给予同居伴侣或伙伴或与被申请人具有亲密关系的个人第7级优先权。注意，这里没有要求被申请人在申请提交之前刚刚与其他人共同生活超过六个月，只要在提交申请之前的任何时候共同生活过六个月就可以。法庭应该使用合理的标准使用本条文，给予与被申请人有亲密、持续关系的人优先权。在做出决定时要考虑的事实，参见第403条的细节。

虽然本条基本上与第310条选择监护人的类似规定相重合，但还有一些区别。例如，第310条拒绝紧急或临时监护人的优先性，但这里并没有明确否认在其他州指定的紧急或临时保护人的优先性。但是在（a）款（1）中没有明确排除这一类保护人，并不意味着他们享有优先权。与监护人不同，紧急或临时保护人不包括在第102条所指的"保护人"概念中。

除存在血缘、婚姻或收养关系，（d）款禁止隶属于被申请人接受长期照料机构的任何人被指定为保护人。严格适用这一规定很重要，可以避免利益冲突和防止对被保护人潜在的经济剥削。各州的立法需要对长期照料机构使用该机构在本州的特别词语。

国家遗嘱法庭认证标准，3.4.11"保护人的资格和指定"认为，法庭应该指定一个保护人，其愿意并适合保护被申请人的财务和资产，这是以被申请人财产的性质和无能力的性质为基础的。这一标准决定了被申请人要求的，或与之有关的，或知道的人被指定的优先性。

本条以1982法案2-309（upc5-409）为基础。

第414条　指定之后的命令申请

（a）被保护人或对被保护财产有利益的人可以向法院申请下列命令：

（1）要求担保或抵押物或额外的担保或抵押物，或减少担保；

（2）要求对被保护人的财产进行审计；

（3）指导财产分配；

（4）免除保护人、指定临时或继任的保护人；

（5）改变指定的类型或给予保护人的权利，如果之前给予的保护或保护的范围现在过度或不足，或者被保护人处理财产和商业事务的能力已经改变，有能力采取相应行动；

（6）给予其他适合的帮助。

（b）保护人可以向做出指定的法院申请关于信托责任的指导。

（c）根据通知和听证，法庭可以做出适当的说明，发出适当的命令。

评　　注

一旦保护人被指定，法庭对保护的监督通常只基于相关方的要求。本条列举了最常见的申请类型。（a）款（6）允许申请"其他适合的帮助"。

重要的是，被保护人有权利申请适当的救济。虽然1982年法案没有禁止这种申请，但是也没有明确授权。（a）款开头进行了修正，明确被保护人可以申请。

但是有限保护应该被规定，无论什么时候都适用，在最初指定时，或者在之后的任何时间。或许有限保护的可能性没有被考虑，或者被保护人情况好转，达到了有限保护的适用点。此外，即使有限保护在第一步就被规定了，也不妨碍在有需要时给予保护人对额外财产的额外权利或控制。（a）款（5）是新制定的，授权申请人扩大或者缩小给予保护人的权利或保护财产的范围。扩大权利的要求需要对被保护人损伤情况的进一步证明，这种损伤必须被清楚和可信服的证据证明。参见401（2）（A）。

本条以1982法案2－315（upc 5－415）为基础。

第415条 担 保

法庭可以要求保护人按规定提供担保金，以提供担保为条件，依法忠实履行保护义务。除非法庭另有规定，担保要涉及保护人控制的财产的全部资本价值，加上一年的预期收入，减去法庭命令要求移除的资产积累价值和任何信托的真实财产，没有法庭授权不能进行出售和转让。法庭可以接受担保执行的抵押物，包括证券抵押或不动产按揭。

评 注

根据法案，保护人的担保只有在法庭命令时才需提供。担保的设立可以根据法庭的意愿，或通过被保护人的申请，或与被保护人有利益关系的人的申请。担保应该数额足够，以防止保护人对被保护人财产的经济剥削。立法假设金额通常等于财产价值加上一年的预期收入。但法庭拥有设定较少或较高金额的自由。担保在任何情况下都应是充足的，即使在善意的亲戚或朋友作保护人的时候。

担保可以最初指定时被要求，也可以在其后的任何时候被要求。本条中的对保护人要求的担保比upc第六部分第3条中对个人代理的规定更加严格。个人代理中通常只有在利害关系人要求下，才要求提供担保。

尽管本条没有具体规定法庭决定提供担保的因素，但一些州已经对此立法。例如，南达科他州的立法规定，法院在决定一定数额的担保时，要考虑以下因素：（1）个人财产价值和年收入和其他保护人控制的收入。（2）扩大基于法庭命令的储蓄以满足转移财产的需要。（3）命令是否已经放弃核算要求，提交或许可的核算少于每年一次。（4）在何种程度上，收益和收入直接给予了对未成年人和被保护人有照料和监护责任的机构。（5）是否指定了监护人，如果指定了，监护人是否按要求提交了报告。（6）被指定的保护人是否建议免除担保。参见 S. D. Codified Laws Section

29A – 5 – 111.

本条以 1982 法案 2 – 310 为基础（upc 5 – 410）。

第 416 条 担保的条款和条件

（a）下列规则适用于任何担保：

（1）除非其他条款排除，担保人和保护人承担连带责任；

（2）对保护人的担保，担保人向法庭承诺，在任何诉讼中，只要责任与保护人的受托责任有关，担保人承担连带责任。任何诉讼的通知必须送达或交给担保人已提交法庭记录的地址，和其他申请人知道的地址；

（3）继任保护人或其他利害关系人，可以对担保人违反担保责任的行为提起诉讼；

（4）保护人的担保可能被起诉，直到担保责任完成。

（b）对初始义务人的程序不适用于担保人。

评　注

本条具体规定了一些适用的技术要求，当担保被要求时，担保的费用从被保护人的财产中支付。

本条以 1982 年法案 upc5 – 411 为基础。

第 417 条 补偿和支出

除非有相反规定，服务提供者、监护人、保护人、被申请人的律师、为保护令服务的律师、为被保护人财产服务的律师，或其他被法庭指定的人有权从被保护人的财产中获得合理补偿。补偿的支付和费用的偿还可以无须法庭的命令。如果法庭决定补偿是过度的或支出是不适当的，过度和不适当的部分要返还到被保护人的财产中。

评　注

本条为监护人、保护人、被申请人的律师和其他在监护或保护程序中被指定的人建立了一个合理的补偿标准。法庭在设定补偿时要考虑的因素，根据申请人的专业或受托的角色有所不同。补偿的标准在州和州之间，在特定州的不同地区也不相同。

本条来源于 1982 法案 2 – 313（upc5 – 413），但之前版本留下的开放问题已经得到解决。第一，监护人被明确加入到可以获得补偿的行列中。

此前监护人获得补偿的权利只是在第二部分和第三部分被提到。参见 209 (a) 316 (b)。第二，法条清楚地规定了哪些律师可以得到补偿。被申请人律师，以及为保护令服务的或对保护人财产服务的律师可以给予补偿和预先偿还支出。例如，律师的服务使得滥用权利的保护人被免除，则可以根据本条给予补偿。第三，补偿可以在没有法庭命令时支付，但过度部分和不适当的支付必须返还。

财产规模在设定补偿时是一个重要因素，在很多情况下，没有财产或财产不足以支付最初诉讼的费用，在这种情况下，保护人尚未被指定，财产几乎就被支付补偿和费用用完了。第 305 条和第 406 条要求访问员向被申请人说明律师费和其他诉讼费用将从其财产中支出。如果被申请人是贫困的，本条授权的补偿和支出一般由国家基金支付，或者从其他任何为贫困人群设立的基金支付，例如法律援助，最可能适用固定数量补偿。

关于与决定保护人补偿相关的因素清单，参见 Restatement（Third）of Trusts § 39 cmt. c（Preliminary Draft No. 3，1997）。包括技术、经验和投入责任的时间；财产的数额和属性；难易程度；责任和危险的承担；他人提供服务的性质和成本及履行的质量。同样参见 Restatement（Second）of Trusts § 242（1959）。设定补偿时，要仔细检查实际的执行情况和保护人承担的责任。例如，如果保护人已经执行了重要责任，那么调整补偿就是合适的。另外，具有特殊技能的保护人，像不动产经纪人，可能会给予额外补偿，用于执行最初指定的服务。参见 Restatement（Third）of Trusts § 39 cmt. f（Preliminary Draft No. 3，1997）。

合理补偿标准对于财产有多个保护人时也适用。财产有多于一个保护人的事实并不意味着所有的保护人能一起获得比一个保护人更多的补偿，也不意味着多个保护人有资格获得同样的份额。补偿的总额和分配取决于所有情况的综合，要考虑的因素包括法庭指定多个保护人的原因，责任承担的水平和各自执行的确切服务。

本条规定从被申请人财产中支出的补偿，即使没有指定监护人或保护人或其他保护令，对于法庭指定的与诉讼相关的人也需补偿，包括访问员，被申请人的律师，以及医生或其他执行评估的专业人士。但是，管辖法院适用的其他法律可能授予被申请人获得偿还的权利从而使补偿申请失去意义。

监护人或保护人作为被监护人或被保护人的社会保险利益代理收款人，不能从社保基金中支付费用。社保法案的 II 和 XVI 部分限制了基金对基本需求的使用。唯一可以支付费用的情况是，监护人和保护人作为被社保局核准的"组织收款人"。

第 418 条　保护人的一般责任；计划

（a）本（条）被授予权利或是由于诉讼隐含着获得了这一地位的保护人是受托人，必须遵守对受托人有效的注意标准。

（b）保护人可以行使被保护人受限制的权利。在可能的范围内，应该鼓励被保护人参与决策，为其自己的利益行动，发展或恢复保护财产和商业事务的能力。

（c）在指定后 60 天内，保护人应向做出指定的法庭提交一份关于保护、管理、使用和分配被保护人财产的计划书。该计划应以实际需要为基础，考虑被保护人的最佳利益。保护人应在计划中写明逐步发展或恢复被保护人保护财产的能力，保护预计持续的时间，以及经费与资源的预测。

（d）请求财产投资、财产分配的选择，以及撤销或撤回可使用或获益的被保护人的财产或保护人管理的财产，保护人应该考虑其所知道的被保护人的财产计划，审查如遗嘱、赠与、提名或其他的指定文件。

评　注

本条反映了保护人的双重作用。一方面，保护人是受托保护他人财产的人。因此（a）款要求保护人遵守对信托人有效的注意标准。另一方面，保护人就像监护人，对被保护人有直接的责任，在（b）款强调了这种责任。（b）款强调了通过限制保护人执行授权的有限保护的概念，要求被保护人参与到决策中来。保护人必须鼓励被保护人参与决策，同样鼓励被保护人发展或恢复在没有保护人时的能力。在做出决定前，保护人应该努力了解被保护人的个人价值，询问被保护人的希望。保护人应该特别了解在指定保护人之前被保护人表达的观点。

根据（c）款，保护人在被指定后 60 天内必须向做出指定的法院提交计划。除了支出、投资和分配，该计划必须列出发展或恢复被保护人能力的步骤和保护的预期时间长度。计划要有效的帮助被保护人，降低需求来收回过度支出的行动。保护人不需要申请对计划听证，第 404 条（d）款要求保护人在提交计划 14 天内，把计划的通知送达给被保护人和其他法庭指定的人。被通知的人是否关心保护计划，对于计划的听证需符合第 414 条的要求。

（c）款和之后第 4 条的很多条款，有些部分是对（a）款和（b）款的基础责任的特别适用，以及保护人执行财产计划需要明确指定的次要责任、权利和豁免。（c）款来源于国家遗嘱认证法庭标准3.4.15（保护人的报告）（1993）。

（d）款，至少与一些判例法相反，允许保护人接触和检查被保护人的遗嘱，以及组成被保护人财产计划的文件。这样的接触对于保护人行使责任是至关重要的。正如（b）款所述，在做决定时考虑被保护人的观点。例如，允许保护人接触财产计划，那么特别设计的财产的无意销售，和由这种销售带来的困难的遗赠问题，就可以被避免。接触财产计划也有利于填写关于被保护人财产的申请，即第411条所授予的权利。

（a）款以1982法案2–316（upc5–416）为基础，（b）款以1982年法案2–326（upc5–426）为基础，（b）和（c）款是新制定的。

第419条　清单：记录

（a）在指定后60天内，保护人应该准备并向做出指定的法庭提交详细的保护财产的清单，以及保证其提供的信息是完整和准确的誓言和声明。

（b）保护人应该对财产保持记录，以满足利害关系人合理检查的需要。

评　注

提交清单的时间限制已经从1982年法案的90天减低到60天，以配合第418条中的保护计划的要求。根据法律要求，单独文件、保护计划和清单最好在一起，清单为建议保护计划中的行动提供支持数据。

1982年法案对于保护人提供确定的清单复本的要求被第404条（d）修改和发展。保护人不再被允许单方决定被保护人是否有能力理解清单以及扣留被保护人的复本。像其他通知文件要求的那样，清单必须送达被保护人而不论其能力如何。

本条以1982法案2–317（upc5–417）为基础。

第420条　报告：指定访问员；监督

（a）除非法庭有其他规定，保护人应该每年向法庭报告财产保护情况，尤其在保护人辞职或免除、保护终结或法庭规定的其他时间。通知和听证后，允许保护人提交中期报告说明其正当履行了财务报告披露的相关责任。在通知和听证后，允许最终报告来证明所有先前与保护有关的不确定责任的正确性。

（b）报告必须包括：

（1）保护人控制的财产的清单和报告制作期间的收入、支出和分配清单；

（2）提供给被保护人的服务清单；

（3）对保护计划的修改建议，以及保护继续的建议和保护范围改变的建议。

（c）法庭可以指定一名访问员检查报告和计划，访问被保护人或保护人，法庭指定的与报告相关的其他调查，法庭可以命令保护人提交财产，以法庭指定的方式进行适当的检查。

（d）法庭应该建立监督保护系统，包括登记和检查保护人的报告和计划。

评　　注

与法案之前的观点相似，本条要求保护人定期报账（account），除了对"报账"的要求改为了"报告"（report）。这一改变的原因在于，对保护人适当评估的要求比仅仅核实收入支出的要求多。保护人不仅仅是保护财产，第418条表述了对保护人遵守一般责任的评估，法庭还需决定保护人是否做出了符合保护计划的行动，保护人是否在可行的范围内让被保护人参与决策，保护或其现有范围是否还适当。

本条中要求的报告与第317条中关于无行为能力的监护人中的规定一致。报告的要求是对于防止保护滥用而进行的监督的关键组成部分。这包括法庭根据（a）款在具体情况下更改报告要求的权利。

立法根据（d）款要求建立一个监督保护系统，其应该包括但不限于，确保每年报告及时提交和检查的机制。一个独立的监督系统是至关重要的，法庭可以充分防止可能的滥用。监督人可以是法庭人员，法庭指定人或志愿者。对于监督保护的多种形式的讨论，参见 SALLY BALCH HURME，监护监督的步骤（A. B. A. 1991）。AARP VOLUNTEERS：监护加强的来源（AARP 1991）。

国家应该建立对监督人支付报酬的计划。在有些州，监督人是法庭的雇员或志愿者。如果财产有足够的基金支付监督的费用，那么财产应该支付。只有在财产不够的时候，公共基金才被用来支付监督的费用。

国家遗嘱认证法庭标准也规定了监督的报告和程序。参见国家遗嘱认证法庭标准 3.4.15 "保护人的报告"，以及 3.4.16 "保护人的监督"（1993）。国家遗嘱认证法庭标准附加的包括了与保护的定期检查有关的建议。参见国家遗嘱认证法庭标准 3.4.17 "保护需要重估"，以及 3.4.18 "执行"。

本条以 1982 法案 2 – 318（upc5 – 418）为基础。（b）–（d）是新制定的。

第 421 条　依指定获得的所有权

（a）被指定的保护人对被保护人的所有财产或者命令特别指定的财产享有受托人的权利，在指定时或指定之后得到授权。对于命令限制的被保护人的部分财产，保护人的权利仅限于这部分财产。

（b）保护证书是保护人获得被保护人财产所有权的证据。终结保护关系的命令将保护关系中依然存在的财产转移给先前的被保护人或继承人。

（c）根据其他法案，关于土地或其他财产所有权文件的记录的要求，保护证书和终结保护的命令可以被提出或记录，给予保护人和被保护人相关通知。

评　　注

本条（a）款应与 409（d）共同解读，规定了非因无行为能力而产生的指定保护人或保护令。因此，根据法案指定保护人并不影响被保护人自身订立合同或进行其他交易的能力。相反，对于可能挥霍性的合同，授予保护人所有权来保护被保护人的财产，要求保护人像受托人一样行动。这允许被保护人独立于保护财产，除非依第 418 条的要求，保护人在一定程度上要咨询被保护人。参见第 422 条关于可能的补救或第三人在不知道存在保护的情况下与被保护人的交易。

指定保护人的命令并不需要给予保护人被保护人所有财产的所有权，只限于保护的财产。如果命令列举了保护的财产，则只转移给保护人这些财产。通常，如果缺少限制保护范围的命令，被保护人的所有财产都将被转移给保护人。但是，如果被保护人执行了持续性代理权，代理人保护的财产不转移给保护人，直到代理权被解除，代理的财产方可归入保护人控制。参见 411（d）。

保护人的指定给予保护人对于被保护人财产的权利，或者如果是有限的保护人，则对法庭命令的具体财产享有所有权。保护证书是保护人授权的证据，可以被记录并通知。

（c）款中的短语"其他财产"只涉及一般交易中财产所有权的转移。

本条以 1982 法案 2 – 319（a）和 2 – 320（upc 5 – 419（a）和 5 – 420）为基础。修改和删除了以前法案中将代理人的权利自动转移给保护人的表述。

第 422 条　被保护人不可被剥夺的利益

（a）除了（c）款和（d）款的规定，授权给保护人的被保护人的财产利益，被保护人是不能转让或分配的。被转让人转让或分配财产的意图，虽然不影响财产权利，但可能对被保护人提起的恢复原状或损害赔偿的请求权产生危险，对此种情况的陈述和允许，详见第 429 条的规定。

（b）转移给指定保护人的财产及被保护人的财产利益不属于税收、扣押或对被保护人申请的其他相似程序的范围，除非符合第 429 条的规定。

（c）一个人不知道存在保护关系，以诚信和安全或类似的方式，接收被保护人以正常方式交易的有形的个人财产，在被保护人或受让人具有有效的所有权时，该交易受保护。

（d）第三方与被保护人交易，涉及保护人管理的财产的，依其他法律给予保护。

评　　注

本条规定了被保护人对于受保护财产挥霍的结果。就像第 421 条，本条允许对财产进行最小干预的保护，明确了保护人对于受保护的财产，拥有和受托人类似的角色。本条也保护财产免于受到滥用或无远见的可能的诉讼。但是重要的例外是对第三人的保护。企图转让或分配财产的被保护人，虽然对财产权没有影响，但可能引起对于被保护人的恢复原状或损害赔偿的请求权，对此种情况的陈述和允许，详见第 429 条的规定。此外，被保护人的债权人，虽然禁止直接征收或扣押处于保护下的财产，但可以通过诉讼程序获得相似的救济。

（c）款探讨了一个特殊情况。虽然确定个人的有形财产，例如一辆汽车，是由物权凭证来转移的，但个人大部分的有型财产的转移是通过交付转移的。这种财产的交易是很随意的，购买者通常不问出卖人所有权的来源。由于保护人的指定，被保护人的个人有形财产就像被保护人的其他财产，从被保护人处转移给保护人。但这种转移购买者通常是不知晓的，尤其是在有形财产仍然在被保护人占有的情况下。本条通常会使购买人的所有权有效。保护人只有在购买人没有支付完整对价或购买人知道保护存在时，或者购买人根据情况应该知道保护存在时，才能获胜。

（d）款明确了本条不能取代其他保护第三人的法律，比如规范的商业交易法规。

（a）款和（b）款以 1982 法案 2 - 319（b）（c）款为基础（upc5 - 419（b）和（c）），（c）款和（d）款是新制定的。

第 423 条　买卖、负担或其他有利益冲突的交易

任何涉及保护财产的交易行为，如果保护人的信托责任和个人利益存在实质冲突，都是无效的，除非在通知利害关系人后得到法庭的直接授权。影响交易的信托责任和个人利益之间的实质冲突包括买卖、负担或其他保护人、配偶、子女、代理人或保护人律师、合伙或其他组织，其中保护人具有实质利益的财产的交易。

评　　注

涉及归入保护人或与之有紧密商业或人身联系的人的保护财产的交易，因为利益冲突而具有潜在的瑕疵。基于这种危险，涉及归入保护人或与之有紧密商业或人身联系的人的保护财产的交易在没有进一步证明时是无效的。虽然这一原则已经建立，但具体的原则规范还不确定。本条以upc 的类似规定为基础，表达的更加准确。与 upc3 - 713 相似。涉及归入保护人或与之有紧密商业或人身联系的人的保护财产的交易，以基于利益冲突的交易不被允许为前提。但是不在清单上的保护财产的交易不必然有效。虽然涉及其他各方的交易不被假定为无效，但是如果被证明存在个人和信托利益间的实质冲突，交易受到冲突的影响，那么交易仍然是无效的。交易无效的事实并不终止对违反信托责任或损害赔偿的诉讼，其是独立或作为无效交易一部分。法条有意未规定对无效交易的诉讼时间限制。相反，疏忽大意需承担责任。

根据第 414 条，交易无效的申请既可以由被保护人也可以由对被保护人财产有利益的人提出。法庭是否接受或拒绝申请，一般取决于保护财产的经济状况。交易如果被证明名对保护人或其相关方是无利益的，法院可能会允许交易。

保护人希望介入交易应适用这一法条，其应该考虑得到法庭的允许。

根据该条规定，如果法庭通知利益人后授权允许，那么交易不是无效的。

本条以 2 - 321 1982 法案为基础（upc5 - 421）。

第 424 条 对与保护人交易的人的保护

（a）一个善意的辅助或与保护人交易的人不需要第 410 和第 411 条的法庭命令，就可以如同保护人合理行使权利一样被保护。如果知道是与保护人交易，那么不需要单独询问权利的存在，或者存在的正当性，但是第 110 条规定的证明中记载的对保护人权利的限制，对第三人有影响。对保护人支付或提供财产的人对它们的适用不负责任。

（b）本条可扩大到任何程序违法或司法管辖缺陷导致的颁发证明书的诉讼，但不能替代其他商业交易或简化交易的安全措施。

评 注

本条的目的是通过否定普通法中传统的信托询问责任来促进商业交易，在第三方实际知道与保护人的交易时，不需要询问保护人获得对财产占有或存在的正当性。对违反普通法，具有向保护人提供资金或交付财产的第三人也不适用。但是法案与有限保护保持一致，对第三人的保护范围没有限制。第三人有责任了解有限保护人的授权限制。根据第 110 条，任何对保护财产的限制都必须在保护证书中载明。

本条提供的保护是限制使用的。根据（b）款的规定，对于很多交易来说，本条可被其他有关商业交易的法案取代，例如统一商法典，或者交易担保有关的立法，例如作为国家版本的统一简明信托让与担保法案（Uniform Simplification of Fiduciary Security Transfers Act）。

《统一信托权利法案》的第 7 条的背景，是本条的最终来源，参见 Jerome H. Curtis, Jr., 美国信托的变化, 31 REAL PROP. PROB. & TR. J. 251（1996）。

本条以 1982 法案 2 - 322（upc 5 - 422）为基础。

第 425 条 财产管理中保护人的权利

（a）除了法庭在指定命令和证明中记载的资格或限制，保护人拥有本条给予的所有权利，以及任何法律授予受托人的额外的权利。

（b）保护人应该合理行动，努力完成指定的目标，不需要法庭继续的授权或确认，其可以：

（1）收集、持有和保留房产财产，包括保护人在其中有个人利益的，和在其他州的不动产，直到保护人认为应该被处置；

（2）接收财产的增加；

（3）继续或参加经营任何商业或企业；

（4）得到保护人以任何受托人的身份都将从房产财产中得到的不可分割的利益；

（5）如同受托人一样投资房产财产；

（6）把钱存入金融机构，包括保护人经营的；

（7）得到或安排房产财产，包括在其他州的不动产，通过现金或贷款，公开或私下的出售、保护、发展、改善、交换、分割、改变特征或放弃房产资产；

（8）对建筑或其他设施做出普通的或特别的修葺和变动，拆除任何改动，彻底移除现存，或者建立新的部分墙体或建筑；

（9）分割、发展或把土地用作公共用途，做出或得到对小块地的腾退和边界的改变，考虑或接受调整在评估、交换或分割中的意见，不考虑将地役权献给公共使用；

（10）以租赁人或承租人的身份签订租赁合同，选择或不选择购买或更新在保护内的或超出的项目；

（11）签订租赁或安排对自然资源或矿藏的开发和转移，签订联营或合作协议；

（12）获得对涉及房地产财产位置的选择权，以及收购任何资产的选择权；

（13）亲自或者通过一般或有限代理对担保进行投票；

（14）支付电话费，评估费，或任何其他费用，利息税或证券账户费用；

（15）出售或行使股票认购或转换权；

（16）直接或通过一个委员会或其他代理人同意重组、整合、合并、解散、清算公司或其他企业；

（17）以被提名人的名义或以其他未披露保护关系的方式持有证券，证券的所有权通过交付转移；

（18）保证不动产财产不被损害或灭失，以及对抗相关第三人的责任；

（19）借贷，不论有无担保，都从财产中支付，为了保护财产或被保护人的定金，保护财产或持有财产持续产生的所有花费、损失和责任，保护人对被保护人的财产享有留置权；

（20）支付或参与诉讼，结束对于财产或被保护人的诉讼，通过调解、仲裁或其他方式，放弃全部或部分不可收回的财产；

（21）缴纳税金，评估费，对保护人和其他监护人进行补偿，支付发生在收集、照顾、保护过程中产生的费用；

（22）分配收入或项目开支或财产本金按照其他法律的规定，包括在收入之外为贬值、淘汰、分期付款、矿物质或其他自然资源的损耗而建立的储备；

（23）支付款项给被保护人或事实上依赖被保护人的人，支付给受益人或为受益人用途支付：

（A）给受益人的监护人；

（B）根据（向未成年人转移财产法）给付受益人的托管人或者监护信托人［统一保护信托法］。

（C）如果没有监护人、托管人或监护信托人，给予亲属或受益人的人身监护人。

（24）在索赔或者在任何保护不动产财产和被保护人信托责任执行的法律程序中起诉或者辩护；

（25）执行和交付所有将完成或促进授予保护人权利的文件。

评 注

本条以 1982 法案 2－323 为基础，有一些变化。例如授权委托现在作为独立的法条规定，参见第 426 条。（b）款（13）修改扩大了保护人可以支付的个人名单，否则将分配给被保护人。这个名单现在根据《统一向未成年人转移财产法》，包括了托管人，根据《统一保护信托法》，包括了信托受托人。但是本条最重要的变化在于删除了先前（a）款的语言，允许未成年人的保护人运用保护人的权利，而不寻求对程序上的指定。

（b）款（7）授权保护人对在其他州的不动产进行交易，在整理其他州的房产前，当地的法律可能要求保护人与法庭进行接触并接受那个州的法庭监督。

近些年，"框架结算"变得越来越广泛。虽然"框架结算"的词汇没有出现在法条中。（b）款（20）授权保护人签订这样的协议。法庭为了保护性的安排，也支持没有指定保护人的框架结算，参见 412（a）（2）。

第 426 条 委 托

（a）保护人可以不委托代理人或其他保护人对财产进行全面保护，只在相似情况下，一个谨慎的具有完整能力的受托人可以委托的情况下，保护人可以进行委托。

（b）保护人应该对以下事项进行合理的注意和谨慎：

（1）选择代理人；

（2）设立委托范围，使保护的目的与事项保持一致；

（3）定期检查代理人的全面表现和委托项目的遵守情况；

（4）修正代理人的行动或决定，如果由保护人执行将构成对信托义务的违反。

（c）保护人在遵守（a）和（b）款的前提下，对被保护人或财产，不因为代理人的决定或行动而承担赔偿责任。

（d）在履行职责时，代理人应该对授权的项目保持合理的注意。

（e）根据本州法律对被保护人的授权，代理人要服从本州法庭的司法管辖。

评　注

这一新法条以《统一谨慎投资人法案》（Uniform Prudent Investor Act）第9条为基础，其本身来源于《信托法》第三次重述（the Restatement（Third）of Trusts）：谨慎投资人规则171（1992）（Prudent Investor Rule Section 171（1992））。统一谨慎投资人法案，不管其名称，探讨的内容超越了投资信托财产，它也涉及了很多其他主题，包括与信托保护有关的一般授权。法案的第9条被设计为取代《统一受托人权利法案》（1964）（Uniform Trustee Powers Act（1964））第3（24）条，其中先前的授权以此为基础。与1982法案323（c）（24）之授权而没有特别标准不同，本条规定了授权的注意标准。

本条的目的是鼓励和保护受托人在代理过程中做出适合特别保护的事实和环境的行为。本条被用来平衡代理的优点与隐患。保护人是否有特别授权的标准是谨慎的保护人在相似环境下是否会代理。本条不要求授权或保护人因为缺乏授权而承担责任。但根据其他条文，如果保护人没有代理或未尽到职责，要承担责任。参见第418条（保护人的一般责任）。

本条适用于代理人和共同保护人的授权。保护人授权给共同保护人的职责不一定也授权给代理人，反之亦然。这取决于特别保护的事实和情况。

根据（b）款（3），检查代理人表现的职责包括持续需要的定期评估和授权的适当性，包括终结关系的可能性。保护人执行这种责任也要保护被保护人避免过于宽泛的授权。

虽然（c）款免除了保护人对于代理人在遵守（a）款标准时的个人责任，但（d）款规定了代理人对保护的责任。

第 427 条　保护人的分配原则

（a）除非指定命令特别规定以及指定证书中记载或违反第 418 条的计划，保护人可以花费或分配被保护人财产的收入或本金，而无须法庭的继续授权，或对被保护人或实际上依赖被保护人的人的赡养、照顾、教育、健康和福利的证明，包括对孩子的抚养或对配偶赡养费的支付，要遵守以下规则：

（1）保护人应该考虑监护人对有关与被保护人或实际上依赖被保护人的赡养、照顾、教育和福利有关的建议，如果被保护人是未成年人，要考虑父母的建议。

（2）保护人不必支付根据父母或监护人的建议为被保护人或实际上依赖被保护人提供照料、教育或使其获益的人的费用。除非保护人知道父母或监护人从中得到个人利益，包括任何个人赡养义务的救济，或者这些建议不体现被保护人的最佳利益。

（3）根据本条分配时，保护人应该考虑：

（A）财产的规模，保护期限的评估，以及在未来某时，被保护人可以具有完全能力，自己保护商业事务和财产的可能性；

（B）被保护人和事实依赖于被保护人的通常生活标准；

（C）其他用于扶养被保护人的金钱或资源。

（4）根据本条的金钱花费，可以由保护人支付给任何人，包括被保护人，偿还保护人的花销或者对于被保护人的提前服务，如果是合理期望的服务以及提前支付是习惯性的或根据情况是合理需要的。

（b）如果财产对于（a）款授权的分配是充足的，保护人可以对非未成年人的被保护人做出其可能期望的赠与，以平均不超过历年中财产收入的 20％ 为限。

评　　注

本条阐述了保护人不断发展的分配的具体责任和权利。保护结束时的分配规定在第 431 条。关于因为被保护人死亡的终结的特别规则，规定在第 428 条。本条中的分配，可以不需要法庭的授权或确认而做出。

本条以 1982 法案 2 - 324 条（a）（b）（upc5 - 424（a）（b））为基础，但是有一些改变。可以分配的目录被扩展至包括健康和福利。依靠被保护人的分配授权被明确规定。"依靠"不限于那些被保护人有扶养义务的人，也提到了事实上依赖于被保护人的人，例如上大学的孩子和具有发育性残疾的成年子女。抚养孩子和配偶的支出现在明确包括在允许分配中。虽然第 411 条允许做出赠与，但只有根据法庭的命令。根据本条，保护人可以在没有法庭命令时做出赠与，如果其满足情况限制。

第 428 条　被保护人的死亡

（a）如果被保护人死亡，保护人应该交给法院任何已经由保护人占有的被保护人的遗嘱，通知遗嘱上有姓名的代理人或受益人，保留要转移给继承人的代表人或其他授权人的财产。

（b）如果在被保护人死亡 40 天内，没有指定个人代表并且指定的申请和要求也没有提交给法庭，那么保护人可以申请执行个人代表的权利和职责，保护和分配被继承人的遗产。申请给予保护人个人代表的权利和职责命令，在保护人向遗嘱上的个人代表发出通知后，法庭可以准予申请，决定对此没有异议，在保护证书记载，先前的被保护人已经死亡，保护人得到了所有个人代表的权利和职责。

（c）根据本条发布的对指定个人代表的命令（被规定在 3 - 308 和《统一遗嘱法典》第 3 条第 6 - 10 款。但是保护人名下的遗产，在保护后，可以分配给被继承人的继承人，无须再重新转移给作为个人代表的保护人。

评　　注

（a）列举了在被保护人死亡时保护人被要求的责任。保护人必须交给法院任何可能已经由保护人占有的被保护人的遗嘱，通知遗嘱上有姓名的个人代理人或接受遗嘱者。保留保护财产，交付给个人代表人或其他授权人。

（b）和（c）款讨论了可能发生的特别问题，如果遗产的受益人没有指定被保护人遗产的个人代表，保护人将不能结束保护，因为没有给予被保护人财产的"继承人"。为使保护人迅速而有效的结束保护，本条规定了一个高效的程序，即保护人可以被指定为个人代表。条款加入括号有很多原因，首先，关于遗嘱的法典可能已经具体讨论过保护人申请作为个人代表的权利或保护人直接分配财产给受益人的权利。其次，（b）和（c）款不是法案运行的必要内容，立法可以选择删除。虽然州立法可能不具体授权保护人申请作为个人代表，保护人就像任何其他持有被继承人财产的人，最终可以影响分配。最后，（b）款是为那些通过《统一遗嘱法典》（Uniform Probate Code）的州特别定制的，允许对个人代表的指定无需先通知遗产受益人。例如，通过这个法案的州也应该通过 upc，保护人和个人代表被要求在 30 天内送达通知。参见 upc3 - 705。那些要求在指定个人代表前通知利害关系人的州，应该修改（b）款。

本条以 1982 法案 2 - 324 条（e）（upc5 - 424（e））为基础。

第 429 条　申请的提出和允许

（a）保护人可以在保护成立之前或者成立过程中，针对向保护财产或被保护人提出的申请，根据（d）款的优先顺序，支付或者拒绝支付相应财产。申请人可以通过以下方式提出申请：

（1）向保护人寄送或送达一份书面申请，记载申请理由、申请人姓名和地址以及申请数额；

（2）以法院可接收的方式提交书面申请，由法院办事员将副本送达给保护人。

（b）申请在保护人书面签收时或者法院立案时生效。发生在先者效力在先。如果保护人在收到申请书后 60 日内交给申请人，则申请视为被允许。保护人在支付前可允许或驳回部分或全部申请，但不能在法院命令或判决后修改。对申请费用的限制在申请被驳回后 30 日内有效。

（c）被拒绝的申请人可以在限制期限解除后随时向法院提起诉讼，基于证据寻求法庭允许、支付或保证财产安全。如果在指定保护人时针对被保护人的一项程序被中止，或者指定保护人之后启动了一项针对被保护人的程序，动议方应就任何可能影响财产的程序及时通知保护人。

（d）如果一项财产不足以支付全部申请，保护人需将其变现或者以下列顺序进行支付：

（1）行政费用；

（2）联邦或州政府依据其他法律享有优先权的申请；

（3）保护人提出的申请，关于之前保护人为被保护人或依靠被保护人生存的人支付的支持、照顾、教育、健康、福利等方面的费用；

（4）保护成立前的申请；

（5）其他任何申请。

（e）同一顺序的申请人不享有优先权，到期的申请对于尚未到期的申请也没有优先权。

（f）如果被保护人的财产足以支付所有申请，法院应根据被保护人最佳利益原则，命令保护人在未来的日子以安全的方式支付部分或全部请求。

评　论

本条款提供关于申请快捷支付和解决办法的程序规定。如果财产不足以满足所有债权，款项将以（d）款中规定的优先顺序（予以支付）。（a）款规定提供了保护人的支付方式以及申请提交的方式。

（d）款应当与破产法一起适用，这并不排除有资格破产的被保护人的破产申请。

本条款是依据 1982 年的 upc 法案（第 5 - 247 条）制定的，借鉴了 upc 法案第三条第 8 部分关于申请程序的规定，但是对于（d）款优先顺序的规定则是为继承财产中的保护部分设计的。1982 年的法案已被修正，与 1987 年法案第 3 - 806 条的修正相协调。这一规定的效果是明确了保护人在支付或法院命令之前可以改变允许申请的态度为不允许。此外（d）款第 3 项已被修正以符合第 427 条的分配规则。

第 430 条　保护人的个人责任

（a）除非另有约定，保护人在管理财产过程中对尽到信托责任的合同行为不承担责任，除非保护人没有在合同中显示代表能力并明确财产。

（b）保护人对因财产所有和保护产生的义务，或者其他在保护财产中发生的行为或疏忽有过错的，要承担个人责任。

（c）对于保护人基于信托能力签订的合同、基于控制或保护财产产生的责任以及因保护财产产生的侵权行为而发生的索赔，可以就保护人的信托责任提起诉讼，不论其是否应对此负个人责任。

（d）财产和保护人个人之间的责任问题，可以通过解释、罚款、赔偿或其他适当的程序或行动解决。

【（e）仅仅拥有第 421 条给予的原因，保护人不对任何环境或在陆地环境发生的伤害负责。】

评 注

（a）款是非常有意义的，他规定保护人一般不对其签订的合同负个人责任，只要保护人在合同中显示了代表能力并且明确了财产。在这种情况下对财产的责任是有限制的。但是如果合同明确做出规定，那么保护人要承担责任。

（b）款改变了普通法规则，即保护人作为信托人对于因保护财产而产生的侵权行为承担责任，不管其是否有过错。如果保护人有个人过错，即保护人的侵权行为是其故意或过失造成的，则本条中的责任保护不适用。

（c）款确定了责任范围，在没有特别合意或其他情况下，保护人只在代表责任的范围内承担责任。

（e）款认识到不断增长的土地环境问题，必须由保护人解决。本条使保护人从根据第421条被保护人财产的自动转移而可能发生的责任中解脱出来。对于保护人的行为，根据州或联邦的环境法案或条款，保护人的责任一般限于保护人能力可控制的财产。保护人可能因为自己的疏忽引起环境问题或潜在的环境问题而承担责任。保护人是否对涉及环境问题承担责任，取决于州和联邦环境法的规定，包括 CERCLA（Comprehensive Environmental Response, Compensation and Liability Act），found at 42 U. S. C. § 9601 et seq.

本条中，括号对立法是一个标志，应该扩展（e）款的语言形式到其他可能的立法，可能规定信托人对环境条件承担责任的其他情况。

本条以1982法案第2 – 238条为基础（upc5 – 428）。本条除了（e）款，与upc3 – 808（个人代理）和7 – 306（受托人）相似。

第431条 程序终止

（a）保护因被保护人死亡或法庭命令而终止。如果保护人是未成年人，因未成年而设立的保护，在被保护人达到成年或不受约束时终止。

（b）在被保护人死亡时，保护人应该在财产分配给继承人时结束保护。保护人应该在财产分配后30天内提交一份最终报告并申请离开。

（c）根据被保护人、保护人或其他对被保护人有利益关系人的申请，如果被保护人不再需要保护人的辅助或保护，法庭可以终止保护。保护终止不影响保护人先前行为的责任或者对被保护人的基金或财产的审计义务。

（d）除非法庭为正当理由发布命令，在保护终止前，法庭应该按照正常的程序保护被保护人的权利。根据支持终止的初步证据，法庭应该命令终止保护，除非继续保护对被保护人是最有利的。

（e）保护终止时，不论保护人是否正式分配了财产，财产所有权交与先前的被保护人或其继承人。终止的命令必须包含保护的花费，要求保护人执行合理的措施以证明所有权的转移或者确认先前做出的分配，提交最终报告并且在报告通过后申请离开。

（f）法庭应该在最终报告通过时，发布离开命令，保护人要满足法庭规定的其他离开条件。

评　注

本条是新规定。

保护的终止必须与特别指定保护人终止相区分。对于特别指定保护人终止，参见第112条。本条也不适用于保护关系的变更，其在第414条中讨论。

保护终止的，保护人在法庭批准最终报告后，才得到离开的命令。（b）款的"报告"涉及对金钱收入和花费的账目的全部和细节，以及其他包括保护人活动的描述。参见第420条的要求。报告缺少足够的细节法庭将不颁发最后离开的命令。直到最后命令的签署，保护人依然对先前行为和保护人财产和基金的审计承担责任。在通知和听证后，法院对所有先前设定的与保护有关的责任做出判决。参见420（a）。

如果州立法选择适用不同于（b）款规定的提交最终报告和申请离开的时间期限，那么其时间期限不能长于（b）款规定的30天。

（d）款要求法庭对终止申请适用与保护申请相同的程序，包括在相同情况下指定访问员和律师。保护终止的标准适用表面证据，意图使其比建立保护的标准低。一旦申请人完成表面证据，那么举证责任就转向反对一方，通过清晰和可信服的证据表明继续保护对被保护人是最有利的。证明标准与终止无行为能力人监护的标准类似。参见318（c）。

在发布离开命令前，法庭应该确认保护人已经对财产尽到足够的责任，合理地执行了命令并且交付了保护人控制的财产。

实施本条的程序，被保护人或利害关系人不需要提交经过法律援助的正式文件。对法庭的要求可以是非正式的。

1982年法案的终止规定，相当简略，可以在2-329中找到（upc 5-429）。

第 432 条 未经本地程序对外国保护人的债务支付与财产转移

（a）对被保护人有债务或占有被保护人的有形或无形财产的人可能需要向外国的保护人、财产监护人或者被保护人所在州的法庭指定的其他信托人偿还债务或者转移财产。支付或财产转移只有在指定证明和宣誓书由信托人做出，或代表信托人做出，表明与被保护人有关的诉讼在这个国家不是未决的，并且外国信托人被给予支付或接受财产转移的权利时方可进行。

（b）（a）款中的支付或财产转移排除债务人或占有人不知道保护诉讼未决的情况。

评 注

本条确认了拥有被保护人个人财产的人可能要转移财产给在其他州或其他国家的保护人，而不用担心承担责任。如果占有财产的人知道在这个州保护诉讼是未决的，则这一保护不适用。与产生该条的 1982 法案 2 - 330（upc5 - 430）不同，保护人不需要出示特别的宣誓书以获得本条的保护。第三人当然需要宣誓书或其他证明，以确定外国保护人确实有该项权利。

采纳本法的州，本条应该成为指定保护人所必需的，根据第 413 条（a）（1），保护人享有优先指定权，保护人也可申请辅助权利（第 433 条）。

第 433 条 外国保护人：权利证明；保证；权力

如果保护人没有在本国被指定，申请保护的诉讼在本国不是未决的，被保护人所在国指定的保护人可以向被保护人财产所在地的法庭提交指定证书副本和其他证明。此后，保护人可以行使本国保护人在本国的财产权利，采取行动或提起诉讼，除非牵涉到非本国的一方。

评 注

本条允许保护人在其他州或国家被指定，在（保护）执行州行使财产权利。本条特别适用被保护人在执行州拥有不动产的情况。个人财产一般可以根据第 432 条的规定被处理。

本条与第 107 条有差异，其包含管辖权转移到其他州或国家的情况。与第 107 条不同，其他州或国家的法庭保留了对保护的权力，保护人继续对那个法庭负责。本条仅允许保护人在执行州行使财产管理权。

本条以 1982 法案第 2 –331 条（upc5 –431）为基础。

第五章 其他规定

第501条 适用和解释的统一性

适用和解释本法案，必须考虑各州对与所涉事务的立法统一性。

第502条 终止条款

如果本条款对任何人或任何情况无效，不妨碍其他条款的效力，本法的条款可以分别适用。

第503条 生效时间

第504条 废 除

老年人监护：保护能力减弱的老年人的权利和福利[*]

由美国参议院老年特别委员会高级参议员 Gordon H. Smith 及主席 Herb Kohl
发布，该文件仅提供信息，并不代表该委员会将正式采纳该建议
2007 年 12 月
翻译：潘　瑶[**]*田　野[***]
校对：王竹青[****]

引　言

未来几十年中，美国将会面临老年人口的空前增长。到 2030 年，65
岁及以上的人口数量将从 2000 年的 3500 万增长至 7150 万，增长一倍多。
随着老年人口的增长，出现阿兹海默症及痴呆等认知障碍问题的人口数量
也会增长。这一趋势将会带来更多对认知障碍老年人监护的需求。监护是
授权自然人或实体为个人做出人身或财产决定的法律工具，如果没有合理
监督，监护会给老年人带来潜在的伤害。越来越多的虐待老年人事件，以
及关于法院和各州未能防止监护人虐待能力丧失的老年人的事件已经引起
老年委员会的持续关注（参见附录 I：参议院老年特别委员会举行的监护
听证会和论坛）。

2006 年 9 月 7 日，在参议员 Gordon H. Smith 的召集下，参议院老年特
别委员会举行了一次关于老年人监护的听证会，解释了相关项目的进展及
挑战。在听证会上，委员会建议应该引起现在的监护系统对老年人监护问
题的关注并提出建议。这一报告基于听证会上的证词、对老年人监护领域

---

　　* GUARDIANSHIP FOR THE ELDERLY: PROTECTING THE RIGHTS AND WELFARE OF SEN-
IORS WITH REDUCED CAPACITY. This document has been printed for information purposes. It does not
represent findings or recommendations formally adopted by the Committee. 2007.

　　** 潘瑶：北京师范大学社会发展与公共政策学院工作，美国哥伦比亚大学硕士。

　　*** 田野：中国人民大学法学院博士研究生。

　　**** 王竹青：北京科技大学文法学院副教授，美国哥伦比亚大学 2010—2011 年度访问学者。

的专家访谈、文献回顾以及对委员会于 2006 年 12 月提出的提高监护系统的回应的建议。

在这些努力的基础上，我们发现自 1987 年美联社首次发表对法律系统无法保护老年人免受虐待、疏忽和利用的谴责以来，这一状况已经有所好转。例如，一些州已经立法规范对于丧失能力的老年人的监护并制定实施标准。不幸的是，我们发现很多问题依旧存在，包括替代性措施的不充分使用，例如基于被监护人的残存能力而指定的临时监护等。另外，很多法院不能或不愿充分监督他们指定的监护人，一旦监护人显得能力不足或不能够被信任，法院会很快撤销他们的监护权。

这个报告旨在帮助国会议员、议会成员以及其他相关人士理解并回应随着能力减退老年人数量的增多而出现的问题。报告检视了监护的相关问题，描述了最近为提升监护系统而做的工作，总结了做出改变的提议，并对政府的各个层面提出了建议。那些对于我们提议做出的响应、监护领域人员提出的观点和其他相关领域提供的信息在很大程度上帮助我们理解这一问题并提出积极的改变途径。

一、监护：目的、参与者和过程

简而言之，监护[1]是"……通过州法律建立的一种关系，是指法院赋予一个自然人或实体（监护人）责任和权利为另一个人（被监护人或无行为能力的人）做出关于人身或财产的决定"[2]。在这个国家，当法官认定一个成年人缺乏为自己的生活或财产做出决定的能力时，就会指定一个监护人。对于一个脆弱的老年人而言，监护是保障其人身及财产安全的重要工具。然而，要意识到当适用完全监护时，监护人拥有老年人的基本权利，被监护人将没有管理其财务、买卖财产、做出医疗决定、结婚、选举或签订合同等权利。因此，为保护老年人，监护和老年人的自主决定权必须被认真权衡。

当决定保护一个被监护人时，法院会为无行为能力人指定完全监护或限制监护。一旦适用完全监护，被监护人的自主权转移给监护人，监护人

---

[1] 在本报告中，术语"监护"与"保护"作为同义词使用，指对无行为能力人的人身和财产负责。

[2] Pamela B. Teaster, Erica F. Wood, Naomi Karp, Susan A. Lawrence, Winsor C. Schmidt, Jr., and Marta S. Mendiondo：《被监护人的情况：对公共监护责任的全国研究》，退休研究基金，2005 年 4 月。

拥有处理被监护人的人身及财产相关事务的全部权利。监护人的责任包括保障被监护人居住在合理的地方、做出医疗决定、安排照护者、保护被监护人的财务、负责被监护人的财务支出等。如果适用限制监护，法院会在评估被监护人的行为能力后确定监护人应该行使的监护职责。

（一）监护类型

法院依靠各种私人、专业人员、私立或公立实体来充当监护人。如果家庭成员愿意并能够为无行为能力人提供服务，且和无行为能力人没有利益冲突，法院一般倾向于指定家庭成员即无行为能力老年人的血缘或婚姻亲属。❸ 如果没有合适的监护候选人，经过法院判定，被监护人的朋友或邻居也可以成为监护人。

近年来，监护人的需求增长带动了相关服务行业的出现。如果没有家庭成员或朋友作为监护人，私人专业监护人、营利或非营利专业监护实体也可以充当监护人。私人专业监护人一般同时为多个无行为能力客户提供服务。专业监护人实体包括银行及其他财务机构等。

和监护相关的律师及法律费用以及监护人管理无行为能力人产生的费用，一般由无行为能力的成年人承担。每个州都有一些公共监护项目服务于那些经济能力有限而不能负担全部开支或没有家庭成员及朋友愿意并有能力为其提供服务的无行为能力人。❹ 这个群体被称作"无人帮助"的无行为能力群体。❺ 不同于私人专业监护人，公共监护人由州或当地政府出资。❻ 这些项目由州或当地政府运行，部分工作人员由志愿者组成。一些州会和提供公共监护服务的组织签订合同。公共监护人还可以充当无行为能力人的代表人或代理人，管理被监护人的社会保障或退伍军人福利收益。❼ 他们也会作为诉讼监护人❽或法院调查人积极配合法院指定监护人。公共监护项目会提供社会服务、案件管理、成年人保护服务和公众教育。公共监护人有时会协助私人监护人。

---

❸ 现在，估计有4440万个家庭成员为能力下降的老人提供照顾，使他们能够继续生活在自己的家中。但是，根据美国人口局的报告，未来大部分老人将独自生活，极少数会有家庭成员照顾他们。

❹ 现在，哥伦比亚特区正考虑设立一项公共监护项目。

❺ Teaster and others：《被监护人的情况》，第5页。

❻ 被代理人可以负担的费用算作公共监护项目接收的一部分，但是这一群体中的很多人没有资源支付公共监护费用。

❼ 指给予其他人代理权或健康照护的代理，例如有时候是指代理决策人。

❽ 作为诉讼代理人的监护人是被法院指定的代表未成年人或无行为能力成年人最佳利益的人。

（二）设立监护

设立监护是州法院的权限，联邦政府并不管理或直接资助州法院监护的运行。在每个州，设立监护的过程包括"前端"的行为能力判定和指定监护人，以及"后端"的监护人问责和法庭监督过程。州法院管理这一过程，法官拥有执行这一过程的决定权，包括判定行为能力、限制监护人以及对监护的监督等。因此，设立监护的前端及后端过程因州、法院和法官的不同而大不相同。

总体来说，各州关于监护的法律规定了表1显示的所有或部分监护内容。

表1　州法律规定的监护类型

设立监护的开始阶段	• 定义行为能力
	• 谁可以提出申请
	• 申请需要包括的内容
设立监护的通知	• 谁需要接到听证通知
	• 通知的时间和格式
	• 告知潜在被监护人权利及后果
	• 放弃通知的权利
设立监护过程中的代表及调查	• 被宣称无行为能力人咨询的权利
	• 咨询的角色
	• 法定监护人的介入
	• 访问无行为能力人
	• 行为能力的评估
设立监护的行为及结果	• 设定听证日期和地点
	• 潜在被监护人参加听证会和审理的权利
	• 证据的标准
	• 要求的结果
	• 指定监护的内容
监督已设立的监护	• 审查和进度报告的要求和频率
	• 法院检查
	• 听证会后调查
	• 对监护人的制裁

资料来源：改编自美国律师协会老年法委员会编辑的各州的监护法律。（http：//www.abanet.org/aging/legislativeupdates/）

监护的设立通常开始于家人、朋友、公共机构及其他利益相关方对法院提出关于成年人无行为能力的申请。疑似的忽视或虐待，或某一利益相关方对脆弱老年人的安全和福利的担心等，可成为提起监护申请的事由。各州设立监护的程序包括保障被宣告为无行为能力人对于诉讼程序及对其行为能力申请评估的权利。这一过程要求法官在听证会上呈现关于潜在被监护人能力的调查结果、指定监护人及监护人的权利和责任。一旦监护成立，法院有责任定期检查监护人的执行状况，确保监护人有效地完成其责任以保证被监护人的最佳利益。

法院有权利扩大或减小监护范围，撤销监护人（若其未能履行责任），或当被监护人恢复能力后终止监护的恢复被监护人的权利。然而，如果被监护人不能控制自己的财务，他们将很难证明自己有行为能力，也很难获得法律咨询。

二、替代监护

尽管监护的目的在于保护无行为能力的成年人不受疏忽、虐待和财务利用，但它是有代价的，因此监护被认为是不得已的方法。为了获得保护，被监护人将放弃基本权利，这包括选举权、婚姻权、决定住所权和为自己健康做决定的权利。监护也是一个昂贵的议题，需要花费被监护人的资金和公共资金。❾ 而且，如果监护人由于资历不够或不愿意为被监护人提供最好的服务，或者他们的行为被法院认定是不负责任的，将对被监护人带来伤害。在 2003 年美国国会老年特别委员会的一个关于老年人监护的听证会上，委员会主席 Larry Craig 指出："讽刺的是，没有受到充分保护和监管的监护实际上会给这一职责的保护对象带来自由和财产的损失。"

可以使用很多受限更少的工具和方法来避免或迟延监护。这些监护的替代方式能够不通过法院而尊重无行为能力成年人的选择，包括他们对于谁应该在他们不能做决定时替他们做决定的选择。表 2 列出了一些常见的监护替代方式。

---

❾ 根据摩尔特诺尔县成年人保护服务机构，如在俄勒冈地区的波特兰，与监护有关的律师和法庭费用总体估计要从＄2226 到＄4162，甚至更高。这种估计包括：＄1800 到＄2500 对非紧急监护的律师费；＄2000 到＄2800 对紧急监护的律师费；＄2800 或者更多的对监护异议的律师费；＄78 到＄729 法庭申请费用；＄240 到＄480 法庭监督费用和＄30 到＄75 的程序服务费。

表 2 监护的替代方式

替代	替代的效果
持续性代理权	持续性代理权允许一个人在有行为能力时给予另一个人在其无行为能力时代替其做决定的权利。持续性代理权通常是关于财产的决定，但也和健康有关。
信托	信托使一个人（委托人）将对于财产的所有权转移给信托，由一个受托人管理，使委托人受益。当委托人出现无行为能力情况时，受托人将对其财产进行管理。
共有	对于土地或银行账户的共同所有权使得共同所有者管理无行为能力者的财产。
自愿财产监护	仅在个别州执行。担心自己将会失去行为能力的人可以在法院的监督下安排财产管理。
日常金钱管理	日常金钱管理帮助人们解决财务事宜，包括支票存入和开具、核对文票户头、支付账单、保险申请准备、税费准备和咨询以及公共收益的申请和咨询。日常金钱管理是自愿的，当事人必须具有要求或接受服务的能力。
收款代表人	收款代表人由政府机构指定，负责为受益人接受、管理和支出政府收益。一个受益人可以指定收款代表人，但是机构一般会在受益人没有能力管理收益的时候指定收款代表人。收款代表人的权利仅限于管理政府资金。
生前遗嘱	生前遗嘱指对于患有不治之症并接近死亡或处于"长期植物人状态"而不能够作出医疗决定的状态给予的治疗指示。一般来讲，法律将指示限定于撤走维持生命的设备或阻止延长生命的过程。
卫生健康代理权	卫生健康代理权允许某人指定一个机构或代理人在其不能做决定的时候作出医疗决定。它可以包括任何形式的医疗决定，也可以包含对于所希望的医疗类型和程度的指示。
卫生健康事前指导	卫生健康事前指导是卫生健康代理权和生前遗嘱的结合形式。
卫生健康代理或家属同意法	卫生健康代理或家属同意法赋予因残疾、疾病和伤害或没有指定他人代理而不能做出医疗决定的成年人的相关人群（配偶、子女或父母）法律权利，为他们做出医疗决定。

资料来源：《法律和老年人的事实》，特区：美国律师协会，1998 年版权。表格得到美国律师协会的允许。

这些规划工具例如持续性代理权、卫生健康代理权、生前遗嘱的主要优点是他们很容易创建，很灵活且易于撤销。缺点是代理人是否遵循无行为能力人的意愿缺乏保证，并且没有法院监督。同样，共同银行账户等很容易建立，但如果共同所有人被证明是不可信任的，则会存在相似的风险。

三、监护事项

监护人虐待、忽视和剥削无行为能力人事件引发了一些关于法院的管理和监督监护权的争议。❿ 例如，为确保一个无行为能力人的健康和安全，在需要立即采取措施的情况下，法官会依照自己的判断指定一名紧急监护人，这一情况被一些州的长期护理监察员认为是有问题的。紧急指定，就其性质而言，立即否认了被监护人的正当程序权利。此外，有可能会使一些法院倾向使用紧急监护来规避更全面、更长久和更昂贵的调查要求，尽管这种情况不常出现。⓫

（一）判断能力

无行为能力人可能会保留一些自我决定的能力，理想情况下，应该尽最大努力根据被监护人保留能力的程度来量身定制监护类型。然而，制定有限定的监护要求，须先制定一个比许多法院现在使用的标准更客观的标准，对能力进行评估。⓬ 基于残留的功能对能力进行评估，可能需要考虑能力在环境中的形成和短暂性等特点。能力是在环境中形成的，因为不同程度的能力需要不同的任务和状态，因为人会有相对明朗和混乱两个时期。在任何特定的时间点，能力还可能受外部因素的影响，如睡眠不足或用药等。

（二）公共监护人短缺

许多在监护社区的人都表明，公共监护项目应该服务于所有有需要的

---

❿　在20世纪70年代早期开始的研究，认为监护或其他成年人保护程序对被监护人没有太多好处。监护申请人经常为了第三方的利益或以此为动机提交申请，尽管是有意义的，但是对弱者没有帮助。参见 G. Alexander 和 T. Lewin：《老年人和对替代管理的需求》，纽约：锡拉丘兹大学出版社，1972年。

⓫　全国疗养机构改革公民联盟（NCCNHR），第31届年会，与会者讨论了紧急监护的使用、依靠监护的居民权利和自我决定，2006年10月22日。

⓬　例如，一个美国退休人员协会的对监护人的培训模块就把能力定义为可以自愿（不受强迫）做出知会或交流的能力。术语"知会"（informed）被用来描述当事人的情况，而不是用非常主观的术语如"理性"（rational）或"合理"（reasonable）。

人。[13] 最近的一项研究得出的结论是在各州，"对公共监护及其他替代决策服务的需要显著地未被满足"。[14] 这项研究发现，虽然这些项目服务的人群与过去相比呈现年轻化趋势而且大多数客户都是制度化的，但不断增长的老年人口将会使公共监护人的需求在未来增加，这一结论并非没有道理。美国人口普查局预测，低收入的老年人在未来 20 年左右的增长，也显示了未来潜在的公共监护人需求的增长。2002 年，21% 的 65 岁及以上的人生活在贫困中，另外 10% 被归为低收入人群。如果这些比例保持稳定，穷人或低收入的老年人数量将会从 2002 年的大约 1360 万增加到 2030 年的 2700万。[15]

（三）法院对监护的监督

一般来说，大家都认为对监护应进行监督，以确保被监护人的福利，阻止和鉴别监护人忽视、虐待和剥削被监护人，制裁监护人渎职。法院对监护监督的缺乏在 1982 年被认识到，当时是由佛罗里达州戴德县大陪审团调查发现的。[16] 1986 年，公众开始广泛关注保护老年人福祉的监护制度的失败。美联社公布的一项全国性研究结果揭露了法庭监督的失败。[17] 继此之后，许多州颁布法律改革监护程序。然而，这些法规并不总能被法官执行，[18] 法院在防止老年人遭受虐待方面失败的报道仍在继续。

2002 年，哥伦比亚特区上诉法院推翻了下级法院对一个当时 87 岁的老年人 Mollie Orshansk（一个华盛顿特区居民）指定监护人的决定。[19] 上诉法院裁定，下级法院不顾老年人事前指示并计划住在她纽约的家人附近的决定，滥用自由裁量权。这引发了一个华盛顿邮报的调查，其结论是存在"混乱的记录保管，监管不严和低期待……"华盛顿高级法院认为这滋长了监护人很少会因忽略、虐待和剥削被监护人而被问责的风气。[20]

---

[13] 弗吉尼亚州、佛罗里达州和马萨诸塞州都公布了关于本州监护人短缺的统计。

[14] Teaster and others：《被监护人的情况》。

[15] 基于 2004 年《老年美国人》公布的数据：《幸福的关键指标》和 2006 年《老年美国人》：《幸福的关键指标》，对老年人相关统计的联邦跨部门论坛。

[16] Dade 县的大陪审团，陪审团最终报告，迈阿密、佛罗里达州：州检察长办公室，1982。

[17] 美联社报道：《老年人监护：一个生病的系统》，1987 年 9 月。

[18] Teaster and others：《被监护人的情况》，第 3 页。

[19] In Re Mollie Orshansky，804 A. 2d 1077（D. C. App. 2002）。

[20] Carol D. Leonnig, Lena H. Sun, and Sarah Cohen：《在特区中错位的信托/监护：在法庭上，容易变为弱者》，《华盛顿邮报》，2003 年 6 月 15—16 日，and Sarah Cohen, Carol D. Leonnig, and April Witt：《错位的信托：监护人在控制》，《华盛顿邮报》，2003 年 6 月 16 日。

得克萨斯州的《达拉斯晨报》2004 年的调查㉑和洛杉矶的《洛杉矶时报》2005 年的调查㉒得出了相同的结论。2006 年,备受瞩目的布鲁克·阿斯特案再一次引发了人们对老年被监护人困境的关注。㉓同一年由美国退休人员协会和美国律师协会(ABA)委员会发表的关于监护监督的事实,进一步警告说,"人口与社会"的转变增加了监护案件的数量、虐待长者的事件以及公共和私人监护机构的高发案率,因此要强调有效的法院监督的重要性和必要性。㉔ 与近年来其他媒体的调查结果相一致,这项研究的结论是,虽然法庭监督有一些进步,但还有改进的余地。研究发现,监督技术仅被法院最低限度地使用,监督监护人的培训和资金缺乏,审查监护人报告以及探访被监护人并不多见,志愿者利用不足,法院没有充分利用现有社区资源来协助监督监护人。

(四)监护及其结果的数据

为了充分地监督这些情况,防止虐待老年人,很少有人会质疑关于监护的精确和可靠的数据的重要性。2004 年,政府问责局(GAO)的报告涉及无行为能力老年人监护案例的数据严重缺乏。㉕ 2006 年,美国律师协会发出了类似的结果报告。㉖ 基于对 56 个州和地区法院的行政调查,ABA 的报告得出的结论是大多数州没有监护案例数据,在任何州都没有完善的制度以获取监护案例的数据,也没有监护案例中虐待老年人的数据。虽然有一些有希望的做法可以收集有效的管理监护案例和防止虐待老年人问题所需要的数据,但实施这些做法涉及的成本和负担是令人望而却步的。

(五)联邦收款代表人项目

对老年人提供福利的联邦机构,如社会保障局(SSA)和退伍军人事务部(VA),确定并指定专人为那些不能以自己的名义管理这些福利的受

㉑　Lee Hancock, and Kim Horner:《忽视的状态:年老,孤独和被遗忘》,《达拉斯晨报》,2004 年 12 月 19 日,州法院:《忽视:缺失连接》,《达拉斯晨报》,2003 年 12 月 20—21 版。

㉒　Robin Fields, Evelyn Larrubia, and Jack Leonard:《为利益的监护》,《洛杉矶时报》,2005 年 11 月 13—16 版。

㉓　Serge F. Kovaleski:《阿斯特夫人的儿子放弃对她的遗产控制》,《纽约时报》,2006 年 10 月 14 日。

㉔　Naomi Karp, and Erica Wood:《监督监护人:全国法庭实践调查》,特区:AARP 公共政策机构和 ABA 法律和老年人委员会,2006 年 6 月。

㉕　GAO:《监护:保护无行为能力老年人需要的合作》,GAO - 04 - 655(华盛顿特区:2004 年 7 月 13 日)。

㉖　Erica F. Wood:《州层面的监护数据:一项探索调查》,美国律师协会老年人和法律委员会,华盛顿特区,2006 年 8 月。

益者处理现金支付。被分配这项职责的人或机构就是收款代表人，联邦机构负责监督收款代表人。2004 年，有超过 70 万的 SSA 受益者和超过 4.6 万的 VA 受益者拥有收款代表人。监督收款代表人的程序，不同的联邦机构有所不同。

联邦收款代表人和州监护项目独立运作，但他们经常为同样的无行为能力的老年人服务。如无行为能力人已经被联邦机构分配了收款代表人，州法院可以决定该人不再需要一个监护人。在这种情况下，州法院对收款代表人没有任何监督权利。联邦机构可能要依赖州法院对无行为能力的认定来委派收款代表人，但是一个非专业人士的声明也被认为是受益人没有能力处理自己事务的充分证据。如果受益人已经有法院指定的监护人，联邦机构可以选择将监护人任命为收款代表人，在这种情况下，监护人将受联邦政府机构的监督。

四、提高监护实践

在联邦和州的层面近些年都有许多旨在提高老年人监护的创造性举措。

（一）文斯潘和文斯潘建议

1988 年 7 月，律师协会老年法律事务委员会和智力残障人士委员会召开了第一届（共两届）国家监护研讨会，旨在提高所谓的无行为能力的成年人的程序性权利，并满足他们的需要。第一届研讨会被称为文斯普瑞德（会议中心的名称），在监护领域工作的广大专业人士一致同意了 31 项提高监护的建议，涵盖的主题包括正当法律程序和无行为能力的认定。2001 年年底全国第二届研讨会，被称为文斯潘，再一次汇聚了更多不同监护领域的专业人员。这一次，与会者产生了 68 项建议，涵盖六大主题：

（1）总体需求；
（2）转移和调解；
（3）正当法律程序；
（4）机构监护和监护标准；
（5）监督和问责制；
（6）律师作为受托人或受托人的法律顾问。

在一般情况下，建议要求所有参与监护过程的人接受教育和培训，研究确定监护方案、为谁服务、如何服务并为各类改革提供资金。文斯潘会议之后，一些与会者形成了国家监护网络以进一步在全国范围内协调监护改革，并努力激发全国关于监护问题的意识。❷ 2004 年，国家老年人法律师学院、国家监护协会和国家遗嘱认证法官学院再次相聚在文斯潘执行会议上，继续推动监护政策和实践。他们的目标是建立一个国家、州和地方行动蓝图。他们的行动步骤分为五类：

- 跨学科委员会；
- 跨境管辖、数据收集和募集资金；
- 培训认证和司法专业化；
- 适当和最少限制的监护；
- 监护监督。

（二）州监护法

1997 年，统一州法全国委员会（NCCUSL）修改了统一监护和保护程序法案，这一法案在 1982 年经统一州法全国委员会批准。该法案包含对成年人和未成年人监护定义和适用的一般性规定。它强调有限监护，指出监护应被视为"最后的手段"；无论何时作出决定，监护人都要尽可能经常与被监护人进行协商。它促进采用无行为能力的功能性定义；并且如果被监护人还保留某种程度的能力，应该使用限制较少的替代监护的其他方式。该法还规定监护人被任命之前的特定程序，包括听证会送达通知书、采用法庭指定的访客调查的请愿书的有效期、允许/需要律师和对无行为能力的成年人的专业评估，并要求未来的监护人和被监护人参加听证会。对于设立监护提出比恢复被监护人权利更高的要求。最后，该法要求法院设立一个系统来监督监护人的表现并建立监护人报告制度。

过去的几年中，该法为各州制定自己的监护法提供了一个模型。美国律师协会随着时间的推移跟踪各州监护法的变化。他们用图表描述的这些规定以及这些图表的年度更新（http：//www. abanet. org/aging/legislative-updates/）显著地证明了各州在设立监护、保护人身权利和监督方面所取得的成就。

设立监护：监护程序通常以监护的申请开始，然后举行一个听证会以确定申请的有效性。大多数州的法律最初对申请的要求只是简单地有明确和令人信服的证据。一些州将这个决定留给法官，将其建立在法院满意度的基础上。现在所有州都已经制定了有关听证会何时举行的法律。有些州

---

❷ 全国监护网络成员包括：美国律师协会——老年人和法律委员会，不动产、遗产和信托法部门，美国信托和遗产律师学院，全国老年法律师学术会议，州法院全国中心，全国遗嘱认证法官学院，全国监护组织和全国监护基金。

还特别限制时限；在时限内提交申请后，听证会可以举行，例如 15 天或 4 个月。有趣的是，有些州还规定了听证会应该"如何"进行的问题，而不是何时举行的问题。例如，堪萨斯州法律规定监护程序应该以"一种非正式但是与有序过程一致的方式"进行。大多数州没有提及听证会的地点以及被强制要求出席的人员。然而，许多州都为潜在的被监护人提供一个"出现机会"。最后，"如果要求"，可以提供陪审团。

保护人身权利：多数州考虑和定义潜在被监护人的法律地位、律师帮助权和听证会通知。大多数州使用的术语"丧失能力"（incapacitated）或"无能力"（incompetent）来指代缺乏足够的认知能力或者进行有效沟通。42 个州使用"功能性"（functionality）来形容潜在被监护人的能力。42 个州，尽管不一定相同地使用功能这一词，但都需要医疗评估，在此基础上确立被监护人的法律地位和随后需要进行的监护。此外，大多数州规定提供法庭指定的律师。粗略地说，27 个州要求有一名律师，因此法庭需要任命一名律师。19 个州含糊地要求有律师。较少的州考虑将被监护人的诉讼监护人代替律师，或法院指定，或以其他方式确定。

各州对听证会通知的要求有所不同。人们普遍认为所有潜在被监护人和监护人需要收到关于诉讼的任何通知。对于绝大多数州，通知家庭成员和配偶可能是必需的。有些州特别提到要通知申请人和继承人。

监督和报告：一旦监护成立，州法律规定了一些监督机制。监护人委任后，一些州要求从 1 个月到 6 个月不等的报告，而大多数州要求年度报告。这些报告包含状况报告，其中包括从"被监护人和财产的状况"到"状态、状况、居住安排、活动、地址和联系方式、服务、行动（和）监护权执行报告，在获委任 90 天后"。有这种监督类型的州会指定不同的人为法庭提供评论。这些受委任的人士，包括巡督员、管理人、法庭的办事员还有调查员。大约一半的州要求对听证后的状态进行评估和调查。这些状态报告的频率各州各不相同。此外，有些州需要定期进行听证后的调查。最后，大多数法院有权采取适当的制裁，其中包括为被监护人的最佳利益或正当理由撤销监护人、罚款和追回资产。

联邦法关于老年人监护：联邦法对无行为能力的老年人的监护主要体现在美国老年人法案（OAA）。在过去的几年中保护老年人不被虐待的联邦立法也被引入，这可能会影响对老年人监护的管理。

美国老年人法案：OAA 在 1965 首次被写进法律。这一法案为美国的老年人提供了非常广泛的社会服务和项目，包括支持服务、送餐到家服务、社区就业服务，长期的监察专员项目服务旨在防止虐待、忽视和剥削

老年人。OAA 和它的服务在 2006 年被重新批准延期 5 年。㉘

在 2008 财政年度，OAA 的总统预算总额为 16.85 亿美元，与 2007 财政年度㉙的 17.95 亿美元㉚相比减少了 6%。OAA 包括以下为各州提供资金的补贴项目：

- 标题二，老年人管理（3182.9 万美元）
- 标题三，州和社区老年人项目的津贴（12.16 亿美元）㉛
- 标题四，有关健康、独立和寿命的活动（3548.5 万美元）
- 标题五，社区服务老年人的机会法案（3.5 亿美元）
- 标题六，美国原住民津贴（3237.7 万美元）
- 标题七，保护弱势老年人权益的活动（1916.6 万美元）

对于 2008 财政年度，美国参议院和众议院将通过年度拨款过程决定 OAA 实际的资金水平。截至本报告撰写时，以下的分配已经由参众两院在关于 2008 财政年度会议协议中提出：

参众两院已经提议在 2008 财政年度给 OAA 19.8 亿美元，比 2007 财政年度增加了 1.85 亿美元。

- 标题二，老年人管理（6811 万美元）
- 标题三，州和社区老年人项目的津贴（13.1 亿美元）
- 标题四，有关健康，独立和寿命的活动（1510 万美元）
- 标题五，社区服务老年人的机会法案（5.3 亿美元）
- 标题六，美国原住民津贴（3380.4 万美元）
- 标题七，保护弱势老年人权益的活动（2100 万美元）

联邦资金用于老年人监护项目的唯一来源就是 OAA。虽然联邦资金没有直接资助的监护项目，但各州可以选择使用 OAA 的联邦补助来支持这些项目。然而，这笔资金是非常有限的。根据美国国会研究服务部（Congressional Research Service）的研究，多数州用于资助监护项目的资金来源于标题七 B——预防虐待老年人，但所有的州的资金总数是微薄的 514.6

㉘ 《美国老年人法案 2006 年修正案》S. 3570（06/27/06）。

㉙ Angela Napili，国会研究服务：《老年人法：2007 财年资金和 2008 财年资金建议》，华盛顿特区：2007 年 8 月 27 日。

㉚ Angela Napili，国会研究服务：《老年人法：2007 财年资金和 2008 财年资金建议》，华盛顿特区：2007 年 8 月 27 日。

㉛ P. L. 109—365，《美国老年人法案 2006 年修正案》，修改了 III 的支持服务的方案，聚焦在营养服务、家庭营养传递服务、预防疾病和促进健康服务，以保证每州至少获得 2006 财年的规模，同时逐步规定保证每一个州分享 2006 财年总和资金的多余部分。

万美元（2007 财政年度）。此外，州可以选择使用联邦从 OAA 中拨款的标题三 A——支援服务及中心，总统 2008 年的预算要求这一部分有 3.50592 亿美元，与 2007 财政年度相比是定额预算。结果是，多数州不能或不依赖于联邦资金作为资助老年人监护项目的重要资金来源。

国家预防虐待老年人法：每天在每个地方都有美国老年人被虐待、忽略或剥削，但它经常不被发现和报道。关于虐待老年人的研究差别很大，据估计，在任何地方每年都有 50 万至 500 万美国老年人被虐待。根据冰山理论，[32]虐待老年人案件有 84% 可能没有报告。受害者不只受到虐待和忽视的伤害，他们死亡的风险也高出 3.1 倍。

联邦政府一直缓慢地应对受害者的需要。在过去的 20 年，美国国会已经提出事实和证据要求联邦政府合作打击虐待老年人问题。听证会已经召开，报告已经发出，但没有法律被颁布。多数专家认为联邦政府解决虐待老年人问题的工作落后于解决虐待儿童问题的工作 40 年，落后于打击家庭暴力的工作 20 年。

题为《国家虐待老年人发生率研究报告》（NEAIS）的最权威的虐待老人问题研究在 1998 年发布。[33]研究是基于 1996 年的数据，发现在国内 60 岁及以上老年人中有 449924 人 被虐待或忽视过。其中，这些事件中的 70942 起（16%）被报告给成人保护服务机构（APS），并被证实属实。但是剩余的 378982 起（84%）未报告给 APS。该研究估计，比起那些被报告的数量，有超过 5 倍的虐待和忽视案件没有报告给 APS。

研究结论认为，虐待老年人比虐待儿童更难以检测，因为一些对老年人的社会隔离可能增加虐待和忽视的风险，增加了外人能够检测到它的难度。该报告还指出，大约 90% 的指控显示施虐者与受害者有关联。在将近 45 万属实的各类老年人虐待报道中，大约 40%，或 220400 起，涉及某种形式的财政虐待。50 岁以上的人控制着至少 70% 的家庭净资产。因此，老年人是金融犯罪的目标也不奇怪，这类犯罪也将随着老龄潮的到来而增加。

在此背景下，老年人公正法案最早在 2002 年被提出，它在随后的国会中被重新提出，最近一次是在 2007 年，并且仍然是第一个全面解决各种形

---

[32]　关于老年人受虐的巨大数字每一年都不公布，参见老年人虐待国家中心、美国公共服务协会、Westat, Inc.：《全国老年人受虐发生率研究：最终报告》，华盛顿特区：1998 年 9 月。

[33]　老年人虐待国家中心、美国公共服务协会、Westat, Inc.：《全国老年人受虐发生率研究：最终报告》，华盛顿特区：1998 年 9 月。

式的虐待、忽视和剥削老年人的立法努力。老年人公正法案最近在第110届国会（S. 1070）被重新提出。如果通过成为法律，该法将采取一系列措施来预防和治理老年人虐待，包括监护制度。第一，它将通过联邦机构的协调委员会和虐待老年人问题的顾问委员会提供有关老年公正问题的联邦领导。第二，它将通过联合各种联邦、州、地方和私人机构来提高协作，以解决虐待老人问题。该法案将要求卫生部门官员、社会服务、执法、长期照护机构、消费者保护团体和家庭合作来共同应对这一问题。第三，通过在法医病理学和老年学两个领域培训卫生专业人员来提高专业知识，更好地检测虐待、忽视和剥削老年人的现象。第四，将加大关于虐待、忽视和剥削老年人的研究和培训。

（三）监护人和法院的道德与标准

国家监护协会（NGA）❸ 制定道德准则来指导家庭和专业监护人做出的决定；它还对监护人制定了实践标准，在每天的实践中应用，每天的实践往往超越了国家的法律对监护人的要求。由于无行为能力人必须将自己的基本权利交给一个监护人，道德规范要求监护人在代替被监护人做决定时，要本着最高程度的信任、忠诚和真实。该规范由有关决策的规则和一般原则、监护人和被监护人之间的关系、确定居住地、同意照顾、治疗和服务、财产管理、终止及监护的限制组成。

对于实际监护人标准，NGA 的目标一直是"……在理想化的标准和实际的限制之间寻求平衡，无论是对家庭成员或是专业监护人"。❸ NGA 对于监护人的标准包括以下方面：

（1）适用的法律；

（2）监护人与法庭的关系；

（3）监护人的专业与被监护人的关系；

（4）监护人与被监护人的家庭成员和朋友的关系；

（5）监护人与其他专家和被监护人服务提供者间的关系；

（6）知情同意；

（7）决策标准；

（8）最小限制性替代措施；

（9）被监护人的自主决定权；

---

❸　NGA 创建于1988年，以提升监护事件中的优秀标准。他的650个成员包括专业的和家庭的监护人、律师、法官、社会工作者、护士、医生、心理医生和其他专业人士。

❸　国家监护协会：《实践标准》，Bellefonte，宾夕法尼亚，2000年。

（10）监护人关于被监护人多样性和个人偏好的职责；

（11）保密；

（12）人身监护人的职责；

（13）人身监护人：初始及持续的责任；

（14）关于医疗的决策；

（15）关于阻止和终止医疗的决策；

（16）利益冲突：辅助及支援服务；

（17）财产监护人的职责；

（18）财产监护人：初始及持续的责任；

（19）物业管理；

（20）利益冲突：房地产、金融和商业服务；

（21）监护的终止和限制；

（22）监护服务费；

（23）多个监护人的管理；

（24）质量保证；

（25）监护服务的销售或购买。

还有一个由国家监护基金会（NGF）管理的国家注册监护人资格的项目。NGF 是 NGA 的一个联合基金会。想要成为 NGF 认证的监护人，候选人至少要满足以下条件：

- 年满 21 周岁；❸
- 有高中或同等学历；
- 有全少一年相关工作经验，有监护领域相关的学位，或完成了 NGF 提供的相关培训；
- 没有犯过重罪；
- 没有涉嫌欺诈、虚假陈述、重大遗漏、挪用、道德沦丧、盗窃或转移财产等民事诉讼；
- 被约束；
- 没有在保险公司或债券公司中为代位权诉讼负过责任；
- 通过 NGF 的考试获得监督的能力；
- 定期重新认证。

NGF 也有标准决定免除、撤销或暂停认证的情况以及与法庭对监护人的诉讼相一致的惩戒程序。

---

❸ 在佛罗里达州，候选人要至少年满 18 周岁。

　　为了规范逐渐发展的专职监护人行业，很多州都要求专职监护人取得资格证。到 2007 年 1 月，美国有 1277 位专职监护人，表 3 提供了各州通过认证的监护人的人数。

表3　截至2007 年1 月5 日各州国家认证监护人的人数

州	人数
阿拉巴马州（AL）	0
阿拉斯加州（AK）	21
亚利桑那州（AZ）	39
阿肯色州（AR）	0
加利福尼亚州（CA）	118
科罗拉多州（CO）	10
康涅狄格（CT）	0
特拉华州（DE）	5
哥伦比亚特区（DC）	0
佛罗里达州（FL）	404
乔治亚州（GA）	1
夏威夷（HI）	1
爱达荷（ID）	4
伊利诺伊州（IL）	81
印第安纳（IN）	17
爱荷华州（IA）	3
堪萨斯州（KA）	5
肯塔基州（KY）	5
路易斯安那州（LA）	7
缅因州（ME）	0
马里兰州（MA）	13
马萨诸塞州（MA）	6
密歇根州（MI）	58
明尼苏达州（MN）	23
密西西比（MS）	1
密苏里州（MO）	25
蒙大拿州（MT）	0

续表

州	人数
内布拉斯加州（NE）	1
内华达州（NV）	43
新罕布什尔州（NH）	16
新泽西州（NJ）	23
新墨西哥州（NM）	31
纽约（NY）	3
北卡罗来纳州（NC）	10
北达科他州（ND）	7
俄亥俄州（OH）	25
俄克拉荷马州（OK）	0
俄勒冈州（OR）	35
宾夕法尼亚州（PA）	18
罗德岛州（RI）	0
南卡罗来纳州（SC）	2
南达科他州（SD）	0
田纳西州	19
得克萨斯州	152
犹他州（UT）	7
佛蒙特州（VT）	0
弗吉尼亚州（VA）	2
华盛顿州（WA）	5
西维吉尼亚州（WV）	0
威斯康星州（WI）	29
怀俄明州（WY）	2
总计	1277

资料来源：国家监护基金会"注册的监护人表"。

　　在全国范围内推广统一遗嘱认证法院的做法和程序；1993 年国家遗嘱认证法官学院（National College of Probate Judges）和州法院国家中心（National Center of State Courts）发布了标准以引导遗嘱认证裁判法庭的程序和实践。❸ 这些标准包括特别适用于涵盖程序性保护的监护、限制监护、使

---

❸　国家遗嘱法庭标准在 1999 年升级。

用限制较少的监护替代措施和法院监督的监护。

（四） 监护案件的调解

调解——"一个便利的，非对抗性的监护设定中的谈判，发生在正式的法律程序外，或替代正式的法律程序"，[38] 表明一种为减少有争议监护案件的经济和情感成本的承诺。[39] 通常情况下，这些纠纷涉及不同观点，关于代理权如何被使用、是否需要监护人、谁应该被指定或监护人是否应被撤销。这些案件隐含的问题可能涉及对钱的控制，个人选择其代理决策者的能力，或者只是简单地说服一个人转移到一个更安全的生活环境。调解参与者通常包括无行为能力的成年人和家庭成员，但其他有关人员也可以参加。调解员可以由当事人选定或由法院任命。调解员除其他事项外还应有处理老龄问题的背景，应熟悉监护权纠纷中的概念和用来评估能力的标准。调解通常是在非正式场合进行。

社会老年学中心长期支持无行为能力的成年人的监护法改革；它认识到司法程序并不总是最好的方法，尤其是涉及家庭成员之间分歧的情况。在这种情况下，司法程序会放大而不是解决这些纠纷。因此，该中心已率先将调解引入到监护过程中。它已经在全国许多地方试点，以测试替代传统的法院诉讼的其他解决办法的有效性。该中心在四个州关于成年人监护调解的研究发现，调解在 3/4 的监护案件中帮助双方解决了纠纷。此外，参与者、项目管理人员和调解员认为，这种做法减少了监护案件的数量，调解也增加了有限监护而不是完全监护的使用。不过，研究也发现：（1） 在正式监护诉讼程序启动之前，调解是不常用的甚至几乎从来没有被使用过；（2） 调解项目没有很好地与法院监护程序相配合；（3） 法官、律师和社会服务机构缺乏对调解的认识。

从广义上讲，调解可以抵消听证会所产生的正式感和对抗性。社会老年学中心发现，调解可以通过在法庭外解决争议来减少法院监护案件的数量，并减少争议再回到法庭的风险。通过帮助解决可能会阻碍家庭成员成为监护人的纠纷，调解也可以降低对公共监护人的需求。此外，调解可以更好地让无行为能力的成年人保留一些能力，以避免完全监护或选择一些不太严格的替代办法。

---

[38] Susan J. Butterwick, Penelope A. Hommel, and Ingo Keilitz，评估调解作为解决成年监护情况下的一种手段，以社会老年学中心，Inc.，Ann Arbor，Michigan：2001 年 10 月 1 日。

[39] Kate Mewhinney：《北卡罗来纳州试图调解地产和监护权纠纷》，Bifocal，vol. 28，no. 3，（February 2007）。

（五）监护案件的法院监督

法院监督的监护案件在过去数年中受到了高度关注。这方面的研究不仅提供了第一手的资料用以证明监督在监护案件中的失败，还为改进监护系统提供了动力。

1990 年，美国退休人员协会（AARP）的老年人法律顾问开始了国家监护监督项目，该项目在全国 53 个法庭开创了志愿者监督项目。❹ 这个项目用经过培训的志愿者（AARP 成员）作为监护监督人——法庭的"眼睛和耳朵"。参与该项目的法庭证明监督的能力有所提高。1997 年该项目结束。为确定参与项目的 53 个志愿者有多少仍然处于运作中以及他们的效果如何，美国退休人员协会基金会和美国法律和老龄化律师协会委员会（ABA）进行了对原项目的调查。调查结果于 2007 年 12 月在题为《志愿者监护监督项目：一个双赢的解决方案》的报告中公布。

在 20 世纪 90 年代初，ABA 对监护监督进行全面检查，专业人员介入调查过程，并确定最佳的监督实践。❹ 大约 15 年后，美国退休人员协会公共政策研究所和美国法律和老龄化律师协会合作了另一个法院监督的研究。❹ 根据一个全国专家的调查，研究发现法庭监督监护人仍存在显著缺陷。除了这个调查报告，2007 年 9 月，美国退休人员协会和 ABA 计划发布在选定司法管辖区内对示范性监督项目进行的实地考察和访谈中得出的结论。在这个研究的同时，美国退休人员协会还在 2007 年 2 月赞助了一个监护监督研讨会，汇集了遗嘱认证法院法官、律师和法庭其他人员分享和讨论监督的最佳做法以及如何更广泛地复制这些做法的想法。2006 年 4 月，州法院国家中心（NCSC）的多学科虐待老人和法院工作组举行了会晤，提出了发展战略来帮助遗嘱认证法院改善他们对老年人忽视和虐待的识别和应对。NCSC 发表了一份政策文件概述本次会议中产生的建议。❹

---

❹　老年人法律顾问，Inc.，全国监督监护项目：Handbook 项目. 华盛顿特区：AARP，1992。

❹　S. Hurme：《加强监护监督的步骤》，华盛顿特区：美国律师协会智力残疾和老年人法律问题委员会，1991 年。

❹　Naomi Karp and Erica Wood：《监护监督：国家法庭实践调查》，AARP 公共政策机构和 ABA 老年人和法律委员会，华盛顿特：2006 年 6 月。

❹　Brenda Uekert, Denise Dancy, Tracy Peters and Madelynn Herman，政策文件：《第一届老年人虐待和法庭工作会议的报告》，全国州法院中心，威廉堡，弗吉尼亚州：2006 年 6 月 12 日。

（六）公共监护人

在 1981 年发表的美国首个全面的关于公共监护的研究之后，[14] 肯塔基大学与美国法律和老龄化律师协会合作，检测州公共监护人项目的运营效果。[15] 主要是基于对这些方案和做法的一项全国性调查以及几个州的项目工作人员的深入访谈，研究人员就下列事项提供了信息和建议：

- 公共监护人提供的服务类型；
- 公共监护人方案的特性与功能；
- 如何为项目提供资金和人员配备；
- 法院如何使用和监督他们。

他们为规范监护项目提供了"标识"。

（七）解决管辖权问题

在关于监护的 2004 年的报告中，GAO 发现了有关监护导致州际司法纠纷的变化规律。当多于一个州的法庭被要求给一个无行为能力人指定一名监护人时，纠纷就会发生。GAO 的结论是，即使各州已经采取了统一监护和保护服务法案（UGPSA）的规定，这些规定还不足以用来避免纠纷。因为在监护案件中确定管辖权的问题频繁发生，统一州法全国委员会（NCCUSL）起草的《统一成人监护和保护诉讼管辖法案》（UAGPPJA）填补了这一空白。新法案解决了与成年人监护和保护诉讼有关的管辖、转移和执法问题。《统一成年人监护和保护诉讼管辖法案》最终在统一州法全国委员会 2007 年的会议中通过。[16]

五、联邦和州项目间的合作

2004 年，GAO 发现联邦代表收款人和州法院监护项目之间几乎没有系统的协调或合作。GAO 进一步发现，缺乏协调破坏了保护无行为能力的老年人的努力，阻碍了他们使用联邦福利和其他资源。此外，无论是联邦的收款代表人还是法庭监护项目都没有收集无行为能力人的人数和他们如何使用这些服务项目的信息，比如在多大程度上他们存在被忽视、虐待或经济剥削的风险的统计数据。GAO 的结论是，没有这些数据，也很难决定应

---

[14] W. Schmidt, K. Miller, and E. New：《公共监护和老年人》，剑桥，马萨诸塞州；Ballinger 出版公司，1981 年。

[15] Teaster and others：《为监护人的情况》。

[16] 参见 http：//www. nccusl. org/Update/ActSearchResults. aspx。

该怎样做才能有效地保护无行为能力的老年人。

在报告中，GAO 建议 SSA 召集一个研究小组。由众多对参与如何提高联邦和州之间合作、保护无行为能力的老年人的研究感兴趣的联邦机构及州法院组成。SSA 不同意这种建议也没有实现它；因为在某种程度上，它认为隐私法不允许共享某类信息，但 GAO 认为这些信息是必要的。GAO 还建议卫生和人权服务部（HHS）与国家组织在监护领域的合作，来促进特定州监督监护的努力并协助监护人。虽然 HHS 已经做了一些努力来对 GAO 的建议做出回应，但它没有采取系统性措施去实施那些建议。

尽管社会保障管理局不同意 GAO 2004 年关于增强联办机构和州法院合作力度以共同保护无行为能力的老年人的意见，但其他相关机构仍在监护案例上继续探讨如何优化此种合作。2006 年 11 月，美国退休人员协会赞助举办了圆桌会议讨论收款代表人和监护问题。来自多个全国性组织的官员参加了会议，其中包括社会保障管理局、美国退伍军人事务部和美国政府问责局的人员。尽管会议性质为"探索性"而非决策性，但此次会议仍产生了一系列相关建议：

- 联邦信托计划以及州法院之间可分享的有用的信息类型；
- 联邦机构和州法院可在监护诉讼事宜上合作的方式；
- 联邦机构和州法院沟通的方法；
- 法院工作人员和联邦外地办事处工作人员之间合作的发展方向；
- 解决包括隐私法在内的阻碍信息共享的一些方式；
- 继续就以上问题在监护社区和联邦受托机构之间进行对话。

社会保障管理局还与美国国家科学院签署合约对社会保障管理收款代表人项目进行研究。此项研究发布于 2007 年 7 月 30 日；它评估了社会保障管理收款代表人的情况，考察了收款代表人政策的实用性和针对性，识别了在滥用福利上有高风险的收款代表人类型，并提出了改善社会保障管理系统中收款代表人运作方式的建议。❼

六、改革建议

在 2006 年 12 月征集提案期间，委员会收到了关于改善老年人监护的许多建议。❽ 提议者包括普通公民、法官、律师、老龄化倡导者、公共机

---

❼ 参见 http：//www7. nationalacademies. org/ocga/briefings/Social_ Security_ Representative_ Payee_ Program. asp。

❽ 参见附录二列出的受访者和他们的意见。

构高层管理者、专业机构和老年人护理人员。其建议涉及范围广泛，主要包括以下方面：

- 针对参与老年人监护人员的教育和标准；
- 提高监护程序和监督；
- 维护老年人的权益；
- 促进老年人监护和类似行为的公共意识；
- 扩大公共监护项目；
- 解决管辖权问题；
- 提高项目之间的协调管理；
- 支持数据收集和研究；
- 开发老年人监护的新模式。

以下各节简要总结了委员会在这些领域获得的重要建议。除非另有说明，以下意见和建议的受访者并不能代表该委员会的立场。

（一）针对参与老年人监护人员的教育和标准

为了提高法院和监护人在监护中的表现，法院必须坚持遗嘱法官学院和国家遗嘱法庭标准。许多建议者还提出要对法官、监护人和其他参与人进行更好的教育，以及更好利用国家许可的专业监护人标准。建议者提出法官如果受到的培训较少，就没有能力解决老年人监护相关问题；结果是法官通常授予监护人在老年人监护事宜上全部的权利，但其实有限的监护已足够。法院也可能不能有效监督监护人的表现，并花费过多时间撤销不合格的监护人。此外，建议者们表示，一些培训对于监护人履行监护职责是有帮助的，法庭的职责和资源也会帮助他们履行职责。但通常这些资源在其应对困难情况时是不适用的，由于缺乏足够的培训和指导，导致善意的监护人在不知不觉中超越职权或误判。

建议中明确了培训对象和培训内容，并推荐了联邦激励措施，以鼓励培训和培训宣传材料的发展与传播。建议中还推荐社区监护的工作人员、法院工作人员、成年人保护团体的工作人员、执法的法官和律师接受多学科培训。建议者认为，法官和相关人员应该了解可能会导致相关人员呈交监护请愿书的一些有关"生理、认知、情感和社会条件"的信息；监护人也应该接受培训，使他们能够对自己的被监护人的财务状况和安置做出更好的决定，而且能在医疗和对被监护人的照顾方面做出更好的决定。许多人还认识到联邦政府在教育法官和提供项目支持上的关键作用。建议者建议联邦政府在制定监护人培训教材和鼓励各州法官的继续教育上提供支持。

除了教育老年人监护过程中的参与人员，许多人认为监护人应经过国家认证，并取得州内许可；此举将有助于确保监护质量，并为老年病房护理人群增添优秀的力量。建议人还强调了道德标准、监护人专业评审委员会、联邦政府对于扩大和鼓励州内认证监护人的支持的重要性。此外，他们呼吁对私人跨州经营的监护组织进行监督，因为此种经营实为金融组织。

（二）提高监护程序和监督

建议者指出，法院往往只能粗略评估老年人和可能的监护人，并据此对指定的监护人提出建议和标准。许多人指出此举缺乏对监护人的监督，并且缺乏监护数据。委员会还收到了许多对于联邦政府的建议，认为联邦政府应采取行动促进法院和监护人的表现。为了改进老年人监护案件程序，许多建议人提出应实行统一的标准授予监护人监护权，以及在监护人不能为被监护人的最佳利益服务时撤销监护人的权利。他们呼吁在撤销监护权之前采用调解的办法解决家庭成员之间的纠纷，以及在授予紧急监护人权利或撤销紧急监护人权利上采取更严格的标准。他们强调法官在评估老年人各方面能力时应避免主观臆断，并采用"……实用性决策判断"。应该在采取如持续性代理权等限制较少的方式被排除后，再授予他人对于那些各方面功能都即将消失的老年人进行监护。一些建议者告诫委员会注意在没有对监护人的性格和资历、犯罪历史和信用记录进行深入调查前的委任行为，并建议监护候选人提供一份宣誓声明，向法庭证明指定的适当性。有些人相信只有家族成员或志愿者可以作为监护人，并严格限制监护人的花销数额。建议人还要求明确制定一份公认的监护人从业标准，以及在法律法规中加入相关条例以便让专业、公共和私人监护人强制服从标准。

委员会收到了许多建议，以改善法院对监护案件的监督。受访者认为法院有责任确保老年被监护人的幸福，通过对监护人的报告和核算问责制以及审查这些报告来实现。许多人认为缺乏统一和一致的监护案件的数据使得监督存在阻碍。他们建议法院设立电子系统收集和维护所有监护案件的信息。法院数据系统可以提高监护案件的法庭审理，推进法院对监护人的审查和审计，推进由法庭以外的组织如总检察长对监护案进行独立的审计。这种审查可以与持照监护人的授权相合并，也可以用于处罚或制裁不遵守监督规则的监护人。统一法院监护的数据系统也将方便联邦审计那些"封闭的"法院监护的案卷。

在一般情况下，受访者认为联邦政府有责任保证老年人监督服务的质量。许多人认为联邦政府应鼓励监督系统的复制，支持法庭需要收集监护案件数据的科技发展。受访者还支持联邦资金用于促进监护标准和发展管理工具，如审核清单、监护费的模式指引和自动化的审计程序。此外，有些人认为，美国国会应该通过立法规范专业监护人的指定以及在多个州开展业务的专业监护组织。受访者还表示，这些组织应接受会计及财务方面有经验的联邦机构的独立审查和监督，州法院是没有这些经验的。

（三）维护老年人权益

法律的正当程序在历史上是基于"基本公平"的理念，并被解释为对个人的基本保护，以确保在没有公正的机会影响判决或结果的情况下个人不会被剥夺"生命、自由或财产"。各种建议被提出以维护所有老年人在监护程序及之后程序中的权利。首先也是最重要的一点是，只有在广泛地通知了潜在被监护人和所有相关人员包括家庭成员的情况下，监护才应该发生。此外，如果可能的话，被监护人应该出现在决定其身份的任何或所有诉讼场合。有些人认为，专业监护人不应该被允许向法院提出呈请，而所有监护程序应被正式记录并向公众开放。因此，法庭记者应出席监护案件相关的所有听证会、会议和专题会议。

委员会还收到建议扩大无行为能力人的正当程序权利，使之包括律师帮助权和陪审团审判、独立的医疗和心理检查、定期向法院提出复议和终止监护的权利以及恢复特定的权利。受访者强调了整个监护期间保护正当程序的重要性，因此，需要由法院继续监督监护人。

委员会接到很多关于再次引入和实行广泛的联邦老年人受虐防止法案的提案，认为最有效的方法就是国会可以支持保护系统的改善。这个法案包括了具体改善系统缺陷的方法，明确了监护人的义务和权利，强调需要遵从监护的命令并处理申请监护的案例，将其作为自我保护能力下降的老年人的最后一道屏障。它还提出国会应该考虑加大针对老年人犯罪的惩罚力度。最后，有人建议修改联邦破产法，将监护人贪污的老年人财产追回从而保障该法案的有效实施。

（四）提高保护老年人的公众意识及其替代方案

一个受访者发现监护的公共意识、潜在的虐待危险以及监护的替代方案在老年人保护中是至关重要却往往被忽略的因素。有人建议应该将专业认证保护委员会 Certified Professional Guardian Boards of Review（CPGBR）收到的相关抱怨公开，类似于消费者保护法信息的处理。很多人认为老年人监护通常被用来保护老年人，即使在服务限制或干涉会减少保护的情况下也是如此。为了更好地保证最少限制措施以帮助无行为能力的老年人，委员会收到了对公众进行教育并鼓励相关拓展项目比如付款代表人等方式的建议，以提供更少限制的"替代性保护措施"帮助需要的人。

（五）延展公共监护项目

很多无行为能力的老年人无法支付为他们设立监护人或提供专业监护服务等法律事务的费用，大多数情况下会由亲人或朋友支付。有人反映说公共监护不是无处不在的，当有资金时公共监护也是有限且很难获得的；因此，公共监护的短缺使得无行为能力的老年人更可能被忽略、虐待和剥削。

为了改善当前的监护系统，很多人建议拓展公共监护项目，在没有其他人合适的情况下保护老年人或者保护那些无法支付费用的老年人。为确保费用合理公正，委员会应该检查监护费用，因为在这类案件中会有许多不同的费用产生。有人呼吁一个更全面的全国性计划来推动每一个司法管辖区内有充足的监护服务，但由此产生的联邦经费应该与国家保护联合会关于监护措施的最低标准相联系。

（六）解决管辖权问题

如今，很多老年人一年里会有规律地在不同的地方生活。尽管人口很机动，但法律却不那么灵活。这就是保护老年人的现状。在法庭上，经常有人提及在其他州建立并执行了有效的监护。例如，每个州有不同的法律，那么在纽约建立的监护是否在华盛顿有效？

委员会也接到了很多解决管辖权问题的建议。一种就是采用全国统一的监护法模版。大多数协会组织提议采纳统一承认保护和执行公正法案。根据美国律师协会 2002 年的报道，采纳这个法案可以帮助"解决跨洲冲突和加强案例交接的标准程序"的发展。

值得注意的是法律问题不局限于美国。当我们变成了全球一体化社会，监护问题早已跨越了国界。为避免冲突，有人建议美国采用 1999 年10 月海牙公约的成年人国际保护。这个公约旨在解决关于无行为能力的成年人权利的国家间冲突。

（七）提高项目间的合作

很明显为了监护中的权利、财产和联邦利益，各级政府部门应该合作，以保护无行为能力人的安全和财产为主。委员会在这方面也收到了很多建议。首先，联邦信托计划、州立法院和监护人之间应建立适当的信息共享平台。要完成这个任务，有人建议联邦政府将这项提议在 2004 年 11 月的美国退休人员协会会议上提出。进一步，有人预计联邦政府在各州协调老年人服务项目中实现领导作用。最后，为了使得各种监护人虐待老年人的情况降低，他们表示需要改善在州和地方两级的老年人监护项目。具体来说，认识到养老院对于老年人的照顾和监护人对老年人的虐待之间的联系，有人建议应该发展更好的照顾老年人的模式来消除监护虐待的机会。

关于协调合作的其他方面包括当地法律关于确认和报道监护虐待的强制性、州法院系统对于禁止照护老年人的人对老年人进行虐待的责任、州检察院对监护人的监督以及成年人保护措施和长期照顾的申请程序。最后，经济部门应该在法律许可范围内更加努力地报道老年人监护的欺诈或者滥用行为。

（八）对数据收集和研究的支持

各项数据都表明在有限或者没有数据指引的基础上要建立一种便于操作或者可以改进的监护系统的方法是非常艰难的。如前所述，许多受访者都表示政府缺少对老年人监护的数据以及由代理联邦政府支付的被监护人的数量和滥用监护权数据。他们指出需要建立一个统一的、用于收集地方或者政府级别的有关监护数据的系统体系。为了使这个愿望可以实现，其中的一个受访者建议政府的数据收集应该按照联邦政府对每一个州所给与的拨款数量相应地建立一个正常运作的体系。其他的受访者则建议（建立以上那个体系）可以通过国家司法机构——美国国家卫生部 HHS（United States Department of Health and Human Services）或者州政府司法机构或者老年人权益法案（1783 年成立的法案）的共同协力。其中的一个受访者建议在国家卫生部门建立一个专用于老年人权益的办公室。这个机构可以通过国家司法部的协作建立一个收集数据的模式适用于对老年人监护管理的开发。它的目的在于支持试验数据收集的项目和帮助州政府和地方法院从数据收集中评估和运用中所总结的经验。

许多受访者还提出为了评估老年人监护的方案应加大对国家级科研的全面支持，建议应该建立相应的老年人权益法律，与此同时也应该针对公共监护立法。有一些计划同时提出，美国国会可以相应地承担一个特定的科研领域，比如如何通过老年人权益法案考核成为弱势群体的老年人的幸福指数。

七、对老年人监护管理建立一个新型模式

数据收集和研究，最终带来的是一个有前途的对老年人监护管理的新型可发展模式，这将有助于提高许多监护方案的水平。例如，其中的一条建议推荐依靠法官对当事人的调解，应把更大的对老年人监护的决策权赋予家庭成员。多数的受访人相信，联邦政府应该提供资源和激励机制促进对老年人监护的改革并且发展适用于法院裁判模式的老年人监护项目。受访者更详细地推荐联邦政府采取以下措施：

- 在协助老年人监护过程的关键环节，发展出统一的数据收集体系；
- 努力增加与老年人公共监护人和其他受托人的接触机会；
- 检查在监护老年人方面的社会服务机构所扮演的角色和所负有的责任；
- 提供法院设计和实施可执行的方法监督和限制监护人行为的规章制度；
- 为法院制定针对监护案件的工作量和招募人员的政府规章制度；
- 宣传或者以其他方式推广成功的步骤、做法和模式。

八、总结和建议

从 1987 年美联社发表文章控诉法院系统不能有效地保护老年人使其避免监护人的忽视、虐待和剥削开始，我们已经有了实质上的进步。各州颁布了法律，以保证无行为能力的成年人在程序中的程序权利，定义了监护人的义务和责任以及法庭对被监护人的义务和责任，使监护人对由其照顾的被监护人负责。建立了现代的州法律来解决多重管辖的问题以及现代的道德准则、实践标准和对监护人的志愿者的专业认证项目，对法院来说建立了现代的监护程序实践标准。一批倡导者走到一起，共同建议和鼓励进一步的改革。对监护实践和程序认识有价值的研究不断出现。

但是，很多工作是保证不断增长的无行为能力的老年人被适当的、有能力的、可信赖的替代决策者照顾——不论是家庭成员、朋友或其他代表老年人的代理人或被法庭指定的监护人。虽然监护是一种保护无行为能力老年人的安全和财产的重要工具，但它是最后的选择（只有在其他手段不能满足老年人需要时）因为它剥夺了老年人的基本权利，剥夺了潜在的被监护人的资源，为贫困的被监护人设置的公共资源，以及对法庭的时间消耗和金钱消耗。如果适当的话，之前应该使用较少限制和较低成本的替代

监护的手段。当监护运用时，法庭命令应该针对被监护人残留能力的具体水平，从而保护自我决定的权利。法庭同样应该认识到，无行为能力不是不变的，因此命令要包括重新评估被监护人以及当不需要时更容易地终止监护的规定。最后，法庭应该密切监督、检查监护人的工作，及时撤销没有能力或不法的监护人。为了足够和有效地监督监护，要共同努力以做出电子化的案件数据收集和检查。

地方和州法院、机构和政府应当进行合作，在联邦政府的领导下，以实现这些目标。以本州当地的水平做到以下方面：

- 法庭应该限制完全监护的使用；
- 法庭应该使用调解，在可能和适当的情况下，帮助分流监护案件到替代决策手段，指定独立方或公共监护人作为监护人解决与家庭成员之间的矛盾；
- 所有州应该要求在监护程序中适用行为能力的功能定义；
- 所有州应该采纳 NCCUSL 统一成年人监护和保护程序管辖法案；
- 州最高法院法官会议应该对监护问题发挥更积极的作用，如鼓励州建立有法庭主导的监护案件数据收集系统以及在改进这一系统中的领导作用；
- 避免不必要的监护，各州应该鼓励居民提前做出计划，预计在年老时可能无行为能力，如选择代理人代表他们行使权利。

联邦领导以加强和修改监护制度的缺陷，要做到以下方面：

- 国会应该通过防治虐待老年人的立法，以帮助阻止监护人对无行为能力老年人的虐待；
- 国会应该授权各州对监护案件进行数据收集；
- 老年人管理局应该进行具有代表性的全国样本调查，形成全国范围内对监护案件特征和结果的评估，鼓励各州收集数据；
- 老年人管理局应该鼓励发展本地监护案件系统，通过认证和宣传已经成功的系统，召开会议，传播发展这种系统的信息；
- 社会安全管理局应该实施 GAO 的建议，与法庭在监护案件中协调，以决定隐私法需要修改的部分，其他联邦法案和规定应允许代理人与法庭分享如被代理人住所等信息；
- GAO 应该编制所有联邦基金在老年人虐待中指向的目标和接受者，协助国会保证联邦资金给予对法庭转移和监督监护人最有影响力的领域。

人身代理[*]

Alexander A. Boni – Saenz[**]

翻译：王竹青[***]　潘　瑶[****]　王朝晖[*****]

引　言

唐纳德和凯莱 1963 年 10 月 5 日结婚，有四个孩子。[❶] 唐纳德 2005 年退休，就是这个时候她的小女儿珍妮和一名注册护士注意到他表现出痴呆症的征兆。[❷]经过多次与医生商讨后，唐纳德在 2009 年正式被诊断出患有老年痴呆症，诊断是基于他的记忆力减退、定向力障碍和其他认知障碍。[❸]基于这些医疗评估，康涅狄格遗嘱认证法院宣布唐纳德无法处理其人身和财产事务，并任命珍妮和他的另一个女儿詹妮弗·迪尔伯恩，作为他的监护人。[❹]此后不久，凯莱申请和唐纳德依法分居；作为回应，两个女儿反诉离婚，怀疑她们的母亲在经济和情感上虐待她们的父亲。[❺]作为监护人的女

---

　* PERSONAL DELEGATIONS，Brooklyn Law Review，Summer，2013.

　** Alexander A. Boni – Saenz，芝加哥肯特法学院法学副教授。哈佛法学院法学博士（J. D）；伦敦经济学院理学硕士；哈佛学院文学硕士。

　*** 王竹青：北京科技大学文法学院副教授，美国哥伦比亚大学 2010—2011 年度访问学者。

　**** 潘瑶：北京师范大学社会发展与公共政策学院工作，美国哥伦比亚大学硕士。

　***** 王朝晖：北京大学 MBA。

❶　见吕思特诉吕思特（Luster v Luster），No. FA094010779S，2011 LEXIS 1844，第 3—4 页（康涅狄格高级法院，2011 年 7 月 20 日）。

❷　同上书，第 6—7 页。

❸　同上书，第 8 页、第 10 页。

❹　同上书，第 11 页。

❺　同上书，第 1 页。有事实证据证明凯莱用唐纳德失去能力后签署的一份持续性授权代理书浪费婚姻财产，同上书，第 11—17 页。也存在一些情感虐待的证据。同上书，第 9 页。（"被告〔唐纳德〕说原告他'为什么你还活着'〔。〕"；同上书，第 9 页（被告感觉非常害怕原告〔凯莱〕并且在自己家中感觉不安全。）

儿们有权代表她们的父亲起诉离婚吗？❻

2000 年，乔·托马斯·加勒特死于肺癌。❼大约在去世前一个星期，他签署了一份持续性授权委托书及一份遗嘱。❽授权委托书指定乔的弟弟拉里为其实际代理人，遗嘱将乔的财产放入乔名下的信托基金。❾受托人分别为卡罗林（乔的妻子）和拉里，财产将在卡罗林死后分配，其中只有 2%归乔的一个女儿乔尼·哈特所有。❿虽然乔尼自 1969 年以来看望她父亲的次数屈指可数，但她从几个方面对遗嘱提出质疑，包括乔缺乏签署遗嘱的意思能力，而且它是无效的，因为它实际上是由拉里签署的。⓫假设乔缺乏决策能力，拉里是否有权替他哥哥签署遗嘱？⓬

此类问题在医疗保健方面更为常见，将撤走维持生命的治疗决定权委托给他人是非常困难的，像克伦安·昆兰、⓭南希·克鲁赞⓮和特丽·夏沃⓯案例。法律体系已经公开处理此类问题。这类案例说明对人身事务进行代理的重要性，但是法院和立法机关在是否以及如何对认知障碍者做出人身代理决定方面存在分歧。然而，在美国这个问题的重要性不太可能很快减退。数以百万计的人因疾病或意外事故而缺乏决策能力，这些数字只

---

❻　凯莱提出驳回女儿的反诉，认为监护人的权利是有限的，允许监护人提出离婚会让他们"带来另一个婚姻的解体，因为包括金融收益或私人恩怨在内的很多原因"。见吕思特诉吕思特，17 A. 3d 1068，1075（康涅狄格上诉法院，2011）。高等法院法官 Klaczak 同意并指出，多数法规禁止监护人代替他们的被监护人申请离婚，因为这是一个"强烈的人身"的决策，并且"先天的无法知道"唐纳德在这种情况下的意愿。见吕思特，2010 康涅狄格高级法院，LEXIS 63，第 1—2页。高级法院推翻了上诉，重点在于唐纳德的利益需要，留下潜在的虐待问题未解决。见吕思特，17 A. 3d，第 1077—1078 页。凯莱上诉，康涅狄格州的高级法院批准调阅案卷，但是最终因为他们没有递交辩护状而驳回了这个案子。见吕思特，23 A. 3d 1243（康涅狄格，2011）；吕思特诉吕思特，SC 18820（康涅狄格，2012 年 4 月 13 日）（mem. dismissal）。关于其他州的法律概括，见 infra Part I. B. 3。

❼　《关于加勒特的财产》，100 S. W. 3d 72，第 73—74 页（Ark. Ct. App. 2003）。

❽　同上书，第 74 页。

❾　同上书，第 73—74 页。

❿　同上。

⓫　同上书，第 74—76 页。

⓬　法院的回答是不。同上书，第 76 页（"根据授权代理书，代理人有权采取任何行动，除了那些就其性质、公共政策或合同而言属于当事人偏好的。谁、什么、何时、如何在死后分配一人的财产显然是人身性质的，属于当事人本人，因而应排除在代理范围之外。"）（引文和内部引号省略）。但是，法庭发现该遗嘱是由 Joe 本人有效执行和持有的。参见前注。（"拉里只是就死者的遗嘱问题在被继承人和律师之间起到了桥梁作用，因为被继承人生病而无法离开医院"。）

⓭　In re Quinlan, 355 A. 2d 647（N. J. 1976）。

⓮　Cruzan v. Dir., Mo. Dep't of Health, 497 U. S. 261（1990）。

⓯　In re Schiavo, 780 So. 2d 176（Fla. Dist. Ct. App. 2001）。

会因人口老龄化而增加。➊此外，由于家庭和赡养结构发生变化，决策权的传统方式已经被打破。➊ 因此，社会将面临越来越多的认知障碍者在面对人生重要决策时，需要支持或有一个代理人帮他们做出决策。虽然这样的现实凸显了许多困难的问题，但它也创造了一个机会来重新思考和评估法律应如何对待认知障碍者。➊

本文的核心主张是在无决策能力的情况下，涉及基本人权的决策通常情况下是可以代理的。因此，本文反对法院禁止代理的理由——这种类型的决策是人身性质的，所以不应由他人来代理。这种逻辑推理混淆了不能代理和不能决定的关系，它只会使现状凌驾于认知障碍者的基本能力表达之上。用于指导分析的主要规范性框架是能力方法。➊ 它假定，用以实现某些核心功能的能力、自由或机会，是社会公平的相关度量标准。我们应该为所有人包括为那些认知障碍者提供帮助，以努力使所有人能够达到我们认为的人的基本能力，比如让自己的寿命不被任意缩短或拥有社会关系的能力。因此，大多数缺乏决策能力的人应该可以通过代理人或者在代理人的协助下使用其基本能力。我们不必恪守能力方法，但是，可以支持一定范围内的人身代理。本文还探讨了其他可能证明人身代理制度合理性的规范性参数——包括自主权和福利的概念。

事实上，在无决策能力的情况下，有些事项的决策权应委托给代理人，如离婚、财产安排或健康护理。可以通过弹性持续性代理权或者通过监护程序分别对上述事项委托。实际代理人的监督应得到限制，同时对存在利益冲突或者有可能造成利益冲突的监护人应该要求事先取得司法同意。然而，虽然法院缺乏足够的能力来审查大多数的人身决策，但是其审查应被尊重。最终，为提高认知障碍者的能力水平以确保平等达到决策能力，代理是一个核心的赋权形式。

➊　Liesi E. Hebert et al. 在《阿尔茨海默病在美国人口中》使用2000年人口普查患病率估计，60 档案馆神经内科 1119，1120（2003）（450 万美国人患有阿尔茨海默病，预测到 2050 会增加到 1320 万）。

➊　Elaine M. Brody：《妇女在中间：她们父母的照护年代》，第7—22 页，（2004 年第 2 版）（描述变化的家庭结构）；David T. Ellwood & Christopher Jencks，自 1990 年开始美国的单亲家庭开始增多，未来的家庭，第30—37 页，第49—52 页。Daniel P. Moynihan et al. eds.，2004）（相同）。

➊　这个问题并不是只有美国有。其他国家同样苦恼于如何在无决策能力的情况下处理这类情况。见 Bu－rgerliches Gesetzbuch BGB（Civil Code）§§1903—1907（描述德国关于婚姻、设立遗嘱、绝育、被监护居民的代理或不可代理的决定权）。

➊　generally Martha C. Nussbaum：《创设能力》（2011）；Amartya Sen：《利益和能力》，（1985）。

本文将分三个部分讨论。第一部分讨论了人身代理的背景。该部分回顾了人身代理的机制以及针对离婚、设立遗嘱和医疗保健这三个最受争议的领域的法律调查。第二部分讨论涉及人的基本能力、可替代判断、最佳利益的事项应该可以被代理的规则。第三部分讨论持续性代理权和监护如何使人身代理成为可能，并简要检视了离婚、遗嘱和医疗保健领域的情况。

一、人身代理

人身代理指将人身决策权转让给他人。[20]本文将人身决策定义为能够以有意义的方式使用人的基本能力的决策，[21] 如结婚、[22] 选举[23]或旅行[24]。这种类型的决策通过各种宪法机制得到特别保障。[25] 本文探讨在无决策能力

---

[20]　Black's Law Dictionary 491（9th ed. 2009）（将代理定义为"基于信任的行为，或者授权他人作为代理人或代表人从事某种行为"。）

[21]　这个定义显然将我运用的规范理论和我的分析衔接在了一起：能力方法。在第 II 篇 B，我探讨了替代规范的参数和相应的人身决策的定义的变化。虽然没有一对一的定义与规范理论之间的匹配，但至少在构成人身决策的因素方面有一些重叠的共识。见 generally John Rawls，重叠的共识，7 Oxford J. Legal Stud. 1（1987）（将这一概念运用到政治公平中）。我吸取 Martha Nussbaum 的经验，产生出了一个基础的人权列表。见 Martha C. Nussbaum，妇女和人类发展：能力途径，第 72—78 页（2000）[Nussbaum 以下，界限]；参见 Martha C. Nussbaum，公正的界限：残疾、国籍、个体身份，第 69—81 页（2006），[Nussbaum 以下，界限]；（概述十大核心能力——生命、身体健康、身体的完整性，感觉、想象、思维、情感、实践原因、隶属关系、其他个体、玩、掌控自己的环境 [政治和物质]）。虽然有人可能不同意她的名单上的元素，但在这篇文章中所分析的决策都与基本功能相关。见下文 I. B 部（将医疗保健、离婚、遗嘱决策与相对没有争议的基本功能相连接）。

[22]　Zablocki v. Redhail，434 U. S. 374，384（1978）。（说明之前案件定性结婚为"受隐私权保护的人身决策"）。当然，隐私这个术语，一直包含了各种它理应保护的不同利益。见 generally Martha C. Nussbaum，性平等、自由和隐私；对女权主义批判的比较方法；印度的活宪法；观念、实践、辩论 242（Zoya Hasan et al. eds. ，2002）。

[23]　U. S. Const. amend. XXVI，§1（"美国满 18 岁公民的选举权不能被国家或州因为年龄问题否定和剥夺"）。id. amend. XIX（"美国公民的选举权不能被国家或州因为性别问题否定和剥夺"）。id. amend. XV，§1（"美国公民的选举权不能被国家或州因为种族、肤色、之前的奴役状态等问题否定和剥夺"）。

[24]　United States v. Guest，383 U. S. 745，757（1966）（"从一个州旅行到另一个州的宪法权利，在联邦里占有基础性地位，这是一个已经反复被承认的权利"）Corfield v. Coryell，6 F. Cas. 546，552（C. C. E. D. Pa. 1823）（包含最基本的公民权利，"一个州的公民有权利穿过或居住在另一个州"）。

[25]　e. g.，Planned Parenthood of Se. Pa. v. Casey，505 U. S. 833，851（1992）（"这些包含了一人一生中可能会做出的最私密的决策，关乎人身尊严和自主权，是第 14 条修正案所保护的最重要的自由。自由的核心就是有权去定义人自己的关于存在、意义、宇宙、生命的秘密的概念。"）；Martha C. Nussbaum，宪法和能力："感知"对抗形式主义的清高，121 Harv. L. Rev. 4，56—72（2007）（证明美国宪法如何实施许多与重要能力有关的权利）。

或因为认知障碍而无法完全依靠自己做出特定类型决策背景下的人身代理。[26]具体而言，本文将关注那些曾经拥有决策能力但后来由于疾病或意外事故而失去决策能力的人。[27]

这部分回顾了无决策能力情况下代理的法律架构。在此基础上，转向离婚、设立遗嘱和医疗保健三个方面的人身代理的法律处理。[28] 人身代理包含更广泛的一系列决策领域，法律也处于不断变化中，这些领域对争论和诉讼开放。在前两个领域，决策权历来是不可以代理的，原因是上述决策具有人身性质，这将在第二部分进行分析。

（一）代理的法律架构

持续性代理、法定代理和监护是在无决策能力下支配代理的三个主要法律机制。[29] 对于那些提前规划的人，持续性代理允许代理的效力超过无行为能力的时间。[30] 原本用于财产决策的代理，现在已经延伸到医疗保健

---

[26] Allen E. Buchanan & Dan W. Brock，为他人做决定，18（1990）（关于一个特定的人是不是有行为能力的论述是不完整的。能力通常是指完成一项任务的能力……决策能力的概念自己本身是不完整的，除非做选择的条件是给定的。所以能力与决策相关，不是放之四海而皆准。）因为那些目前缺乏的能力是可以恢复的，代理是可以被撤销的。

[27] 这里排除两类人：孩子和从未拥有过决策能力的人。

[28] 其他学者也单独研究过在遗嘱和离婚领域的不可代理性，但是没有人试图将人身代理作为一个整体来理解。见 Mark Schwarz，Note，婚姻陷阱：监护离婚如何阻止配偶虐待，13 J. L. & Fam. Stud. 187，196（2011）（讨论离婚案件中代理的缺失）；Ralph C. Brashier，政策、观点和遗嘱代理，61 S. C. L. Rev. 63，102（2009）（探讨州法定代理的权利凌驾于遗嘱之上）；Diane Snow Mills，评注，"但是我喜欢他的名字"：改变离婚行动中代表无行为能力人的监护人的角色的潜在危险，16 J. Am. Acad. Matrimonial Law. 527，535—536（2000）；Kurt X. Metzmeier，Note，无行为能力成年人通过代理人或其他朋友提起离婚请求的权利，33 U. Louisville J. Fam. L. 949，957—958（1994）。

[29] 当然存在不正式或者非法的人身决策权的代理。见 Marshall B. Kapp，谁的父母在这？对老年人自主权的家庭影响，41 Emory L. J. 773，773—778（1992）（概述了个人/家庭互动发挥作用的领域）。例如，许多认知障碍者的照料者需要替他们决策很多日常生活的事情，比如洗澡、穿衣服、吃东西。见 S. Katz et al.，Studies（列举了日常活动）；及 I. Rosow & N. Breslau，A Guttman Health Scale for the Aged，21 J. Gerontology 556，556—559（1966）of Illness in the Aged · The Index of ADL，185 JAMA 94，94—99（1964）其中一些决策在州的法规中被认为是可代理的，但是有巨大争议，所以从来没有在法律中出现过。见 Fla. Stat. Ann. § 744. 3215（West 2006）（代理的社会环境决策给监护人）这种类型的劳动和相应的人身决策权分配的主要机制是性别和家族状态。虽然这些分配机制必须被质疑，但本文的范围不涉及这一方面。

[30] 持续性代理是一个相对较新的现象，20 世纪 50 年代被创造出来，解决普通法中当事人的无行为能力会毁掉代理关系这一问题。见 Carolyn L. Dessin，Acting as an Agent Under a Financial Durable Power of Attorney：An Unscripted Role，75 Neb. L. Rev. 574，576—578（1996）；及 Alexander M. Meiklejohn，Incompetent Principals，Competent Third Parties，and the Law Agency，61 Ind. L. J. 115，119—123（1986）（详细介绍在经济交易中，法院如何处理持续性代理权）。

领域。所有的州目前都有持续性代理权法或类似的法律。[31]

对于那些没有提前规划的人，法律通过法定代理和监护提供代理。[32]法定代理在医疗保健领域是标准形式：通常医生一旦发现一个患者无决策能力时，法律会自动授权给代理人。法律规定潜在的代理人的分级列表是从配偶开始一直到关系较远的家庭成员。[33]法定代理比监护有一个优势，就是可以快速选择一个决策者。但是需要一个机构，法定的或非法定的，来选择决策者。这主要体现在医疗保健领域，主要是因为医生和医疗保健机构可以承担选择决策者的角色。[34]通常对法定代理人做出的决策没有司法监督。

最后，还有监护。[35]当有人诉请法院为某人设置监护人时，法院应举行一个听证会来判断该人是否真地缺乏决策能力。如果是，法院会决定何种类型的监护对限制被监护人的决定和功能是适当的以及谁应作为监护人。[36]大多数州会提供选择监护人的法律指南，其中包括一个推荐首选监护人的

---

[31] Dorothy D. Nachman, Living Wills: Is It Time to Pull the Plug?, 18 Elder L. J. 289, 316 (2011).

[32] Lawrence A. Frolik, The Law of Later‐life Health Care and Decision Making 171 – 175, 221 – 225 (2006).

[33] e. g., Ark. Code Ann. §20 – 17 – 214 (2012); La. Rev. Stat. Ann. §40: 1299.58.5 (2012); Md. Code Ann., Health – gen. §5 – 605 (West 2008); Tex. Health & Safety Code Ann. §166.039 (West 2010); Va. Code Ann. §54.1 – 2986 (2012). 这些法规来自统一健康护理决策法案或其前身示范法案。各个州法律的优先列表在反映病人的喜好方面做了相当不错的工作。见 Nina A. Kohn & Jeremy A. Blumenthal, Designating Health Care Decisionmakers for Patients Without Advance Directives: A Psychological Critique, 42 Ga. L. Rev. 979, 1007 (2008)。

[34] generally Matthew K. Wynia et al., Medical Professionalism in Society, 341. New Eng. J. Med. 1612 (1999).

[35] 州这样做是源于国家亲权理论——州需要照顾那些不能照顾他们自己的人。见 Alfred L. Snapp & Son, Inc. v. Puerto Rico, 458 U. S. 592, 600 (1982) (国家亲权理论按照字面意思就是 "国家的家长"。国家亲权理论植根于普通法中 "王权" 概念。王权包含有权或有义务去照料那些法律上因为无行为能力如未成年、白痴或疯狂: 没有能力把自己和自己的财产妥善照顾的人。(其中引用, J. Chitty, Prerogatives of the Crown 155 (1820))。国家亲权理论最初源于英国普通法, 见 generally Lawrence B. Custer, The Origins of the Doctrine of Parens Patriae, 27 Emory L. J. 195 (1978)。关于对这一理论的评论, 见 George B. Curtis, The Checkered Career of Parens Patriae: The State as Parent or Tyrant?, 25 DePaul L. Rev. 895, 914—915 (1976)。

[36] 在罗马法和英国普通法中 (见 Barbara A. Venesy, Comment, 1990), 监护法保护个人权利也保护弱势的老年人, 24 Akron L. Rev. 161, 163 (1990)。现代监护法允许监护人代替被监护人做出人身或财产决策, 法庭可以选择建议四种监护中的一种: 人身监护 (赋予人身决策权)、财产监护 (财产决策)、全权监护 (两种类型的决策)、有限监护 (两种类型的决策, 为特定被监护人量身定做)。每个州的术语有所不同。见 Lawrence A. Frolik, Promoting Judicial Acceptance and Use of Limited Guardianship, 31 Stetson L. Rev. 735, 752 (2002)。

名单，类似于确定法定代理人的名单。❸

（二）三个典型领域

本部分考察三个人身代理的典型领域——离婚、设立遗嘱和医疗保健。每一个领域都声称有人身性的特点，但代理在这些领域的处理完全不同。医疗保健的决策代理容易被接受，但是设立遗嘱和离婚的代理非常有争议。

1. 离　　婚

婚姻是一个基本的社会关系和法律关系，❸因此，结婚或离婚的决策涉及与此相关的基本能力。❸作为社会人，我们做出一系列关于要和谁交往（或停止与谁交往）的选择，我们的身份有一部分也是通过这些从属关系产生的。婚姻关系虽然不是人身从属关系中唯一重要的，但它也许是最关键的。

尽管最高法院已经认识到结婚是基本权利，❹但它从来没有明确承认离婚也是基本权利。❹不考虑结婚的宪法地位，在监护人决策的背景下考虑，法院已迅速认定这一权利是人身权，因而是不可代理的。一些案例在这些问题上显示出了相似的模式：监护人代表被监护人申请离婚，并声称

---

❸　e. g. , Ariz. Rev. Stat. Ann. § 14 – 5311（B）（2012）（使用了一个等级列表）；但 Ark. Code Ann. § 28 – 65 – 204（2012）（运用了更全面的分析）法庭通常会探究谁能更好地服务并且倾向于指定家人。见 Mary Joy Quinn, Guardianships of Adults: Achieving Justice, Autonomy, and Safety 73（2005）（70%的监护人都是家庭成员，最有可能是成年女儿）。如果没有家庭成员愿意或者能够做监护人，如果家庭成员之间有嫌隙，法庭可能会指定一个专业监护人或公共监护人。见 Pamela B. Teaster, Erica F. Wood, Susan A. Lawrence & Winsor C. Schmidt, Wards of the State: A National Study of Public Guardianship, 37 Stetson L. Rev. 193, 240—241（2007）；Alison Barnes, The Virtues of Corporate and Professional Guardians, 31 Stetson L. Rev. 941, 945—946（2002）。专业监护人一般需要获得资质来保证服务质量。见 Fla. Stat. Ann. § 744. 1083（West 2009）（要求信用和犯罪背景调查）；Tex Prob. Code § 697（West 2009）（要求推荐信或者证书）。

❸　Mary Anne Case, Marriage Licenses, 89 Minn. L. Rev. 1758, 1765—1766（2005）.

❸　Nussbaum, Frontiers, supra note 21, at 77（"7. 附属关系, A. 能够与他人一起生活，意识到并表达对他人的关心，介入不同类型的社会交往——（保护这种权利意味着保护组成和滋养这种附属形式的环境——）"）。

❹　Loving v. Virginia, 388 U. S. 1, 12（1967）（认为婚姻是我们存在和生存的基础）。

❹　Courtney G. Joslin, Modernizing Divorce Jurisdiction: Same – Sex Couples and Minimum Contacts, 91 B. U. L. Rev. 1669, 1673 n. 23（2011）. 然而法庭有时认为这反映在结婚的权利中。见 e. g. , Murillov. Bambrick, 681 F. 2d 898, 904（3d Cir. 1982）；J. Harvie Wilkinson & G. Edward White, Constitutional Protection for Personal Lifestyles, 62 Cornell L. Rev. 563, 574—575（1977）。

其配偶有不正当行为。⑫ 这些案例的产生是因为各州并没有在监护法里排除人身决策的代理权，如离婚。⑬ 这种指导的缺乏使得必须由法院来决定是否应将离婚的权利包含在授予监护人的一般性权利内。大多数规则是监护人不得提起离婚诉讼。⑭事实上，许多州认为离婚决策在性质上是"严

---

⑫ e. g. ，Bradford v. Abend，89 Ill. 78，78—79（1878）（妻子因为丈夫的虐待和忽视死于精神和身体疾病）；Cowan v. Cowan，1 N. E. 152，152（Mass. 1885）（丈夫抛弃了她没有给她任何支持）。有时妻子会因为不当行为被起诉。见 In re Marriage of Drews，503 N. E. 2d 339，340（Ill. 1986）（妻子在丈夫因车祸脑部受伤后，将其丢弃给了他的父母去照料）；Mohler v. Estate of Anthony Shank，61 N. W. 981，982（Iowa 1895）（妻子与他人通奸并生下了一个"野孩子"）。有时候是出于财产的考虑，防止有能力的配偶在夫妻共同财产中牟利。见 Cowan，1 N. E. at 152（提出了一个赞成离婚的观点，她丈夫可以被阻止干涉和瓜分她从父亲那里继承的财产）。有时候经济利益会被法院归于当事人。见 In re Jennings，453 A. 2d 572，574—575（N. J. Super. Ct. Ch. Div. 1981）（拒绝由代理人离婚的权利，并指出案件只是代理人争夺遗产）。

⑬ 有时候法律会特别授予监护人代替被监护人离婚的权利。答案是肯定的，法院实施这种权利。见 Vaughan v. Guardianship of Vaughan，648 So. 2d 193，195—196（Fla. Dist. Ct. App. 1994）（interpreting Fla. Stat. § 744. 3215（4）（c）to allow the initiation of a dissolution action by a guardian）；Garnett v. Garnett，114 Mass. 379，379 – 380（Mass. 1874）（强制法定监护人提起离婚诉讼）；Denny v. Denny，90 Mass.（1 Allen）311，313 – 314（1864）（同上）。在其他州没有明确的法律规定，但是有些州有监督和离婚相关的法规清楚地暗示了这一权利。见 Houghton v. Keller，662 N. W. 2d 854，855—856（Mich. Ct. App. 2003）；Johnson v. Johnson，811 S. W. 2d 822，825—826（Mo. Ct. App. 1991）（告知监护人可以提出离婚诉讼）；但是 Brockman v. Young，No. 2010 – CA – 001354 – MR，2011 Ky. App. Unpub. LEXIS 834，at ＊3—4（Ky. Ct. App. Nov. 10，2011）（拒绝阅读提及无行为能力人可以起诉离婚的法律，意味着他们有权利这样做）。

⑭ 这个规则在 Worthy v. Worthy，36 Ga. 45（1867）案件中反映出来。Mary A. Worthy 1858 年嫁给了 Leonard Worthy。1865 年她精神失常，Leonard 将她送进了疯人院。当她被关在疯人院的时候，她的父亲 Nathan Respass 代表她提起了离婚诉讼，控诉在她不在的时候，Leonard 多次与人通奸。法院拒绝了这一诉讼，因为这对受害的当事人是极度私密的。尽管她的父亲可能非常愤怒，但是没有人知道 Mary 是不是有相同的感受。另外，法院认为，法律提供了其他惩罚通奸的办法，"在没有她同意的情况下，只有死亡能解除婚姻关系"。同前注，强调自杀，许多其他州接受了大多数规定。见 Cox v. Armstrong，221 P. 2d 371，373（Colo. 1950）（recognizing rule）；Freemanv. Freeman，237 S. E. 2d 857，859（N. C. Ct. App. 1977）（多数规则认为离婚是一种个人事务，不能由代理人代表无行为能力人提出）；Murray ex rel. Murray v. Murray，426 S. E. 2d 781，784（S. C. 1993）（在配偶无行为能力的案件里，我们采用多数规则，认为其不会提出离婚，不论是自己还是通过监护人）。Mills，supra note 20，at 535 – 537（2000）（认可这个多数规则，但是也有小部分倾向允许这样的行为）。在决策监护人有没有这样的权利时，法院需要仔细考虑有关离婚的决策，监护人是不是暗示了能力的缺乏。见 In re Marriage of Higgason，516 P. 2d 289，294 – 295（Cal. 1973）（被监护人可能还有判断力，希望离婚，这可以通过法定代理人来实现）；Schuck v. Myers，43 Cal. Rptr. 215，（Cal. Ct. App. 1965）（代理人的任命并不等于说被监护人精神失常或者丧失行为能力）；In re Marriage of Kutchins，482 N. E. 2d 1005，1007 – 1008（Ill. App. Ct. 1985）（保留被监护人做人身决策的权利，即使在被监护的情况下，如果被监护人可以表达希望离婚的愿望）；State ex rel. Robedeaux v. Johnson，418 P. 2d 337，340（Okla. 1966）（财产监护人的目的是处理财产问题，不是人身决策，如离婚）；Scoufos v. Fuller，280 P. 2d 720，724（Okla. 1954）（将离婚和立遗嘱的能力进行了比较，阐述了这些能力并不一定会因为无能力这一常规现象而消失）；Murray，426 S. E. 2d at 784（保留被监护人做人身决策的权利，即使在被监护的情况下，如果被监护人可以表达希望离婚的愿望）；Syno v. Syno，594 A. 2d 307，311（Pa. Super. Ct. 1991）（相同）。

格的人身权",因此不能委托给别人。[45]有些州将监护人和被监护人的关系同父母与子女的关系进行比较,并指出在这种情况下父母无权代表他们的子女离婚。[46]其他州承认维护婚姻的公共政策,他们称要维护婚姻免遭离婚的威胁。[47]

少数的趋势是监护人可以代替被监护人做出离婚决策,[48]虽然支持这一规则的理由有所不同。一些法院把离婚决策同其他可代理的决策进行比较,[49]或者像处理其他民事诉讼一样处理离婚。[50]此外,其他法院注重被监护人的经历,声称他们有司法责任以保护被监护人免受虐待,[51]或者法院

---

[45] Iago v. Iago, 48 N. E. 30, 31 (Ill. 1897)(将离婚定义为一种需要被监护人智力活动的人身权利);State ex rel. Quear v. Madison Circuit Court, 229 Ind. 503, 506 (1951)(精神病人不能提起诉讼);Birdzell v. Birdzell, 33 Kan. 433, 435 (1885)(婚姻是一种人身状态,以及假设双方共同生活的一种关系,没有双方的自愿同意,不能被解除);Johnson v. Johnson, 170 S. W. 2d 889, 889 (Ky. 1943)(离婚是极度人身和个人意愿的事,所以不能被维持,即使这使被监护人处于未离婚状态);In re Babushkin, 29 N. Y. S. 2d 162, 163—164 (Sup. Ct. 1941)(离婚完全是被监护人的意志);Freeman, 237 S. E. 2d at 859;Shenk v. Shenk, 135 N. E. 2d 436, 438 (Ohio Ct. App. 1954)(监护人不可能知道被监护人的真实愿望和决策,因为这些都是非常私人的)。

[46] Phillips v. Phillips, 45 S. E. 2d 621, 623 (Ga. 1947)("尽管在我们的法律里,监护人凌驾于被监护人之上就像父亲凌驾于孩子之上,但是即使是一个父亲也不能替他的孩子决策结婚和离婚");Mohler v. Estate of Shank, 61 N. W. 981, 983 (Iowa 1895)(没有监护人或者家长可以完成被监护人或者他的孩子与他人的婚姻…… 显然监护人没有权利利用行动去解除被监护人的婚姻)。

[47] Mohrmann v. Kob, 51 N. E. 2d 921, 923—924 (N. Y. 1943)(州在保护婚姻上有至关重要的作用——立法机关一直通过执行监管离婚的法规来小心翼翼地保护这个作用)。

[48] The case of Ruvalcaba v. Ruvalcaba presents such a scenario. 850 P. 2d 674 (Ariz. Ct. App. 1993). 佩吉和弗朗西斯科于1979年结婚,1984年有了一个孩子。在1989年,佩吉从马上摔下之后,遭受了创伤性颅脑损伤。她昏迷了几个月,苏醒后有一些认知困难,这导致了她的母亲贝蒂斯塔布菲尔德被任命为她的监护人。贝蒂提出离婚呈请以及对弗朗西斯科的限制令。宣称他虐待佩吉多次,曾威胁贝蒂说如果贝蒂代表佩吉提出离婚,他将带他们的孩子潜逃到墨西哥。原审法院驳回了请愿书,但上诉法院推翻了原判,在其看来,法院指定的监护人权利的范围,将离婚诉讼与医疗决策相比(注意,后者可代理),并警告说,离婚决策是不可代理的,会存在虐待的风险。

[49] Karbin v. Karbin, 977 N. E. 2d 154, 157—158, 162 (Ill. 2012)(在伊利诺伊随着"伤害"的概念从离婚中的去除,我们难于接受离婚的决定从性质上不同于其他深层次的个人决定这一观点,如决定拒绝接受生命支持治疗或者决定进行非自愿的绝育)。

[50] Luster v. Luster, 17 A. 3d 1068, 1078—1079 (Conn. App. Ct. 2011);In re Marriage of Ballard & Ballard, 762 P. 2d 1051, 1052 (Or. Ct. App. 1988)(允许通过法定监护人离婚);Wahlenmaier v. Wahlenmaier, 762 S. W. 2d 575, 575 (Tex. 1988)(同上);In re Marriage of Gannon, 702 P. 2d 465, 467 (Wash. 1985)。

[51] Campbell v. Campbell, 5 So. 2d 401, 402 (Ala. 1941)("法庭有许多权力去保护无行为能力原告的权利,平等提案必须相信,原告的独立陈述反映了他的个人意愿");Kronberg v. Kronberg, 623 A. 2d 806, 810 (N. J. Super. Ct. Ch. Div. 1993);McRae v. McRae, 250 N. Y. S. 2d 778, 780—781 (Sup. Ct. 1964)("很难假设立法者的意图是让患有精神病的配偶完全处于婚姻中的另一方的怜悯之中,另一方可能会不受惩罚地忽视婚姻责任,或者成功地声称婚姻权利因错误行为而丧失");Carver Estate, 5 Pa. D. & C. 3d 743, 754—755 (C. P., Orphans' Ct. Div. 1977)(向法院提出离婚诉讼或者被正当程序条款保护)。

搜集证据以了解无行为能力人在丧失行为能力前对于离婚的态度。(52)不管基于什么原因，这种可代理的趋势是走向无过错离婚大趋势的一个可能的组成部分。(53)婚姻在即使存在严重虐待的情况下也要继续下去的假设，给提起离婚诉讼并成功离婚设置了许多障碍。(54) 但随着 2010 年无过错离婚制度在所有 50 个州的确立，(55) 人们通常不需要一个理由离婚或者可以用一个笼统的理由离婚，比如不可调和的矛盾或无法弥补的破裂。(56)这种趋势有助于排除制度缺陷对离婚造成的阻碍，有可能对监护离婚产生附带效应。

2. 遗　　嘱

遗嘱是具有多重功能的文件，它可以处置财产、(57) 表达遗嘱人的意愿(58)以及代表遗嘱人社会关系的最后声明。(59)订立遗嘱的行为因此是一种人身性质的决策，因为它涉及多个基本能力，包括控制财产、表达和处理从属社

---

(52) Nelson v. Nelson，878 P. 2d 335，339，341（N. M. Ct. App. 1994）（认为被监护人结束婚姻的渴望优先于他的无行为能力，因为没有公共政策或公平正义禁止监护人代表被监护人提出离婚）。

(53) 近期 Karbin v. Karbin 的案件显著地运用了这一逻辑，指出之前的法规禁止监护人离婚植根于伊利诺伊州之前的 In re Marriage of Drews 案件，这个案件的管辖是错误的。见 Karbin，977 N. E. 2d at 162（离婚的政策目标如何变化）。

(54) Elizabeth S. Scott，Rehabilitating Liberalism in Modern Divorce Law，1994 Utah L. Rev. 687，702（1994）（"在传统的婚姻中，法律规定只有在非常严重的侵犯下才允许离婚，这样的婚姻关系是夫妻双方一生的承诺，而且这种关系的法律特征是独立于双方的偏爱的"）（脚注忽略）。比如，一些关于一方过错的证据如遗弃、虐待、通奸是必要的。见 Jill Elaine Hasday，Contest and Consent：A Legal History of Marital Rape，88 Calif. L. Rev. 1373，1387—1388（2000）。此外，还有一些对离婚索赔的防御，比如宽恕和反诉。见 Lawrence M. Friedman，A Dead Language：Divorce Law and Practice Before No－Fault，86 Va. L. Rev. 1497，1508（2000）。

(55) Joslin，supra note 41，at 1676 n. 41，1704. New York passed no－fault divorce in 2010. 2010 N. Y. Laws ch. 384，§1（Aug. 13，2010）；Paterson Signs No－Fault Divorce Bill，N. Y. Times，Aug. 16，2010，at A14.

(56) Mary Ann Glendon，家庭法的变迁，第 188—189 页（1989）。

(57) 最高法院认为死后的财产处置是财产权中最为基础的一种——将财产馈赠给一个值得的人。见 Hodel v. Irving，481 U. S. 704，716（1987）（无论是以一种形式或者另外一种形式，将财产转移给一个特定家庭成员的权利，自封建时期就已成为盎格鲁美利坚法律体系的一部分）。

(58) David Horton，Testation and Speech，101 Geo. L. J. 61，61（2012）（遗嘱和信托是"语言行为"的方法）。

(59) Deborah S. Gordon，Reflecting on the Language of Death，34 Seattle U. L. Rev. 379，384（2011）（主张"鼓励立遗嘱人按她的意志来表达自己，可以增强立遗嘱人和她的个性的连接，以及与她所处社区的联系，这对于实现将她的财产按照她的意愿和愿望转移这一终极目标是重要的一步"）。

会关系。⑥

　　法院和立法机关一般都认为设立遗嘱是不可代理的；认为这个决策是人身性质的，不应由他人代替。⑥在 1998 年以前，统一遗嘱认证法典（UPC）允许将除设立遗嘱以外的几乎所有的财产决策权交给监护人，⑥各州将此条文纳入他们的法律中。⑥1998 年，统一遗嘱认证法典进行了修订，允许监护人在法院的批准下撰写或修改被监护人的遗嘱，⑥但只有 5 个州根据新的版本采纳了该规定。⑥因此，遗嘱领域是禁止人身代理的，即使这个权利是基本法的权利而不是宪法权利。⑥

　　与医疗保健相比，⑥设立遗嘱的禁止代理原则不仅古怪，还和信托及不动产相抵触。自然人可以代理除设立遗嘱之外的其他财产决策权，包括

---

　　⑥　Nussbaum, Frontiers, supra note 21, at 76 – 77 （"4. 感觉、想象、思考——能够在自由表达得到保护的前提下来思考…… 7 Affiliation. A. Being able to live with and toward others…… . 10. Control over One's Environment…. B. Material. 能够持有财产（土地和动产），并且和他人相同拥有财产权益"）。

　　⑥　e. g. , In re Estate of Nagle, 317 N. E. 2d 242, 245 （Ohio Ct. App. 1974）（只要不是非法的而且立遗嘱人是有能力的，设立遗嘱就是立遗嘱人不可让予的权利，更改他的遗嘱就是对他的判断力的虐待）；In re Estate of Runals, 328 N. Y. S. 2d 966, 976 （Sur. Ct. 1972）（注意立遗嘱的权利对已故者来说是私人事务，它是不可让予的。它伴随已故者的死亡而消失，几个遗嘱原则支持遗嘱作为个人权利和表达的概念，例如，每份遗嘱应该由立遗嘱人亲笔签名）。见 Restatement（third）of Property: Wills and Other Donative Transfers §3.1 （2003）（如果遗嘱是书面形式且被立遗嘱人签署，且有符合法律程序的证人，遗嘱就是有效可执行的，很多州承认手写遗嘱的效力，或者无证人见证的遗嘱效力，只要是立遗嘱人亲笔所写）。见 id. §3.2 （有些州的法律规定，无证人见证的遗嘱有效，只要遗嘱是立遗嘱人亲自书写并签名，在某些情况下要求本人签署日期）；最后，不正当影响原则也支持这种设立遗嘱的人身属性，因为它要求展示遗嘱或者对立遗嘱人的侵犯，以使立遗嘱行为有效。见 Caudill v. Smith, 450 S. E. 2d 8, 10 （N. C. Ct. App. 1994）（为阻止执行遗嘱过程中的不正当影响，一方当事人必须表明立遗嘱人未受到不正当影响，不正当影响指以破坏当事人的自由处分，并且使这份书面文件不能适当表达当事人的愿望而是表达其他人的愿望）；Schmidt v. Schwear, 424 N. E. 2d 401, 405 （Ill. App. Ct. 1981）（相同）。

　　⑥　Unif. Probate Code §5 –407 （b）（3）（2010）（除了设立遗嘱的权力之外，为了保护个人以及家庭直系亲属的利益，法庭对个人在目前正常状态下可以进行的房产和商务事宜拥有全部权力，除了设立遗嘱的权力）。

　　⑥　e. g. , Mich. Comp. Laws Ann. §700.5407 （2）（c）（West 2010）；N. J. Stat. Ann. §3B: 12 –49 （West 2006）；Brashier, supra note 28, at 83—85 n. 72 （compiling statutes）.

　　⑥　Unif. Probate Code §5 –411 （a）（7）（2010）.

　　⑥　Brashier, supra note 28, at 69 n. 23. 其他州允许代理人为一些特定的小额税费的目的调整遗嘱。见 755 Ill. Comp. Stat. Ann. 5/11a –18 （West 2007）（允许为了一般的税费的目的代理）Fla. Stat. Ann. §744.441 （18）（West 2011）（仅在财产税慈善抵扣的情况下允许代理）。

　　⑥　United States v. Perkins, 163 U. S. 625, 627 （1896）（通过遗产处置资产是在法律控制下的）。

　　⑥　infra Part I. B. 3.

持续性代理权、[68] 指定代理[69]和其他各种非遗嘱机制。后者如联合银行账户、养老金账户指定受益人和信托，[70]以及之前提到的财产监护人有权在被监护人在世时处置其财产。这比死后处理财产对被监护人的影响更为深远。

因此设立遗嘱在大多数州被禁止代理这一事实似乎令人惊讶。一个可能的解释是，法院要维护遗嘱的表达功能，因为财产方面已通过其他方式代理了。然而这一点，并不能解决不一致的问题。首先，实践中大部分财产计划通过使用形式遗嘱和其他工具得到执行，这已经减少了设立遗嘱过程中立遗嘱人意愿的重要性。[71]更重要的是信托可以实现同等目的，而信托是可以代理的。[72]

虽然趋势是朝着设立遗嘱可代理的方向发展，但是历史规则成为阻碍。由于财产计划已经整体趋向财产决策可以代理，因而使得这些条款显得很不合时宜。

3. 医疗保健

医疗保健决策有利于身体健康，提高预期寿命。在各种决策中，它们有可能最直接对生活和身体健康的基本能力产生影响。[73]在美国法理学领域，有关身体完整性的决策，其中包括医疗保健决策，被认为是人身自由

---

[68]　infra Part III. A.

[69]　Restatement (Third) of Trusts §17. 1 (c) (2003) ("传统意义上讲，财产指定处理权是指权利机构指定财产受益人来接受本来不属于他的财产")。

[70]　John H. Langbein, The Nonprobate Revolution and the Future of the Law of Succession, 97 Harv. L. Rev. 1108 (1984).

[71]　有些观点认为遗嘱的设立应该更加规范一些。见 Reid Kress Weisbord, Wills for Everyone: Helping Individuals Opt Out of Intestacy, 53 B. C. L. Rev. 877, 920—937 (2012) (一个"遗嘱的时间表"附件用于税收的返还是一种推动遗嘱设立、避免无遗嘱死亡的方法)。有些人持反对意见。见 Gordon, supra note 59, 第383—384 页。

[72]　《信托重述（三）》特别说明，禁止代理的一般性原则同样适用于信托：设立遗嘱的禁止性规定也许证明了更普遍的可替代政策，即由信托人做出的死后处置将改变未立遗嘱人后代的处置计划，或者改变一个事后丧失行为能力的人设立的遗嘱。后来的政策更加宽泛和普遍，普遍类推适用于限制死后处置由合法的代表人或代理人创设的可撤销的生者之间的信托，符合法律或丧失行为能力人的财产计划的处置将发生效力。重述（三）通过比较狭窄的政策体现了这种困难，基于"有效和符合传统"，证明了禁止遗嘱的可代理性，尽管授权监护人通过遗嘱替代方式而非遗嘱处置财产的效果尚不清楚。

[73]　Nussbaum, Frontiers, supra note 21, p. 76. ("1. 生命，能够活至一个人生命的正常长度，而不是提早死亡，或者早于一个人的生命因为不值得活下去而被缩短。2. 身体健康，能够拥有包括生殖健康在内的良好健康状况，有足够的营养，有适当的住所")。

的根本。(74)在宪法中，几种理论支持这种观点，包括积极的隐私权、(75) 受保护的自由利益(76)以及不被政府侵犯身体的尊严。在医疗侵权法(77)中的知情同意权也是基于这样的理念——患者具有关于身体完整性问题的决策权。(78)

鉴于这些决策的神圣不可侵犯性，其中绝大多数决策可以代理这一点就显得有些奇怪。事实上，由于大多数州都制定了有关法定代理的法律，医疗保健的决策者不需要通过烦琐的监护程序去获得决策权。(79)如果家庭成员之间有严重的争端，这个问题最终可能会在法庭上解决；但一般来说，这些代理决策不受司法批准或监督。相反，他们受医疗职业标准和道德准则限制。(80)因此，整个决策过程是在法律范围之外，而被重新定位在医生—家属关系中。(81)

虽然大多数医疗保健决策都在上面提到的领域，但有些决策受到更严格的监管。这些决策存在于各州有意识要保护的领域，如生命的保全。(82)例

(74) Union Pac. Ry. Co. v. Botsford，141 U. S. 250，251（1891）（“普通法对一项权利给予了超过其他权利的仔细保护，这项权利就是每个人拥有不受他人影响和约束的自身权利，除非这些影响和约束来自于清晰的毋庸置疑的法律权力”）。

(75) e. g.，Roe v. Wade，410 U. S. 113，152—153（1973）（承认个人隐私的范围以保护一系列不同的自主决定）；Eisenstadt v. Baird，405 U. S. 438，453—454（1972）（无论婚姻状况如何，保护使用安全套的权利）。

(76) e. g.，Cruzan v. Dir.，Mo. Dep't of Health，497 U. S. 261，278（1990）（承认由宪法保护的拒绝接受医学治疗的自由）。

(77) e. g.，Rochin v. California，342 U. S. 165，172（1952）（为提取证据而强制性地抽吸嫌疑人的胃部“震惊良知”而且侵犯了他的隐私权）。

(78) Schloendorff v. Soc'y of N. Y. Hosp.，105 N. E. 92，93（N. Y. 1914）（“每一个拥有正常心智的成年人都有权对自己身体做出处置，而且医生在没有征得病人同意下执行手术是侵犯人身的行为，医生要对造成的伤害负责”），abrogated by Bing v. Thunig，143 N. E. 2d 3（1957）。

(79) 在法律通过之前，医生非正式地依赖没有法律或法院介入的家庭成员的决策。见 Lawrence A. Frolik，The Law of Later-life Health Care and Decision Making 219—221（2006）（“由精神病人的直系亲属做出医疗决定，这种自然的、习惯性的依赖是如此根深蒂固，以至于很少受到挑战”）。

(80) e. g.，Woods v. Commonwealth，142 S. W. 3d 24，49（Ky. 2004）（“这种对于个人决定的司法介入是昂贵的和有干扰性质的。对于职业医疗的能力领域来说它是无法负担的累赘和无理由的侵蚀。因此，除非利益相关方意见不一致，否则求助于法庭是没有根据的。”［省略中间的引述和引号］）；John A. Robertson，Schiavo and Its（In）Significance，35 Stetson L. Rev. 101，106—107（2005）（“这些少数的进入司法程序的纠纷分为两种类型：一种类型是医生或者医院拒绝遵从病人事先直接的或者通过代理提出的支持或反对治疗方案的请求；第二种类型，以 Schiavo 为例，是家庭成员之间对于治疗方案有分歧”）。

(81) President's Commission for the Study of Ethical Problems in Medicine and Biomedical and Behavioral Research，Deciding to Forego Life-Sustaining Treatment 128（1983），如果一个被监护人进入监护程序并有了一名监护人，监护人就和法定代理人处在相同的角色上。See id p. 128—130.

(82) John A. Robertson，Cruzan and the Constitutional Status of Nontreatment Decisions for Incompetent Patients，25 Ga. L. Rev. 1139，1140—1141（1991）（讨论“活力论”政策）。

如，许多州都要求监护人在做出撤走维持生命的治疗决策前，需提供明确和令人信服的证据来证明被监护人之前的意愿。(83) 最高法院已批准这种证据要求，来反驳认为他们违宪侵犯被监护人权利，不允许被监护人通过监护人拒绝治疗的观点。(84)另一个例子体现在被监护人给第三方的器官移植，这通常需要司法批准。(85)

所以，医疗保健决策——这一其他基本权利的根基，很多时候是在不受法律干涉和监督的情况下被他人代理的。

法律已经发展了多种机制来处理无行为能力下决策权的代理，但这些机制仅限于某种类型的决策。本部分主要是描述性的探索这些机制以及它们在三个特定领域的不同运用，下一部分考察普遍的争论以证明这些机制的正确性。

二、代理的理论基础

这一部分考察人身决策权代理的理论基础。首先，它研究能力方法如何适用于认知障碍方面，认为那些缺乏决策能力的人需要平等地享有人身决策权。因此，要求能够通过代理做出决策。这部分还探讨了从监管决策的法律标准得出的关于代理的规范论证：替代判断和最佳利益方法。最后，这部分考察了法院用于证明禁止代理的理论，某些决策因过于人身性而不能被代理，结论是这是无效的。

（一）能力、尊严和残疾

能力方法假定，人类有尊严的生活是指个人有能力实现被社会认为是人类核心经历的特定功能。这些功能包括做某些事情的能力（如做礼拜），或达到某些特定状态的能力（如具有健康的身体）。(86)个人的能力是“他的

---

(83) Alicia Ouellette, When Vitalism is Dead Wrong: The Discrimination Against and Torture of Incompetent Patients by Compulsory Life - Sustaining Treatment, 79 Ind. L. J. 1, 48—55 (2004) (compiling statutes).

(84) Cruzan v. Dir., Mo. Dep't of Health, 497 U. S. 261, 284—285 (1990).

(85) Strunk v. Strunk, 445 S. W. 2d 145, 145 (Ky. 1969)（准许肾脏移植给兄弟是基于一个最佳利益的标准以及参考病人和他兄弟之间的关系）; In re Doe, 481 N. Y. S. 2d 932, 932 (App. Div. 1984)（准许骨髓捐赠已经清楚而可信地展示符合被监护人的最佳利益）; In re Pescinski, 266 N. W. 2d 180, 182 (Wis. 1975)（不准许肾脏移植给姐妹，因为被监护人不同意而且这个移植不符合被监护人的最佳利益）。对于分析这类案例，见 generally Michael T. Morley, Note, Proxy Consent to Organ Donation by Incompetents, 111 Yale L. J. 1215 (2002); John A. Robertson, Organ Donations by Incompetents and the Substituted Judgment Doctrine, 76 Colum. L. Rev. 48, 48 (1976)。

(86) Nussbaum, Women and Human Development, supra note 21, 第86—96页。

内在禀赋、他的外部资源和他生活的社会和物理环境的产物"。[87] 因此，为了尊重个人的固有价值，一个公正的社会必须提供让个人可以运用自己能力的途径。这可以通过开发个人拥有的内在禀赋、改变给予他的外部资源、调整他的生活环境，或做出那些与这些基本功能息息相关的决策来实现。[88]这些方法可以确保个人发展以及有尊严的生活。[89]

对于某些类型的能力，社会只须在适当的水平上提供即可。例如，一个公正的社会需要给每个人提供适当的住房，但社会不需要保证每个人的住房面积或质量相同。[90]但是对于其他类型的能力，社会确保其适当性的唯一方法就是确保其提供的基础是平等的。例如，政治、宗教或公民自由必须平等地提供才能保证其适当性。[91]人身决策属于同一个范畴 —— 每个人必须有平等的决策机会，才能保证社会提供的适当性。[92]

属于人类社会所有人都有权获得的能力，认知障碍者不应因为他们缺乏参与某种实践的推理能力而被排除在人类社会之外。[93]虽然从描述上说理性可能是人类有别于其他动物的特点，但它不是拥有人类尊严的唯一特点。[94] 的确，人类通过拥有良好的健康、用感官体验事物、形成社会关系以及享受娱乐活动来区别于其他动物。只有当个人行使这些显著功能的能力被切断（例如，某人处于永久昏迷或植物人状态）也许会被认为此人已

---

[87] Elizabeth Anderson, Justifying the Capabilities Approach to Justice, in Measuring Justice: Primary Goods and Capabilities 96 (Harry Brighouse & Ingrid Robeyns eds., 2010).

[88] 做决策是建立在能力方法上的，因为人身决策必须允许个人获得特定的能力。并不是所有的决策本身是根本的——它需要和其他的基本能力相连接，以获得某种地位以及遵循这篇文章的分析。

[89] Id.

[90] Martha Nussbaum，认知障碍者的能力，认知障碍及对道德哲学的挑战，第79—80页（Eva Feder Kittay & Licia Carlson eds.，2010）。

[91] Id.；及 Elizabeth S. Anderson, What Is the Point of Equality? 109 Ethics 287, 312—315 (1999)（主张一个民主的平等概念，在这里对适当性的理解就意味着平等）。

[92] Nussbaum, supra note 90，第79—80页。如在第一部分提到的，人身决策是被相关规范理论定义的。在这里，是能力方法，所以人身决策被定义为植根于人类基本权利的决策。当然，可以通过不同的形式获得（比如，自己做出人身决策或者代理人辅助做出决策），只要以一种有意义的方式获得。

[93] 从心理学的角度，这可能在某些道德层面影响我们对认知障碍者的看法，这不必然控制我们对这些人的道德判断。见 generally Heikki Ikäheimo, Personhood and the Social Inclusion of People with Disabilities: A Recognition – Theoretical Approach, in Arguing About Disability: Philosophical Perspectives 77—92 (Kristjana Kristiansen et al. eds., 2009)（检视我们对残障人士的认知如何影响我们对人的判断）。

[94] Nussbaum, Frontiers, supra note 21，第179—195页。这不是贬低实践原因在促进人的基本能力方面的重要性，事实上，它是核心因素。能够形成某人的美好生活的概念并基此安排该人的生活是对人个人决策权的极大满足，它使多种基本能力得以实现。

经不再是人类社会的一部分了。[05]

有些人可能会注意到决策能力的丧失,一个生物的和不可改变的事实,导致能力的缺乏。但是更深入的分析会发现它是能力丧失和防止监护人或其他代理人代替被监护人做出决策的障碍的组合。这些障碍,体现在不可代理这一信条上,剥夺了那些缺乏决策能力人的权利,削减了获得与人的尊严相一致的功能的能力。作为一个象征性事件,这是令人不安的,因为它发出了某种信息——认知障碍者不值得拥有那些人的尊严概念里所固有的能力。作为一个实际问题,这也是令人不安的,因为认知障碍者仍然可以通过代理传达其偏好或利益。

对于认知障碍者来说,他们必须通过别人的帮助或替他们行事以获得人身决策的平等机会。对于那些缺乏决策能力但仍然可以表达某种偏好的人,代理人或监护人的任务是要发现那些偏好并将其转化为决策。对于那些不能将任何形式的偏好表达出来的人,代理人必须能够站在被监护人的角度考虑,遵循被监护人以前的人生规划,或者在保护被监护人最佳利益的前提下替其做出决策。[06]

建议代理人在决策过程中帮助认知障碍者实际认识到其能力,起初看起来似乎有些奇怪,但是,个人助理和辅助技术不是信号依赖或不真实的自主权。残疾人权利运动一直认为帮助是赋权的一种形式,也是控制生活和环境的一个保证。[07]女权主义对依赖的分析也明确区分了"社会必要依赖"和"剩余依赖"。前者是"人类条件不可避免的特征",而后者则是"植根于不公正和潜在的可救济的社会制度"。[08]认知能力的下降可能是许多人随着年龄增长所无法逃避的,但是因为认知缺陷而剥夺他们的权利事实上是一个不公正且需要矫正的社会制度。

---

[05] Id. 在这些案例里,我们可能为其他原因仍然支持某种类型的决策权,但其合理性应被其他理论所支持。

[06] Nussbaum, supra note 90, at 79—80.

[07] e. g. , Alan Roulstone, Researching a Disabling Society: The Case of Employment and New Technology, in The Disability Reader: Social Science Perspectives 110—128 (Tom Shakespeare ed. , 1998) (描述辅助技术在职业方面的角色和重要性); Samuel R. Bagenstos, The Americans with Disabilities Act as Welfare Reform, 44 Wm. & Mary L. Rev. 921, 999—1000 (2003) (描述独立生活运动的哲学理念)。然而, 身体残障者和精神残障者的经历不是完全类似的。另一个独立生活哲学的关键因素是消费者控制辅助工具的观点,这也许对同样程度的认知障碍者是无法实现的。见 Samuel R. Bagenstos, The Future of Disability Law, 114 Yale L. J. 1, 75—81 (2004) (describing the role of consumer control)。

[08] Nancy Fraser & Linda Gordon, "Dependency" Demystified: Inscriptions of Power in a Keyword of the Welfare State, 1 Soc. Pol. 4—31 (1994).

这一原则可以通过行动障碍类比说明。一个腿部残疾的人在没有帮助的情况下不能从一个地方自由旅行到另一个地方；然而，将这单单看作物理损伤的结果是不正确的。❾这也可能是缺乏资源购买轮椅或没有方便轮椅进入的街道和建筑物的自然环境造成的。如果社会能为行动不便者提供轮椅和一个无障碍环境，就不能说那个人不是真正经历了运动或旅行。很显然，这是一种不同的体验，但那个人确实是在经历运动和旅行，尽管是通过多数人不使用的辅助设备完成的。

同样地，社会应该让认知障碍者未雨绸缪，选择代理人在他们丧失决策能力时代表他们采取行动，并应创建一系列默认机制来管理那些没有提前规划的人。如果社会提供法律机制使个人在代理人的协助下做出人身决策，这并不意味着这个人没有真正体验决策能力。是的，经历或结果肯定不同，这种差异是认知障碍的必然的副作用。然而，这种差异不足以剥夺代理人代替做出决策的权利，因为这种权利影响到众多的认知障碍者仍然应该享受到的基本能力。❿

在继续论述之前还有最后一点要解决。仅仅提供基本能力并不意味着个人必须行使这些能力来实现那些功能。⓫ 对于该分析的对象即人身决策来说也是如此。没有人被要求离婚、设立遗嘱或寻求医疗服务去实现有尊严的生活，尽管平等地获得这些机会是我们认为有尊严的生活不可或缺的一部分。同样，代理人不会被要求做出这些决策，提供这些选择但不去做，并不意味着缺乏能力或违反信托责任。⓬ 接下来的部分考察代理人有权做出决策的标准，人身代理的其他规范性参数可能衍生自它们。

（二）自主、偏好和福利

这种能力方法要求平等地获得涉及人类基本能力的决策，既关乎保证

---

❾ 这是一个功能方法聚集和弥补社会残障模式的领域。见 generally Michael Oliver, The Politics of Disablement: A Sociological Approach（1990）。

❿ 对身体残障和认知障碍之间的分析显示了残障领域对监护是赋权还是消弱权利研究的一种紧张关系，见 Michael Bérubé, Equality, Freedom, and/or Justice for All: A Response to Martha Nussbaum, in Cognitive Disabilities and Its Challenge to Moral Philosophy, supra note 90, 第 97 页、第 102—103 页。

⓫ Nussbaum, Frontiers, supra note 21, 第 171—173 页。这样，对能力方法的讨论不能依赖于代理决策的内容应该是什么的特殊理论，它只是假定这种决策代理应该被允许做出。

⓬ 与此同时，作为一个实际问题，我们可能会怀疑，如果在这些能力内在没有决策的运用，能力可能并没有被展现。它可能不是选择的结果，而是因为未开发天赋、缺乏物质资源或者是环境障碍。

认知障碍者的尊严也关乎社会公平。[103]对于允许或反对人身代理还有其他理由，这依赖于可替代的直觉标准。本部分探讨支配替代决策的两个法律标准：替代判断和最佳利益。换句话说，通过了解代理人在获得授权后应该做什么，我们可以更好地明白他们为什么要获得授权。需要注意的是关于决策标准的文献非常多，[104]但本文并不试图解决特定的争论。狭义上的任务是梳理出被代理人决策模式背后的规范性直觉并审视他们如何应用于人身代理。

1. 替代判断

在许多州，当一个代理人发现自己有权做出决策的时候，他没有任何关于支配自己决策的法律指导。[105]但对于已经解决了这个问题的州，常见的观点是，代理人必须采用替代判断标准。[106]当代理人使用替代判断时，他必须尽可能模仿委托人在有能力做决策时可能做出的决策。[107]源于普通法的心神丧失，这种主观推测背后的理论是，它保障了委托人的自主权，并保留

---

[103] 然而它没有明确提出一个关于自我的概念，也没有给出标准来监督监护人和代理人。

[104] e. g. , Buchanan & Brock, supra note 26, at 10—12 (taking the middle – ground on appropriate approach for surrogate decision – making for the incapacitated); Ronald Dworkin, Life's Dominion 190—196 (1993) (讨论自主权、最佳利益和不可侵犯在决策类型中的三个问题); Robert S. Olick, Taking Advance Directives Seriously: Prospective Autonomy and Decisions Near the End of Life xvii (2001) (倡导决策自由); Norman L. Cantor, Discarding Substituted Judgment and Best Interests: Toward a Constructive Preference Standard for Dying, Previously Competent Patients Without Advance Instructions, 48 Rutgers L. Rev. 1193, 1197 (1996) (讨论一种基于尊严的方法); Rebecca Dresser, Precommitment: A Misguided Strategy for Securing Death with Dignity, 81 Tex. L. Rev. 1823, 1823 (2003)。
（讨论针对被监护人当前利益的最佳利益方法）; Leslie Pickering Francis, Decisionmaking at the End of Life: Patients with Alzheimer's or Other Dementias, 35 Ga. L. Rev. 539, 540, 591—592 (2001) (支持基于自由的决策过程，只要结果不会导致无能力的被监护人痛苦); Lawrence A. Frolik & Linda S. Whitton, The UPC Substituted Judgment/Best Interest Standard for Guardian Decisions: A Proposal for Reform, 45 U. Mich. J. L. Reform 739, 739, 741 (2012); Sanford H. Kadish, Letting Patients Die: Legal and Moral Reflections, 80 Calif. L. Rev. 857, 888 (1992) (讨论在病人没有表达偏好时遵循最佳利益原则)。

[105] Carolyn Dessin, Acting as Agent Under a Financial Durable Power of Attorney: An Unscripted Role, 75 Neb. L. Rev. 574, 587—588 (1996) (要求对实际代理人的行为职责加以澄清); Linda S. Whitton & Lawrence A. Frolik, Surrogate Decision – Making Standards for Guardians: Theory and Reality, 2012 Utah L. Rev. 1491, 1495 (2012) (noting that out of fifty – two jurisdictions considered (注意在考虑到的 52 个辖区 [50 个州、华盛顿特区、维京群岛]，28 个辖区没有针对监护人做出决定的法律标准)。

[106] Whitton & Frolik, supra note 105 (注意 18 个辖区通常在结合最佳利益的标准下遵循替代判断标准，而 6 个辖区则简单地遵循最佳利益标准)。

[107] Curran v. Bosze, 566 N. E. 2d 1319, 1322 (Ill. 1990) ("替代判断的法律原则要求一个替代的决策者在尽可能准确的前提下做出决定，这个决定应该和病人在有能力时做出的决定相一致" [基于原意的修改] [文内引号忽略])。

了委托人认为称心如意的状态，如果他能重新恢复能力的话。**⑩**

这一标准的关键是将个人作为一个即使无行为能力也有偏好的独立个体。因此，根据个人在过去拥有的偏好可以推定出其行为丧失后的偏好。**⑩**在人身决策和代理的背景下考察，一直遵循这些偏好具有特别重要的意义；因为他们很大程度上反映在自我决定的过程，反映了特定的核心价值、人生计划或对美好生活的理想。哲学家们设计了许多术语来描述这种类型——"关键利益"**⑩** "第二次欲望"**⑪** "不可告人的利益"**⑫** 或简称"项目"**⑬**；但关键的一点是，他们对于保持自我意识非常重要，并和身份紧密地交织在一起。有些项目可能是自然的人际交往（如奉献给家庭或维护重要关系），而另一些可能对于人身相当独特（如因为具有某些特点被人所熟知如时尚感，或在某一个运动或游戏中成名如在线扑克）。如果我们假设同样的人存在于能力丧失之前和能力丧失之后，那么能力丧失之后保持这些人生规划就显得至关重要。

根据能力方法，我们将人身决策定义为那些涉及基本功能的决策。而根据替代判断方法，我们可以将人身决策定义为那些涉及身份形成功能的重要承诺的决策。在这种方式下，代理决策或通过禁止人身代理来维持现

---

⑩ Louise Harmon, Falling Off the Vine: Legal Fictions and the Doctrine of Substituted Judgment, 100 Yale L. J. 1, 16 (1990). 精神失常者原来是有能力的，只不过现在或者完全丧失了能力，或者间断性的清醒，精神失常者不同于从来就没有能力的白痴。Id. 第17—18 页。这个标准引发了证据问题，尤其是需要什么来形成被监护人过去的偏好。有些州要求在特定的决策上有对偏好的公开表述。见 e.g., In re Westchester Cty. Med. Ctr. ex rel. O'Connor, 531 N. E. 2d 607, 607 (N. Y. 1988); In re Storar, 420 N. E. 2d 64, 67—68 (N. Y. 1981) （涉及一个玛丽社区兄弟在针对 Karen Ann Quinlana 案例的谈话中曾公开声明他不希望得到生命维持治疗），其他州接受更全面的分析，来审视被监护人的宗教信仰和一般价值观。见 In re Jobes, 529 N. E. 2d 434, 444 (N. J. 1987) （要求替代决策者考虑被监护人的哲学、神学和道德价值观）；及 DeGrella v. Elston, 858 S. W. 2d 698, 708—709 (Ky. 1993); Mack v. Mack, 618 A. 2d 744, 758 (Md. 1993)。

⑩ Olick, supra note 104, p. 45—112 （列出了针对决策自由的道德争论）；及 Joel Feinberg, Harm to Self: The Moral Limits of the Criminal Law 11 (1986) （describing harm as a "setback [to] interests"）。这一方法拒绝了一个概念，既这种无能力产生了一个同之前的个体不相连的居于同一身体内的新的个体。见 Olick, supra note 104, 第127—151 页。

⑩ Dworkin, supra note 104, p. 201—202 （界定核心利益是一个人存在意义的基础，同简单的体验利益区别开来）。

⑪ Harry G. Frankfurt, Freedom of the Will and the Concept of a Person, 68. J. Phil. 5, 6—7 (1971) （"除了想要、选择和被感动去做这个或那个之外，人可能还有或者没有特定的愿望或动机"）。

⑫ Feinberg, supra note 109, p. 36—45 （描述这些我们认为价值等同于 "目的" 的利益）。

⑬ Bernard Williams, Moral Luck 5 (1981) （描述我们的计划等同于那些塑造我们性格特征的事业）；及 Gerald Dworkin, The Theory and Practice of Autonomy 16—20 (1988)。

状都可以被看作前瞻性的自主决策的方式。此外，许多人身决策是在个人依然有能力时创造的其一直喜欢的状态，但是这个事实本身不是禁止人身决策代理的理由。❶第一，如果情况有变，改变现状可能是保障个人的人生规划的最佳途径。这在医疗保健的案例中最为明显。不断变化的健康状况和治疗办法可能以不同的方式尊重个人的事先偏好。第二，现实状况不一定总是反映个人做出的决策，这在选举的情况下表现的最为明显。现状是不参与政治，这可能与之前个人的政治参与不同。

因此，如果坚持个人前瞻性的决策自主权、连续的个人身份以及保留已经存在的重要生活计划，那么替代判断标准背后的理念可能是允许某些人身权利被代理的理由。

2. 最佳利益

有时候想知道被监护人的想法是不可能的，可能是因为其没有表达对一个主题的具体意见或者是因为已知的价值观在运用到一个实际情况时是不确定的。另外，有人会认为被监护人的无行为能力状态可能会改变其生活态度，从而产生一个不应该被先前的生活态度束缚的新的自我。❶在这两种情况下，监护人必须转移到最佳利益角度去考虑。❶根据这一标准，监护人必须做到客观上对被监护人最好的选择。❶

最佳利益分析的应用依赖于个人对幸福的衡量标准。同样地，对人身决策的定义也会根据个人所选择的规范理论的不同而有所变化。在最佳利益分析中，人身决策被定义为那些可能影响福祉的方式，然而是实质的方

---

❶ 例如，一个人可以在特定条件得以满足时，在有利于当前结果的前提下尽可能地接近被监护人最强烈的偏好。当这种当前结果有利于绝大多数被代理人时，这个论点最有力。如果做出决定的周围环境是相对稳定的，比如这种偏好的表达不会同被监护人的某些更高级别的偏好发生冲突，而且如果代理会给代理人基于某种原因造成一定程度的伤害，导致当前结果不利于被代理人，虽然不清楚在这里考虑到的决策领域中这些条件是否适用，但是确实可以在此基础上讨论禁止个人代理。

❶ For the strongest proponent of this type of view in philosophy, see generally Derek Parfit, Reasons and Persons (1984). For an application of this work to the law, see Rebecca S. Dresser & John A. Robertson, Quality of Life and Non – Treatment Decisions for Incompetent Patients: A Critique of the Orthodox Approach, 17 L., Med., & Health Care 234, 240—241 (1989) （讨论一种当前利益的方法）。

❶ Allen E. Buchanan, The Limits of Proxy Decisionmaking for Incompetents, 29 UCLA L. Rev. 386, 407—408 （"在某些案例中替代判断标准不能得出无可置疑的结果，法庭应该返回到传统的父母监护原则，并依据无能力者的最佳利益执行"）。

❶ In re C. E., 641 N. E. 2d 345, 354 (Ill. 1994) （"在最佳利益条款下，法庭遵循一个客观标准，既在此案例特定情况下一个有理智的人会偏好什么"）。这一条款起源于儿童监护法，见Harmon, supra note 108, at 30 n. 170, 32—33。

式。[18]主观地衡量幸福，如偏好的满足，[19] 在决策能力丧失的情况下可能是难以实现的。的确，如果法院已经确定某人缺乏决策能力，则证明该人偏好形成或推理的认知能力受损。如果某人不能再形成偏好，那么偏好满意度能否成为衡量幸福的标准就不确定。另一方面，如果某人仍然可以形成偏好，但需要协助将这些偏好转化为一系列决策或一个连续的生活计划，那么监护人或代理人可能是最能提供这些协助的人。这表明，人身代理应被允许，以便实现上述过程。[20]

被监护人的最佳利益也可以根据一些客观标准来衡量，比如在被监护人所处的情况下，一项决策是否反映了一个正常人在此情况下的喜好或价值提升。[21]标准有问题，很容易影响结果；所以法庭应该更倾向于由代理人做出个性化的决策。例如，如果某人认为通过使用鼻饲来延续生命代表了个人或社会所认为的积极成果，或者这是社会共识，那么这种默认规则的要求会优于人身代理所可能产生的结果。但有些问题缺乏相关的意见或社会共识，目前尚不清楚限制人身代理能否在特定情况下实现被监护人的最佳利益。个性化的规则设置可以使为特定人群定制处理办法成为可能，但这些规则仍处于起步阶段，而且目前尚不清楚，他们是否能像运用于财产决策领域一样运用于人身决策领域。[22]

替代判断和最佳利益标准中所隐含的规范直觉有助于我们了解人身代理的可供选择的理论基础。简单地讨论之后，接下来的部分要批判法院用来证明人身决策不可代理原则的首要理由，即有些决策过于人身性而不能被代理。

---

[18] 再次强调，基于最佳利益方法的个人决定会很大程度上和其他规范的方法有所重叠，虽然它取决于一个人所选择的福利理论。

[19] Matthew D. Adler & Eric A. Posner, New Foundations of Cost – Benefit Analysis 28—35 （2006）（讨论公共福利方法）。

[20] 一些学者已经使个人福利的享乐主义概念重新流行起来。见 generally John Bronsteen et al., Welfare as Happiness, 98 Geo. L. J. 1583, 1593—1600 （2010）。将这类福利应用于无决策能力的案例会引起许多经验主义的问题。只要一个缺乏决策能力的人可以感知快乐或者痛苦，我们就需要知道允许个人代理会增加或者减少特定时刻的总和的快乐，包括那些发生在已经缺乏决策能力之后的时刻。同前注。

[21] generally Phillipa Foot, Natural Goodness （2001）（推动这样一个道德规范的方法）；Lawrence B. Solum, Natural Justice, 51 Am. J. Juris. 65 （2006）（在更广泛的判决和司法中适用这一方法）。

[22] Cass R. Sunstein, Impersonal Default Rules vs. Active Choices vs. Personalized Default Rules：A Triptych, 1, 4—5 （Nov. 5, 2012）, available at http：//papers. ssrn. com/sol3/papers. cfm？abstract_ id =2171343 （discussing the tradeoffs between different types of default rules （讨论不同的默认规则［社会性的和私人的］和有效选择之间的折中，并且探寻哪一种策略有意义）。

（三）人身决策的私人属性

考察过代理人身决策的案例后，现在我想谈谈潜在的反对意见。这些反对意见衍生于法院的不可代理原则，具体来说就是认为决策是非常私人性的。吕思特法院认为人身的理念背后有两个可能的理由来证明不可代理原则。[123]

第一个指的是人身的喜好是特别的如某些口味，[124] 有些人厌恶苦的饮料，而其他人认为那是一种清爽的口感。这些偏好是不容易预测的，即使他们偶尔被公开表示过。其实，这些喜好，不管他们可能是什么，如果有意义的话，可能只对原来的决策者有可理解的意义。

第二是人身决策隐含的偏好可能是特别私人的或未透露给他人的。[125]这个原理源于人身决策是个人做出的，从而无法由其他人所观察到这一事实。例如，大多数人发生性关系时只有他们的性伴侣存在。不知道当事人私下做了什么决策，其他人是难以推断这些决策背后的偏好的。此外，如果做决策的情况很少发生，观察将会更加困难。例如，很多人不会反复离婚，或为自己的临终医疗做决策，这意味着在无行为能力情况发生之前观察他们决策的机会是非常有限的。最后，即使决策被观察到，除非当事人解释他做决策背后的原因，否则可能无法破译他的潜在喜好以及如何将其应用到一个新的环境。[126]

总之，个人喜好的这些特性指向同一个结论：代理决策者很可能做出错误的决策，因为被监护人的喜好是不可预知或不可知的。尽管这些理由有可取之处，但他们本身并非对人身代理的控诉，而是对代理人决策的替

---

[123]　supra Part I. B.

[124]　Thomas F. Cotter, Legal Pragmatism and the Law and Economics Movement, 84 Geo. L. J. 2071, 2122—2123 (1996) (讨论不稳定的偏好可以使本来直接的法律和经济学分析变得复杂); Mark Kelman, Law and Behavioral Science: Conceptual Overviews, 97 Nw. U. L. Rev. 1347, 1363 (2003) ("这种我们可以清晰地说出对'测试'能有效反应的发展环境是基于有稳定的测试可以被反映的观念，而不是基于很多变动、不稳定的表现，基于我们如何引诱他们")。

[125]　Christine Jolls, Cass R. Sunstein & Richard Thaler, A Behavioral Approach to Law and Economics, 50 Stan. L. Rev. 1471, 1488n. 46 (1998) (注意经济学家认为当决定做出时会显露出偏好); Bailey Kuklin, The Gaps Between the Fingers of the Invisible Hand, 58 Brook. L. Rev. 835, 853—855 (1992) (注意经济学家在预测不稳定或者不显露的偏好时的困难); Cass R. Sunstein, Social Norms and Social Roles, 96 Colum. L. Rev. 903, 932 (1996) (注意经济学家认为当决定做出时会显露出偏好)。

[126]　不同类型的个人偏好在无能力情况下并不一定是可操作的。如果一个被监护人之前购买了 iPad 并用来读书，但现在她已经不再具有阅读能力，那么继续买书和让她使用 iPad 是没有意义的。这种偏好在新的环境下毫无意义。

代判断标准在人身领域的应用的控诉。如果没有其他可行的决策标准，那么一个简单的不可代理规则应该是审慎的，但事实并非如此。最佳利益标准可以代替替代判断原则引导代理人做决策，并且它已被证明至少在儿童问题上是可操作的。(127)

这样就需要有一些额外的参数来说明人身代理在本质上是无效的。可能有人会说禁止人身代理可以有效地保护人格，因为人身代理可能会违反与人格不可分割的人的本质。(128)支持某些产品不可让渡的人声称，通过市场机制来让渡这些产品构成了人类发展中对人格的一种暴力行为。(129)支持者认为如果某些产品即使是部分地转化为商品，市场将用其华丽的词藻来误导人们对该产品的理解。(130)但是人身代理符合这类说法吗？也许某些决策是与人的身份或人的社会关系密切相联的，以至于允许他人替代做出决策的确会反人格。在婚姻中，许多人认为维持婚姻的决策与他们作为一个已婚

(127) Gaia Bernstein & Zvi Triger, Over – Parenting, 44 U. C. Davis L. Rev. 1221, 1242—1243 (2011); but see Jon Elster, Solomonic Judgments: Against the Best Interests of the Child, 54 U. Chi. L. Rev. 1, 4—5 (1987)。有些文献发展了对于决策能力缺失的人构成最佳利益的因素，见 Bruce Jennings, Agency and Moral Relationship in Dementia, in Cognitive Disabilities and Its Challenge to Moral Philosophy, supra note 90, at 171。

(128) 人身决定代理认为决定的权利高于可让与的人身事物本身。见 Donald Van de Veer, Are Human Rights Alienable?, 37 Phil. Stud. 165, 168 (1980)（“只要一个人因某种作为或不作为丧失了之前拥有的某项权利，无论是否被他人请求，该人即让渡了这项权利。所以，如果一项权利是可以转让、撤销或者放弃的，那么这项权利就是可让与的”）。此类观点在财产法中用来禁止为钱而转让身体器官是经常见到的。The classic take on inalienability rules in the law comes from Guido Calabresi & A. Douglas Melamed, Property Rules, Liability Rules, and Inalienability: One View of the Cathedral, 85 Harv. L. Rev. 1089, 1093 (1972)（“不能让与规则不仅是‘保护’授权，而且可以被看作限制或管理授权本身”）。Inalienability rules can take many forms. See Margaret Jane Radin, Market – Inalienability, 100 Harv. L. Rev. 1849, 1852—1855 (1987)（注意不能让与概念的关键是同本身的剥离，不同于不能放弃、不能撤销、不能出售和不能转移）；Susan Rose – Ackerman, Inalienability and the Theory of Property Rights, 85 Colum. L. Rev. 931, 933—937 (1985)（认识到财产权利的三个方面——谁占有财产、哪种作为或不作为可以保有财产、哪种转让是被允许的）。

(129) Margaret Jane Radin, Contested Commodities 88 (1996)（“对将个人特质作为可转移物品的系统性构思是对人格的威胁，因为它将这个人从构成此人完整性的东西进行剥离”）。Radin 承认“没有一个算法或者公式可以告诉我们什么物品是（合理的）私人的。在每一个案例中都需要有道德上的判断”。Radin, supra note 128, at 1908. For a contrary view, see Richard A. Epstein, The Human and Economic Dimensions of Altruism: The Case of Organ Transplantation, 37 J. Legal Stud. 459 (2008)（讨论肾脏市场）。

(130) 为了证明这个案例，Radin 用法律和经济学家如何在市场逻辑框架内理解禁止强奸作为例子。Radin, supra note 129, at 87（“对那些法律和经济学的最狂热份子，市场学的修辞是直觉上的不合时宜的、愚蠢的，或者某种程度上是对这里所讨论的价值观的侮辱，或者二者兼而有之”）。

人士的身份紧密相连。(131)同样，遗嘱往往代表个人对其社会关系以及财产如何分配给继承人的最后声明。(132)在医疗保健方面，拒绝接受维持生命的治疗或捐赠器官给亲人的决策可能反映了宗教信仰。(133)所谓的危险存在于我们的观念中，即代理可能会控制我们对决策类型的理解。如果法律可以简单地指定某人替我们做出这些决策，那么我们可能会失去使我们能够建立身份以及与他人的关系的人身决策专属权。

在人身决策和丧失能力的情况下，这种说法是没有说服力的。援用决策的人身性质来证明不可代理规则，混淆了不可代理与不可决策。如果代理人被禁止为无行为能力的被代理人做决策，这并不意味着人身决策不会被做出。与此相反，不可代理仅仅是做出了维持现状的决策，不管这个现状是什么。(134) 已经做出的决策，可能会由于法庭晦涩的语言而变得难以理解，但仔细观察它还是比较容易识别的。在离婚的情况下，现状是延续婚姻，因此默认的规则是反对离婚。同样，禁止代理结婚的决策将维持单身的现状。在遗嘱的案例里，在个人没有订立遗嘱的情况下，现状是通过州关于遗产的法律分配财产，默认规则将所有的价值植入到这些规则中。(135)

无论现状的结果可能是什么，基于决策的人身性质的禁令掩盖了决策从公开询问获得的途径——与环境有关。人们有理由怀疑这种方法，或至少应更深入地询问现状引发的结果。决策的人身性或环境通常作为区分公共领域和私人领域界限的一部分，人身性位于界限的私人领域。这种做法并不新鲜，而公私区别在法律上有传奇的历史。(136) 一些学者处于好意大力抨击它。法律实用主义者指出，公共和私人相互连接，因此，很

---

(131) Geoffrey P. Miller, The Legal Function of Ritual, 80 Chi. -Kent L. Rev. 1181, 1213 (2005)（讨论如婚姻相同的例行公事是如何转换身份的）。

(132) supra Part I. B. 2.

(133) Eric Rakowski, Taking and Saving Lives, 93 Colum. L. Rev. 1063, 1132 (1993)（在宗教信仰多样性的前提下，讨论器官移植中以一个型号的器官适应所有要求的困难）。

(134) 在法律上这种默认规则的概念是普遍的。见 e. g. , Adrienne Davis, Regulating Polygamy: Intimacy, Default Rules, and Bargaining for Equality, 110 Colum. L. Rev. 1955 (2010) (family law); Adam J. Hirsch, Default Rules in Inheritance Law: A Problem in Search of Its Context, 73 Fordham L. Rev. 1031 (2004) (inheritance law); Melanie B. Leslie, Fiduciary Duties and the Limits of Default Rules, 94 Geo. L. Rev. 67 (2005) (trust law); Nathalie Martin, Consumer Scams and the Elderly: Preserving Independence Through Shifting Default Rules, 17 Elder L. J. 1 (2009) (elder law)。

(135) 现状也是可以改变的，未立遗嘱而死亡的法律是可以改变的，因此所有财产在死后可以归还给州政府。撤销生命支持治疗的法律可以特别规定，当超过 $500000 的公众资金花费在被监护人身上之后，可以停止治疗。婚姻可以要求每 5 年要重新商讨婚姻合同。

(136) generally Morton J. Horwitz, The History of the Public/Private Distinction, 130 U. Pa. L. Rev. 1423, 1426 (1982)（描述在法律思想上的公众/私人特质的历史性发展）。

多法律认为是私法领域的事情实际上是由公法来规范的。(137) 女权主义法律理论家强调性别中的歧视，称私人领域存在许多对妇女的不公正，包括家庭暴力，(138) 禁止对私人领域进行规范或者法院介入，纵容了这些不公正。(139)

此外，我们实际上可以找出从不可代理规则中产生的具体危害。这些危害在医疗保健领域是最突出的。医疗保健决策代表了行使有关寿命和身体健康的决定能力。试想一下，在监护人被禁止做出医疗保健决策时可能会发生在被监护人身上的危害，这将会产生不接受治疗（或决策能力丧失那个时间点现有的治疗）的现状。虽然在有些情况下（如防止过度用药）这可能是有益的，(140) 但在更多情况下会产生灾难性的后果，如被监护人遭受了严重但可治疗的疾病，但当时其并不在医疗保健机构中。(141)

因此，争论不能就其本身而论。如果损害仅仅是由于没有决策权的人做了决策而产生的，那么不可代理不能消除损害。不可代理只是把决策权转移给了法律框架产生的现状。事实上，允许用一个客观的默认规则做出决策更有害于人格，因为其代表一种社会的主流价值观，而不是由监护人做出，监护人可能是一个更了解被监护人、更能忠实表达被监护人意愿的

(137) e. g. , Morris R. Cohen, The Basis of Contract, 46 Harv. L. Rev. 553, 585—586 (1930)（很明显调整私人的合同法实际上受到公共规则的调整）; Robert L. Hale, Force and the State: A Comparison of Political and Economic Compulsion, 35 Colum. L. Rev. 149, 168—169 (1935)（注意政府可以通过例如税收之类的公共政策来引导私人行为）; Roscoe Pound, Liberty of Contract, 18 Yale L. J. 454, 484—485 (1909)（很明显调整私人的合同法实际上受到公共规则的调整）。

(138) generally Catherine MacKinnon, Privacy v. Equality, in Feminism Unmodified 100 (1989).

(139) e. g. , Catherine A. Mackinnon, Toward A Feminist Theory of State 95 (1989)（"因为一个女人的问题并不是她一个人的问题，而是女人整体的问题，这些问题只有在一个整体的背景下才可以解决。在性别被看作一个社会权力分支中非自然属性的分析中，私人的东西变成了政治性的"）; Susan Moller Okin, Justice, Gender, And the Family 110—133 (1989)（分析这种分离范畴的观点）; Frances E. Olsen, The Family and the Market: A Study of Ideology and Legal Reform, 96 Harv. L. Rev. 1497, 1563—1570 (1983)（讨论家庭和市场之间的一分为二）. For a summary of the different feminist critiques, see Ruth Gavison, Feminism and the Public/Private Distinction, 45 Stan. L. Rev. 1, 10—43 (1992)。

(140) Jan Ellen Rein, Preserving Dignity and Self - Determination of the Elderly in the Face of Competing Interests and Grim Alternatives, 60 Geo. Wash. L. Rev. 1818, 1871—1872 (1992)（"被监护人经常受制于体制，他们遭受出于医护人员的方便和成本最小化导致的过度治疗、身体限制和感官剥夺"）。

(141) 当然，我们可以确认在离婚和遗嘱领域由不能代理机制造成的确切伤害。对于离婚来说，一个实施虐待的伴侣可能持续性地挥霍婚内财产（导致被监护人的穷困），而对于遗嘱来说，遗产可能会流向一个已经破产的继承人（混淆被监护人希望她的钱给予家庭成员而不是债权人的愿望）。

家庭成员。换句话说，能力意味着个人表达，而不是家长式作风的默认规则。

即使有损害人格的风险，但是设想，在决策能力丧失的情况下，人身代理已将损害最小化或消除了损害。缺乏决策能力的人不能或需要协助来做出自己的决策，这需要一个代理人来协助。[142]因此，人身决策实际上可以看作是促进人格的，因为它保存了缺乏决策能力人的能力。

三、法律改革

从上面的分析得出的建议很简单但很广泛。如果决策牵涉到基本人权，并且必须在平等的基础上提供以充分满足所有人，它应该是可以代理的。[143]此建议几乎肯定会使那些注意到令人瞩目的代理人和监护人虐待案例的人感到烦恼。[144]这样的虐待行为无疑存在并且必须认真对待，因为在许多情况下它可能会威胁到那些缺乏决策能力人的基本能力。

这个问题并不新鲜，但是，我们必须警惕在恐怖故事基础上实行的法律改革，因为他们可能在情感上非常引人注目。[145]虽然虐待案件肯定存在，但我们不应该假定绝大多数情况下代理人会做出对被监护人有害的决策，因为这些往往是沉重的决策，代理决策人——通常是与被监护人有共同利

---

[142] Arthur Kuflik, The Inalienability of Autonomy, 13 Phil. & Pub. Aff. 271, 275 (1984) ("提出自主权不能被转让并不是否认一个人可以合理的被置于另一个人的监护下……那些缺失或者完全丧失相应能力的人是家长式介入的主要目标")。另外，代理人可以撤销决策权的转让，虽然对这一特定群体来说是不可撤销的，因为他们不能重新获得决策能力。

[143] 可能有一些案例中允许对认知障碍者的人身代理会威胁到其他处于类似情况的人的能力。见 János Fiala-Butora, Michael Ashley Stein & Janet E. Lord, The Democratic Life of the Union: Toward Equal Voting Participation for Europeans with Disabilities, 55 Harv. Int'l L. J. (forthcoming 2014) (注意这种基于尊重代理投票权的潜在的可变性)。这一重要的观点提醒我们必须要仔细分析在构建一个人身代理体制中所涉及的理论上和实务上的折中，尤其是对不同的有认知缺陷的群体。也就是说，也许存在人身代理在实际中并不能实现预计的一般目标的决定领域。

[144] e. g., Meryl Gordon, Mrs. Astor Regrets (2008) (详列了富有的慈善家 Brooke Astor 在她生命的最后几年所受到的来自她儿子的虐待)。

[145] Lawrence Frolik put it particularly well:
在缺乏坚实的数据的情况下，改革派和反对派都可以通过指责那些恐怖的不公正的故事来自由地支持他们的观点。虽然从感情上是非常强烈的，但这些独立的案例加在一起并不能成为一个合理的策略上的论据。没有一种监护制度可以无错误地执行，而且以可以承受的价格对所有人公平实施。由于任何一个制度都依赖于行为、判断和众多执行人的辨别力，监护制度总是会对某些人来说是失败的。不管多少改革或者反对改革得以实施，不管这个制度是如何修正的，都不会存在完美的天堂。Lawrence A. Frolik, Guardianship Reform: When the Best Is the Enemy of the Good, 9 Stan. L. & Pol'y Rev. 347, 351 (1998).

益的家庭成员不会轻视他们。换言之，没有任何理由相信代理人一定会代理被监护人离婚或一时兴起的切断生命支持。更重要的是，我们不能单凭这些故事就剥夺认知障碍者的权利。❶

法律制度设计的基本问题是，这种类型的决策是否同那些已被代理的决策有所不同，是否因此需要不同的机构或法律来规制它们。这部分将讨论人身代理在持续性代理权和监护范围内的具体应用。然后，对离婚、设立遗嘱和医疗保健领域进行初步分析。

（一）持续性代理权

代理法的背景原则是任何合法的行为都可以由他人代理。❶不过，代理法认为有一类行为例外，即因为公共政策、法律或合同要求这些行为必须"本人亲为"。❶对合同条款"本人亲为"的约定不应干涉，但法律和公共政策的司法解释应该允许将人身事项的决策权事先通过持续性授权委托书

---

❶ 当然，人身代理是否可能会引发广泛的虐待是一个经验性的问题。如果已经显示代理决策者持续性地拒绝那些可以让被监护人自己做出的决定，不尊重被代理人的意愿，或者通过行使人身决策权有利于其自己而直接伤害到被监护人的利益，那么将引出人身代理是否真正是为了提升认知障碍者的能力、尊严和人权问题的质疑。

❶ Floyd R. Mechem, A Treatise on the Law of Agency §80 (2d ed. 1914)（一般规则——针对任何法律目的，这种一般规则认为任何法律行为均可创设代理人，而且如果一个人依法行为，如果该行为是为了他自己的利益或他自己的代表，他都可以依法委托代理人）。

❶ 这种例外已经以不同形式展现，尽管内容上仍是相同的。例如，代理重述（三）在"代理人的行为能力"标题下列举了以下例外：

（3）……如果一个行为是不可代理的，那么由代理人所为的行为不视为委托人的行为。

评注：

c. 可代理性：某人可以代理从事某种行为，如果它的法律后果对于本人所为或由他人所为并无不同。如果要求必须本人所为，那么由代理人所为和由本人所为是不同的。

Restatement (Third) of Agency §3.04 (3) & cmt. c (2006). 这样，关于"本人所为"的概念，目前尚未定义，只是被要求阅读某种文件的律师进行解释。旧的重述对于不能代理的行为有比较明确的规定。重述（一）和重述（二）对这一点有明确的表述。

§17. 可被代理的行为

一个人有权利或者有义务从事某行为或者实现某结果，可以依法委托一名代理人去从事该行为或者实现该结果，除非公共政策或者与他人的协议要求本人所为；如果要求本人所为，那么由他的代理人所为的行为不视为是其本人行为。

评注：

a. 对大多数人来说，一个人可以依法创设一个代理人去实现与其本人所为同样的法律效果。Restatement (Second) of Agency §17 (1958); Restatement (First) of Agency §17 (1933).

委托给代理人（或共同代理人）。⑭ 这样的事先规划是可取的，因为当事人处于选择值得信赖并且熟悉当事人信仰和喜好的代理人的最佳时机。此外，它会避免很多监护程序中的麻烦。如果被监护人需要的是由实际代理人提供的良好服务，遗嘱认证法院一般会拒绝指定监护人。⑮

目前的趋势是，持续性代理权需要对特定的"热权"做出特别授权，包括设立信托、⑮ 撤销信托、⑯ 改变寿险的指定受益人⑱或捐赠财产。⑭ 这些权利被认为是"热权"，因为他们可能会改变委托人现有的财产计划或消耗其财产。⑮ 要求对这些权利进行特别授权，既能保护委托人不会在无意识的情况下授予这些权利，又能澄清这些权利的可以代理性。⑯为帮助当事人决策哪些权利必须特别授权，当事人需要在统一法定形式代理权法提供的表格中添加特别授权的内容。⑰

人身决策问题在这里当然可以被认为是"热点"，虽然也许有些许的不同。他们可能在某些情况下影响当事人的财产计划，但他们也有可能改变当事人的人生规划、目标或是当事人在意的社会关系。鉴于这些人身决策的重要性，代理人同委托人进行磋商以辨别是否有影响代理决策的偏好是非常重要的。有观点认为，这一要求对所有在决策能力丧失前后，持续

---

⑭ 这个弹性条件是无决策能力，而且持续性代理权必须特意规定一个针对这种决策的可接受的方法，比如内科医生的证明。当一个人在仍然有决策能力时是否允许代理这一问题已经超出了本文的范围。也就是说，立即生效的持续性代理权比这种弹性模式有多种优势。见 Linda S. Whitton, Durable Powers as an Alternative to Guardianship: Lessons We Have Learned, 37 Stetson L. Rev. 7, 19—23 (2007)。

⑮ McCallie v. McCallie, 660 So. 2d 584, 586—587 (Ala. 1995); In re Isadora R., 773 N. Y. S. 2d 96, 97 (App. Div. 2004); In re Peery, 727 A. 2d 539, 540 (Pa. 1999). But see In re Guardianship & Conservatorship of Blare, 589 N. W. 2d 211, 214 (S. D. 1999).

⑯ In re Estate of Kurrelmeyer, 895 A. 2d 207, 211—212 (Vt. 2006).

⑰ Muller v. Bank of Am., N. A., 12 P. 3d 899, 904 (Kan. Ct. App. 2000); First Union Nat'l Bank of Virginia v. Thomas, 37 Va. Cir. 35 (1995).

⑱ Weaver v. Deverell, 2011 Tenn. App. LEXIS 579, at * 17—18 (Tenn. Ct. App. Oct. 26, 2011).

⑭ King v. Bankerd, 492 A. 2d 608, 612—613 (Md. 1985).

⑮ Linda S. Whitton, The Uniform Power of Attorney Act: Striking a Balance Between Autonomy and Protection, 1 Phoenix L. Rev. 343, 348 (2008).

⑯ Id.

⑰ Unif. Statutory Form Power Att'y Act §1 (1988), 8b U. L. A. 191, 201 (a) (2001) (对于以下行为要求特殊授权：设立、撤销、修改或终止一个基金；馈赠礼品；设立或者改变生存者利益，设立或改变对受益人的指定，转委托，撤销委托人成为养老金或生存者年金联合受益人的资格，行使委托人已经授权给他人的信托权利，否认或者拒绝一项财产利益）。

性代埋权之下发生的"基本交易"适用。这种做法与本文的建议相一致。[158]

大多数州给实际代理人比监护人更广泛的权利，因为当事人已经提前选择了实际代理人并就争议的问题做了特别授权。[159]不管一个州对实际代理人采用何种具体制度，明确信托关系的性质是非常重要的，以便为代理人提供指南，并对评估潜在的虐待提供指导。[160]

（二）监护

1. 监护制度

对于那些事先没有计划的人，各州应允许监护人代理人身决策权。这个扩大人身代理的系统应伴随着其他方面的改革，但要确保没有以牺牲被监护人的利益为代价来增强监护人的权利。这是一个真正的问题，尤其是因为美国太依赖于监护的整体模型，其中缺乏适合于特定决策能力丧失的监护类型。这种担忧可能会得到某种程度的解决，通过保留（或法律明确规定）目前对人身决策相对较低的能力要求。[161]因此，个人在失去其他类型的决策能力后仍能保留做出人身决策的能力，即便是在被整体监护之下。[162]这可以保护被监护人控制此类重要事项的决策权，尽管它肯定不会消

---

[158] Nina A. Kohn, Elder Empowerment as a Strategy for Curbing Hidden Abuses of Durable Powers of Attorney, 59 Rutgers L. Rev. 1, 42—51 (2006)（展示了此提议的框架）；及 Leslie Salzman, Rethinking Guardianship（Again）: Substituted Decision Making as a Violation of the Integration Mandate of Title II of the Americans with Disabilities Act, 81 U. Colo. L. Rev. 157, 237—239 (2010)（论加拿大具有类似意义的"代表协议"）。

[159] Karen E. Boxx, The Durable Power of Attorney's Place in the Family of Fiduciary Relationships, 36 Ga. L. Rev. 1, 42—48 (2001)（讨论不同州的改革，范围从要求持续性代理权有记录到第三方可以对不同形式的实际代理人进行监督）。

[160] Id.; Carolyn Dessin, Acting as Agent Under a Financial Durable Power of Attorney: An Unscripted Role, 75 Neb. L. Rev. 574, 587 (1996)（要求法案对实际代理人的责任作出明确规定）。

[161] 尽管某些案例可以清楚地反映某人缺乏决策能力，但这里仍然有很大的灰色区域。对于渐进状态尤其如此，即一个人的能力每天都会发生变化，或者一个无决策能力的人在某些时候会清醒。

[162] In re Estate of Romero, 126 P. 3d 228, 231 (Colo. Ct. App. 2005)（"指定保护人或者监护人并不是对被监护人无遗嘱能力的认定"）；Hoffman v. Kohns, 385 So. 2d 1064, 1068—1069 (Fla. Dist. Ct. App. 1980)（认定婚姻有效但遗嘱无效，一个老年男人和他的保姆结婚，并在第二天写下遗嘱）；In re Nelson, 891 S. W. 2d 181, 188 (Mo. Ct. App. 1995)（"保护人的存在并不一定会妨碍立遗嘱的能力"）；及 Lawrence A. Frolik & Mary F. Radford, "Sufficient" Capacity: The Contrasting Capacity Requirements for Different Documents, 2 Nat'l Acad. Elder L. Att'ys J. 303, 305 (2006)（"如果法律能力以一个系列范围呈现，立遗嘱的能力处于比较低的一端"）；Warren F. Gorman, Testamentary Capacity in Alzheimer's Disease, 4 Elder L. J. 225, 234—235 (1996)（注意一个人可能在患有老年痴呆症的前期仍然有能力设立遗嘱）。

除被监护人已明确失去决策能力从而不能为自己做出决策的情况。

解决这一问题的另一种方法是转移到一个对被监护人的决策更加支持的监护系统。❿ 其他国家如瑞典和日本，已经构建了它们的监护系统，使代理人更像导师或助理而不是替代决策者。❿这些方法更好地保障了认知障碍者的能力，因为他们试图在不同的生活领域提供辅助。虽然这种类型的改革是理想的，然而在美国，一些媒介或是更容易实现的步骤仍然可以加强被监护的残疾人的能力。在过去的 30 年里，已经产生了许多建议，其中一些在各个州已经获得一定的成功。这些措施包括继续促进有限监护以及在不同领域给无行为能力做出不同的定义（不去侵犯那些被监护人仍然保留决策能力的领域）、❿ 制定调解技巧来调解监护申请（这可能在家庭中对决策能力丧失产生更多灵活和创造性的解决方案）❿ 和限制紧急监护。❿

2. 监督监护人

尽管监护改革以及增加人身代理满足了对残疾人士的尊重和辅助他们决策的基本需要，但以下问题依然存在：对享有人身决策权的代理人应该有什么程度的监督，换句话说，该如何防范监护人。监护人是被监护人的代理人，受信托法的约束以及法庭的监督。❿ 监护人必须提交有关被监护人的初次报告和年度报告，其会因为管理不善或违反诚信义务而被撤销监

---

❿ Nina A. Kohn et al. , Supported Decision – Making: A Viable Alternative to Guardianship?, 117 Penn. State L. Rev. 1111, 1120—1128 (2013) （建议这样一个系统）。

❿ Stanley S. Herr, Self – Determination, Autonomy, and Alternatives for Guardianship, in The Human Rights of Persons with Intellectual Disabilities: Different but Equal 431—435 (Stanley S. Herr et al. eds. , 2003) （描述 "上帝的人"，更多的是一个助手而不是全权监护人）; Israel Doron, Elder Guardianship Kaleidoscope—A Comparative Perspective, 16 Int'l J. L. , Pol'y & Fam. 368, 376 (2002) （描述针对那些有轻微智力缺陷的人的 "合作者" 或者帮手，而且各种决定是和被监护人一起做出的）。

❿ generally Lawrence A. Frolik, Plenary Guardianship: An Analysis, a Critique and a Proposal for Reform, 23 Ariz. L. Rev. 599, 654—655 (1981).

❿ Mary F. Radford, Is the Use of Mediation Appropriate in Adult Guardianship Cases?, 31 Stetson L. Rev. 611 (2002).

❿ Jamie L. Leary, Note, A Review of Two Recently Reformed Guardianship Statutes: Balancing the Need to Protect Individuals Who Cannot Protect Themselves Against the Need to Guard Individual Autonomy, 5 Va. J. Soc. Pol'y & L. 245, 259 (1997).

❿ Lawrence A. Frolik, Is the Guardian the Alter Ego of the Ward?, 37 Stetson L. Rev. 53, 85—86 (2007) （注意监护人、法定代理人和持续性代理权下的代理人拥有同样的责任和信托要求）。

护权。[169] 任何相关的人，包括被监护人，都有请求法院撤销或修改监护人的权利。[170]

这种程度的监督是非常基础的，并不特别严格。[171] 法院也可以要求额外的监督——要求监护人提前获得某些类型行动的司法批准。[172] 当发生决策错误的可能性很高时，这种类型的监督对于财产领域的"热权"一般是强制性的。针对这种决策错误的风险以及这些决策的重要性，有理由要求进一步的监督，因为被监护人面临着潜在的危险。潜在危险之一就是监护人和被监护人之间的利益冲突。事实上，这是信托法监督的操作原则，受托人在参与有利益冲突的事务前，必须事先获得司法批准。[173] 利益冲突的存在是需要关注的，因为它表明做出的决策可能会伤害被监护人，即决策代表的是代替决策者的意愿而非被监护人的意愿。这可能是有问题的，因为它忽略了被监护人过去的偏好或利益。因此，冲突的存在起到的是警示作用，错误的决策可能会产生。[174]

从某种意义上说，亲属监护人代替被监护人做出决策很可能避免严重的冲突。家庭关系往往（但并不总是）是亲属监护人和被监护人之间建立起的利益联盟。换句话说，当被监护人的已知偏好被满足或其状况良好时，亲属监护人会在心理上获益。与此同时，亲属监护人可能会发现自己

---

[169] e. g. , Ga. Code Ann. §29－4－22（West 2012）（要求在 60 天内填写一个初始报告）；N. D. Cent. Code §30. 1－28－12（2011）（这些报告通常由法官、法庭成员或者外部专家阅读，有些时候由于监护系统资金不足而造成他们没办法读到全部的报告）。见 Sally Balch Hurme & Erica Wood, Guardian Accountability Then and Now: Tracing Tenets for an Active Court Role, 31 Stetson L. Rev. 867, 904—911（2002）。

[170] e. g. , Utah Code Ann. §75－5－307（1）（West 2012）（"在被监护人或者任何关心被监护人福利的人的申请下，法庭也许会根据被监护人的最佳利益解除监护权并指定一个监护人"）。但是，很多州至今没有执行监护人的行为和道德标准，而且在很多州这些标准并不适用于家庭监护人，这样就比较难以了解和惩罚违反信托责任的行为。但 generally Karen E. Boxx & Terry W. Hammond, A Call for Standards: An Overview of the Current Status and Need for Guardian Standards of Conduct and Codes of Ethics, 2012 Utah L. Rev. 1207（2012）。

[171] Hurme & Wood, supra note 169, at 901（主张这种填写报告的要求会让监护人知晓法庭追究他们的责任，从而产生一个"情绪影响"）。

[172] e. g. , Fla. Stat. Ann. §744. 3725（West 2012）（列出了授予"特殊权利"的程序）。

[173] John H. Langbein, Questioning the Trust Law Duty of Loyalty: Sole Interest or Best Interest?, 114 Yale L. J. 929, 965—967（2005）（解释司法批准机制是如何从公平的"申请指令"演变而来的）。

[174] 矛盾的出现并不意味着一个特定的决策者应该失去资格或者证明对他的选择是错误的。见 Adrian Vermeule, Contra Nemo Iudex in Sua Causa: The Limits of Impartiality, 122 Yale L. J. 384, 389—390（2012）（主张利益冲突不应该立刻导致代理决策权的丧失，而是应该在代理和特定主体之间做出利益平衡）。

处在冲突的环境。例如，通过行使人身决策权来影响被监护人死后财产的分配会改变他们的财产状况。同样，亲属监护人可能认为自己的照护职责是一种强制劳动而不是被赐予的好处。结果是，他们可能行使人身决策权以减少他们的义务，而不是满足被监护人的喜好或维护被监护人的利益。最后，如果被赋予权利的话，亲属监护人可能预先对被监护人的身体、身份或亲密关系有认知，他们可能希望改变某些决策。另一方面，专业的监护人不太可能存在同样的冲突方式，但他们可能有通过人身决策权去实现利益最大化或实现其社会使命的诱因，这些诱因可能使他们违背被监护人的喜好或利益。

利益冲突的标准分析可能无法囊括所有在人身代理制度中应该受司法审查的决策，这是因为冲突更有可能以非金钱形式在人身代理决策中存在；因此，他们是很难被检测和规范的。法院应尽量通过审查替代判断或最佳利益标准下决策权的行使来检测这些隐藏的冲突。例如，代理人的决策表明一种不太可能属于被监护人的喜好，因为在多数情况下强烈的共识是支持代理人所做出的决策。⑯ 在替代判断下，这应该是隐藏的利益冲突的警示。换句话说，因为被监护人极不可能以这样的方式做决策，所以代理人行使权利的方式是可疑的。另外，根据对最佳利益的分析，法院应该在某些情况下质疑代理人做出的决策，即在任何可以想象的情况下这一决策都不可能增进被监护人的利益。

关于结婚的决策，在正常情况下，大多数被监护人不会希望监护人在他们缺乏能力的时候将他们婚配给某人。假设婚姻更多地是一种个人的选择，而不是一个家族或文化的选择，那么很难想象任何情况下让被监护人

---

⑯ 这些范围必须包括以多种形式存在的可能已经变化了的情况。被监护人的当下情况可能发生改变，从而可能导致要做出一项决定的需求。这在卫生保健领域里是最清晰的，因为即便在给定的遗产和环境因素下事先预测一个人的健康状况也是困难的。见 Einer Elhauge，Allocating Health Care Morally，82 Calif. L. Rev. 1449，1479（1994）（"同其他需求相反，卫生保健的需求是不可预料的"）。被监护人某些情况的变化可以在一个广泛的最佳利益分析下给予考虑。事实上，正是这类情况促生了替代判断的法律原则。Whitbread 单方面涉及了一个富有的但是无决策能力的人，他的侄女要求获得他的部分财产，而这部分财产在法律上是不属于她的。[1816] 35 Eng. Rep. 878（Ch.）878—879. 首席法官决定给予她部分财产，原因是这个富人应该不希望看到他的亲属成为乞讨者而令他的家族蒙羞。见 Id. at 879 - 80；及 Harmon，supra note 108，at 19。最后，有些规则必须改变，如被监护人在确定的个人范畴内有做出决定的愿望。州立法机关或者议会有可能会改变在决定范围内的某些默认条款，或者事先存在的决定的法律效果。见 David A. Super，The Political Economy of Entitlement，104 Colum. L. Rev. 633，712—724（2004）（描述根据收入调查而制定的公众福利制度的争论，这些争论经常导致标准的变化）。或者，一项技术上的变化会改变为被监护人设定的选项，这一点在卫生健康领域经常发生。

和另一个人结婚可以推进被监护人的利益。因此，法院在审查替代决策时应持怀疑的态度，虽然在某些情况下结婚决策的代理可能是合理的。❻❺

虽然利益冲突或可疑的决策权要求司法审查，法院是否有能力来审查这些决策仍然存在疑问。❻❻对于那些需要提前由法院批准的财产交易，法院有能力通过证据来进行分类，以确定一项行动是否恰当。例如，法官完全有能力确定遗产赠与与当事人丧失行为能力之前的做法是否一致，或者从税法的角度看是否有正面效益。但对于许多人身决策却未必如此，因为隐藏的喜好可能是特殊的或还没显露出来，被监护人的利益目标可能难以确定。这并不是说，法院欠缺所有的评估能力；但它确实表明，对于大多数需要事先得到司法批准的人身决策类型的评估，可能需要一个更加谨慎的态度。❻❼

（三）初步应用

该部分将探讨前面论述过的三个领域的人身代理，目的是建立一个评估不同决策领域的程序，并勾画出人身代理制度在离婚、遗嘱、医疗保健领域中的轮廓。

评估决策领域的第一个步骤是评估某一决策是否落入被本文的规范理

---

❻❺ 例如，一个人可能在前往她婚礼的路上遭受意外。非常有可能这个被监护人渴望她的监护人让她嫁给她意属的伴侣，当然是在她的伴侣同意的前提下。因此，这个结婚的决定，就算是由代理人做出的，在"替代判断方法"下是合理的。甚至在一个更广泛的最佳利益判断下也是合理的。见 Whitton & Frolik，supra note 105，at 1512（describing how an expanded best interests model，"可能包括对一个特定人在类似情况下的考虑是否与普通人在类似情况下的考虑相同"）。在这类分析中，需要适当考虑即将成为配偶一方在实现婚姻承诺中的利益。另外一个可能的例子是一对渴望结婚的同性伴侣生活在不允许同性结婚的州，而当其中一方失去决策能力后州法律变为接受同性婚姻。根据以上描述的原因，监护人允许这种婚姻的实现是合理的。实际情况中这种对于婚姻状况的决定的例子是很少见的。很少有人会在去往婚礼的路上遭遇意外，或者在他们获得结婚的权利之前变为认知障碍者。

❻❻ 有关制度的文献传统上是将法院和其他政府机构如行政机构或者分支机构来比较。见 Christopher L. Eisgruber，The Most Competent Branches：A Response to Professor Paulsen，83 Geo. L. J. 347（1994）；Daniel J. Solove，The Darkest Domain：Deference，Judicial Review，and the Bill of Rights，84 Iowa L. Rev. 941（1999）；Nicholas S. Zeppos，Deference to Political Decisionmakers and the Preferred Scope of Judicial Review，88 Nw. U. L. Rev. 296（1993）。这里的比较是不同的——代理决策者通常是家庭成员，但这种代理人可能比起法官在对被监护人的喜好和现状的了解上有明显的优势。

❻❼ 见 Jody Freeman & Adrian Vermeule，Massachusetts v. EPA：From Politics to Expertise，2007 Sup. Ct. Rev. 51，53—54（2007）（探讨在代理人作为和不作为情况下的不同）；Kathryn Kovacs，Leveling the Deference Playing Field，90 Or. L. Rev. 583（2011）（相同）防止虐待的另一种方法是改变那些想要替代被监护人做人身决策的代理人举证责任的负担。正如前面提到的，这一直是一些州在关于撤走维持生命的治疗的案例中运用的策略。见 supra Part I. B. 3。

论认为是具有人身决策的集合里。本文采用能力方法作为主要的规范理论，而争议中的三项决策涉及基本人权的能力。❼ 第二个步骤是评估哪种代理机制是适当的，具体来说，即在必须做出紧急决策时法定代理是否有必要。第三个步骤是评估一般的决策者在每个领域出现冲突的可能性，尽管可能有越来越多的非营利的、私人的或公共的监护人，但最可能的监护人是家庭成员。最后，我们必须考虑到任何可能影响分析的每个领域的特殊因素。

1. 离　婚

虽然维持婚姻关系可能存在一定的危害，但并不一定需要紧急离婚；因为一些法律机制的存在可以应对最有害的虐待情况，至少暂时可以应对。❽ 因此，法定代理在离婚领域是不必要的，因为替代决策可以通过持续性代理权和监护来处理。

通过持续性授权委托书提前获得的代理权，应对离婚进行特别授权，或授权代理人自行处理。代理人特别是那些可以通过父母离婚而继承大笔财产的成年子女可能会受益于离婚诉讼。另外，如果没有冲突存在，司法批准可能是没有必要的，因为各种实际情况可能成为离婚的理由，如虐待或需要分割财产以获得某些公共福利的资格。❿这些情况有时会导致有决策能力的个体寻求战略性的"医疗离婚"，即与配偶分割财产来获得医疗补助或其他公共福利的资格。⓬ 此外，如果离婚诉讼已经在法律程序内进行，提前的司法批准是多余的，因为受离婚判决影响最大的当事人即配偶已参与其中。该种情况下，配偶会得到通知并可以在法庭提出关于监护人不当

❼　generally supra Part I. B. 在替代判断原则下，很可能这三个决策都会被认为是非常私人的；但根据所用的社会福利理论，最佳利益的方法可能涵盖范围较窄的人身决策。

❽　generally Jane K. Stoever, Freedom from Violence: Using the Stages of Change Model to Realize the Promise of Civil Protection Orders, 72 Ohio St. L. J. 303（讨论民事保护令阻止家庭暴力的优点和缺点）。

❿　比如，考虑医疗补助计划，为国家大量的长期医疗保健提供了资金。见 Laura Summer, Georgetown Univ. Long - Term Care Fin. Project, Medicaid & Long - Term Care（Jan. 2007），作为一个需要测试财产的项目，医疗补助计划考虑个人的收入和财产来决定他们是否符合接受帮助的条件。最近一次，2005 年，国会改变了医疗补助计划的符合标准，使其对于那些通过处置资产来获得资格的人更为严格了。见 Monica J. Franklin, How the Deficit Reduction Act of 2005 Affects Medicaid Recipients, 42 Tenn. B. J., May 2006, at 18—19（描述了 2005 年赤字削减法案如何将回顾医疗补助的期限提高到了 60 个月）。

⓬　Lee Anne Fennell, Relative Burdens: Family Ties and the Safety Net, 45 Wm. & Mary L. Rev. 1453, 1457—1458（2004）（描述了用意料补助离婚作为减轻照料负担的一种策略选择的这一现象）；Hal Fliegelman & Debora C. Fliegelman, Giving Guardians the Power to Do Medicaid Planning, 32 Wake Forest L. Rev. 341, 359—361, 364（1997）（同上）。

行为的辩护。

2. 遗　嘱

像离婚一样，可能没有任何情况需要紧急设立遗嘱；所以代理人应当通过持续性授权委托书事先得到授权，或者在丧失行为能力后通过监护获得授权。如果持续性授权委托书特别授予代理人设立遗嘱的权利并允许代理人自行处理有关设立遗嘱的事项，则不要求任何提前的司法批准。

然而，监护是不同的。许多亲属监护人因为他们潜在的继承人身份会发生利益冲突，因此应当提前得到司法批准。尽管如此，监护人行使设立遗嘱的权利不是必然被怀疑的，因为很多立遗嘱人可能对分配财产有不同于遗嘱继承法的偏好，某些情况下可能有必要设立遗嘱以规划遗产分配。此外，法院很可能拥有足够的能力去审查关于被监护人事先意愿的证据，并评估税费或其他设立遗嘱的法律优势。因此，司法审查并非不尊重监护决策者。

代理设立遗嘱对于协调目前存在于信托和不动产法律中的特殊情况有益；在这些法律中，遗嘱和遗嘱替代方式为代理的目的被区别对待，尽管在功能上他们是一样的。事实上，代理建立了对财产有更直接影响的信托关系，因为在当事人生前就将财产从遗产里转移，而遗嘱只有当事人死亡后才能发挥作用。如果监护人有权处理前者，那么出于遗产规划的目的拥有处置后者的权利也不会发生革命性的变化。

3. 医疗保健

医疗保健是一个广泛的领域，它包括有关医疗护理和治疗的各种决策。医疗紧急情况很常见，这个领域需要一种明确的和快速的机制来指定代理决策者。这种特性说明并证明了代理法律出现在医疗保健领域的原因，虽然这些法律还可以通过其他的法律机制实施如医疗保健持续性代理权或监护。

对于这一领域的大多数决策，亲属监护人不太可能发生冲突，因为他们缺乏限制被监护人治疗的诱因，并有可能希望延长被监护人的生命和健康。在这一领域行使决策权没有什么可怀疑的，因为大多数病人实际上更希望接受治疗。然而，当面对生死抉择时，冲突是可能发生的，由于死亡会引发一系列的法律后果如继承。通常，这意味着这些决策必须事先得到司法批准。然而，医疗领域是独一无二的，这一领域的决策已受到医疗专业人员的监督。因此，目前还不清楚，加入司法审查除了增加更多的程序外是否能带来益处。另一方面，如果有理由相信，医疗界没有充分保护被监护人的某些决策能力，那么司法介入可能是适当的。此外，如果家庭成员之间存在冲突，或者如果医疗人员要求司法介入，那么在充分尊重指定决策者的情况下法院应对纠纷进行裁判。

结　　论

很多人一生中可能会对无决策能力有切身的体会，无论是因为随着年龄增长产生的认知障碍，或者是作为需要帮助的人的代理人。这些接受和提供关怀的能力目前被法律原则所抑制，这些原则将认知障碍者与他们的基本能力所固有的决策分隔开来。本文批判了用人身性概念来证明在决策能力丧失情况下不可代理规则是正确的观点。人身代理应通过私人或公共机制被允许，并伴随着在利益冲突或行使决策权可疑情况下的监护改革和司法审查。这些问题无法回避或忽视，而我们的法律架构必须适应人身代理法下内在的社会和法律变化。

监护诉讼中审查和评定行为能力的标准及基本原则[*]

STEPHANIE VILLAVICENCIO[**] & ALEX CUELLO[***]

翻译　刘亚娇[****]　王竹青[*****]

一、引　言

在监护领域，每一位有多年经验的律师都非常清楚宣告无行为能力对一个人权利的剥夺比一个犯有重罪的人被剥夺的权利更多。[❶] 行为能力到底是事实判断还是法律判断是一个经常被讨论的问题。要建立一个判断权利可以被依法剥夺的通用标准是困难且复杂的。无行为能力的实际判定，要求通过明确且令人信服的证据，判定被告或所谓的无行为能力人在功能上完全或部分不能控制自己的人身或财产安全。[❷] 这种判定以法院的司法

---

[*] STAND ARDS AND BASIC PRINCIPLES OF EXAMINING AND EVALUATING CAPACITY IN GUARDIANSHIP PROCEEDINGS, 26 St. Thomas L. Rev. 64, 2013—2014.

[**] STEPHANIE VILLAVICENCIO, 佛罗里达州迈阿密的萨莫拉 & 希尔曼律师事务所律师。她主要从事监护、房地产、信托、资产规划、分配及老龄法相关领域的法律实践。她以优异的成绩从佛罗里达州迈阿密圣托马斯大学法学院毕业。目前服务于佛罗里达州律师协会老龄法执行委员会，并且是老龄法领域期刊《老龄法律主张》的编辑。同时，也是2013—2014年度老龄法年度更新及认证评估项目的联席主席。

[***] ALEX CUELLO, 艾利克斯奎洛律师事务所主要合伙人，佛罗里达州迈阿密市检察官，1996年以来一直在佛罗里达从事律师工作。他本科毕业于佛罗里达州国际大学并获得学士学位，在圣托马斯大学得到了法律学位，然后在斯泰森大学获得了老龄法律硕士学位。他是佛罗里达州律师协会认证的老龄法专家，专注于老年法领域中遗嘱公证管理及诉讼、监护权认证与诉讼、资产分配、医疗补助计划和残疾的社会保险索赔的法律实践，目前担任佛罗里达州律师协会老龄法认证评审委员会，并且教授由法庭许可的专业监护及家庭监护课程，并且获得了马丁哈贝尔法律目录的评价与收录。

[****] 刘亚娇，北京科技大学法学硕士。

[*****] 王竹青，北京科技大学文法学院副教授，美国哥伦比亚大学2010—2011年度访问学者。

[❶] Vitek 诉 Jones 案，445 U. S. 480, 492 (1980)（声明和宣告无行为能力人所获得的保护相比，罪犯能获得更大程度的保护）。

[❷] Stephen J. Anderer 著，《诉讼中判定监护能力的模型：14 种精神和身体残疾》，第107—108 页，1990 年再版。

判决为最高效力。法院根据已被证明的精神或身体缺陷，判定一个精神或生理有缺陷的人缺乏表达或做出某些决定的行为能力。❸

佛罗里达州立法机关的意图是希望人们更容易获得最小限制的替代性监护措施，并且试图通过许可"无行为能力人尽可能全面地参与那些影响他们，如财产保护或财务管理，和那些能最大限度发展并恢复他们能力的决定中去"。❹ 本质上讲，该州试图通过以最小干涉的形式向那些拥有民事行为能力的公众提供援助来帮助他们做出代表自己意愿的行为。佛罗里达州的法律认为并且支持，限制必须基于个人自治，对行为能力的限制应该与最小限制的替代性监护措施相一致。❺ 这篇文章将探讨在当前法律状态下，法院基于自然人缺乏行使权利的能力进而判定剥夺他们的基本公民权利时所展现出来的弊端。

二、法律确定行为能力的基础

在监护诉讼中，判定无行为能力有几项基本原则。第一项，往往是最具误导性的一项，即"无行为能力"是一个医学概念而不是司法判定。为此，它正确地遵循了行为能力的判定应该"能够作为可裁定的事实被呈交给法庭"。❻ 尽管法院应该考虑健康专业人士的证词，但也有部分情况使得无行为能力的判定是基于非医学证据的，❼ 这是因为在一个判定无行为能力的司法程序中，没有作为权衡依据的医学专家的证词被提交到法庭，因而缺乏证据材料。自然人行为能力的有无应当以其是否能够完成某项特定的任务作为判断标准。

是否存在这样一种可能，即一个人缺乏从事某些行为的能力，但却同时拥有从事其他行为的能力。再进一步的问题是，是否一个人可以独立熟练地完成某些任务，却在没有帮助的情况无法完成其他任务。❽ 尽管有这样的情况，佛罗里达州的法律承认上述人员均有行为能力。❾

根据佛罗里达州法律，以下六项权利可能被剥夺但不可授予监护人：

---

❸ Stephen J. Anderer 著，《诉讼中判定监护能力的模型：14 种精神和身体残疾》，第 107—108 页，1990 年再版。

❹ FLA. STAT. §744. 1012 (2013).

❺ Monty 诉 Fuqua 重新监护案，646 So. 2d 795，796 (Fla. Dist. Ct. App. 1994)。

❻ 参见前注 2，Anderer 著，第 108 页。

❼ 同上。

❽ 同上。

❾ Travis 诉 Travis 案，87 So. 762，765 (Fla. 1921)。

（1）结婚权；（2）选举权；（3）本人申请政府福利的权利；（4）持有驾照的权利；（5）旅游的权利；（6）寻求或保有工作的权利。❿ 以下七项权利可能被剥夺但可以授予监护人：（1）缔结合同的权利；（2）起诉权和辩护权；（3）申请政府福利的权利；（4）管理财产的权利（或赠与或处置财产）；（5）确定住宅的权利；（6）同意生理或心理治疗的权利；（7）确定自己的社会环境和其他社会生活各方面的权利。⓫ 行使这些权利要求行为人有明确的、能够承担后果所必需的能力。法律，尽管有良善意图，但却缺乏一个全面的用于判断个人是否具有行为能力的评估标准。当评估个人的行为能力程度并裁定剥夺与权利有关的行为能力时应该有明确具体的分析。⓬

环境比如日常生活或者个人财务管理会影响一个人在行使某些技能时的能力。家人和朋友的存在决定了个人是否会在管理个人事务上获得支持与帮助。⓭ 这就使各州对个人是否需要在人身问题（如医疗决定）或财产问题（如赠与财产）上得到帮助采取的措施有所不同。⓮ 当某些问题发生重叠时，灰色地带就会扩大。例如，决定住所的能力同时需要考虑决定社会环境（如评估你每日生活所必需的日常需求的能力）的必要性和成本的能力。

三、司法机关的作用

非常值得注意的是，通常一审法院往往更多地以专家证词和医生或心理学家的建议来评估所谓的无行为能力人。⓯ 这些法庭指定的"专家"采用评估个体自然人的方法来决定是否存在行为能力障碍，专家通过一系列的检查来判断一个人是否存在精神问题。在他们的分析中，所有医生都应该试图获取关于个人诊断和功能性能力的信息，他们必须进行精神检查并

---

❿　FLA. STAT. §744.3215（2）（2013）.

⓫　FLA. STAT. §744.3215（3）（2013）.

⓬　FLA. STAT. §392.062（2013）；也参见 FLA. STAT. §393.063（2013）（整体通过专业化项目进行法律授权是为了使个人尽可能维持独立生活）。佛罗里达州法律也表达出对发展性能力障碍人进行限制监护的倾向。FLA. STAT. §393.062（2013）.

⓭　参见脚注2，Anderer 著，第108页。

⓮　Norman Fell，监护与老年人：不容忽视的监管，载《托莱多大学法律评论》1994年25期，第189页、第203—204页。

⓯　参见前注2，Anderer 著，第108页。

且加上对个人精神病史的详细审查。⓰ 这些检查涉及一系列项目如驾车、语言、情绪、信仰、直觉和认知。⓱

我们很容易得出结论，因为医生或心理医生被认为在判断个人精神能力上有着娴熟的诊断技艺，因而法院可能在没有询问医生或专家诊断方法的情况下就采纳他们的建议并判定监护的实施。⓲ 这就使得法院在是否正确权衡证据并保护个人权益的问题上存在疑问。在这里行为能力是一个法律结论而非医疗决议。法院必须在立法机关的意图和法院指定的专家所使用的标准间进行调和来做出决定。许多时候，医生的报告包含诊断信息和对个人过去病史的分析所获得的结论性陈述。⓳ 然而，专家给出的关于个人行为能力的意见只能对于检查当天有效，这是因为个人的行为能力在其间歇清醒的时候会产生波动，或者无行为能力的程度不足以判定剥夺一项权利。

在佛罗里达，原告方的举证责任要求呈交"明确且令人信服的"证据来支撑无行为能力的司法判决。⓴ "明确且令人信服"的标准已被明确定义为证据"是有质量且有特征能够使得（法庭）在认定指控的事实上，建立起坚定的、毫不犹豫的信念或确信"。㉑ 佛罗里达法院还要求"明确且令人信服"的证据具备：证词的一致性；人、地点和时间的确定性；不是仅根据心理医生的报告得出个人在经济、医疗或遗嘱方面能力改善的结论。㉒ "明确且令人信服"的标准是一个介于民事案件的"优势证据"标准和刑事案件的排除一切合理怀疑的标准之间的一个中间标准。㉓ 相反，被监护人申请恢复权利需要达到"优势证据"的证明标准。㉔

⓰　参见 Robert P. Roca：《代理老年委托人在伦理问题上的程序，确定决定行为能力：从医学的角度看》载《福特汉姆法律评论》1994 年第 62 期，第 1177 页、第 1178 页。

⓱　同上。第 1178—1180 页。

⓲　Smeed 诉 Brechtel 案，567 P. 2d 588，589（Or. Ct. App. 1977）（裁决心理医生的报告和证词有效，尽管一审法院认为其前后矛盾、混乱且有来自受保护人亲属的证词）。

⓳　Shen 诉 Parkes 案 100 So. 3d 1189，119—192（Fla. Dist. Ct. App. 2012）（申请人认为所采纳的审查委员会报告属于传闻证据，书面报告在所包含的诊断、预测及建议上不够充分，同时没有医生当庭提供证词）。

⓴　FLA. STAT. § 744. 331（5）（c）（2013）。

㉑　McKesson 药品公司诉 Williams 案，706 So. 2d 352，353（Fla. Dist. Ct. App. 1998）（引用 Slomowitz 诉 Walker 案，429 So. 2d 797，800 [Fla. Dis. Ct. App. 1983]）。

㉒　Losh 诉 McKinley 案，86 So. 3d 1150，1153—1154（Fla. Dist. Ct. App. 2012）；又参见 Graham 诉佛罗里达儿童家庭部，970 So. 2d 438，444（Fla. Dist. Ct. App. 2007）。

㉓　Allstate 公司诉 Vanater 案，297 So. 2d 293，295（Fla. 1974）。

㉔　《公司的监护》，佛罗里达每周法律增补第 20 期，23a（Fla. Cir. Ct. 2002）。

四、审查委员会成员

在佛罗里达，法庭会指定一个由三人组成的审查委员会审查一个人是否缺乏行为能力。其中一人必须是一名心理医生或其他医生，其他两人必须符合法定要求。❷⑤ 三人中至少有一人被要求"了解起诉书中所提及的无行为能力的相关知识"。❷⑥ 申请人的尽职调查可能包括来自被告方医生的附加于判定无行为能力请求的一封信，主治医生或家庭医生通常不会被指定成为检查委员会成员，除非有足够的理由；但是主治医师或家庭医生在可能的情况下必须接受委员会成员就目前所关心问题的询问。❷⑦ 检查委员会的每个成员必须完成至少四小时的初步培训。❷⑧ 此后，委员会成员每两年必须完成两小时的继续学习。❷⑨ "初始培训和继续学习项目的开发是在全州公共监护办公室的监督下，咨询各种相关官方办事处、会议以及部分佛罗里达律师协会进行的。"❸⑩

遗憾的是，法律允许法院"免除已经在检查委员会服务超过五年的人的初始培训要求"。❸① 可以认为，如果三个成员中有一人是需要了解被起诉的无行为能力方面的知识，并且该"专家"除了过去的服务外没有接受过培训，那么委员会成员在行为能力问题上发表意见的资格是应该受到质疑的。

委员会成员的责任是被委派审查所谓的无行为能力人是否拥有行使立法机关所列举的几项特定权利的能力。❸② 在确认所谓的无行为能力人行使这几项权利的过程中，允许但不强制要求委员会成员兼顾被鉴定人过往中可能包括"小儿康复计划、学校记录、心理报告和所谓无行为能力人所提

---

❷⑤　FLA. STAT. §744.331（3）（a）（2013）."剩下的两位审查委员会成员必须是心理学家，老年病学家，注册护士，执业护士，持证的社会工作者，拥有高等教育机构或被认可的机构承认的老年病学高级知识的人，或其他在知识、技能、经验、培训或教育上可能在法庭的自由裁量权上给出专业意见的人"。

❷⑥　同上。

❷⑦　同上。

❷⑧　FLA. STAT. §744.331（3）（d）（2013）.

❷⑨　同上。

❸⑩　同上。

❸①　同上。

❸②　FLA. STAT. §744.3215（2）-（3）（2013）.

交的社会心理报告"。㉝ 审查委员会成员所进行的实际审查过程必须包括体检、心理健康检查和一项功能评估。㉞ 虽然这些检查被法律认为是一项"必备要件"，但却"并不是在法官裁定行为能力和监护过程中需要考虑的唯一重要因素"。㉟ 然而，如果审查委员会成员中的多数能得出所谓无行为能力人在任何一方面都并非无行为能力的结论时，法院应该驳回监护申请。㊱ 这两个部分的法律规定似乎相互矛盾：一方面，委员会成员的报告是必要但并非完全排他的因素；另一方面，如果两位成员建议没有设立监护的必要，法庭可能无法继续进一步作为，而必须驳回监护申请。㊲

五、专家证词证明力及事实的认定

审查委员会两名成员建议不需要监护即使得申请被驳回，这相当于通过法定形式将裁定个人是否需要监护的权利给了审查委员会，而实际上剥夺了法庭的自由裁量权。《佛罗里达州证据法典》第 90.703 节，"关于核心问题的意见"规定"被采纳的意见或推理形式存在的证言是不能被反对的，因为其中包含了由事实裁定者决定的核心问题"。㊳ 但是，第 90.703 节被解释为不是所有的专家证词都是可采信的，专家证人的鉴定结论在于告知裁判者案件事实，而那些帮助法庭明晰案件的事实判断的鉴定意见是不被采信的；㊴ 因为法律规定基于两个委员会成员的报告即可驳回无行为能力的申请，从而限定了法院可以考量的证据范围。还有，作为事实的裁判者，负责权衡和适用法律的法官在不同意两位委员会成员"不需监护"的建议时是无法作为的。

专家证词是为了帮助事实裁定者获取那些非常识性的信息。这类证言（意见或推理）通常是可被采信而无异议的，但是这并不意味着所有的专家证言都是可采信的——这些证言只有在专家证人得出的最终结论提交给裁判者作为认定事实的依据后方可被采信。这就产生一个疑问，在委员会

㉝ FLA. STAT. §744.331 (3) (e) (2013). 参见 Manassa 诉 Manassa 案，738 So. 2d 997, 998 (Fla. Dist. Ct. App. 1999)（证据除了包含医学报告和展示长期心理认知能力减弱的证词，应支持与无行为能力报告相一致的结论）。

㉞ FLA. STAT. §744.331 (3) (f) (2013).

㉟ 同上注。

㊱ FLA. STAT. §744.331 (4) (2013).

㊲ Rothman 诉 Rothman 案，93 So. 3d 1052 (Fla. Dist. Ct. App. 2012)。

㊳ FLA. STAT. §90.703 (2013).

㊴ Town of Palm Beach v. Palm Beach Cnty., 460 So. 2d 879, 882 (Fla. 1984).

成员出具的被鉴定人行为能力有无的鉴定意见上能否承载其被赋予的证明力。此外，当一个人被限制或无法提供相同质量的证据来反驳委员会的意见时，几乎所有其他证明有行为能力的证据都会在证明力的比较下而被认为无效。

通常来说，监护或者无行为能力的法条有两个共同要素：（1）精神或身体状况有问题；（2）无能力做出或表达决定……❿这是现代方式与传统方式有关精神状况、精神疾病、成瘾或衰老而产生的监护问题的区别。⓫显然，法院会询问所谓的无行为能力人有关残疾或疾病的问题从而得出他们就自己人身及财产做决定的能力是否受限制的结论。这使得法庭不仅要看目前的状况，也要看这个状态是如何被确诊的。这个过程可能包括评价诊断是否是基于全面的综合的检查而非一个大概的检查。问题可能会出现在某些特定的疾病如阿尔茨海默氏症，处于早期阶段且现有的标准不足以确诊疾病。法庭也可能考虑某些疾病的复发。间歇性发作的病人在清醒阶段重新具有完全行为能力从而可以做出真实有效的意思表示。如果上述状况确实存在从而使得行为人的精神状态在短时间内得到改善，那么判定无行为能力可能就是没有必要的。

在 Le Winter 诉 Le Winter 监护案中，⓬二审法院推翻了一审法院关于无行为能力的判定，这个案件中审查委员的报告于听证会召开六周前提交，二审法院认为当事人的情况已明显改善从而认为审查委员会的报告无效。⓭一审法院认为被监护人无行为能力，在一定程度上是基于行为人意识的丧失，而二审法院发现"据以裁定的仅仅是一个非专业意见，因而有权依法宣告该报告没有证明力"。⓮在 Losh 诉 McKinley 案中，⓯三名被指定的审查委员会成员检查 Losh 后发现她"能明确人、地点和时间等……能够说出目前事件的三项重要事项，并且报告说"她有能力管理自己的财务状况。⓰然而，她不能"说出自己服用的药物名称和服用的原因"，而且无法回忆起"她使用的银行的名字"。⓱在证实她的行为能力的听证会上，Losh

---

❿ JOHN PARRY 和 ERIC Y. DROGIN，《精神疾病法律，证据与证言：给律师、法官和精神疾病专家的全面参考》，2007 年版，第 140—141 页。

⓫ 同上书，第 141 页。

⓬ LeWinter 诉 LeWinter 监护权案，606 So. 2d 387（Fla. Dist. Ct. App. 1992）。

⓭ 同上书，第 388 页。

⓮ 同上。

⓯ Losh 诉 McKinley 案，86 So. 3d 1150（Fla. Dist. Ct. App. 2012）。

⓰ 同上书，第 1152 页。

⓱ 同上。

"在她的家庭、经济、健康和处方药上都详细进行了质证"。**⑱** 她的证言包括为什么她的一些财产没有保险，她解释的理由是她把资金投到了货币市场而非银行账户中。**⑲** 法院在 Losh 的证词中发现最令人信服的证据是她语言表达"连贯并充分了解自己在财务和医疗上的状况"。**⑳**

Losh 案说明佛罗里达州在审查个人是否有能力做出决定并且能够就自己利益相关问题进行充分意思表示方面采取的是客观手段。**㉑** 很多其他州则采用一些非客观因素，在法律中使用如"负责任的"或"有效的"词汇来指出决策人不是因其做出决策的能力被评价，而是取决于他的最终决定是否被社会所接受以及能否达到类似于"理智人"的标准。**㉒**

六、审查委员会报告的要求

佛罗里达州法律详细地规定了审查委员会成员的书面报告应该包含的内容。

其中，每个委员会成员的书面报告必须包括：

（1）尽可能包括病情的诊断、预测和治疗过程的建议。

（2）评估所谓无行为能力人能保有其自身权利的能力，包括但不限于结婚权、选举权、缔结合同权、管理或处置财产权、拥有驾照权、决定其住所权、同意医疗权和做出影响自身社会环境决定的权利。

（3）综合性审查的结果，以及如果有的话，委员会成员对主治医生或家庭医生提供信息的评估意见。

（4）任何有关行为人缺乏行使权利的能力、无行为能力的程度以及裁定个人缺乏行为能力的现实基础的表述。

（5）所有在委员会成员进行审查过程中出现的人的名字。如果审查主体以外的人提供了关于所谓无行为能力人的答案，报告必须包含回复及提

---

⑱ JOHN PARRY 和 ERIC Y. DROGIN，《精神疾病法律，证据与证言：给律师、法官和精神疾病专家的全面参考》，2007 年版，第 140—141 页。

⑲ 同上。一审法院发现她管理其金融及资产的能力已经变弱，法院解释道：她已经不止一次延迟支付信用卡账单；并且故意不对自己改善了的、没有进行担保的房产上责任保险；她把钱放在利率较低的货币市场账户中而不把钱放在存款账户来寻求更高的利息。并且有一些人写好支票来让她签字。同上书，第 1153 页。

⑳ 同上书，第 1153 页。

㉑ 参见 PARRY 和 DROGIN，参见脚注 40，第 142 页。

㉒ 同上书；也参见 UNIF. PROB. CODE § 5 - 103 (7) (2010)（将无行为能力人定义为"那些因为精神疾病、认知缺陷、身体疾病或长期药物使用、慢性疾病或其他原因［少数情况除外］导致出现功能障碍，在某种程度上缺乏充分理解或做出负责任的决定的人"。

供答案者的名字。

（6）委员会成员的签名以及委员会成员进行审查的日期和时间。❸

法律规定法官在做出最终裁定时必须考虑委员会的报告，这使得证据规则得以适用。佛罗里达州最高法院解释说证据规则适用于监护法律。❺佛罗里达最近质疑在长期实践中法官完全依赖审查委员会成员的报告，无论委员会成员是否出庭质证或证实报告。在 Shen 诉 Parkes 案中，❺ 一份无行为能力的申请被提出要求实施监护。❺ 一个委员会被指定，在审查 Shen 后提出了报告。❺ Shen 否认"需要监护"并且举办了审判听证会，在此过程中审查委员会的书面报告被法院作为优于 Shen 的传闻证据采纳。❺ 没有一个委员会成员出席听证会进行质证，出席的目击证人都不能在所谓的无行为能力问题上做出证明。❺ 二审法院认为一审法院采信委员会成员的报告，并最终做出无行为能力的判决是基于一个不可采信的传闻证据。❻

Shen 案件的法院判决提示我们：如果相关证据的证明价值远超过不公正审判、事实不明的审判以及拥有相关知识的直接证人未进行质证的审判，二审法院是否可以理所当然地认为这些证据不可采信。❻ 重申一下，佛罗里达州的法律要求审查委员会的报告在法院做出行为能力的判定时是必须具备的，但不是排他的考量因素。然而，根据前述判例，两个委员会成员的投票决定"不需要监护"则要驳回监护申请，委员会成员的报告被赋予了比其他相关证据更大的证明力。❻ 更令人担忧的是，一方无法获得对不利证人（这里是一名审查 Shen 案件的审查委员成员）的法庭询问程序是否使得正当法律程序受到了损害。法庭应该明确了解特定的审查委员会成员做出评估时用来排除或确定所谓无行为能力人行使法律所列举的每项权利的确切方法。这些报告，不像治疗医生的报告，是准备参与诉讼的

---

❸　FLA. STAT. §744.331（3）（g）（2013）.

❺　FLA. PROB. R. 5.170（2013）.

❺　Shen 诉 Parkes 案，100 So. 3d 1189（2012）。

❺　同上书，第1190页。在无行为能力的听证会上，法官指出："一项报告已经陈述了明确且令人信服的证据证明 Shen 无行为能力且需要有限监护。但是，法官仅作出了以下判决：'K. Parkeshosp. 被申请有限监护，但无明显证据证明其需要被监护。'"同上。

❺　同上。

❺　同上。

❺　同上。

❻　同上书，第1191页。

❻　FLA. STAT. §90.403（2013）.

❻　FLA. STAT. §744.331（4）.

非治疗专家必须完成的任务。⑥ 因此，在没有执行评估和撰写报告的委员会成员直接证明的情况下，这份报告只能是不可采信的传闻证据。忽视传闻证据的异议而承认鉴定报告的效力，对于被告或所谓无行为能力人的如实陈述以及通过询问专家来检验报告中观点的正当权利有着极大的损害。法庭有可能被这些指定的"专家"的未经质证的观点所误导。

七、对行为能力波动性的进一步分析

（一）选举权

包括佛罗里达州在内的 19 个州都规定，被监护人"保有所有没有被明确剥夺的法律和公民权利，这里至少暗示包括选举权"。⑥ 佛罗里达州则更进一步，在佛罗里达州宪法及法律第 744 章的监护法中明确说明选举权是一项可以被剥夺的权利。⑥ "只有 4 个州的法律对法官判定个人是否有选举资格有明确的指导。"⑥ 一些法规像华盛顿的法律一样难以捉摸和冗长，规定选举权不会被剥夺"除非法院裁定个人由于缺乏理解选举的性质及所用的能力而导致其无法做出个人的选择，进而无法理性地有目的地行使法律赋予的特定权利"。⑥ 其他州则使用简洁易懂的标准，比如威斯康星州法律要求法院证实个人"无法理解选举的目的"。⑥

虽然一些州的宪法和法律都通过语言和法条来定义无行为能力，但大多数司法管辖区采用的是功能标准。⑥ "试图通过法律规定标准的四个州，有两个定义本质上是循环论证的……：特拉华州的'排除行使基本选举判断的严重认知障碍'，和爱荷华州的'缺乏足够的认知能力来理解和行使选举权。'"⑦ 一些学者发现，仔细分析特定的案件或法律是毫无意义的，且在判定具有选举能力的功能标准上没有确定的信息。因此他们强调两点初步考虑：（1）"行为能力的判定标准是政策实践，而非科学……"；

---

⑥ FLA. R. CIV. P. 1. 360（b）（1）.

⑥ Sally Balch Hurme 和 Paul S. Appelbaum，《定义和评估行使选举权的能力：精神疾病对投票者权利产生的影响》，载 2007 年第 38 期《麦克乔治法律评论》，第 931 页、第 950 页。

⑥ FLA. CONST. art. V1，§4；FLA. STAT. §744. 3215（2）（b）（2007）. 被判定有精神障碍的人可能不能投票。FLA. CONST. art. VI，§4.

⑥ Hurme 和 Appelbaum，参见脚注 64，第 957 页。

⑥ WASH. REV. CODE §11. 88. 010（5）（2013）.

⑥ WIS. STAT. §54. 25（2）（c）（1）（g）（2013）.

⑥ Hurme 和 Appelbaum，参见脚注 64，第 960 页。

⑦ 同上书，第 961 页（引用 15 DEL. CODE ANN，§1701［2013］and IOWA CODE §633. 556［2013］）.

（2）个人完成大多数任务的能力或多或少在熟练程度的范围内有变化。**⑦**当然，许多问题可以被说成是选举能力的价值而非单一的选票对于选举过程的作用。这就引发了一个问题：较之单一的投票对于选举结果可能产生的影响来说，剥夺一个人的选举权所产生的实质性的损害是什么。**⑦**

抛开对政策的考虑，大多数地区缺乏明确的对判定选举能力的标准。**⑦**有一项最高法院进行的有趣的测试是 Matthews 诉 Eldridge 案，**⑦** 该案仔细审查了一个州剥夺选民的选举权所采取的程序。**⑦** 通过这个方法，法院要权衡原告通过投票参与民主过程的利益、错误剥夺公民选举权的风险以及州的利益。**⑦** 这要求法院思考为什么州利益与剥夺公民权利有关。Doe 诉 Rowe 案**⑦**确立了各州在剥夺公民选举权之前必须给予处于监护之下的公民全部正当程序保护的制度。**⑦**

（二）结婚权

佛罗里达法律在定义结婚所必备的能力要件时给了一些方向，**⑦** 包括要求夫妻双方参加一项"婚前准备课程"或在婚姻生效前等待三天、参与者可能会被要求在冲突管理和父母责任问题上进行学习。**⑧** 这些项目符合该州促进婚姻和育儿责任的意图。

（三）缔结合同的权利

在大多数地区，订立合同的能力取决于个人在合意发生时对该行为的理解能力。**⑧** 围绕这一要素的概念包括理解合意的本质及后果的能力、无能力合理地实施与合意相关的行为和意思表示、无能力理解合意的特征、无能力理解和同意合同。**⑧** 判定行为人具有订立合同能力的要素包括行为人的明确理解其行为产生的风险和收益的能力、理性思考和考虑替代方案的能力、预测所做决定重要性的能力。

---

⑦ Hurme 和 Appelbaum，参见脚注 64，第 962 页。

⑦ 同上书，第 963—964 页。

⑦ 同上书。第 965 页。

⑦ Matthews 诉 Eldridge 案，424 U. S. 319（1976）。

⑦ 同上书，第 321 页。

⑦ 同上。

⑦ Doe 诉 Rowe 案，156 F. Supp. 2d 35（D. Me. 2001）。

⑦ 同上书，第 48 页。

⑦ FLA. STAT. §741. 04（2013）.

⑧ FLA. STAT. §741. 0305（2013）；FLA. STAT. §741. 04（3）（2013）.

⑧ RESTATEMENT（SECOND）OF CONTRACTS §15（1981）.

⑧ 同上 §15（1）.

八、探究功能及行为能力的构成要件

功能性能力是行为人照顾自己的人身及财产的必要能力。这项评估帮助法院判断哪些决策需要帮助。一些评论家通过三种不同的方法分析了对一个人行为能力的评估。第一种是依据法律定义，无能力指被医学诊断为精神残疾或疾病。[83] 第二种是基于统一遗嘱验证法典，将人的精神（有时也是身体）状况与认知功能相关联。在这种情况下，行为人无法做出或同意某种决定。[84] 第三种是以越来越受到立法者欢迎的"功能模式"作为无行为能力评估的基础。[85]

功能模式受到偏爱有各种各样的原因：（1）它在对行为能力的判定上（部分或者完全）是不固定的；（2）它采用的是临床标准而非法律标准；（3）条件可以改进，因此行为能力从来都不是静止不变的；（4）它认识到功能性无能力可能将行为人置于重大损害的危险之中；（5）它认识到诊断标签（如阿尔茨海默氏症或痴呆）或屈辱性标签用于裁定无行为能力是不充分的。[86]

尽管大多数人的兴趣正在转向"功能性方法"，但州法律并未为法院在判定"功能"的客观标准上提供足够的指导。[87] 没有明确的标准，法院必须主观地判定一个人是否欠缺行为能力到了需要监护的程度；或者更糟糕的是，法院必须依靠审查委员会成员的建议做出是否需要监护的裁决。美国律师协会和美国心理协会 2006 年出版了一本司法手册，其中提供了一

---

[83] Phillip Tor，《在监护关系中裁定行为不恰当：程序的标准化》，载《亚利桑那州法律评论》1993 年第 35 期，第 739 页、第 743 页。作者的观点指向 1983 年俄亥俄州法律对行为"不适当"的定义，认为在某种程度上"行为不适当"是指任何一个因为年老、浪费、精神或身体残疾或疾病、长期酗酒、智力障碍或精神疾病的人无力照顾并处置好自己的人身和财产安全，不能供养其家庭成员或其他任何法律规定其应该供养的人……同上。743 n. 29（引用 OHIO REV. CODE ANN. § 2111. 01（D）（West 1989）。

[84] UNIF. PROB. CODE § 5－103（7）（2012）（"'无行为能力人'是指任何一个因精神疾病、认知缺陷、身体疾病或长期药物使用、慢性疾病或其他原因（少数情况除外）导致出现功能障碍，在某种程度上缺乏充分理解或做出负责任的决定的人"）与之矛盾的 FLA. STAT. § 744. 102（12）（2013）（"'无行为能力人'是指被法律确认并裁定缺乏最基本的财产管理能力或无能力满足健康和安全所必须的能力的人"）。

[85] Tor 著，参见脚注 83，第 743—744 页。

[86] 同上书，第 744 页。

[87] Jan Ellen Rein，《老年人面对利益竞争和选择形式的尊严保有和自我抉择：法律条款的重新聚焦和改革》，载《乔治华盛顿法律评论》1992 年第 60 期，第 1818 页、第 1878—1880 页。

些在监护诉讼程序中评价无行为能力的方法。❸ 这本手册提供了六个部分的分析：（1）个人的医疗状况或条件；（2）个人的认知能力；（3）个人的日常功能；（4）个人选择和其价值观的一致性；（5）损害风险和对应要求的监控能力水平；（6）增强行为能力的可用手段。❹ 这些原则的贯彻，换句话说，通过法律汇编的形式，帮助法院或事实裁定者充分考虑那些可能被审查委员会或其他证人因为这样那样的原因所忽视的各种考量因素。

九、结　　论

尽管非常明显，但也非常必要强调法院在监护诉讼中的利害关系。如果从广义来考量，在判定无行为能力过程中，个人会经历粗略的审查和能使法官做出剥夺其基本公民权利裁定的听证会。法院不仅扮演着决定个人基本公民权利的角色，也要判定哪些可能是被个人指定的人（如代理人、医疗代理人）和家庭做出的决定。法院承担着解释法条背后政策的责任，这是为了保护脆弱的自然人。当前的立法在衡量监护诉讼中的重要权利的重要性上还需要进一步发展。

---

❸　美国律师协会《在监护权诉讼中裁定老年人行为能力：法官手册1》2006年版，http：//www. apa. org /pi/aging/resources/guides/judges – diminished. pdf。

❹　同上书，第4—5页。

后　　记

　　编辑这本资料汇编的想法源于 2014 年 6 月和梅陈玉婵老师的一次会面。梅老师是美国哥伦比亚大学社会工作学院的教授，主要研究老年人问题。我于 2010—2011 年度在哥伦比亚大学访学期间与梅老师建立了深厚的友谊；梅老师可以说是我的生命导师，在很多方面给我以启迪。

　　这本资料汇编于 2014 年 7 月开始组建翻译团队，主要的翻译工作完成于当年 9 月，之后主要由我做校对工作。因为事务繁杂及寻找出版单位等原因，书稿的编辑工作进行得比较缓慢，直到近期确定由知识产权出版社出版，我才抛开其他事情，全力投入到书稿的最后校订之中。书稿的校订共进行了三遍；每一次校订在使书稿更加完善的同时，也使我对美国持续性代理权和成年人监护制度的了解更加深入，从而对学术研究的感觉更加深刻。没有对这本书的翻译和校对，就没有这种成长，由此我要向梅陈玉婵老师表示深深的感谢！

　　这本资料汇编汇聚了很多人的努力。除署名译者外，还有很多人的名字无法出现在这本书里，我感到非常抱歉。哥伦比亚大学社会工作学院的硕士研究生李玥康、俞文倩、姜楠，中国人民大学法学院的硕士研究生吉婷婷，美国哈佛大学法学院的硕士研究生张依然参与了本书的翻译工作。但遗憾的是，她们翻译的文章因为种种原因未能收录于本书，在此谨向几位同学表示感谢和歉意。虽然你们翻译的文章未能收录于本书，但你们认真、专业的工作态度和工作成果，值得尊敬！另外，美国留学生 Tiffany Lin 在资料搜集方面提供了很多帮助，西南政法大学的陈苇教授对本书的资料选取提出了非常有价值的意见和建议，我的弟弟王朝晖博士在我最疲惫的时候帮助我完成了部分资料的翻译工作，在此向朋友、师长、亲人表示深深的感谢！

　　最后要感谢知识产权出版社的石红华老师。石老师 2010 年为我编辑出版了《监护制度比较研究》一书。时隔五年，我们再次合作，足见缘分匪浅，感谢石老师的支持和帮助！

　　今年9月至12月，我一直在校对书稿，我的儿子一直在准备研究生考试。我们经常一起散步，一起工作和学习。谨以此书纪念这段弥足珍贵的日子，祝愿他考研成功！

王竹青

2015年12月9日